Heribert Schwan
Die Frau an seiner Seite

HERIBERT SCHWAN

DIE FRAU AN SEINER SEITE

LEBEN UND LEIDEN DER HANNELORE KOHL

HEYNE ‹

Verlagsgruppe Random House FSC-DEU-0100
Das für dieses Buch verwendete FSC®-zertifizierte Papier
EOS liefert Salzer Papier, St. Pölten, Austria.

3. Auflage
Copyright © 2011 by Wilhelm Heyne Verlag,
München, in der Verlagsgruppe Random House GmbH
Umschlaggestaltung: Hauptmann & Kompanie
Werbeagentur, Zürich, unter Verwendung
eines Fotos von © Paul Schirnhofer/Agentur Focus
Satz: EDV-Fotosatz Huber/Verlagsservice G. Pfeifer, Germering
Druck und Bindung: GGP Media GmbH, Pößneck
Printed in Germany 2011
ISBN 978-3-453-18175-5
www.heyne.de

INHALT

VORWORT

Ja, ich musste es tun, ich musste aufschreiben, was ich wusste, was ich neu entdeckte; was meine Recherchen erbrachten und was mir die Frau an seiner Seite anvertraut hatte und was ich jahrelang mit mir herumtrug.

Hannelore Kohl begegnete mir erstmals Mitte der Achtzigerjahre, als ich eine Biografie über ihren Mann schrieb und anschließend ein Fernsehporträt drehte. Ihr abgrundtiefes Misstrauen Journalisten gegenüber bekam auch ich zu spüren. Immerhin lud sie mich nach wochenlangem Warten zu ausgiebigen Interviews ein, in denen sie offen über ihre Doppelrolle als treusorgende Mutter und Kanzlergattin sprach. Über mein Angebot, ihr soziales Engagement als Präsidentin des Kuratoriums ZNS in einem Fernsehfilm zu dokumentieren, kamen wir erneut zusammen. Im Juli 1988 strahlte der WDR mein Hannelore-Kohl-Porträt aus, das auf breite positive Resonanz stieß. In den folgenden Jahren gab es eine Reihe von Begegnungen, bei denen ich spürte, dass sie meine journalistische Tätigkeit als Redakteur und Moderator im Deutschlandfunk ebenso schätzte wie meine zahlreichen Politikerbiografien und Fernsehdokumentationen.

Nach Helmut Kohls Abwahl 1998 gehörte ich zu einer kleinen Gruppe von Wissenschaftlern und Publizisten, die dem Kanzler der Einheit beim Schreiben seiner Memoiren half. Damit begann eine für jeden Historiker spannende Forschungstätigkeit, die mich an vielen Wochenenden und freien Tagen nach Ludwigshafen führte. Zweieinhalb Jahre erlebte ich Hannelore Kohl bis drei Tage vor ihrem Tod als engagierte Mitarbeiterin und verlässliche Ideengeberin bei den Erinnerungen ihres Mannes. In dieser Zeit der Zusammenarbeit ergab sich die Gelegenheit zu ausgiebigen Gesprächen auch

mit ihr. Ich erlebte eine Hannelore Kohl, die mir in einer nie ge-
kannten Offenheit Dinge anvertraute, von denen ich zuvor nicht die
leiseste Ahnung hatte. Bei stundenlangen nächtlichen Spaziergängen
im Maudacher Bruch bei Ludwigshafen oder bei unseren Vieraugen-
gesprächen in ihrem abgedunkelten Bungalow schüttete sie mir ihr
Herz aus. Ich erfuhr von menschlichen Tragödien und Geheimnis-
sen, die sie offenbar nicht länger für sich behalten wollte, über die sie
nicht länger schweigen konnte. Entgegen ihrer jahrzehntelang prak-
tizierten Strategie, nichts Privates öffentlich zu machen und vor allem auf ihren Mann und noch viel mehr auf ihre Kinder nichts kommen zu lassen, befreite sie ihre Seele vom Druck des Verschweigens,
des Vertuschens und Verdrängens. Vieles war für mich nicht gleich
erklärbar, und manches erschloss sich erst nach ihrem Tod.

Hannelore Kohl wusste sehr genau, dass ich jener Berufsgruppe
angehöre, die nicht zur Verschwiegenheit verpflichtet ist. Die wichtigste Funktion meines Berufes als Journalist, Film- und Buchautor
liegt im Publizieren. Deshalb durfte ich ihre ungewohnte Offenheit, ihr ungebrochenes Mitteilungsbedürfnis als ein Vermächtnis
verstehen: Hannelore Kohl bedeutete mir, dass ich eines Tages das
veröffentlichen soll, was sie mir in den vielen Monaten und Wochen
vor ihrem Tod anvertraute.

Mit ihren beiden Söhnen hatte ich über Monate Gesprächskon-
takte, die in dem Moment abgebrochen wurden, als ich nicht zur
Zusammenarbeit an einem gemeinsamen Buchprojekt bereit war.

Mit Helmut Kohl verband mich nach seiner Kanzlerschaft die
Mitarbeit an seinen Memoiren. Die Rolle seiner Gattin war dabei
ein wichtiges Thema. Eine Woche nach Hannelore Kohls Beisetzung traf ich auf einen tief erschütterten und, so meine Deutung
seines Verhaltens, auch vom schlechten Gewissen geplagten Altkanzler. In dieser Verfassung beschrieb er ausführlich die funda-
mentale Bedeutung der Frau an seiner Seite für sein bewegtes Leben
und seine glänzende politische Karriere.

8

Im vorliegenden Buch versuche ich nach bestem Wissen und Gewissen, das schwere Leben der Hannelore Kohl nachzuzeichnen. Ein Leben, das geprägt war von Verlust, schweren Einschnitten und regelrechten menschlichen Tragödien. Dass die Spendenaffäre ihres Mannes und deren mediale Auswirkungen für Hannelore Kohl der Todesstoß waren, steht nach Meinung Vieler, auch ihrer engsten Freundinnen, außer Zweifel.

Hinzu kommen weitere Gründe, die wohl in der Gesamtheit zu ihrem Selbstmord führten: Ihre große Einsamkeit, ihr fortwährendes Gefühl, verlassen zu sein, ihre niemals therapeutisch aufgearbeiteten traumatischen Erlebnisse im Krieg und auf der Flucht und schließlich das Drama ihrer schweren Krankheit. Mit den Werkzeugen des Historikers allein ist eine solche Biografie nicht zu schreiben. Ich habe deshalb zwei namhafte Mediziner um Mithilfe gebeten. Besonderer Dank gilt Professor Dr. med. Luise Reddemann, ausgebildete Nervenärztin und Psychoanalytikerin, langjährige Leiterin der Klinik für Psychotherapeutische und Psychosomatische Medizin des Evangelischen Johannes-Krankenhauses in Bielefeld und derzeit Honorarprofessorin für Psychotraumatologie und Psychologische Medizin an der Universität Klagenfurt. Danken möchte ich auch Dr. med. Bertram von der Stein, Facharzt für Psychotherapeutische Medizin, Psychoanalytiker, Facharzt für Psychiatrie und Psychotherapie, Rehabilitationswesen. Ohne ihre Unterstützung wäre die vorliegende Biografie unvollständig geblieben.

Mein Dank gilt auch dem Mitbegründer des Kuratoriums ZNS und der Hannelore-Kohl-Stiftung, Professor Dr. med. Dr. phil. Klaus Mayer. Der ehemalige Ärztliche Direktor an der Neurologischen Universitätsklinik in Tübingen war von 1983 an bis zu Hannelore Kohls Tod der wichtigste Sachverständige und einflussreichste Berater der Kanzlergattin. Ohne ihn wäre die Hannelore-Kohl-Stiftung nicht zu diesem großen Erfolg geworden. Zur Geschichte von Hannelore Kohls sozialem Engagement lieferten die ehemalige ZNS-Mitarbeiterin Amalie Barzen und der frühere ZNS-

Geschäftsführer Rolf Wiechers unverzichtbare Hintergrundinformationen. Zu den Freundinnen, die Hannelore Kohl über Jahre hinweg und bis zu ihren letzten Tagen begleitet haben, zählt insbesondere Rena Krebs. Seit den gemeinsam verbrachten frühen Kindertagen in Leipzig war sie für Hannelore Kohl eine der wichtigsten und vertrautesten Gesprächspartnerinnen, vor allem für die großen Familienthemen. Für mich gehörte sie als Vorkriegs- und Kriegskind zu den unverzichtbaren Zeitzeuginnen. Sie hat meine Arbeit konstruktiv und kritisch begleitet und durch ihre Gedanken und Fragen bereichert.

Kohls langjähriger Haushälterin Hilde Seeber und ihrem Mann Ecki, Vertrauter und Chauffeur des Kanzlers, verdanke ich vielfältige Unterstützung, bei der sie niemals die Gebote von Loyalität und Verschwiegenheit verletzten. Beide waren auch für Hannelore wichtige Stützen in allen Lebenslagen.

Danken möchte ich nicht zuletzt den vielen treuen Freundinnen, Nachbarn und Verwandten väterlicherseits, die mir manchen Hinweis gaben und damit das Bild des Menschen Hannelore Kohl abrundeten.

Verlässliche Informationen lieferten Damen und Herren aus kirchlichen, kommunalen und staatlichen Archiven von Berlin, Bremen, Döbeln, Dresden, Grimma, Leipzig, Ludwigshafen, Mutterstadt, Speyer und Taucha. Auch ihnen ein Dankeschön für professionelle Auskünfte und die Bereitstellung aussagekräftiger Dokumente.

Köln, im April 2011

Kapitel 1

WURZELN

Die lateinische Totenmesse mit Giuseppe Verdis »Requiem« war verklungen. Im Dom zu Speyer hatten über tausend Trauergäste aus dem In- und Ausland Abschied von Hannelore Kohl genommen. Es war der 11. Juli des Jahres 2001. Zum Abschluss hatte der Chor das Lied »Nun danket alle Gott« angestimmt. Dann wurde der mit roten Rosen bedeckte Sarg aus dem katholischen Gotteshaus getragen. Ihm folgten tief versteinert Helmut Kohl, seine Söhne und Schwiegertöchter. Hannelores Sarg wurde zum 25 Kilometer entfernten Friedhof Ludwigshafen-Friesenheim gebracht. Gegen 17 Uhr fand dort die Beerdigung im engsten Familien- und Freundeskreis statt. Nach einem kurzen Gebet in der kleinen Friedhofskapelle erfolgte die Beisetzung im Familiengrab. Als der Sarg vor den über sechzig Verwandten und Freunden in die Erde gesenkt wurde, nahm Hannelore Kohl lange Jahre bewusst gehütete Geheimnisse mit ins Grab. Kaum jemand wusste, dass sie noch zu Lebzeiten die Weichen dafür gestellt hatte, dass nach ihrem Tod lange Verschwiegenes einmal öffentlich gemacht werden konnte.

* * *

Der 7. März 1933, ein Dienstag, präsentierte sich im Nordosten Deutschlands als grauer, kühler Tag. Die Temperaturen in Berlin stiegen nur wenig über null Grad. Auf dem Programm der Staatsoper Unter den Linden stand Mozarts *Idomeneo*, im Staatlichen Schauspielhaus wurde Goethes *Faust II* gegeben, und das Theater im Admiralspalast warb für die Operette *Frühlingsstürme* von Jaromir Weinberger mit Kammersänger Richard Tauber in der Hauptrolle. In der Reichshauptstadt blühte das kulturelle Leben, die Berliner sahen hoffnungsvoll dem Frühling entgegen. Seit 36 Tagen amtierte Adolf Hitler als Reichskanzler. Für viele Anhänger der nationalsozialistischen Bewegung war mit Hitlers Machtergreifung am 30. Januar 1933 ein Traum in Erfüllung gegangen. Deutschland hatte eine »historische Wende« vollzogen, die durch das Ergebnis der Reichstagswahlen vom 5. März 1933 untermauert worden war. In der Folge sank die Zahl der Arbeitslosen in Deutschland erstmals unter die Sechsmillionengrenze, es ging nach Jahren der Rezession endlich wieder aufwärts. Ein teuer erkaufter Erfolg, der nur ein Ziel kannte: Deutschland auf einen Krieg vorzubereiten, den damals kaum jemand kommen sah.

An jenem 7. März erblickte Hannelore Renner morgens um 11 Uhr in der Berliner Bavaria-Klinik im Stadtbezirk Schöneberg das Licht der Welt – zwei Monate vor dem errechneten Termin. Die Klinik in der Münchener Straße war das nächstgelegene Krankenhaus zum Wohnsitz des Ehepaars Wilhelm und Irene Renner in der Kaiser-Wilhelmstraße 153 in Berlin-Lankwitz. Die Geburt selbst war reibungslos verlaufen, obwohl Hannelores Mutter nach damaliger Ansicht mit 35 Jahren bereits zu den Spätgebärenden zählte. Große Sorgen indes bereitete den glücklichen Eltern die frühe Geburt des Kindes. Hannelore war als Siebenmonatskind noch vor Vollendung der 37. Schwangerschaftswoche auf die Welt gekommen und wog weniger als 2500 Gramm. Kurz nach der Geburt musste sie intubiert und vorübergehend künstlich beatmet werden. Die Eltern fürchteten, die inneren Organe könnten durch die kurzfristige Unterbrechung der Sauerstoffzufuhr Schäden genommen haben. Die Sorgen um das lang ersehnte Wunschkind legten sich erst, als die Ärzte dem Säugling eine erstaunlich gute Konstitution bescheinigten und eine normale Entwicklung prognostizierten. Sechs Tage nach Hannelores Geburt erschien der stolze Vater, der wenige Wochen zuvor 43 Jahre alt geworden war, auf dem Standesamt in Schöneberg. In »Anwesenheit des Ingenieurs Renner« – so ist es protokolliert – stellte ein Standesbeamter Hannelores Geburtsurkunde aus, die mit der Nummer 58 versehen wurde.

Wilhelm und Irene Renner hatten sich während der »Goldenen Zwanzigerjahre« in Berlin kennengelernt und am 2. Februar 1929 in Bremen, Irenes Geburtsort, standesamtlich geheiratet. Wenige Monate später führte der Ausbruch der Weltwirtschaftskrise zu Unternehmenszusammenbrüchen, massiver Arbeitslosigkeit und Deflation. Die Renners nahmen das Ende der goldenen Ära allerdings kaum zur Kenntnis. Dank der gesicherten beruflichen Existenz des erfolgreichen Ingenieurs aus der Pfalz blieb die Wirtschaftskrise ohne nennenswerte Auswirkungen auf das sorgenfreie Leben des frisch vermählten Paares.

Wilhelm Renner war am 15. Januar 1890 im pfälzischen »Großdorf« Mutterstadt als erstes von fünf Kindern – drei Jungen und zwei Mädchen – geboren worden. Er stammte keineswegs aus ärmlichen Verhältnissen, wie immer wieder kolportiert wird. In seiner Geburtsurkunde, die die Eltern als der »protestantischen Religion« zugehörig ausweist, wird als Beruf des Vaters Johannes Renner XIII. »Ackersmann und Dreschmaschinenbesitzer« angegeben. Er betrieb eine kleine Landwirtschaft als Nebenerwerb und vermietete seine Dreschmaschine an andere Bauern, was ihm im Sommer eine stattliche Summe Reichsmark einbrachte. Im Hauptberuf war der gelernte Schlosser Werkstattbesitzer und reparierte Fahrräder, Motorräder und landwirtschaftliche Maschinen, später auch Kraftfahrzeuge. Der Betrieb mit einigen Angestellten florierte und galt als eines der führenden Kleinunternehmen in der Region. Die Familie brachte es über die Jahre zu einigem Wohlstand und zählte zu den angesehensten des Dorfes. Zur Unterscheidung der verschiedenen »Renner-Stämme« im Ort behalfen sich die Bürger einer einfachen Zuordnungsmethode: Aufgrund der Haarfarbe hieß Wilhelms Familie Renner-Schwarz, die seines Onkels wurde Renner-Weiß genannt.

Der Erstgeborene von Johannes und Elisabeth Renner, einer geborenen Schorr, zeichnete sich früh durch Zielstrebigkeit und eine gehörige Portion Ehrgeiz aus. Nach einem überdurchschnittlichen Schulabschluss absolvierte er eine Mechanikerlehre, die in den Augen seiner Eltern eigentlich das Ende seiner Ausbildung hätte sein sollen. Doch der aufgeweckte Junge, der vom Elternhaus politisch eher in sozialdemokratischer Richtung erzogen worden war, strebte nach Höherem und wollte Ingenieur werden. Mit 18 Jahren legte er die Prüfung an der Mannheimer Ingenieurschule ab und trug fortan voller Stolz den Titel »Elektroingenieur«.

Nach einem kurzen Zwischenspiel als Berufsanfänger in der pfälzischen Heimat zog es Wilhelm Renner in die Ferne. Im Jahr 1910 ging er auf Wanderschaft und landete eines Tages in Berlin, genauer im Ingenieurbüro »Julius Pintsch AG« in der Friedrichshainer Andreasstraße. In diesem weit über die Grenzen der Stadt bekannten Großbetrieb für Beleuchtungsanlagen und Rüstungstechnik fand Renner eine Anstellung als Konstruktionsingenieur. Sein neuer Arbeitgeber entwickelte Gasdruckmesser für die Industrie und erhielt Großaufträge für die Herstellung von Gasbeleuchtungsgeräten. Später spezialisierte sich das Unternehmen auf Gasbeleuchtungen für Eisenbahnen.

Mit Ausbruch des Ersten Weltkriegs im Jahr 1914 fanden die Karriereträume des jungen Mannes ein vorläufiges Ende. Wilhelm Renner wurde – wie Tausende seiner Generation – eingezogen. Doch der Pfälzer hatte Glück. Anstatt in den Schützengräben der Front kämpfen und sein Leben aufs Spiel setzen zu müssen, kam der Ingenieur bei der Fliegertruppe unter und landete in einer Entwicklungsabteilung für Funk- und Funktelegrafiegeräte. Für Renner war die Kriegszeit auf diese Weise vor allem von neuen fachlichen Herausforderungen geprägt, die sich für seine weitere Karriere als äußerst hilfreich erweisen sollten.

Nach dem Ende des für alle beteiligten Nationen so fürchterlich verlustreichen Ersten Weltkriegs kehrte Wilhelm als Feldwebel der Reserve zurück zu seinem alten Arbeitgeber. Mit neuen Ideen und jeder Menge fachlicher Erfahrung ausgestattet, kehrte er in seine Position als Konstruktionsingenieur bei der Julius Pintsch AG zurück.

1926 quittierte Wilhelm nach acht Jahren seinen gut bezahlten Job, da er bei Pintsch keine Aufstiegschancen sah. Und das in einer Zeit, als sich die Arbeitslosigkeit in der Weimarer Republik langsam zu einem drängenden Problem entwickelte. Dank bester Verbindungen trat der in seiner Branche geschätzte Experte in das bekannte Berliner Ingenieurbüro Koch & Kienzle ein. In diesem 1918 gegründeten »ersten freiberuflichen Unternehmen für Rationalisierungszwecke« wurde der ehrgeizige Renner rasch zum Abteilungsleiter berufen.

In dieser Zeit lernte er seine große Liebe Irene Merling kennen. Lisa Maria Irene wurde laut Geburtsurkunde vom 3. Januar 1898 am 31. Dezember 1897 im elterlichen Haus in der Bremer Georgstraße 31 in der heutigen Bahnhofsvorstadt geboren und vermutlich evangelisch getauft. In den einschlägigen Archiven findet sich für Irene Merling allerdings kein Eintrag im Taufregister. Sie stammte im Gegensatz zu ihrem späteren Ehemann aus einer großbürgerlichen Akademikerfamilie. Ihr Vater war der renommierte Rechtsanwalt und Notar Dr. jur. Magnus Phil. Emil Merling, ihre Mutter Elsa Margaretha, geborene Mey, war die Enkelin von Ernst Mey, der 1870 zusammen mit Bernhard Edlich die Herrenausstatterfirma »Mey & Edlich« gegründet hatte. Irene, die mit zwei Brüdern und einer älteren Schwester aufwuchs, galt als musisch und sprachlich besonders begabt und besuchte die höhere Töchterschule. Ob sie anschließend eine Ausbildung absolvierte, liegt im Dunkeln. Bekannt ist indes ihre spätere Tätigkeit als Ansagerin beim Rundfunk, der von 1923 an regelmäßig aus dem Voxhaus in Berlin sendete. Was ihre eigentliche Profession war, lässt sich nicht schlüssig belegen – in der Familie galt sie als »Künstlerin«. Im Gegensatz zu ihrer älteren Schwester Ilse aber, die in Amerika erfolgreiche Auftritte als Schauspielerin und Sängerin hatte, beruht Irenes Karriere als »Künstlerin« nur auf Vermutungen. Überliefert ist, dass sie die Kunst des Pfeifens in herausragender Weise beherrschte. Aus ihrem Mund ertönten Melodien, wie sie variationsreicher nicht sein konnten. Auch ihre Begabung beim Karten- und Tischtennisspiel, die sie bis ins hohe Alter gerne unter Beweis stellte, scheinen legendär gewesen zu sein.

Als die lebenslustige Bremerin Wilhelm Renner im Februar 1929 heiratete, gab sie ihren Job beim Rundfunk auf und war fortan die attraktive und stets elegant gekleidete Frau an seiner Seite.

Der rastlose Wilhelm Renner, immer auf der Suche nach besseren, lukrativeren und einflussreicheren Jobs, nahm als kapp 44-Jähriger zum 1. Januar 1934 ein Angebot des Leipziger Rüstungskonzerns »Hugo Schneider Aktiengesellschaft« (HASAG) an, das sein Leben und das seiner Familie nachhaltig prägen sollte. Die kleine Hannelore war knapp neun Monate auf der Welt, als die Familie von Berlin nach Leipzig zog.

LEBEN IN LEIPZIG

Die einzige Außenhandelsmesse des Dritten Reiches hatte mit der »Schau rein deutscher Waren« ihre Herbstmesse des Jahres 1933 gerade beendet. Die Rede des NSDAP-Führers und Reichskanzlers Adolf Hitler am Leipziger Völkerschlachtdenkmal war bereits Geschichte, als die Möbelpacker mit ihrem Lastwagen vor dem Haus Montbéstraße 41 in der Nordwestvorstadt von Leipzig hielten. Sie schleppten ansehnliche Möbelstücke und Teppiche, wunderbares Porzellan und wertvolles Geschirr in die geräumige Wohnung im ersten Stock des 1927 erbauten gutbürgerlichen Sechs-Parteien-Hauses. Das stadtnahe und doch freistehende Haus befand sich im Privatbesitz und wurde an solvente Familien vermietet. Die Straße war 1903 nach dem Stadtkommandanten von Leipzig und General der Infanterie Alban von Montbé (1874 – 1885) benannt worden. Als Hannelore Kohl nach der Wende einmal ihre alte Heimat besuchte, war der Name Montbé verschwunden. Im Jahr 1950 war die Straße nach dem französischen Maler Manet umbenannt worden, von 1985 an hieß sie Kommandant-Trufanow-Straße – nach dem ersten sowjetischen Militär-Kommandanten von Leipzig, Generalleutnant Nikolai Iwanowitsch Trufanow. 1999 wurde der Straßenname in Trufanowstraße geändert.

In dieser traditionell besten Wohnlage der bevölkerungsreichsten Stadt Sachsens lebte die Familie über zehn Jahre. Hier verbrachte Hannelore die schönste Zeit ihrer Kindheit, vielleicht sogar ihres Lebens. Die neue, hochmoderne Wohnung mit Fernheizung verfügte über fünfeinhalb geräumige Zimmer mit hohen Decken und einen auffallend langen, breiten Flur. Eltern- und Kinderschlafzimmer-, Ess-, Herren- und Damenzimmer und das Zimmer für die Hausangestellte, Küche mit Balkon, Bad und separate Toilette und

Wintergarten sowie ein gepflegter Garten mit gepflastertem Hof und Sandkasten machten den herrschaftlichen Wohnsitz für die dreiköpfige Familie komplett.

In ihrem akribisch geführten Tagebuch, aus dem Peter Kohl in seinem zusammen mit Dona Kujacinski geschriebenen Buch *Ihr Leben* ausführlich zitiert, hält Irene Renner nicht nur den Alltag im neuen Domizil fest, sondern protokolliert vor allem die Entwicklung ihrer Tochter. So machte »Püppi« am ersten Januar 1934 erstmals »bitte, bitte«. Und zwanzig Tage später stand Hannelore auf ihren wackligen Beinchen, ganz »ohne Anfassen«. Den ersten Zahn verzeichnete Mutter Irene am ersten Februar 1934. Am 4. November des gleichen Jahres besuchte »Püppi« mit ihrer Mutter den Zirkus Krone in Leipzig. Ob die Renner-Tochter in diesem frühen Alter mit Menschen, Tieren und Sensationen tatsächlich etwas anfangen konnte, darf bezweifelt werden. Im Tagebucheintrag vom ersten März 1935 ist von »Keuchhusten« zu lesen. Am 3. Mai 1935 wurde »Püppi« mit gerade mal zwei Jahren in den Kindergarten aufgenommen und am 9. Oktober bekam sie die erste private Turnstunde. Wenige Tage später ging es erneut in den Zirkus. Diesmal besuchte Hannelore den berühmten »Zirkus Busch«. Mutters Tagebucheintag: »Musik und Tiere finden großes Interesse. Clowns erregen Trauer.«

An Hannelores drittem Geburtstag wurde eine große Kinderparty veranstaltet. Von der Mutter perfekt organisiert, tummelte sich ein gutes Dutzend Kinder an der fürstlich gedeckten Tafel. Danach gab es über mehrere Stunden jede Menge Unterhaltungsprogramm – von Versteck- und Gespensterspielen bis zu lautem Topfschlagen. Dabei entstanden Erinnerungsfotos, die eine überglückliche »Püppi« zeigen. Die Palette der Geschenke dürfte bei so manchem Zögling aus der Nachbarschaft eine Portion Neid hervorgerufen haben. Im Hause Renner herrschte ein Maß an Überfluss, wie er in jener Zeit nur in der Oberschicht zu erleben war. Hannelore besaß während der ersten Jahre ihrer Kindheit immer die neuesten und attraktivsten Spielzeuge, die besten Roll- und Schlittschuhe. Der Vater überschüttete die angebetete Tochter mit einer ungeheuren Fülle ausgesuchter Spielsachen auch außerhalb der Weihnachtszeit oder den Geburtstagen: Immer als erste hatte »Püppi« ein Dreirad, einen Tretroller, später ein Fahrrad oder Skier. Ihr Vater baute ihr ein Kletterhäuschen und überraschte sie einmal mit einem riesengroßen Puppenhaus mit über sechzig Biegepuppen. Woran sich ehemalige Nachbarskinder heute noch lebhaft erinnern, ist ein »Spielhaus«, das Hannelore zu Weihnachten bekommen hatte. Im Herrenzimmer hatte Vater Wilhelm ein komplett möbliertes Haus mit Blumenkästen und Türen bauen lassen, in das Hannelore und ihre Freundinnen aufrecht hineingehen konnten. Ein solches Geschenk ließ sich kaum noch steigern. Während in vielen Familien die Väter durch Abwesenheit glänzten und mit Geschenken mangelnde Zeit kompensieren wollten, scheint Hannelore in dieser Hinsicht doppelt begünstigt gewesen zu sein. Sie bekam vom Vater beides: eine Menge Zuwendung und Warmherzigkeit – und das volle Verwöhnprogramm.

Hannelores Vater war eine außergewöhnliche Erscheinung. Ihre Freundinnen mochten ihn sehr, weil er anders war als ihre Väter. Der immer tiefbraun gebrannte, sportlich ambitionierte und durchtrainierte Mittvierziger besaß einen farbenprächtigen Sportwagen, der mit allen denkbaren Extras und technischen Finessen ausgestattet war. Gerne zeigte er seine Fahrkünste, wenn Hannelore auf seinem Schoß saß, und er einige Runden auf dem gepflasterten Hof drehte. Fabrikdirektor Renner verfügte als einziger Mann im Hause Montbéstraße 41 über einen geräumigen Dienstwagen mit Chauffeur. Der Spitzenverdiener sorgte für Glanz und Glamour, war in der Leipziger Hautevolée äußerst beliebt und verfehlte seine Wirkung auf Frauen nicht. Gleichwohl wirkte Renner nicht überheblich. Die Freundlichkeit, mit der er seinen Mitmenschen begegnete, war nicht aufgesetzt, seine soziale Kompetenz stellte er selbst in der kleinen Hausgemeinschaft immer wieder unter Beweis. Für

Hannelore und ihre Freundinnen war er der Inbegriff des idealen Papa mit viel Herz und Wärme. Die Zeitzeugen von heute beschreiben Wilhelm Renner als einen gut aussehenden, energiegeladenen, unternehmensfreudigen, smarten Kerl – einen Winner-Typen, der Hobbys wie das Jagen pflegte, die sich nur wenige leisten konnten.

Im großbürgerlichen Haushalt der Renners gehörte es zum guten Ton, die Tochter sportlich und musisch zu bilden. In Irenes Tagebuch sind penibel Anfänge und zunehmende Erfolge beim Fahrradfahren, Schwimmen und Skilaufen verzeichnet. Und im November 1938 begann Vaters Liebling mit dem Ziehharmonikaunterricht bei einem Leipziger Privatlehrer. Hannelore sollte in die Fußstapfen ihrer Mutter treten und wie sie Akkordeon und Klavier lernen. Dafür stand im Damenzimmer ein Flügel bereit, auf dem Irene Renner beinah täglich übte und viele Stunden ihrer reichlichen Freizeit verbrachte. Auch das Kulturangebot der Stadt mit Opern- und Theaterbesuchen spielte im Leben der Familie eine große Rolle. Es gehörte einfach dazu, sich bei Konzerten im Gewandhaus zu zeigen oder in der Alten Oper am Augustusplatz. Hannelore lernte früh, am kulturell-gesellschaftlichen Leben teilzunehmen, das auch im eigenen Elternhaus stattfand. Mutter Irene bereitete mit viel Einfallsreichtum Abendeinladungen mit hochkarätigen Gästen vor und lud gerne zu den beliebten Damenkränzchen ein. Von Kindesbeinen an lernte Hannelore auf diese Weise die feine Gesellschaft von Leipzig kennen und erlebte ihre Eltern als perfekte Gastgeber für den prominenten Freundeskreis.

Mit vier Jahren begleitete Hannelore ihre Eltern auf Reisen durch Deutschland, später auch nach Österreich. Der leidenschaftliche Tüftler Wilhelm Renner baute für diese Fahrten eigenhändig einen Wohnwagen, der 1938 bereits über einen Kühlschrank mit Gasbetrieb verfügte. Das einmalige und äußerst luxuriöse Reisemobil war für damalige Verhältnisse eine kleine Sensation und unterstrich die exponierte Stellung seiner Besitzer.

Der Wohlstand der Familie in den Dreißigern und Anfang der Vierzigerjahre war bemerkenswert. Es fehlte an nichts. Die Frau des zum Direktor der HASAG berufenen Wilhelm Renner konnte sich Personal leisten wie es in jener Zeit nur den oberen Zehntausend möglich war. Für den Drei-Personen-Haushalt arbeiteten eine Putzfrau, eine Wasch- und eine Bügelfrau, ausgestattet mit modernstem technischem Gerät. Hinzu kam das Kindermädchen Hilde, das Hannelore heiß und innig liebte. Hilde war nicht nur eine wichtige Bezugsperson, sondern auch ein liebevoller Gegenpol zur strengen und fordernden Mutter. Während das Kindermädchen Nähe und Zärtlichkeit bot, blieb Hannelores Mutter auf Distanz, so wie es dem damaligen Zeitgeist und den Erziehungsprinzipien entsprach.

Die kühle Bremerin sah es als wichtigste Aufgabe an, ihre Tochter zu Charakterstärke, Härte, Tapferkeit, Disziplin, Selbstbeherrschung und Gehorsam zu erziehen. Sie brachte Hannelore schon früh bei, keine Schwächen zuzulassen, Schmerzen zu ertragen oder zu unterdrücken. Ängstlichkeit, Wehleidigkeit und Weinerlichkeit waren verpönt. Nach dem Willen der distanzierten Mutter sollte Hannelore neben der bestmöglichen Entwicklung all ihrer Begabungen und Fähigkeiten frühzeitig lernen, eigene Bedürfnisse zurückzustellen. Das verlangte allenthalben schon ihre Stellung als Frau. Dagegen bot der Vater Hannelore all das, was das Kind bei seiner Mutter vermisste: Wärme, Streicheleinheiten, das Gefühl von Sicherheit und Geborgenheit, vor allem aber uneingeschränkte Liebe.

Nach den ersten sechs behüteten und überaus glücklichen Lebensjahren begann für Hannelore am 12. April 1939 der »Ernst des Lebens« mit der Aufnahme in die 32. Volksschule. Die Erstklässlerin mit ihren langen blonden Zöpfen ging gerne zur Schule, galt als wohlerzogen und brav, lernte problemlos und machte ihren Eltern viel Freude. Sorge bereitete der strengen Mutter allerdings Hannelores Essverhalten. Ihr offen gezeigter Widerwille bei Tisch, ihr so selten erkennbarer Appetit – all das ließ die Mutter fürchten, das Kind könne körperliche Folgen davontragen. Irene Renner ließ sich

21

allerhand einfallen, um gegenzusteuern. Sie lud Nachbarskinder zum Mittagstisch oder Abendbrot ein, von denen sie wusste, dass sie gute Esser waren. Doch trotz aller Bemühungen blieb Hannelore über viele Jahre ein Sorgenkind, was gesunde Ernährung betraf und bewegte sich lange Zeit hart an der Grenze zur Unterernährung. Dabei herrschte im Hause Renner alles andere als ein Mangel an köstlichen Lebensmitteln. Auch sie waren – wie vieles andere – im Überfluss vorhanden.

Die Nachbarskinder mochten die distanzierte und manchmal schroff wirkende »Tante Irene« wenig. Die kleine drahtige Frau ließ Wärme und Nähe nicht zu, und versuchte mit Strenge und gelegentlichen Strafen nicht nur die eigene Tochter, sondern auch deren Freundinnen zu erziehen. Vor Hannelores Mutter hatten die Kinder nicht nur Respekt, sondern zuweilen Angst. Wenn sie sich nicht nach Irenes Befehlen richteten, prasselten drastische Ermahnungen in lautem Ton auf sie ein, eindeutige Verbote wurden ausgesprochen und manchmal konnte es sogar eine Ohrfeige setzen. Trotzdem riskierten sie es immer wieder, in die wertvolle Garderobe von Tante Reni zu schlüpfen und in ihren übergroßen Schuhen herumzustöckeln. Auch wenn es ziemlich unangenehm war, dabei erwischt zu werden.

* * *

Den hohen Lebensstandard in einer wirtschaftlich und sozial angespannten Zeit verdankten die Renners dem Familienoberhaupt Wilhelm. Er hatte als Ingenieur ja bereits eine stattliche Karriere hinter sich, als er im Januar 1934 auf den Direktorenposten des Leipziger Rüstungskonzerns Hugo Schneider Aktiengesellschaft (HASAG) berufen wurde. Als entscheidende Voraussetzung für diesen Karrieresprung galt die Mitgliedschaft in der NSDAP. Dafür hatte der Pfälzer rechtzeitig gesorgt. Noch bevor die NSDAP mit Wirkung zum 1. Mai 1933 eine Aufnahmesperre für Neumitglieder einführte, um des Ansturms der ganzen Eintrittswilligen Herr zu werden, war der »Oberingenieur« Wilhelm Renner unter der Mitglieds-Nummer 1773279 am 1. April 1933 in die Partei eingetreten. Damit gehörte er zu den Hunderttausenden Deutschen, die zwischen Januar und April 1933 einen Aufnahmeantrag für die NSDAP gestellt hatten. In dieser Zeit war die Zahl der Parteimitglieder von 850 000 auf 2,5 Millionen angewachsen. Wilhelm Renner zählte zu jener großen Menge von Neumitgliedern, die von Nationalsozialisten der ersten Stunde damals spöttisch und abwertend als »Märzgefallene« bezeichnet wurden. Allerdings kann Renner keineswegs zu jenen »Tausenden von Konjunkturrittern« gezählt werden, die nicht aus nationalsozialistischer Überzeugung, sondern nur zum persönlichen Vorteil eine Parteizugehörigkeit wünschten. Aufgrund der sich aktuell darstellenden Faktenlage ist davon auszugehen, dass er damals nicht nur aus Opportunismus handelte, sondern auch aus tiefer innerer politischer Überzeugung. In den über elf Jahren, die er dem späteren nationalsozialistischen Musterbetrieb HASAG diente, würde dies noch deutlich zu Tage treten.

Die Hugo Schneider AG war 1899 aus einer Lampenfabrik entstanden, die 1863 in Leipzig gegründet worden war. Eigentlich Hersteller von Beleuchtungs-, Heiz- und Kochgeschirrartikeln, hatte die HASAG schon im Ersten Weltkrieg mit der Produktion von Munitionshülsen und anderen Rüstungsgütern begonnen. Da Anfang der Dreißigerjahre solche Aufträge erheblich zunahmen, spezialisierte sich das Leipziger Unternehmen immer stärker und entwickelte sich schon bald zu einem der größten Rüstungskonzerne in Deutschland. Mit der Machtübernahme Adolf Hitlers 1933 begann die HASAG mit der Lieferung von Munition für die Wehrmacht und wurde ein Jahr später als Wehrmachtsbetrieb eingestuft. In den Jahren bis 1939 wurde der Leipziger Standort erheblich erweitert. Es entstand ein erstes Werk zur Herstellung von Infanteriemunition, neue Fabrikanlagen dienten der Produktion von Gewehrmunition, Zündern und Granaten unterschiedlicher Kaliber und verschiedener Konstruktionsformen. Als die HASAG 1938 ihr 75-jähriges Betriebsjubiläum feierte, zählte die auf mehrere Standorte verteilte Belegschaft bereits 14 000 Beschäftigte. In der Unternehmensführung fanden sich schon sehr früh hohe NS-Funktionäre. Die Generaldirektoren und Direktoren gehörten der »Schutzstaffel« der NSDAP (SS) oder der »Sturmabteilung« (SA) an. Gleiches galt für Angestellte in leitenden Positionen, die ausnahmslos zumindest Mitglieder der NSDAP waren. Wilhelm Renner übernahm im HASAG-Direktorium den Posten des Technischen Direktors und galt als enger Vertrauter des SS-Sturmführers Paul Budin. Ihm, der als Generaldirektor des Unternehmens fungierte, hatte Renner seine Spitzenstellung zu verdanken. Das Ehepaar Budin wohnte ebenfalls in der Montbéstraße und zählte zu den prominenten Nachbarn. Die engen beruflichen und privaten Beziehungen zwischen den Parteigenossen waren augenfällig. Beide Familien verband ein politisch-ideologischer Gleichschritt, der sich bis zur Zerschlagung des Nationalsozialismus 1945 als äußerst tragfähig erwies. Beide Spitzenkräfte der NS-Rüstungsindustrie verdankten ihre ungewöhnliche Karriere den neuen Machthabern, denen sie allem Anschein nach blind ergeben waren.

Was Hannelores Mutter anging, bleiben die Motive für ihren Parteieintritt unklar. Wenn sie aber tatsächlich eine so unpolitische Frau gewesen wäre, wie sie von ihrer Tochter später immer beschrieben wurde, hätte sie auf eine Mitgliedschaft verzichten können. Dennoch beantragte sie vier Jahre nach ihrem Mann am 25. Juli 1937 die Aufnahme in die NSDAP, die rückwirkend zum 1. Mai 1937 mit der Vergabe der Mitgliedsnummer 772960 bestätigt wurde. Erst am 29. April 1937 hatte die NSDAP-Reichsleitung per Anordnung die Mitgliederaufnahmesperre aus dem Jahr 1933 aufgehoben. Als dieses Dekret wirksam wurde, zögerte Irene Renner keinen Moment, in den Kreis der bis 1945 circa 8,5 Millionen umfassenden Parteimitglieder einzutreten. Überliefert wird, dass sie stolz das Parteiabzeichen trug, als überzeugte Anhängerin des NS-Regimes galt und seit dem 14. Dezember 1939 zu den eifrigsten Aktivistinnen in der

NS-Frauenschaft (NSF) gehörte. Zuvor war sie bereits Mitglied des nationalsozialistischen Frauenverbandes »Deutsches Frauenwerk« (DFW) geworden. In der von ihr unterschriebenen Aufnahmeerklärung heißt es: »Ich erkläre hiermit meinen Eintritt in die NS-Frauenschaft. Ich bin deutsch-arischer Abstammung und frei von jüdischem oder farbigem Rasseeinschlag, gehöre keiner Freimaurerloge oder sonst einem Geheimbund an und werde einem solchen während der Dauer meiner Zugehörigkeit zur NS-Frauenschaft nicht beitreten. Ich verspreche, die NS-Frauenschaft mit allen meinen Kräften zu fördern und verpflichte mich zur Zahlung eines monatlichen vorauszahlbaren Beitrages von mindestens ... RM.«

Die NS-Frauenschaft propagierte ein Frauenbild, das eine Macht- und Politikbeteiligung nicht vorsah. Die »Deutsche Frau« sollte ihre Bestimmung als Hausfrau und Mutter finden, Herd und Heim galten als »weiblicher Lebensraum«. Die herausragende Rolle als Mutter gehörte zur völkisch-nationalistischen Ideologie und war Garant für »stählerne, kampfbereite« Nachkommen. Irene Renner gehörte zu den 2,3 Millionen Mitgliedern der NSF, die diese weltanschaulichen Leitbilder verinnerlicht hatten.

Zur Mitgliedschaft gehörte auch der Bezug der »Frauen-Warte«, die alle 14 Tage von der NS-Frauenschaft herausgegeben wurde. Diese »parteiamtliche Frauenzeitschrift Deutschlands« diente hauptsächlich der Verbreitung nationalsozialistischer Propaganda. Auf den wenigen politischen Seiten ging es um aktuelle Entwicklungen und später – oft genug geschönt – um den Kriegsverlauf. Die meisten Seiten wurden mit Strickmustern, Kochrezepten und einem Groschenroman gefüllt.

Nach eigenen Angaben war die Renner-Gattin auch Mitglied des gleichgeschalteten Deutschen Roten Kreuzes (DRK). Dokumentiert ist auch, dass sie der »Nationalsozialistischen Wohlfahrt« (NSV) angehörte. Dieser als Organisation der NSDAP 1933 gegründete eingetragene Verein half bedürftigen Familien und betrieb Kindergärten, die in Konkurrenz zu vergleichbaren kirchlichen Einrichtungen traten. Die meisten Parteimitglieder – so auch Hannelores Mutter – brachten ihre Kinder in NSV-Kindergärten unter, deren Leitspruch lautete: »Händchen falten, Köpfchen senken, immer an den Führer denken. Er gibt euch euer täglich Brot und rettet euch aus aller Not.« Finanziert wurde die NSV aus Spenden und den Beiträgen ihrer zahlenden Mitglieder. 1939 waren dies 11 Millionen.

Hannelore wurde ganz in diesem Geist erzogen und schon früh zu Pflichterfüllung, Selbstbeherrschung, Opferbereitschaft, Leidensfähigkeit, Selbstlosigkeit und Treue angehalten. Als sie im Juni 1938 am Blinddarm operiert werden musste, zeigte sie, was sie verinnerlicht hatte. Irene notiert, die Tochter habe sich als »tapferes Kind« erwiesen, das auch nicht jammerte, wenn es krank war.

PRÄGUNGEN

Hannelores unbeschwerte Leipziger Jahre zählten zu den glücklichsten in ihrem Leben. Auch der Ausbruch des Zweiten Weltkriegs am 1. September 1939 änderte daran zunächst nichts. Es gab kaum Einschnitte und spürbare Veränderungen im Hause der Familie Renner. Die Stadt Leipzig zählte 1939 zu den bedeutendsten Städten im Dritten Reich – auch aus strategischen Gründen. Seit zwei Jahren schon war Sachsen zentrales Aufmarschgebiet der Wehrmacht, da Berlin Druck auf die Tschechoslowakei zur Abtretung des Sudetenlandes ausüben wollte. Nach Abschluss des Münchner

Abkommens vom September 1938 begann die Annexion des Sudetenlandes über sächsische Grenzorte. Die besetzten Gebiete wurden zum Protektorat Böhmen und Mähren. Mit Kriegsbeginn rollten Anfang September 1939 Truppentransporte durch Leipzig nach Polen.

Von all dem bekam die sechsjährige Hannelore so gut wie nichts mit. Was Krieg bedeutete, welche Folgen und Verheerungen er noch bringen sollte, konnte man einem Kind in ihrem Alter nicht vermitteln. Auch über die Pogromnacht vom November 1938, mit der für die 13 000 Juden der Stadt der Anfang vom Ende eingeläutet wurde, verloren die Eltern kein Wort. In der so genannten »Reichskristallnacht« waren zwölf der 13 Leipziger Synagogen in Flammen aufgegangen und viele jüdische Geschäfte zerstört worden.

Das, was Hannelore im Gedächtnis haften blieb, war das erste bewusste Miterleben der Silvesternacht 1939. Erstmals durfte das Kind aufbleiben und im Anschluss an Mutters rauschendes Fest zu ihrem 42. Geburtstag ein großartiges Silvesterfeuerwerk erleben, an das sie sich noch Jahrzehnte später lebhaft erinnerte. Überall im »Reich« feierten die Menschen den Jahreswechsel 1939/40 – voller Hoffnung und Zuversicht auf ein erfolgreiches und rasches Ende des Krieges.

Für Wilhelm Renner begann mit dem Krieg gegen Polen eine andere Zeitrechnung. Auf den HASAG-Direktor kamen neue berufliche Herausforderungen zu, die er mit Elan anging und mit großer Einsatzbereitschaft zu bewältigen suchte. Für die Familie hieß das, dass Wilhelm Renner immer häufiger durch Abwesenheit glänzte. Hannelore konnte nicht begreifen, warum ihr geliebter Vater nur noch selten zu Hause war. Niemand erklärte ihr einleuchtend, warum er ständig ins besetzte Polen fuhr. Das Kind litt unter der regen Reisetätigkeit, deren Ende nicht absehbar war. Nachdem der NS-Musterbetrieb HASAG im besetzten Polen, dem sogenannten »Generalgouvernement«, gleich drei Munitionsfabriken übernommen und erheblich ausgebaut hatte, war das so gerne demonstrierte Familienidyll nur noch selten zu erleben. Irene Renner musste sich über weite Strecken mit der Rolle einer alleinerziehenden Mutter abfinden.

Hannelore hatte derweil genügend Abwechslung. Sie ging neben der Schule mit Freude ihren sportlichen und musikalischen Aktivitäten nach, zu denen sie ihre Mutter mit erdrückender Fürsorge und nicht nachlassender Strenge anhielt. Allein zunehmendes Sirenengeheul in der Nacht und das bedrohliche Dröhnen der Flieger am Himmel warfen vereinzelt Schatten auf den unbeschwerten Alltag. Wilhelm Renner hatte lange vor Kriegsausbruch einen privaten Luftschutzkeller im Hause Montbéstraße 41 bauen lassen. Dieser Bunker stand allen Hausbewohnern zur Verfügung und bot relativen Schutz vor drohenden Bombenangriffen. Für Hannelore und ihre Freundinnen hatte der Gang in den Luftschutzkeller etwas Abenteuerliches – die Angst der Erwachsenen konnten sie nicht einordnen. In den zweistöckigen Betten amüsierten sie sich köstlich, spielten vergnügt mit ihren Puppen und Stofftieren, wussten die nächtlichen Schlafunterbrechungen spielend zu überbrücken und freuten sich diebisch, wenn die Schule ausfiel. Schon im zweiten Kriegsjahr nahm die Zahl der Fliegeralarme in Leipzig erheblich zu. Mutter Irene notierte in ihrem Tagebuch kurz vor Weihnachten 1940 den 27. Alarm. Solange es bei Sirengeheul und der baldigen Entwarnung blieb, waren die Stunden im Renner-Bunker erträglich. Für die Kinder ohnehin, die nicht ahnten, welches Elend diese langen Nächte noch bringen würden.

Nach dem Überfall auf Polen folgte 1940 der Westfeldzug. Am Ende der Offensive waren die Niederlande, Belgien und Luxemburg ebenso von deutschen Truppen überrollt wie Frankreich, wo am 22. Juni der deutsch-französische Waffenstillstand unterzeichnet wurde. Zwei Jahre später begann mit dem »Unternehmen Barbarossa« der Überfall der deutschen Wehrmacht auf die Sowjetunion. Am 7. November 1942 notierte Hannelores Mutter in ihrem Tagebuch den 45. Fliegeralarm auf Leipzig. Wenige Tage später erfolgte die deutsche Kriegserklärung an die USA.

Obwohl die Flächenbombardements auf deutsche Großstädte 1942 erheblich zunahmen und Tod und Vernichtung brachten, ging das Leben im Hause Renner seinen gewohnten Gang. Zwar schränkte der Bezug von Lebensmitteln auf Marken manches ein, doch noch spürte Hannelore für sich ganz persönlich kaum Veränderungen. Sie ging unverdrossen in den Klavierunterricht und erlebte ihre erste Opernaufführung. Im Leipziger Opernhaus wurde die Kinderoper *Hänsel und Gretel* gegeben, die Vertonung des gleichnamigen Märchens der Brüder Grimm durch Engelbert Humperdinck. Und auch die Sommerferien wurden wie in alten Zeiten genossen. Wieder einmal ging es ins Salzkammergut, diesmal an den Mondsee. Der Vater entspannt, die Mutter glücklich, das Kind in bester Laune und guter Verfassung. Dazu eine wunderschöne Landschaft und höchster Komfort – ein Spitzenhotel mit exzellenter Küche und ein abwechslungsreiches Freizeitangebot, in diesem Umfang und in dieser Zeit ein eher seltenes Privileg. Allein die Hin- und Rückreise im Dienstwagen des Vaters war für die Neunjährige ein großes Erlebnis. Aber das Beste an der Reise war, dass Hannelore während des Urlaubs die ungeteilte Aufmerksamkeit ihres Vaters genießen konnte.

Nach Schulbeginn im September 1942 brach in den Leipziger Schulen eine Kinderlähmungsepidemie aus, die im Hause Renner für gewaltige Unruhe sorgte. Die Schulen wurden geschlossen, Hannelore durfte die elterliche Wohnung nicht mehr verlassen. Als dann plötzlich ihre beste Freundin Rena Georgi und deren zwei Jahre ältere Schwester Eva an grippeähnlichen Symptomen litten, brach bei Renners Panik aus. Die beiden Mädchen wohnten nur eine Etage tiefer im Haus in der Montbéstraße. In ihrer großen Angst um ihr Kind spendete Irene sogar Blut, das Hannelore im Krankenhaus vorsorglich übertragen wurde. Irene hoffte, damit ihre krankheitsanfällige Tochter widerstandsfähiger machen und so ihr Überleben sichern zu können. Die panische und wohl auch etwas überzogene Reaktion der Mutter verunsicherte Hannelore. Einerseits spürte sie, dass ihre Eltern alles tun würden, um sie vor den Gefahren des Lebens zu schützen. Gleichzeitig musste sie erleben, dass es Dinge gab, die ihrer bis dahin so behüteten Kindheit schwere Risse zufügen konnten. In diesem Fall waren es Krankheit und Tod, die gewaltsam in ihr Leben einbrachen. Bei Eva hatte die Infektionskrankheit rasch die muskelsteuernden Nervenzellen des Rückenmarks befallen und schwere Lähmungserscheinungen hervorgerufen. Nach nur drei Tagen starb sie an Atemlähmung. Das Mädchen gehörte zu den ersten Opfern der fürchterlichen Epidemie. Für Hannelore, vor allem aber für ihre Freundin Rena ein schwerer Schock. Die Eltern Renner wussten, dass dieses Schicksal auch Hannelore hätte treffen können. Nach außen hin taten sie alles, um die Neunjährige davor zu bewahren und sie bestmöglich zu versorgen. Die in dieser Situation aber so notwendige emotionale Zuwendung, die kindgerechte Auseinandersetzung mit Tod und Leid, griff indes zu kurz. Der Vater war ständig unterwegs, die Mutter gefangen in ihrer distanzierten Haltung, das Kind mit diesem ersten Trauma seines Lebens weitgehend alleingelassen. Das unbeschwerte Kinderlachen in der Montbéstraße erklang seltener.

* * *

Am 2. Februar 1943 wurde die Schlacht um Stalingrad mit der Kapitulation der deutschen Truppen beendet. Wenig später schwor Reichspropagandaminister Joseph Goebbels in seiner Rede im Berliner Sportpalast die Deutschen auf den »totalen Krieg« ein. Was das bedeutete, sollten vor allem die Bewohner der Großstädte zu spüren bekommen – der Krieg, dessen Schauplätze bislang fern der »Heimatfront« gelegen hatten, hielt Einzug in das Leben der Zivilbevölkerung. Lebensmittelrationierungen bestimmten den Alltag in Nazideutschland, der Bombenkrieg nahm von Woche zu Woche an Heftigkeit zu. Währenddessen vermeldete das Oberkommando der Wehrmacht unverdrossen bedeutende Kriegserfolge an der Ostfront. Am 7. März empfing Adolf Hitler in seinem Hauptquartier »Werwolf« nahe des ukrainischen Winniza Rüstungsminister Albert Speer, um das dringliche Problem der nachlassenden Waffenproduktion zu besprechen. Speer, wichtigster Auftraggeber der HASAG, war Hannelores Vater in seiner Eigenschaft als Direktor beim NS-Rüstungskonzern schon mehrfach begegnet. Das Treffen zwischen Speer und Hitler sollte auch für Wilhelm Renner und die HASAG Folgen haben. Ein Jahr später wurde das Unternehmen mit der Massenproduktion von Raketenwerfern und Panzerfäusten betraut und als »NS-Musterbetrieb« ausgezeichnet. Während zu Beginn des Krieges in der Rüstungsindustrie nur besonders zuverlässige »deutsche Elitekräfte« arbeiteten, wurden mit der Zeit verstärkt Zwangsarbeiter eingesetzt. Auch die HASAG rekrutierte diese Kräfte aus verschiedenen Außenstellen der Konzentrationslager in Deutschland sowie im »polnischen Generalgouvernement«.

Im Hause Renner wurde an jenem 7. März 1943 ein großes Fest gegeben. Der zehnte Geburtstag von »Püppi« wurde wie schon in den Jahren zuvor ohne Abstriche mit allen Freundinnen und Schulkameradinnen gefeiert. Hannelore wurde mit Geschenken überhäuft, die Kinder stürzten sich vergnügt auf die Süßigkeiten und Kuchen, die das Hauspersonal bereitgestellt hatte. Mitten im Krieg ein bisschen heile Welt, die es so bald nicht mehr geben sollte.

Mit ihrem zehnten Geburtstag begann für Hannelore automatisch die Mitgliedschaft in einer NS-Organisation. Die Nachwuchsorganisation der NS-Frauenschaft, in der Mutter Renner zu den prominenten Mitgliedern zählte, war der Bund Deutscher Mädel (BDM) für die 10- bis 18-Jährigen. Darin eingeschlossen war der Jungmädelbund (JM) für die 10- bis 13-jährigen Mädchen. Hannelore Renner gehörte, wie Millionen anderer Kinder, ab sofort und selbstverständlich dazu. Seit 1936 wurden alle Jugendlichen des Deutschen Reiches zu einer Mitgliedschaft in der Hitlerjugend (HJ) oder im Bund Deutscher Mädel zwangsverpflichtet. Nach dem Willen der Naziführung sollten die Jungen zu »politischen Soldaten«

und die Mädels zu »starken und tapferen Frauen« erzogen werden. Die Jungmädels sollten sich bereits in »Handarbeit und Kochen« auskennen und für die »Wärme des heimatlichen Herdes« sorgen lernen.

Das alles entsprach nicht nur der geistigen und politisch-ideologischen Linie der Eltern, sondern auch den damaligen Erziehungsidealen der gehobenen Schicht der Leipziger Parteigänger, zu denen die Renners gehörten. Wenn es nach den Vorstellungen ihrer Eltern gegangen wäre, hätte es keiner Zwangsverpflichtung bedurft, Hannelore wäre auch freiwillig Mitglied geworden. Das Kind trug die Standardbekleidung der Jungmädel gerne – dunkelblauer Rock, weiße Bluse und schwarzes Halstuch mit Lederknoten – und fand wie die meisten Kinder in diesem Alter großen Gefallen an der gut organisierten gemeinsamen Freizeitgestaltung im JM. Dazu zählten vor allem Ausflüge, Wanderungen, Märchen- und Theateraufführungen, Puppen- und Marionettenspiele sowie Tanz und Musik. Durch »gymnastische Schulung« sollten die Mädchen Anmut lernen und auf ihre zukünftige Rolle als Mütter vorbereitet werden. Im Winterhalbjahr gehörten Handarbeit- und Bastelabende zum Regelangebot der Jungmädel in Leipzig. Die Renner-Tochter zählte von Anfang an zu den verlässlichen Mitgliedern, die mit Freude und Vergnügen all das mitmachte, was der Jungmädelbund bot. Das Einzelkind mochte die gute Kameradschaft und genoss das Zusammensein mit anderen. Die stolzen Eltern registrierten erfreut, wie »positiv« sich das Eingebundensein in diese neue Gemeinschaft auf die körperliche und seelische Entwicklung ihrer Tochter auswirkte. Mutter Renner gefiel sich mit ihrem starken Engagement in der NS-Frauenschaft in der Rolle des nachahmenswerten Vorbildes für ihre Tochter.

Im Herbst 1943 bestand Hannelore mit Bravour die Aufnahmeprüfung für die Leipziger Höhere Mädchenschule, die 1933 in »Gaudigschule« umbenannt worden war. Der Name verwies auf den Reformpädagogen Hugo Gaudig, zu dessen didaktischem Konzept die freie geistige Arbeit und eine offene Persönlichkeitsbildung gehörten. Gaudig legte Wert auf Individualität und eine Erziehung zu eigenständigem Denken. Doch längst waren diese Erziehungsmethoden verpönt, und das NS-Regime versuchte mit Erfolg, die Lehrerschaft der Gaudigschule ideologisch zu unterwandern. Hannelore hatte sich seit ihrer Einschulung längst an den morgendlichen Appell mit Hitlergruß vor Unterrichtsbeginn gewöhnt. Auch bei den Jungmädel-Treffen war der »Deutsche Gruß« verpflichtend, eine Selbstverständlichkeit, die vor allem für die Jüngeren nicht zwangsläufig mit dem nationalsozialistischen Personenkult um Adolf Hitler gleichgesetzt wurde. Es gehörte einfach dazu und wurde naturgemäß nicht hinterfragt. »Heil Hitler« ging Jungmädels wie Hannelore eines war, ebenso geläufig über die Lippen wie »Guten Morgen«. Dass der Vater auch zu Hause gerne Uniform trug, war ein gewohntes Bild; ebenso, dass bei den rauschenden Festen im Hause Renner die braune Prominenz ein- und ausging.

Kapitel 2

BOMBENKRIEG

Der von Nazi-Deutschland entfesselte Zweite Weltkrieg wütete nun schon im vierten Jahr. Es herrschte Krieg an allen Fronten, die Tötungsmaschinerie in den Konzentrationslagern lief unaufhaltsam. Nach den raschen Eroberungen im Westfeldzug und den ersten Erfolgen im Krieg gegen die Sowjetunion beherrschte das nationalsozialistische Deutschland 1943 den größten Teil des europäischen Kontinents. Erst, nachdem sich die 6. deutsche Armee in Stalingrad nach einer der blutigsten Schlachten der Weltgeschichte der Roten Armee ergeben hatte, begann sich das Blatt zu wenden. Beinahe pausenlos bombardierten alliierte Fliegerverbände das »Reichsgebiet« und legten Städte und Dörfer in Schutt und Asche. Leipzig wurde wegen seiner Rüstungsindustrie wiederholt zum Ziel massiver Bombardements. Allein in der Nacht zum 21. Oktober 1943 warfen 285 britische Flugzeuge bei 15 Verlusten 1085 Tonnen Bomben auf die Stadt ab. Wegen ungünstiger Witterung verfehlten die meisten Maschinen mit ihrer todbringenden Fracht allerdings ihr Ziel. Der schwerste britische Luftangriff auf die »Reichsmessestadt« erfolgte am 4. Dezember 1943. Sechzehn Minuten lang dauerte das Bombardement. Zwischen 3.58 und 4.14 Uhr warfen 527 Flugzeuge bei 23 Verlusten in mehreren Angriffswellen 1382 Tonnen Bomben auf die Stadt ab, darunter Luftminen, Spreng- und Brandbomben. Noch drei Tage später brannte die Stadt. Mehr als 1800 Männer, Frauen und Kinder kamen dabei um. 140 000 Menschen, ein Fünftel der Einwohner, wurden obdachlos. Eine Schneise der Zerstörung – drei Kilometer breit und fünf Kilometer lang – zog sich vom Norden über das ganze Stadtzentrum Leipzigs nach Süden und Südosten. Die Statistik weist aus, dass über 4000 Gebäude durch den Angriff total zerstört wurden, darunter 56 Schulen, mehrere Krankenhäuser, neun Kirchen, mehrere Theater und das Hauptgebäude der Universität. 50 Millionen Bücher verbrannten. Die Buch-, Kunst- und Messestadt war so schwer getroffen wie nie zuvor in ihrer Geschichte.

Die Bewohner der Montbéstraße 41 hatten großes Glück. Sie überlebten den »Terrorangriff«, wie die Propaganda formulierte, im Bunker des Hauses. Dennoch grub sich die verheerende Bombennacht allen ins Gedächtnis ein. Nach der Entwarnung waren die Hausbewohner auf die Straße gerannt, um die Schäden zu begutachten. Was sich dort vor ihren Augen abspielte, war ohne Beispiel: Wo immer sie hinschauten, sahen sie brennende Häuser. Es tobte ein unbeschreiblicher Feuersturm, der ein Getöse verursachte, das die Überlebenden nie vergessen würden. Hannelore und ihre beste Freundin Rena waren starr vor Angst. Sie erlebten Menschen, die verzweifelt versuchten, die verheerenden Brände zu löschen und mit Töpfen und Eimern gegen das Flammenmeer anzukämpfen. Sie sahen fürchterlich verstümmelte und verkohlte Leichen und blickten auf die Kraterlandschaft, die das Bombardement hinterlassen hatte. Sie spürten erstmals, was Krieg bedeutet. Begreifen konnten sie nichts.

Das Haus in der Montbéstraße 41 war eines der wenigen im Viertel, das wie durch ein Wunder verschont geblieben war. Lediglich sämtliche Fensterscheiben waren zerborsten. Die eigentliche Katastrophe der schrecklichen Bombennacht war für Hannelore der Tod des Dackels »Dorli«. Der quirlige Jagdhund des Vaters war ihr über

Jahre ein treuer Begleiter gewesen. Der Tod des geliebten Tieres war furchtbar für sie, nichts und niemand konnte sie trösten in ihrem Leid. Tagelang trauerte sie um »Dorli« und es dauerte lange Zeit, bis sie den Verlust ihres Dackels verkraftet hatte.

Nach dieser schweren Bombennacht beschloss Wilhelm Renner, Frau und Tochter aus der Gefahrenzone zu bringen. Schon zwei Tage nach der Bombardierung Leipzigs und dem anschließenden Feuersturm begann die überhastete Evakuierung. Auch die Nachbarn und Hannelores beste Freundin Rena Georgi verließen die Stadt. Wilhelm Renner lud ein paar Taschen mit dem Nötigsten in seinen Dienstwagen und brachte seine Lieben persönlich in das gut 25 Kilometer von Leipzig entfernte Städtchen Grimma. Mutter und Kind fanden bei einer ihnen kaum bekannten Familie Aufnahme. Das Leben in Überfluss und Luxus fand damit ein jähes Ende. Getrennt vom Vater, der in Leipzig blieb, getrennt von den Freundinnen, waren Hannelore und ihre Mutter nun Fremde unter Fremden.

Schlimmer konnte es kaum kommen. Hannelore setzte nicht nur der Verlust der vertrauten Umgebung massiv zu. In Leipzig hatte sie sich noch von ihrem geliebten Kindermädchen verabschieden müssen. Die herzensgute und feinfühlige Hilde war als Rotkreuz-Schwester zum Kriegsdienst eingezogen worden und hatte in Hannelores Leben eine riesige Lücke hinterlassen. Wann immer sie an sie dachte, kamen ihr die Tränen. Ihren Schmerz konnte sie mit niemandem teilen. Das Leben, das sie nun führen musste, war völlig ungewohnt. Die Zahl der Spielzeuge war auf ein Minimum begrenzt, es gab auch keinen privaten Musikunterricht mehr. Mit ihrer Mutter lebte sie auf engstem Raum, vorbei die Zeit, in der Irene zahlreiche Hausangestellte mit den praktischen Dingen des Alltags betrauen konnte.

Hannelores Mutter empfand die neue Situation als tiefen Absturz. Hier war sie nicht mehr länger die Direktoren-Gattin, die sämtliche Privilegien genoss; hier war sie eine Namenlose unter vielen. Rauschende Partys und fröhliche Damenkränzchen gab es nicht mehr, nun ging es ums Überleben. Was jetzt noch blieb, war die Erinnerung an die glanzvolle Vergangenheit – und die Hoffnung auf bessere Zeiten.

* * *

Unterdessen kamen auf den HASAG-Direktor Wilhelm Renner ständig neue Aufgaben und Verantwortlichkeiten zu. Der »Vizefeldwebel d.Res.« des Ersten Weltkriegs war seit Kriegsbeginn 1939 »uk«, unabkömmlich. Seit 1934 gehörte er zum Spitzenmanagement des inzwischen kriegswichtigen Großunternehmens. Mit Hilfe von Krediten des Reichsfinanzministeriums, die über die SS-Hausbank Dresdner Bank abgewickelt wurden, hatten die deutschen HASAG-Standorte erheblich erweitert werden können. Mit Beginn des Zweiten Weltkriegs produzierte die Firma ausschließlich für die Wehrmacht. Mit 27 000 Beschäftigten, davon über 10 000 allein im Stammwerk in Leipzig, nahm sie einen Spitzenplatz unter den deutschen Munitionsfabriken ein. 1930 hatte das Unternehmen gerade einmal 1000 Mitarbeiter gezählt.

Ihren Beschäftigten gewährte die Firma eine Reihe besonderer Vergünstigungen. Dazu zählten Geburtenbeihilfen und Kindergeld, Unfallrenten und verbilligtes Kantinenessen. Siedlungsdarlehen förderten den Bau von Eigenheimen. Die HASAG-Mitarbeiter konnten das betriebseigene Schwimmbad, den Sportplatz und die Bibliothek benutzen. Das Unternehmen finanzierte den Männerchor und die nationalsozialistische »Werkschar«. Mit diesen sozialen Anreizen gelang es dem Unternehmen, die Arbeitsleistung zu fördern und die innerbetriebliche Unterstützung für das nationalsozialistische Regime zu verbessern.

Entscheidend für die Expansion der Leipziger Aktiengesellschaft waren die Aufträge der Deutschen Wehrmacht und der steigende Munitionsbedarf der Armee. Nach der Besetzung Polens wurden dem Leipziger Werk die ehemalige staatliche Munitionsfabrik in Skarzysko-Kamienna sowie weitere Betriebe in Kielce und Tschenstochau übertragen. Nach dem Überfall auf die Sowjetunion 1941 kam es in der deutschen Rüstungsindustrie zu erheblichen Engpässen, der Bedarf an Waffen und Munition konnte kaum noch befriedigt werden. Für die HASAG begann damit eine Phase extremen Wachstums. Ende 1943 stieg die Zahl der Beschäftigten auf insgesamt 60 000 Personen. Der NS-Musterbetrieb war besonders gefordert, neue Waffensysteme mussten her. Für das Direktorium eine gewaltige Herausforderung und vor allem für den technischen Direktor Wilhelm Renner die Aufgabe seines Lebens.

Der Vertraute des Generaldirektors und fanatischen, mittlerweile zum SS-Obersturmbannführer beförderten Paul Budin war dabei, wenn auf höchster Ebene mit den Spitzen des Ministeriums für Bewaffnung und Munition über Auftragsvergaben verhandelt wurde. Der zu rücksichtsloser Härte neigende Wehrwirtschaftsführer Budin verfügte über beste Kontakte zur NS-Führung. So gehörte er dem berühmt-berüchtigten »Freundeskreis Reichsführer-SS« an, auch als »Freundeskreis Himmler« bekannt. Diese Vereinigung von etwa fünfzig hohen und höchsten SS- und SA-Mitgliedern dokumentierte die engen Beziehungen zwischen Großindustrie und NSDAP. Von der Machtübernahme an spendeten die Mitglieder jährlich rund 1 Million Reichsmark an Heinrich Himmler. Als Reichsführer-SS und Chef der Deutschen Polizei war Himmler einer der Hauptverantwortlichen für die Vernichtung der europäischen Juden und Roma sowie für zahlreiche weitere Verbrechen. Durch seine engen Verbindungen verfügte der HASAG-Generaldirektor und Renner-Förderer über streng vertrauliche Informationen, bestimmt auch über das, was in den deutschen Konzentrations- und Arbeitslagern geschah. Von seinem Herrschaftswissen profitierte sicherlich regelmäßig das gesamte Direktorium der HASAG, die zunehmend Probleme bekam, genügend Arbeitskräfte für ihre Betriebe zu rekrutieren. Diese heikle Aufgabe wurde Wilhelm Renner übertragen. Vermutlich war er wie andere Sozialdirektoren schon bald verantwortlich für die Beschaffung von Arbeitskräften aus verschiedenen Konzentrationslagern, darunter Ravensbrück, Buchenwald und Majdanek. Paul Budin hatte seinen technischen Direktor zusätzlich zum Direktor für Soziales berufen – eine Schlüsselstellung an der HASAG-Spitze.

Wilhelm Renner gehörte nicht zu den Leisetretern im Unternehmen. Mit klarem Verstand und äußerster Präzision unternahm er alles, um die HASAG zum Erfolg zu führen. Er war ein wichtiges Rädchen in der Rüstungsindustrie und stellte seine herausragenden ingenieurtechnischen Fähigkeiten, seine Intelligenz und unverwüstliche Arbeitskraft unumschränkt in den Dienst der Partei und ihrer verbrecherischen Kriegsziele. Solange das HASAG-Unternehmen genügend Waffen und Munition produzierte, solange würde sein Posten gesichert sein und solange konnte der Krieg fortgesetzt werden.

* * *

Irene Renners Tagebucheinträge geben auch in der Zeit nach der Evakuierung verlässliche Auskünfte über die wichtigsten Daten im Leben von Mutter und Tochter. Die meist emotionslos notierten und kaum kommentierten Fakten sind zum Teil die einzigen Quellen über ihren Verbleib an den Evakuierungsorten, über Ankunft und Abreise in den wirren Jahren des Krieges. In den jeweiligen Einwohnermeldeämtern lassen sich dazu so gut wie keine Unterlagen finden. So existiert beispielsweise im Archiv der heutigen Großen Kreisstadt Grimma kein Beleg über den zehnwöchigen Aufenthalt der Renners 1943. Kaum jemandem der Evakuierten stand der Sinn danach, sich zwischen Bombenalarm, Tieffliegerangriffen und Nahrungsbeschaffung auf dem Rathaus registrieren zu lassen. Zumal für viele Betroffene mit der ersten Evakuierung eine langwierige Odyssee über viele Stationen begann. Auch Hannelore und ihre

Mutter hatten sich kaum in der nordsächsischen Provinz eingelebt, als die Reise weiterging. Neues Ziel war das mittelsächsische Städtchen Döbeln, von Leipzig etwa 65 Kilometer entfernt und in der Mitte des Dreiecks Chemnitz, Dresden und Leipzig gelegen. In die damals über 25 000 Einwohner zählende Kleinstadt zogen Irene und Hannelore Renner laut Tagebucheintrag am 13. Februar 1944. Nach einigen Tagen in einer provisorischen Unterkunft fanden sie ein neues Zuhause in einer Einzimmerwohnung in der Zwingerstraße 11. Eine offizielle Registrierung im Einwohnermeldeamt lässt sich auch in dieser Stadt nicht nachweisen. Wichtigster Grund für den Umzug nach Döbeln war die Existenz einer weiterführenden Schule, die Hannelore besuchen sollte. Als erste »Maßnahme« meldete Irene Renner ihre Tochter an der »Staatlichen Oberschule für Jungen« an, einem humanistischen Gymnasium mit Latein und Englisch sowie Französisch als Wahlfach. In der Weimarer Republik firmierte die Schule als »Staatsrealgymnasium mit Höherer Landwirtschaftsschule«, 1947 hieß sie »Lessing-Oberschule« und 1968 wurde sie in »Erweiterte Lessing-Oberschule« umbenannt. Hannelores Schulweg zur Oberschule in der Adolf-Hitler-Straße 9 – heute Straße des Friedens 9 – betrug gute fünf Minuten. Außer Hannelore besuchten nur noch zwei weitere Mädchen das Jungengymnasium. Die eher schüchterne Renner-Tochter musste sich in dieser für sie so fremden Knabenwelt behaupten und lernen, sich selbstbewusst durchzusetzen. Aber sie lebte sich schneller ein als erwartet, erwies sich als belastbar und glänzte vor allem in den Fächern Mathematik und Deutsch. In der Schule konnte der Unterrichtsbetrieb nur mit Einschränkungen fortgeführt werden. Der Lehrkörper war durch die Kriegsteilnahme von mehr als acht Lehrern stark dezimiert, viele Schüler der oberen Klassen wurden notdienstverpflichtet und als Luftwaffenhelfer in Berlin und Dresden eingesetzt. Im Schuljahr 1944/45 konnte ein geordneter Unterricht kaum noch durchgeführt werden. Wie das Hauptbuch der Schule ausweist, gab es wegen Evakuierungen und Kinderlandverschickung ein ständiges

Kommen und Gehen. Viele Schüler blieben nur einige Wochen, manche sogar nur wenige Tage an der Schule. Immerhin war die Lebensmittelversorgung in der Kleinstadt einigermaßen gesichert. Aber wenn die Renners geglaubt hatten, mit dem Umzug von Leipzig nach Döbeln wären sie dem Bombenkrieg entkommen, sahen sie sich getäuscht. Auch in Döbeln heulten nun ständig die Sirenen, auch hier gab es häufig Fliegeralarm, auch hier flohen die Menschen zum Schutz vor Bombenabwürfen in überfüllte Bunker. Verglichen mit Leipzig hatten die Bewohner der Kleinstadt aber immer noch großes Glück. Allein Ende Februar 1944 warfen bei einem Nachtangriff 700 britische Bomber 2300 Tonnen Bomben ab. 970 Menschen kamen ums Leben. In den kommenden Monaten erfolgten unter dem Codenamen »Haddock« weitere britische und amerikanische Bombardierungen, deren Ziel zunächst Industrie- und Verkehrsanlagen waren, später wurde auch der Stadtkern mit Flächenbombardements überzogen. Erst mit dem Einmarsch der US-Truppen am 18. April 1945 endete der Luftkrieg um Leipzig.

* * *

Schon seit Oktober 1938 gab es in Nazideutschland eine Kriegsdienstverpflichtung für Frauen und Mädchen. Nach dieser Notdienstverordnung konnten sie zur »Bekämpfung öffentlicher Notstände« herangezogen werden. Zu Beginn des Krieges im September 1939 wurden alle Deutschen beiderlei Geschlechts im Alter von 15 bis 70 Jahren »notdienstverpflichtet«, wenn sie nicht zwei oder mehr Kinder unter 15 Jahren im Haushalt zu betreuen hatten. Im Januar 1943 gab es dann eine neue Ausführungsverordnung. Danach mussten sich alle Frauen vom 17. bis zum 45. Lebensjahr beim zuständigen Arbeitsamt melden. Auch Irene Renner kam daran nicht vorbei. Ende Februar 1944 wies das Döbelner Arbeitsamt der Dame aus der Leipziger Gesellschaft eine »Tätigkeit« zu – für Irene ein radikaler

Bruch mit ihrem bisherigen Leben als Direktorengattin. Fortan war sie als ungelernte Hilfskraft kriegsdienstverpflichtet. Sie, die körperliche Arbeit nicht kannte, jahrelang mehrere Hausangestellte befehligt und einen Mann an ihrer Seite hatte, der ihr Leben mit allen denkbaren Mitteln verschönert hatte, war nun gezwungen, halbtags am Fließband zu arbeiten, noch dazu im Vierer- und Sechserakkord. Weder ihre NSDAP-Mitgliedschaft bei unverbrüchlicher nationalsozialistischer Systemtreue, noch ihr starkes Engagement in der NS-Frauenschaft konnten sie vor dieser für sie so demütigenden körperlichen Tätigkeit bewahren. Mit Disziplin und dem festen Glauben daran, ihren Beitrag zum Sieg zu leisten, orientierte sie sich jedoch erstaunlich rasch um und erwies sich schließlich als geschickte Helferin in der Firma von Johannes Großfuß. Die Metall- und Lackwarenfabrik mit Sitz auf dem Burgstadel an der Kleinbauchlitzer Straße – heute Grimmaische Straße – hatte einst lackierte Wirtschaftsartikel wie Vogelkäfige, Ofenschirme und Kohlenkästen in prachtvoller Ausführung sowie Haus- und Küchengeräte, Waschtische und Bidets produziert. 1937 hatte die Firma vom Heereswaffenamt einen Auftrag zur Weiterentwicklung des Maschinengewehrs 34 erhalten. Nach mehreren Versuchsmodellen und nochmals verbesserten Varianten wurde dort das Maschinengewehr 42 entwickelt und bis Anfang 1945 produziert. Nach dem Krieg folgten Demontage und Umwandlung in den volkseigenen Betrieb (VEB) Metallbau.

Zeitweise waren also sowohl Wilhelm als auch Irene Renner unmittelbar an kriegswichtigen Produktionen beteiligt: er auf höchster Ebene, sie als eine von Tausenden ungelernter Arbeiterinnen. Beide gingen auf unterschiedliche Weise einer Tätigkeit nach, die mithelfen sollte, den Krieg zu gewinnen, den Sieg Hitler-Deutschlands zu sichern. Inwieweit die Fabrikarbeiterin mit ausländischen Zwangsarbeitern in direkten Kontakt kam, ist nicht überliefert. Gesichert ist, dass es auch in Döbelns Rüstungsunternehmen Hunderte von Zwangsarbeitern und Zwangsarbeiterinnen gab, die unter unwürdigen Bedingungen ihr Leben fristen mussten. Heute gibt es in Döbeln einen Gedenkstein für sowjetische und polnische Frauen und Männer, die im Krieg hierher verschleppt und Opfer von Zwangsarbeit wurden.

Die elfjährige Hannelore hielt es nicht lange allein zu Hause. Jeden Tag ging sie nach Schulschluss in die Kantine der Firma Großfuß. Sie half in der Küche, schrubbte Tische und Stühle, räumte auf, bevor die nächsten Schichtarbeiterinnen kamen. Als Entgelt erhielt die Schülerin die gleiche warme Mahlzeit wie die Angestellten des Unternehmens. Der gemeinsame Heimweg mit der Mutter wurde immer wieder durch Bombenalarme unterbrochen. Vor allem Tiefflieger sorgten für Angst und Schrecken, wenngleich sie glücklicherweise kaum nennenswerte Schäden anrichteten. Panik und Todesangst wurden zu ständigen Begleitern. Die Menschen in Döbeln hatten Angst vor der Rache der Alliierten, eine Sorge, die die Elfjährige kaum verstand. Von den Verbrechen der Deutschen hatte Hannelore keine Ahnung, niemand dachte daran, das Kind aufzuklären. Wer hätte das auch tun sollen. Die einzige Bezugsperson, die sie in dieser Zeit hatte, ihre Mutter, hatte die Parolen der Nazi-Propaganda fest verinnerlicht und hoffte vermutlich nach wie vor auf den Endsieg. Aber der Krieg rückte unerbittlich näher.

Döbeln verfügte damals über einen stark frequentierten Eisenbahnknotenpunkt. Viele Jahre war das Städtchen Drehkreuz zwischen Riesa und Chemnitz beziehungsweise zwischen Leipzig und Dresden. Im Winter 1944/45 kamen über diesen Eisenbahnknotenpunkt massenweise Transporte mit verwundeten Soldaten von der Ostfront sowie mit Flüchtlingen aus Ostpreußen und Schlesien an. Die Menschen mussten betreut und erstversorgt werden. Zweimal in der Woche half Hannelores Schulklasse beim »Bahnhofsdienst«, um die Arbeit des Sanitätspersonals vom Roten Kreuz zu unterstützen. Die Schüler halfen, Tote von Lebenden zu trennen, Unrat und Schmutz aus den Waggons zu entfernen. Hannelore, eine der Jüngsten unter den Helfern, erlebte schreckliche Szenen. Vor allem in den Flüchtlingswaggons boten sich grauenhafte Bilder.

Mütter klammerten sich an ihre erfrorenen Kinder und wollten die Toten nicht loslassen. Die Schüler mussten die kranken, durchgefrorenen und hungrigen Greise, Frauen und Kinder zu den fünf Minuten vom Bahnhof entfernten Baracken, den Notquartieren am Sternplatz, begleiten. Dort erhielten sie eine bescheidene Verpflegung und wurden provisorisch medizinisch versorgt. Die Jugendlichen waren hoffnungslos überfordert und wurden auf dem Bahnhof von Döbeln meist zum ersten Mal unmittelbar mit der Härte des Krieges konfrontiert. In Leipzig hatte Hannelore bei den fürchterlichen Luftangriffen erlebt, dass Menschen verschüttet wurden und nicht aus den Trümmern geborgen werden konnten. Sie kannte den penetranten Geruch von verbrannten Menschen, von verbrannter Materie, der lange über den Straßen hing und nicht abzog, obwohl Wind und Regen hätten helfen können. Sie hatte nicht enden wollende Feuerstürme gesehen, die den Asphalt zum Brennen brachten. Doch was sich auf dem Bahnhof in Döbeln im Dezember 1944 und im Januar 1945 abspielte, war im Vergleich zu allem, was sie bisher erleben musste, ohne Beispiel.

Die direkte Konfrontation mit Tod, mit Verstümmelungen und nacktem Grauen ist für jeden Menschen nur schwer zu ertragen. Für junge Menschen ist sie kaum zu bewältigen. Zumal von Hannelore und ihren Klassenkameradinnen und -kameraden erwartet wurde, dass sie funktionierten. Für Entsetzen und Todesangst, für Panik und Schrecken war kein Platz. Was man den Kindern von damals nur wünschen kann, ist eine Umgebung, in der sie das loswerden konnten, was sie bewegte. Wenn man sich heute mit den Aussagen von Zeitzeugen befasst, wird schnell deutlich, dass nur die wenigsten diesen Raum hatten. Nicht während des Krieges und auch nicht hinterher, als alle Kraft dem Wiederaufbau galt. Die Generation der Kriegskinder wurde mit ihren traumatischen Erlebnissen weitgehend alleine gelassen. Eine psychologische Begleitung, wie sie heute Hinterbliebenen oder Einsatzkräften bei einer Großkatastrophe zur Verfügung steht, gab es nicht.

Hannelore hat sich mir gegenüber nicht dazu geäußert, welche Seelenqualen diese Hilfsdienste auf dem Bahnhof Döbeln in ihr ausgelöst haben. Dass sie damit heillos überfordert war, steht für mich dennoch außer Frage. Man weiß von erwachsenen Hilfskräften und Feuerwehrleuten, dass gerade die Beseitigung von Leichen, vor allem von Kinderleichen, eine extreme Belastung darstellt. Wenn ein Kind solchen Belastungen ausgesetzt ist, besteht die Gefahr, dass es jeden inneren Halt verliert.

Wenn Hannelores Mutter in dieser Situation eine Halt gebende Person war, konnte die Tochter diese einschneidenden Erlebnisse möglicherweise gut verarbeiten. Wenn man aber an die Distanziertheit von Irene Renner denkt, an das beständige Einfordern von Härte gegen sich selbst und andere, scheint es eher unwahrscheinlich, dass sie ihr Kind in diesen Momenten sensibel auffing. Auch wenn es spekulativ sein mag, bin ich überzeugt davon, dass Hannelore damals schon die Erfahrung machen musste, dass man Traumata besser wegdrückt, im Dunkeln lässt und kein Licht in die eigene Gefühlswelt hineinbringt.

VERSTRICKUNGEN

Gerade in dieser schwierigen Lebenslage sehnte sich Hannelore sicherlich mehr als je zuvor nach ihrem Vater. Mutter und Tochter pendelten jedenfalls so oft es ging zwischen Döbeln und Leipzig und nutzten jede Gelegenheit – und sei es auch nur für wenige Minuten –, Wilhelm Renner zu sehen. Je seltener der geliebte Mensch wegen seiner hochbrisanten beruflichen Verpflichtungen verfügbar war, umso wunderbarer war es für die Elfjährige, wenn er einmal Zeit für sie hatte. Zu ihrem großen Schmerz wurden die Begegnungen im weiteren Verlauf des Krieges immer weniger, nach dem verheerenden Bombardement auf die Elbmetropole in der Nacht vom 13. auf den 14. Februar 1945 kamen sie ganz zum Erliegen. Im »Feuersturm« von Dresden kamen 25 000 Menschen ums Leben. Nur fünf Tage vorher hatten Hannelore und ihre Mutter Freunde in der Stadt besucht.

Der HASAG-Direktor kämpfte um die Aufrechterhaltung der Betriebsordnung und die Sicherung der mit Hochdruck betriebenen Panzerfaustproduktion. Das Leipziger Rüstungsunternehmen hatte sich an die Bedingungen des Dauerkrieges angepasst. Die Maschinen der HASAG liefen rund um die Uhr. Ende 1942 war die erste Panzerfaust im Stammwerk entwickelt worden. Wilhelm Renner hatte daran keinen geringen Anteil. Er war zwar nicht der Erfinder der Panzerfaust, aber bei der Entwicklung ein wichtiger Ratgeber der Ingenieure. Adolf Hitler selbst hatte im Sommer 1944 eine »Schnellaktion Panzerfaust« angeordnet und dieser absoluten Vorrang eingeräumt. Das HASAG-Direktorium schaffte es in einem gewaltigen Kraftakt, innerhalb weniger Monate den Ausstoß an Panzerfäusten um das Dreifache zu erhöhen. Der nationalsozialistische Vorzeigebetrieb gehörte 1944 mit 64 000 Arbeitern – darunter 40 000 Ausländern – zu den bedeutendsten Rüstungsunternehmen Deutschlands.

Die Geschichte der HASAG, von den Leipziger Wissenschaftlern Mustafa Haikal und Klaus Hesse mittlerweile gut erforscht, ist unlösbar mit dem Schicksal einer großen Zahl von Zwangsarbeitern verbunden. Das Unternehmen beschäftigte nach jüngsten Erkenntnissen Frauen und Männer aus zwölf Nationen. Es war die SS-Führung, die wegen des starken Mangels an Arbeitskräften die Idee entwickelt hatte, Millionen von Juden vor ihrer Ermordung in der

Rüstungsindustrie einzusetzen. Das geschah zunächst in den Rüstungsfabriken der HASAG im »Generalgouvernement«, dem besetzten Polen. In aller Eile wurden polnische Juden auf dem dortigen Werksgelände interniert. Schwangere oder nicht mehr arbeitsfähige Personen wurden an Ort und Stelle erschossen. Die meisten der Betroffenen waren nach drei Monaten physisch und psychisch am Ende und wurden bei regelmäßig stattfindenden Massenerschießungen durch den SS-Werksschutz »eliminiert«. Die Ermordung Tausender Menschen durch den SS-Werkschutz und die unmenschliche Praxis der Lagerführung im besetzten Polen sind in der Doktorarbeit von Felicja Karay dokumentiert. Auch in den sächsischen und thüringischen Stammbetrieben der HASAG wurden in großem Umfang jüdische KZ-Häftlinge eingesetzt. Fast zwei Drittel von ihnen waren Frauen. Sie produzierten in den letzten Kriegsjahren vorrangig die Panzerfaust. Mit der 1944 einsetzenden Evakuierung der Betriebe in Polen und der Übernahme der deutschen HASAG-Lager durch das KZ Buchenwald begann das letzte Kapitel in der Leidensgeschichte dieser Menschen. Von den ungefähr 22 000 KZ-Häftlingen, die bis zum Ende des Krieges die deutschen Lager der Firma HASAG passierten, wurden nach neuesten Erkenntnissen 20 bis 30 Prozent ermordet. Insgesamt arbeiteten in den deutschen und polnischen Betrieben des HASAG-Konzerns mindestens 60 000 KZ-Häftlinge und sogenannte »Arbeitsjuden«. Das waren mehr als bei der mächtigen IG Farben. Gesichert ist nach jüngsten Forschungsarbeiten auch, dass 32 000 dieser Frauen und Männer starben: am Arbeitsplatz, im Lager, durch Erschießungen im Anschluss an »Selektionen« oder – nach der Evakuierung der Lager – auf den Todesmärschen. Forscher haben festgestellt, dass sowohl qualitativ als auch quantitativ die HASAG dasjenige Unternehmen war, das stärker als alle anderen privatwirtschaftlichen Betriebe den skrupellosen Einsatz und Mord von KZ-Häftlingen und »Arbeitsjuden« betrieb. Während die Verantwortung für die KZ-Außenstellen ausschließlich bei der SS lag, waren Unterbringung und Verpflegung der KZ-Häftlinge und

Zwangsarbeiterinnen ausschließlich Angelegenheit des HASAG-Konzerns. Mit an Sicherheit grenzender Wahrscheinlichkeit war Wilhelm Renner in seiner Eigenschaft als Direktor für Soziales daran wesentlich beteiligt. Zumal er als rechte Hand des »Sonderbeauftragten in der Zwangsarbeiterrekrutierung«, Paul Budin, fungierte. Diese Verstrickung war ein Grund dafür, dass Renner nach dem Krieg gesucht wurde – weil er in seiner Funktion »Verbrechen gegen die Menschlichkeit« begangen haben soll.

Seit 1933 war er Mitglied der NSDAP und es gibt keine Belege dafür, dass sich Hannelores Vater vom völkisch-rassistischen Antisemitismus seiner Partei in irgendeiner Weise distanziert hätte. Für den engagierten Parteigenossen war es, dies wohl als weiteres Zeichen für seine Parteitreue, eine Selbstverständlichkeit, sich trotz seiner begrenzten freien Zeit als »Blockleiter z.b.V« (zur besonderen Verwendung) zur Verfügung zu stellen. Im allgemeinen Sprachgebrauch setzte sich die Bezeichnung »Blockwart« durch. Er stand am unteren Ende der Hierarchie von nationalsozialistischen Parteifunktionären und war für 40 bis 60 Haushalte mit durchschnittlich rund 170 Personen zuständig. Der Blockwart musste seine arische Abstammung bis 1800 nachweisen und wurde auf Adolf Hitler vereidigt. Bei dienstlichen Anlässen hatte er Uniform zu tragen und war zu einem »vorbildlichen Verhalten« auch im Privatleben angehalten. Zu seinem Aufgabenbereich gehörte die Propaganda für die nationalsozialistische Ideologie und die Durchsetzung der Rassenpolitik – etwa durch die Auflistung jüdischen Besitzes und jüdischer Wohnungen. Zur politischen Überwachung führte er eine normierte Haushaltskartei, notierte Unmutsäußerungen und das Verhalten bei Beflaggung, fertigte Leumundszeugnisse an und zählte zu den allgegenwärtigen Ansprechpartnern für Denunzianten. Der Blockwart vermerkte, seit wann der *Völkische Beobachter* bezogen wurde, ob die Familie eine Hakenkreuzfahne besaß und welches Rundfunkgerät im Haushalt vorhanden war. Auch wenn die Blockwarte im Volksmund als »Treppenterrier« bezeichnet wurden und kein besonders hohes Ansehen genossen, waren sie aufgrund ihrer Macht und ihrer Überwachungsmethoden gefürchtet. Zu Parteidiensten wie diesem hatte Wilhelm Renner niemand gezwungen. Er widmete sich diesen Aufgaben allem Anschein nach freiwillig und aus Überzeugung, fühlte sich als Angehöriger der Funktionärselite und als herausgehobenes Mitglied der nationalsozialistischen Volksgemeinschaft. Wilhelm Renner dürfte mit vielen Zielen des NS-Regimes einverstanden gewesen sein. Auch sein Engagement als Mitglied im »Nationalsozialistischen Fliegerkorps« (NSFK) und im »Nationalsozialistischen Kraftfahrkorps« (NSKK) legt davon Zeugnis ab. Letzteres war eine paramilitärische Organisation der NSDAP und hatte eigene Dienstgrade, die denen der SA ähnelten. Der sportbegeisterte Autonarr brachte es zum NSKK-Sturmführer. Dem Kraftfahrkorps oblag die Verkehrserziehung der Kraftfahrer und der Jugend, und es arbeitete auch als Pannenhilfsdienst. In den besetzten Ostgebieten war das NSKK allerdings in hohem Maße an Deportationen von Juden beteiligt und machte sich auf diese Weise zum willfährigen Diener der Vernichtungsmaschinerie. Es gibt keine Hinweise, dass sich der viel beschäftigte HASAG-Direktor an diesen Maßnahmen beteiligt hat. 1945 wurde das NSKK aufgelöst und verboten.

Auch das nationalsozialistische Fliegerkorps war eine paramilitärische Organisation, die unmittelbar Reichsluftfahrtminister Hermann Göring unterstand. Die Mitgliedschaft war freiwillig. Im Personalbogen der NSDAP Kreis Leipzig vom 14. März 1944 wird eine weitere Funktion Wilhelm Renners aufgeführt. Er war Werkluftschutzleiter der HASAG. Zentrale Aufgabe des Werkluftschutzes war es, »die Erhaltung der industriellen Erzeugung und die Sicherstellung der Versorgung, sowohl der kämpfenden Truppe als auch der Bevölkerung (sicherzustellen), da sie die erste Voraussetzung für eine erfolgreiche Landverteidigung« sei. Dem Werkschutzleiter unterstand ein besonderer Dienst zur Aufrechterhaltung der Ordnung im Betrieb vor, bei und nach einem Luftangriff: Werks-

NSDAP
Kreis Leipzig

Ortsgruppe _Markranstädt F._

Personalbogen

1. Familienname _Renner_ .... Vorname _Wilhelm_

2. Beruf u. Dienststellung _Ingenieur Direktor_ Pg.? _ja_

3. Geburtstag, -jahr und -ort _15. I. 90 Mustersadt Pfalz_

4. Wohnung _Montbé Str. 41_
   (genaue Bezeichnung, z. B. 1. Stock r., Vorderhaus)

   Telefon privat _535.29_ dienstl. _64.111_

5. **Arbeitsverhältnis**

   a) Selbständig ....
   (Bezeichnung des Unternehmens)

   b) Wieviel Arbeitskräfte beschäftigt ....

   c) Beschäftigt bei _Hugo Schneider AG. Leipzig_
   (Firma, Ort, Straße)

   d) Spezialkraft _techn. Direktor_
   (wie Koch, Schweißer, Lagerführer, Buchhalter usw.)

   e) Tag- u. Nachtschicht (wochenw. Wechsel?) ....

6. Gedienter Soldat _ja_ .... letzter Dienstgrad _Vizefeldwebel d. Res._

7. Sind Sie

   a) **im Werkluftschutz**

   Luftschutzleiter _Werkluftschutzleiter_ Stellv. ....

   Truppführer _i. Fa. Hugo Schneider AG._

   Müssen Sie bei jedem Fliegeralarm im Werk eintreffen _nein, nach Bedarf_

   Wohnen Sie innerhalb der 500-Meter Zone _nein_

   b) **im Erweiterten Selbstschutz**

   Betriebsluftschutzleiter .... Stellv. ....

   Führer einer Einsatzgruppe ....

Personalbogen der NSDAP Kreis Leipzig, in dem Wilhelm Renner am 14. März 1944 seine Funktion als Werkschutzleiter bei der HASAG, als Blockleiter sowie seine Mitgliedschaft im NSKK und NSFK bestätigt. Quelle: Sächsisches Staatsarchiv

c) **im Selbstschutz**

LS-Hauswart

Selbstschutztruppführer

Führer eines Selbstschutzbereiches

d) **im RLB**

Amtsträger (Dienstgrad)

e) **in der Partei**

Blockleiter oder höheren Dienstgrades *Blockleiter j.b. V*
(Dienstgrad und Ortsgruppe)

f) **in der NSV**

Bezirkswalter oder höheren Dienstgrades
(Dienstgrad und Ortsgruppe)

g) **Angehöriger der**

SA., SS., NSKK., NSFK., TN., DRK. *NSKK Sturmführer*
(Dienstgrad und Dienststellung)

h) **im Katastrophendienst**

des Oberbürgermeisters eingesetzt als

i) kriegs- oder unfallbeschädigt, %-Satz

k) **infolge Krankheit** an der Ausübung des Berufes gehindert

l) bereits durch **andere Stellen notdienstverpflichtet** (durch wen und zu was, z. B. Heimatflak, Stadtwacht, LS-Polizei, Hilfskommando der LS-Polizei)

8. Welche Tätigkeit üben Sie noch nebenberuflich (außer Punkt 2., 5. und 7.) aus

LEIPZIG, am *14. 3. 44.*

MH794

(Eigenhändige Unterschrift)

51

feuerwehrtrupps, ein Werkssanitäts- und ein Entgiftungsdienst, Arbeits- sowie Störungstrupps, die innerhalb des Werkes Schäden an den Leitungen für Gas, Wasser, Elektrizität und Kanalisation zu beseitigen hatten. Die Einsätze der Trupps beschränkten sich indes auf Übungen. Wie durch ein Wunder blieb das Stammwerk trotz ständiger Bombardierung der Messestadt unversehrt.

* * *

Während der letzten Monate der Nazi-Herrschaft überstürzten sich die Ereignisse im HASAG-Werk in Leipzig. Die Betriebsleitung verschärfte die Sicherheitskontrollen, Paul Budin reagierte mit dem Erlass des Schießbefehls auf sich häufende Diebstähle und den wachsenden Widerstand der Zwangsarbeiter. Unmittelbar vor dem Einmarsch der Amerikaner erschienen große Teile der Belegschaft nicht mehr zur Arbeit. Nach Erkenntnissen der Historiker schickten SS-Männer noch einmal Hunderte Häftlinge in den Tod. Die Evakuierung der werkseigenen KZ-Lager und die Mitte April 1945 beginnenden Fußmärsche der geschwächten Insassen gehören zu den schrecklichen Verbrechen in der Endphase des Krieges.

HASAG-Chef und SS-Mann Paul Budin versuchte noch in den letzten Kriegstagen, die Verteidigung der Stadt zu organisieren und den Oberbürgermeister zu überreden, Leipzig zur Festung zu erklären. Doch die Stadtspitze lehnte ab. Wenn ihm schon das misslang, wollte Budin wenigstens die deutsche Restbelegschaft der HASAG auf den »Endkampf« einstimmen. Obwohl die Zerfallserscheinungen auch im nationalsozialistischen Musterbetrieb HASAG nicht mehr zu übersehen waren, trat Budin zusammen mit seinem Vertrauten Wilhelm Renner noch einmal, ein letztes Mal, vor die Belegschaft und forderte sie mit starken Worten auf, bis zum Letzten fanatischen Widerstand zu leisten. Die Resonanz war gering, es fanden sich kaum Freiwillige, die sich im letzten Moment noch verheizen lassen wollten. Die Amerikaner standen bereits vor den Toren Leipzigs.

Nach seinem dramatischen Auftritt im Werk soll sich Budin zusammen mit seiner Frau in der Nacht vom 13. auf den 14. April im Verwaltungsgebäude der HASAG in die Luft gesprengt haben. Die Detonation riss zwei Mitarbeiter der Betriebswache in den Tod und vernichtete Teile des Firmenarchivs. Die Leichen des Ehepaars Budin und ihrer beiden Hunde wurden indes nie gefunden. Bis heute halten sich Gerüchte, der SS-Mann habe sich unerkannt Richtung Westen abgesetzt.

Nach der Befreiung der Sachsenmetropole am 18. April 1945 durch Einheiten der 3. US-Armee und der Besetzung des HASAG-Stammwerkes nahm Renner zusammen mit Kollegen der alten Geschäftsleitung Kontakt zu den Siegern auf, in der Hoffnung, die Kontrolle über das Werk behalten zu können. Tatsächlich lief bereits im Juni 1945 die Produktion wieder an – umgestellt auf Friedenszeiten wurden bis zur Werksdemontage durch die Sowjets 1946 Kochtöpfe, Lampen und dergleichen hergestellt. An einer Übernahme der alten Firmenleitung hatten die Amerikaner allerdings kein Interesse. Wenngleich sie für die Übersiedlung einer unbekannten Anzahl von HASAG-Spezialisten in die Vereinigten Staaten sorgten, die dort Waffen für die Amerikaner entwickeln sollten. Direktor Wilhelm Renner war nicht dabei.

TRAUMA

Für die Bevölkerung Mitteldeutschlands letztlich überraschend verließen die Amerikaner die von ihnen bereits besetzte Region. Sie tauschten sie ein gegen einen von den Russen angebotenen eigenen Sektor in der Hauptstadt Berlin. Einen Tag bevor Truppen der Roten Armee in das ehemals amerikanisch besetzte Gebiet einrückten und auch Döbeln am 6. Mai 1945 besetzten, verließen Irene und Hannelore Renner die Stadt. Gerüchte über die herannahenden Russen hatten in Döbeln schon lange kursiert, und die Angst vor den »Untermenschen«, die die nationalsozialistische Propaganda den Deutschen ununterbrochen eingebläut hatte, ins Unermessliche gesteigert. In dieser Situation fasste Irene Renner den gewagten Entschluss, sich zusammen mit ihrem Kind, einer Freundin und deren beiden Töchtern zu Fuß nach Leipzig durchzuschlagen. Auf einen Handwagen packten sie das Allernotwendigste und brachen im Morgengrauen des 5. Mai 1945 auf. Sie waren noch nicht lange unterwegs, als sie beim Durchwaten der Mulde, eines Nebenflusses der Elbe, von sowjetischen Patrouillen beschossen wurden. Sie hatten Glück und konnten unversehrt weiterziehen. Aber die lebensbedrohliche Situation brannte sich tief in die Seele der zwölfjährigen Hannelore ein.

Auf den Straßen herrschte unbeschreibliches Chaos. Flüchtlingstrecks, die sich nur langsam vorwärtsschoben und immer wieder von Wehrmachtsfahrzeugen und Soldaten von den Wegen abgedrängt wurden. Die Straßen gesäumt von unzähligen Leichen. Vor Hannelores Augen spielten sich fürchterliche Szenen ab. Menschen, die nicht schnell genug von der Straße sprangen, wurden einfach überrollt. Greise und Kinder brachen entkräftet zusammen, sie zu begraben, dafür blieb keine Zeit. Denn immer wieder wurde auch ihre kleine Flüchtlingsgruppe von russischen Soldaten und Panzern eingeholt. Dabei kam es zu einem folgenschweren Zwischenfall, den Hannelore niemals mehr vergessen sollte.

Massenvergewaltigungen deutscher Frauen und zum Teil auch junger Mädchen gehören zu den schlimmsten Verbrechen, die im Zweiten Weltkrieg an der Zivilbevölkerung begangen wurden. Die Zahl der Opfer wird nach neuesten Forschungen auf 1,9 Millionen geschätzt. In unzähligen Fällen wurden sie beim Einmarsch der sowjetischen Truppen nicht nur einmal, sondern mehrmals vergewaltigt, häufig gleich von mehreren Soldaten.

Nie zuvor wurden innerhalb eines so kurzen Zeitraumes so viele Frauen und Mädchen von fremden Soldaten missbraucht wie 1944/45 nach dem Einmarsch der Roten Armee in Deutschland. Allein das Ausmaß ist beispiellos, fürchterlich auch die Brutalität, mit der die Frauen und Mädchen missbraucht wurden. Selbst Kinder und Greisinnen wurden nicht verschont. Alles Reden und Bitten, Flehen und Weinen half nicht. Nicht selten erfolgten die Vergewaltigungen vor den Augen der Angehörigen. Für Kinder ein besonders traumatisches Erlebnis. Im schlimmsten Fall wurden sie selbst Opfer einer oder mehrerer Vergewaltigungen – ein derartiges Schicksal berichtet etwa die Autorin Felicitas Achtelik-Reiter in ihrem Buch *Ein deutsches Kind auf der Flucht*, als Russen ein gerade einmal zwölfjähriges Mädchen vergewaltigten. Ebenso alt war Hannelore Renner zum Zeitpunkt ihrer Flucht.

Aus vielen Berichten von betroffenen Frauen wissen wir: Vergewaltigt wurde im Dunkel der Nächte 1944/45 in Kellern, Schulen, Ställen, in geplünderten Wohnungen, auf Dachböden, einfach überall. Die Massenvergewaltigungen durch Soldaten der Sowjetarmee endeten oftmals in einer Orgie der Gewalt, gelenkt von Hass, Wut, Verachtung und Rachegefühlen. Der emeritierte Professor für Staatsrecht und Völkerrecht Ingo von Münch hat in seinem eindrucksvollen Buch *Frau komm!* im Jahr 2010 das ungeheure Ausmaß dieser Verbrechen publiziert. Während erwachsene Frauen zumindest ahnen konnten, was auf sie zukommen könnte, waren die Kinder und jungen Mädchen völlig unvorbereitet. Zum Erduldenmüssen der Gewalt kam als zusätzlicher Schock, dass sie in dieser Situation erleben mussten, dass nicht einmal ihre eigenen Mütter sie vor den gewalttätigen Misshandlungen schützen konnten.

Auch Hannelore musste als Zwölfjährige traumatische Erfahrungen gleich mehrfach durchleiden. Wie sie selbst berichtete, wurde sie einmal von den Russen wie ein Zementsack aus dem Fenster geworfen. Über die genauen Umstände dieses Vorfalls schwieg sie sich bis zu ihrem Tod aus. Und auch über ihre eigene Vergewaltigung hat sie niemals öffentlich gesprochen, obwohl es immer wieder Mutmaßungen gab, dass sie wie Millionen Frauen und Mädchen dieses grausame Schicksal durchleiden musste. Auf meine konkrete Nachfrage bei einem unserer Spaziergänge bestätigte sie, selbst von den Russen vergewaltigt worden zu sein, ohne jedoch Details zu nennen. Fakt ist, dass sie damals nicht nur schwerste seelische Verwundungen, sondern vermutlich auch körperliche Verletzungen davon trug. Erst viel später stellte sich heraus, dass sie sich bei den Geschehnissen auf der Flucht, ob beim Fenstersturz oder bei der Vergewaltigung, bleibt ungeklärt, Absplitterungen an einem Brustwirbel zugezogen hatte. Bis zu ihrem Tod durfte sie die Wirbelsäule nicht belasten und musste schweres Tragen meiden. Die immer wieder auftretenden Schmerzen konnten nur durch Medikamente gelindert werden. Das hieß auch, sich immer wieder an diese schlimmen Erlebnisse zu erinnern, die ihre Würde als Mensch und als Frau schwer beschädigten.

Während unmittelbare körperliche Folgen einer Vergewaltigung heilen, bleiben die seelischen Folgen ein Leben lang bestehen. Ohne therapeutische Unterstützung ist ein solches Trauma kaum zu bewältigen. Ob Hannelore Kohl jemals professionelle Hilfe in Anspruch genommen hat, ist nicht bekannt.

Das Thema scheint im Hause Kohl durchaus präsent gewesen zu sein. So habe ich einmal in einem Haushalt der Familie Kohl das

Buch von Gaby Köpp *Warum war ich bloß ein Mädchen?* gesehen. Darin beschreibt die Autorin ihr Schicksal als fünfzehnjähriges Mädchen auf der Flucht, das wiederholt sexuell missbraucht wurde, und wie sie von anderen Frauen an die Russen verraten und vorgeschoben wurde, um selbst verschont zu bleiben. Vergleichbare Berichte von vergewaltigten Mädchen, die manchmal sogar von den eigenen Müttern und Tanten »geopfert« wurden, gibt es seit einiger Zeit. Ob Hannelore Kohl solch rücksichtslosen Verrat erleben musste, ist allerdings nicht belegbar.

Unabhängig von der wohl nie mehr genau festzustellenden Schwere, Art und Umständen der Misshandlungen durch die russischen Soldaten: Traumatisiert war Hannelore Kohl sicherlich durch ihre Kriegserlebnisse. Traumatisierten Menschen bleibt meist nur noch ein Ausweg: Sie sperren ihre Traumata weg, in einen dunklen Raum in ihrem Inneren, in den sie sich nicht mehr hineinwagen. Es ist ein Überlebensmechanismus, der im Laufe der Zeit dazu führen kann, dass man das Erlebte so vollkommen abspaltet, dass es irgendwann negiert wird. Doch Psychotherapeuten wissen, dass das Körpergedächtnis nichts vergessen kann und dass es nicht zu betrügen ist.

Von Traumatisierung, also der Nicht-Verarbeitung furchtbarer persönlicher Erlebnisse, sprach nach dem Krieg niemand. Niemand half den Opfern. Nicht nur die Täter schwiegen nach dem Zweiten Weltkrieg, auch die Betroffenen redeten nicht – aus Scham und Angst. Das Thema Vergewaltigung war Jahrzehnte ein großes Tabu. Eine Aufarbeitung dieser Geschehnisse erfolgte eigentlich erst im Zusammenhang mit den Ereignissen im Bürgerkrieg im ehemaligen Jugoslawien, die das Thema sexuelle Gewalt in Kriegen wieder in das Bewusstsein der Öffentlichkeit rückten und zu einer intensiven wissenschaftlichen Erforschung führten. Die Historikerin Birgit Beck-Heppner erinnert im Nachwort zu Gaby Köpps Lebensgeschichte *Warum war ich bloß ein Mädchen? Das Trauma einer Flucht 1945* mit Recht daran, dass ein Einzelschicksal mit prägenden Erfahrungen auf der Flucht nicht losgelöst betrachtet werden kann von der Geschichte des Nationalsozialismus in den Jahren von 1933 bis 1945. So ging den verschiedenen Phasen von Evakuierung und Flucht der deutschen Bevölkerung der vom nationalsozialistischen Regime in Europa entfachte Zweite Weltkrieg mit all seinen schrecklichen Grausamkeiten in den besetzten Ländern voraus. Wir wissen heute, dass infolge des Krieges mehr als 60 Millionen Menschen starben, überwiegend Zivilistinnen und Zivilisten, darunter sechs Millionen Juden, die vor allem in Osteuropa ermordet wurden. Allein in der Sowjetunion kamen zwischen 1941 und 1945 mehr als 25 Millionen Menschen im Rahmen des dort völkerrechtswidrig geführten Krieges, des Völkermordes an den Juden und der deutschen Germanisierungs- und Siedlungspolitik um. Daran muss erinnert werden, wenn es um das Leid der Vertriebenen und Flüchtlinge geht. Deren Erfahrung aber wird für sie selbst immer etwas bleiben, mit dem sie sich allein und Zeit ihres Lebens auseinandersetzen mussten.

* * *

Völlig erschöpft erreichten Mutter und Tochter nach den 15 gefahrvollsten Tagen und Nächten ihres Lebens die Kleinstadt Taucha nordöstlich von Leipzig. Von der Befreiung der Konzentrationslager durch die alliierten Truppen und der bedingungslosen Kapitulation des Deutschen Reiches am 8. Mai 1945 hatten die Flüchtenden noch nichts erfahren.

Bei guten Bekannten in der Bahnhofstraße 19 fanden sie eine bescheidene Unterkunft. Um in den Genuss von Lebensmittelzuteilungen zu kommen, meldeten sich Mutter und Kind bei der amerikanischen Militärregierung im Rathaus, wo sie eine »Temporary Registration«, eine »Zeitweise Registrierungskarte«, erhielten. Im Buch von Peter Kohl ist dieses Dokument mit der Unterschrift der zwölfjährigen Hannelore abgedruckt. Hier fühlten sich die Flüchtlinge einigermaßen in Sicherheit und warteten händeringend auf ein Lebenszeichen des Vaters. Wo er sich in den Wochen bis Ende Mai 1945 aufhielt und was er in dieser Zeit tatsächlich machte, liegt völlig im Dunkeln und lässt sich nicht mehr rekonstruieren. Es bleibt sein Geheimnis, und wenn Hannelore darüber etwas wusste, schwieg sie sich bis zu ihrem Tod darüber aus. Belegt ist, dass das Haus in der Montbéstraße 41 im Februar 1945 bei einem Luftangriff der Alliierten völlig zerstört wurde. Alle Erinnerungsstücke aus der Zeit ihrer Kindheit, ihre Spielsachen, Kleider und Bücher waren nebst Möbeln und Wertgegenständen in Flammen aufgegangen.

Warum Wilhelm Renner kurz vor Kriegsende keinerlei Anstalten unternommen hatte, seine Familie vor den heranrückenden sowjetischen Truppen in Sicherheit zu bringen, ist heute nicht mehr nachzuvollziehen. Wie bereits erwähnt, hatte der Werksdirektor offenbar versuchen wollen, mit Unterstützung der neuen amerikanischen Machthaber zu retten, was nicht mehr zu retten war. Er glaubte ernsthaft, als ehemaliger Direktor eines nationalsozialistischen Musterbetriebs weiterhin an der Spitze des Unternehmens bleiben zu können – trotz erheblicher politischer Belastung. Nachdem sich die HASAG-Spitze in Person des SS-Manns Paul Budin, durch Flucht oder Selbstmord, aus der Verantwortung gezogen hatte, witterte der Pfälzer scheinbar die Chance, ganz an die Spitze einer auf Friedensproduktion umgestellten Munitionsfabrik zu gelangen. Doch nach ersten Gesprächen mit den Amerikanern hatte er erkennen müssen, dass sich sein Traum nicht erfüllen würde. Es ist erstaunlich, wie weltfremd er in dieser Situation agierte. Wäre die HASAG gleich in die Hände der sowjetischen Besatzungsmacht gefallen, hätte diese mit ihm und dem angetroffenen Leitungspersonal des Rüstungsunternehmens kurzen Prozess gemacht: Sie wären erschossen worden.

Kapitel 3

ABSTÜRZE

Wie Phönix aus der Asche tauchte Wilhelm Renner am letzten Maitag des Jahres 1945 in Taucha auf – einem Ort, den er bestens kannte. Hier hatte sich bis vor kurzem noch ein Außenlager des Konzentrationslagers Buchenwald befunden, in dem über 400 der männlichen Zwangsarbeiter der HASAG untergebracht waren. In einem zweiten Außenlager waren 1200 meist jüdische Frauen eingepfercht gewesen, die ebenfalls in der Rüstungsindustrie Frondienste leisten mussten. Jetzt waren die Lager leer. Nur wenige Menschen hatten durch die Alliierten befreit werden können, die meisten Insassen waren auf den Todesmärschen ums Leben gekommen.

Die Freude über das Wiedersehen in der Bahnhofstraße 19 war riesengroß. Hannelore weinte vor Glück, konnte sich kaum beruhigen und wollte den geliebten Vater gar nicht mehr loslassen. Die Familie war wieder komplett, nun galt es, Pläne für die Zukunft zu schmieden. Nach Leipzig führte kein Weg zurück. Das Haus war zerstört, und längst waren erste spärliche Informationen über die Pläne der Alliierten nach außen gedrungen. Die »Großen Drei«, US-Präsident Franklin Delano Roosevelt, der britische Premierminister Winston Churchill und der sowjetische Diktator Josef Stalin, hatten auf ihrer Konferenz in Jalta vom 4. bis 11. Februar 1945

Deutschland in Besatzungszonen aufgeteilt. Zu den Beschlüssen, die auf der sowjetischen Halbinsel Krim getroffen worden waren, gehörten auch die Einrichtung eines Alliierten Kontrollrats und eine umfassende Entmilitarisierung und Entnazifizierung Deutschlands. Gemäß den Vereinbarungen des 1. Londoner Zonenprotokolls aus dem September 1944 und den Jalta-Beschlüssen würde die sächsische Metropole Bestandteil der sowjetischen Besatzungszone werden.

Eine Flucht in den Westen schien den Renners unumgänglich. Als die Sowjets am 2. Juli 1945 Leipzig übernahmen, waren Hannelore und ihre Eltern bereits ins pfälzische Mutterstadt unterwegs, das sie am 10. Juli nach einer abenteuerlichen Fahrt wohlbehalten erreichten. Dank seines vorzüglichen Organisationstalents und einer klugen Planung – soweit das in den Nachkriegswirren überhaupt möglich war –, lenkte Wilhelm Renners einstiger HASAG-Chauffeur die Familie auf verschlungenen Wegen durch das zerstörte Deutschland in Richtung Rhein. Wie es Vater Renner überhaupt gelungen war, Benzin für die Fahrt zu besorgen, bleibt sein Geheimnis. Auch unter welchen Umständen er es schaffte, von der amerikanischen in die französische Besatzungszone zu gelangen, wird nicht mehr aufzuklären sein. Von Hannelore waren in diesem Zusammenhang immer nur vage Andeutungen zu vernehmen. Überliefert ist indes, dass sich die Familie in Heidelberg einer entwürdigenden Entlausungsprozedur unterziehen musste. Doch was war das schon im Vergleich zu all den zurückliegenden Strapazen.

Gleichwohl bedeutete das Ende der Nazi-Diktatur für Hannelore und ihre Eltern einen erheblichen gesellschaftlichen und wirtschaftlichen Absturz. Mit dem Ende des gutbürgerlichen Lebens, mit dem Verlust des hohen gesellschaftlichen Ansehens, mit dem Sturz aus höchster beruflicher Verantwortung und Leistungsfähigkeit in die tiefsten Niederungen eines fast mittellosen Flüchtlings, damit mussten Wilhelm Renner und seine Familie erst einmal fertig werden. Die Renners hatten – wie Millionen Deutsche – alles verloren, ihr wertvolles Eigentum, ihre stilvollen Möbel, ihre teuren Kleider, Anzüge und Mäntel, ausgefallenes Schuhwerk und die perfekte Jagdausrüstung, den geliebten Sportwagen und das einmalige Reisemobil. Alle Status- und Machtsymbole, die berufliche Sicherheit, die das Selbstwertgefühl der Eltern so gestärkt hatten, waren abhandengekommen. Der tiefe Fall ins Nichts war vor allem für die Erwachsenen schwer zu verkraften.

In Mutterstadt angekommen, mussten sie einen neuerlichen Schlag hinnehmen. Wilhelms Elternhaus war eines der wenigen Gebäude des Ortes, die in Schutt und Asche lagen. Zum ersten Mal in ihrem Leben sah Hannelore ihren Vater weinen. Immerhin war auf die Verwandtschaft in dieser bitteren Stunde Verlass. Bei Wilhelm Renners Patenonkel fanden die Flüchtlinge eine vorübergehende Bleibe. Obwohl im Haus in der Ritterstraße kaum Platz für weitere Bewohner war, überließen die Verwandten den Neuankömmlingen ein Zimmer. Der gerade mal ein Dutzend Quadratmeter große Raum wurde als Schlaf- und Wohnzimmer hergerichtet. Die wichtigsten Möbelstücke wie Stuhl, Tisch und Bett liehen sich die Renners aus. Gekocht wurde auf einem Gaskocher in einer Ecke des mit Decken abgeteilten Raumes. Waschgelegenheit und Toilette befanden sich außerhalb des Hauses auf dem Hof.

Dank des bescheidenen landwirtschaftlichen Nebenerwerbs von Wilhelm Renners Onkel und seiner Familie hatten Hannelore und ihre Eltern einige Vorteile. Es reichte gerade so zum Überleben, auch wenn das Essen sehr karg war und der Umgang mit den wenigen Nahrungsmitteln sorgsam rationiert wurde.

In Mutterstadt erfuhren die Renners viel Unterstützung, mit der nicht unbedingt zu rechnen gewesen war. So wurde aus dem Provisorium in der Ritterstraße schon bald eine etwas bessere Bleibe. In einer Gärtnerei gegenüber der bisherigen Unterkunft fanden die Renners eine Wohnung, die den bescheidenen Ansprüchen einer ausgebombten Flüchtlingsfamilie genügte. Hannelore, die in dieser Zeit zur Unterernährung neigte, wurde immer wieder zum Essen in der großen Verwandtschaft herumgereicht. Bei ihren Besuchen hinterließ die wohlerzogene Tochter aus gutem Hause einen tadellosen Eindruck. Immer mit einem freundlichen Lächeln, verstand sie es vorzüglich, Komplimente zu machen und sich für Speis und Trank artig zu bedanken. Sie fand immer lobende Worte für die Köchin und gab gerne zu erkennen, was ihr ganz besonders gut schmeckte. Das Mädchen mit den langen blonden Zöpfen war ein gern gesehener Gast und wurde anderen Kindern von den Erwachsenen gerne als nachahmenswertes Vorbild präsentiert. Hannelore selbst gefiel sich in der Rolle, den Bauern- und Handwerkskindern zeigen zu dürfen, wie der Gebrauch von Messer und Gabel und tadelloses Verhalten bei Tisch aussahen. Das erzeugte zwangsläufig Neid und Ablehnung bei den Gleichaltrigen, die gerne auf ihre Anwesenheit verzichtet hätten. Ein zwei Jahre jüngerer Knabe büxte sogar regelmäßig aus, wenn er erfuhr, dass das vornehme Flüchtlingskind im Anmarsch war. Hannelore focht das nicht weiter an, sie zeigte sich immer von ihrer besten Seite, verdrängte, was ihr nicht gefiel und passte sich an. Obwohl sie perfekt sächseln konnte, vermied sie es, diesen Dialekt in ihrer neuen Heimat zu sprechen. Sie konnte wunderbare Geschichten aus Leipzig erzählen und sparte nicht an Worten, wenn sie über den Verlust ihrer Freundinnen, ihrer Heimat, ihrer Wohnung, ihrer Spielzeuge und ihrer Bücher berichtete.

Während sich Hannelore rasch einfügte, litten die Eltern unter der neuen Situation. Das Kind spürte, wie sehr sich der Vater veränderte, wie er mit den schwierigen Lebensbedingungen rang und wie schlecht die Mutter mit den Gegebenheiten zu Recht kam. Vor allem Irene tat sich schwer, sich in das bäuerlich-handwerkliche Milieu von Mutterstadt einzufügen. Nachbarn erinnern sich noch heute, dass sie sich in dieser Umgebung wie ein Fremdkörper bewegte.

Natürlich verfügte der ehemalige Spitzenverdiener des Leipziger HASAG-Unternehmens über finanzielle Rücklagen und hatte Erspartes noch rechtzeitig sicherstellen und mit in die Pfalz nehmen können. Doch was nützte den Menschen im Nachkriegsdeutschland noch so viel Geld, wenn es nichts mehr wert war, wenn es nichts zu kaufen gab. Gerade in der französischen Besatzungszone war die Ernährungslage alles andere als rosig. Die ersten beiden Nachkriegsjahre unter französischer Besatzung waren für die Bevölkerung äußerst schwierig. Hungern gehörte für viele Menschen zum Alltag. Die Situation wurde dadurch verschärft, dass die Franzosen nach der Übernahme der Pfalz im Juli 1945 alle erdenklichen Güter und Nahrungsmittel für ihre Truppen requirierten, ohne Rücksicht auf die Bedürfnisse der notleidenden Bevölkerung. Der Hunger erreichte 1947 seinen Höhepunkt, als infolge extremer Trockenheit auch noch die Kartoffelernte missriet. Die Menschen erhielten damals gerade noch die Hälfte der Kalorienmenge, die ihnen während des Krieges zugeteilt worden war. Da traf es sich gut, dass sich Hannelore und ihre Eltern fest auf die Hilfe und Unterstützung gutwilliger Verwandter verlassen konnte.

∗ ∗ ∗

Im Melderegister von Mutterstadt ist dokumentiert, dass die Renners vom 16. Juli 1945 an zunächst in der Neustadtstraße 65 bei Familie Bäcker wohnte und am 29. November 1945 in das Haus der Familie Schmitt in den Neuweg 2 umzog, wo sie die nächsten Jahre verbringen sollten. In diesem Dokument ist auch die Religionszugehörigkeit der Familie festgehalten. Für Wilhelm Renners Aufstieg auf der NS-Karriereleiter war es von Vorteil, keiner christlichen Religionsgemeinschaft anzugehören. Gleichzeitig lehnten es die Nazis ab, mit »gottlosen, ungläubigen Konfessionslosen« auf eine Stufe gestellt zu werden. Die NS-Ideologen schufen daher einen eigenen Begriff: »gottgläubig«. Wilhelm war – wie seine Eltern und Geschwister – getauft und Mitglied der evangelisch-lutherischen Kirche. In seinem fünfzigsten Lebensjahr hatte er auf dem Standesamt Leipzig am 19. September 1940 seinen Austritt aus der Kirche erklärt. Warum er diesen Schritt vollzog, lässt sich nur vermuten. Angeblich hatte ihm sein Chef und Förderer Paul Budin den Austritt nahegelegt, um alle Voraussetzungen für weitere Karriereschritte zu erfüllen. »Gottgläubig« war die amtliche Religionsbezeichnung für ein konfessionsloses NSDAP-Mitglied. Mit Erlass vom November 1936 war diese Bezeichnung für die »arteigene Frömmigkeit des deutschen Wesens« offiziell festgelegt worden. Damit sollte dokumentiert werden, dass man mit einem Kirchenaustritt nicht automatisch zu einem »Ungläubigen«, »Freidenker«, »Atheisten« oder einem »Anhänger der materialistischen Weltanschauung« wurde. Der »Gottgläubige« brauchte keine Gottesdienste und keine Glaubensriten – an deren Stelle trat die »Identifikation mit der Volksgemeinschaft«. Nicht kirchliche Feiertage wurden begangen, sondern Feste, die in der nationalsozialistischen Ideologie verankert waren und die »Volksgemeinschaft« stärkten. Dabei spielten nicht nur Feiern im Familienkreis eine Rolle, sondern auch solche, die den Jahreslauf markierten (Frühlingsfeste, Sonnwendfeiern, Erntedankfest), oder an nationalen Feierstunden erinnerten (»Machtergreifung«, Führergeburtstag, Gedenken zur gescheiterten »nationalen Revolution« vom November 1923 und diversen anderen Gedenktagen). Mit Wilhelm Renners Kirchenaustritt verloren auch Ehefrau Irene und Tochter Hannelore ihre bisherige Glaubenszugehörigkeit.

Wilhelm Renner hatte wissentlich und willentlich Glaubenssätze der evangelischen Kirche über Bord geworfen. Die damals achtjährige Hannelore war von 1940 an nicht nur auf dem Papier ohne jegliche religiöse Bindung und christliche Orientierung. Sie hatte ohnehin noch nie ein Gotteshaus von innen gesehen und noch nie christliche Rituale wie Taufe, Hochzeit oder Beerdigung erlebt. Hannelore kannte keine Gebete, keine Kirchenlieder, keinen Kindergottesdienst. Gott, Glaube und Kirche waren für sie Fremdwörter. Dagegen wurden ihr mit Nachdruck Sekundärtugenden der NS-Ideologie vermittelt, die sie für ihr Leben stählen sollten.

Die Renners blieben auch nach ihrer Übersiedlung in die Pfalz bei ihrer Angabe, »gottgläubig« zu sein. Im Melderegister findet sich das handschriftliche Kürzel »gg« bei allen drei Familienmitgliedern. Vater Renner schien die Zeichen der Zeit nicht erkennen zu wollen. Bei der Mutterstädter Meldebehörde unterstrich er seine Haltung als unbelehrbarer, uneinsichtiger Vertreter des alten Regimes und der untergegangenen Nazi-Diktatur. Dieses Verhalten, das in gewissem Gegensatz zu seinem sonstigen Bemühen stand, sein Rolle im Dritten Reich zu verbergen, sollte sich schon bald für Tochter Hannelore als äußerst nachteilig erweisen.

* * *

Wilhelm Renner war ein Pfälzer mit ausgeprägter Liebe zu seiner Heimat. Während seiner Berliner und Leipziger Jahre besuchte er mindestens einmal im Jahr seinen Geburtsort Mutterstadt und machte der Verwandtschaft als stolzer Fabrikdirektor in brauner Uniform seine Aufwartung. Besonders zugetan war er seinem Bruder August, der erfolgreich eine Fahrrad- und Motorradwerkstatt führte und sich als Motorrad-Künstler weit über die Grenzen der Pfalz einen Namen gemacht hatte. Hannelore war einer seiner größten Fans. Sie bewunderte Onkel Augusts sportliche Geschicklichkeit auf dem Motorrad mit Beiwagen der Marke »Triumph«. Sie liebte seine Zaubereien, Tricks und Kunststücke, die er mit großer Leidenschaft vor begeistertem Publikum auf Sportplätzen in der gesamten Pfalz vorführte. Die Regionalzeitungen berichteten euphorisch mit zahlreichen Fotos über den Mutterstädter Motorrad-Crack. In der Region war August Renner weit bekannter als der erfolgreiche Ingenieur, Konstrukteur und HASAG-Direktor Wilhelm Renner. Er blieb für die Ortsansässigen auch nach dem Krieg eine eher undurchsichtige Persönlichkeit, von der man wenig wusste. Heute erinnern sich nur noch wenige Mutterstädter an Hannelores Vater, der als stolzer und erfolgreicher Manager des NS-Rüstungsunternehmens mit seinem Sportwagen vorgefahren war und keinen Zweifel an seiner nationalsozialistischen Überzeugung ließ. Gern hatte er sich auch in seiner Geburtsstadt in seiner braunen Uniform gezeigt, die er als Mitglied des NS-Kraftfahrkorps oder des NS-Fliegerkorps trug. Gleiches galt für Hannelores Mutter Irene, die ihre politische Gesinnung und ihre NSDAP-Mitgliedschaft in der Leipziger gehobenen Gesellschaft zu keiner Zeit verheimlicht hatte. Nun waren die Uniformen längst entsorgt, Parteiabzeichen und belastende Dokumente vernichtet. Es galt, die politische Vergangenheit zu verschweigen und möglichst unauffällig durch die kommenden Jahre zu gelangen. Hannelores Vater selbst, so teilten Zeitgenossen mit, streute nach dem Krieg die Legende, er sei während des Dritten Reiches Mitglied der »Organisation Todt« gewesen. Mit dieser Lüge wollte er offenkundig von seiner Verstrickung als Direktor des HASAG-Konzerns in die Rüstungsproduktion ablenken, bei der es unter den Tausenden von Zwangsarbeiterinnen und Zwangsarbeitern aus deutschen Konzentrationslagern unendlich viele Todesopfer gab.

Die »Organisation Todt« war eine nach militärischem Vorbild organisierte Bautruppe, die den Namen ihres Führers Fritz Todt trug. Sie unterstand dem Reichsminister für Bewaffnung und Munition sowie dem Nachfolgeministerium und wurde vor allem für Baumaßnahmen in den von Deutschland besetzten Gebieten eingesetzt. Bekannt wurde die militärisch eher harmlose »Organisation Todt« vor allem durch den Ausbau des »Westwalls«. Bis heute hält sich dieses Gerücht in Mutterstadt und wird von den wenigen, die sich an Wilhelm Renner erinnern, hartnäckig kolportiert. Welche Rolle Hannelores Vater in Leipzig tatsächlich gespielt und wie sehr er als hochstehender Industrieller in einem Rüstungsbetrieb die nationalsozialistische Ideologie verinnerlicht haben musste, erfuhr in der Pfalz niemand. Auch Hannelores Mutter dürfte großes Interesse daran gehabt haben, ihre politische Einstellung während der Nazizeit zu verschweigen und ihre NSDAP-Mitgliedschaft zu verheimlichen.

Von all diesen Verdrängungsmechanismen bekam Hannelore nicht wirklich etwas mit. Sie hatte ohnehin genügend traumatische Erlebnisse zu verarbeiten und dies ohne jegliche Hilfe. Dabei hätte sie dringend eines psychotherapeutischen Beistandes bedurft, um die Flucht mit all ihren scheußlichen Facetten und seelischen Verletzungen zu verarbeiten. Hannelore aber blieb nichts, als über diese Vorfälle zu schweigen, das Geschehene »abzuspalten« – zumindest vorübergehend. Die Renners, jeder auf seine eigene Art und Weise, bemühten sich mit allen Kräften, den Absturz der Familie nach 1945 zu überstehen. Der einzig gangbare Weg war, Vergangenes zu vergessen und den Blick nach vorne zu richten.

* * *

Im Oktober 1945 fuhr Irene Renner nach Ludwigshafen, um ihre Tochter in der städtischen Mädchenoberrealschule anzumelden. Nachweise über frühere Schulbesuche in Leipzig und Döbeln konnte sie nicht vorlegen. Irene verwies auf ihre abenteuerliche Flucht vor den alliierten Truppen, auf der Zeugnisse – wie viele andere Dokumente auch – verloren gegangen seien. Sie versprach der Schulleitung, sich um entsprechende Papiere aus der sowjetischen Besatzungszone zu bemühen, sehr wohl wissend, dass dies ein illusorisches Unterfangen sein würde. Doch wider Erwarten schickte die Döbelner Schulleitung einige Wochen später Zeugnisse und weitere Dokumente nach Mutterstadt, die dokumentierten, dass Hannelore Renner vom 24. Februar 1944 bis zum 31. August 1945 das Gymnasium besucht habe und dann unbekannt verzogen sei. Den August-Termin hatte man offenbar willkürlich festgesetzt, er entsprach jedenfalls nicht den Fakten. Aus der Hauptbuch-Nummer 6642 geht auch hervor, welche Klasse die Renner-Tochter zuletzt besucht hatte. Da diese Angaben bei der Anmeldung noch nicht vorlagen, gelang es Irene Renner, die Tochter selbstbewusst aber wahrheitswidrig einfach zwei Klassen höher einzustufen. Hannelore übersprang zwei Schuljahre und war fortan in der 30 Schülerinnen zählenden Klasse immer die Jüngste. Während die meisten anderen Schüler, die unter den Kriegswirren und dadurch bedingten Schulwechseln gelitten hatten, höchstens ein Jahr überspringen konnten, war es Irene gelungen, für Hannelore eine Sonderbehandlung durchzusetzen. Das stieß bei den Klassenkameradinnen, vor allem aber bei deren Eltern, nicht gerade auf Gegenliebe. Schnell war die Rede von einer Bevorzugung der Renner-Tochter.

Um von Mutterstadt nach Ludwigshafen in die Schule zu kommen, musste Hannelore eine einstündige beschwerliche Reise mit der Eisenbahn auf sich nehmen. In Mundenheim wurde umgestiegen, vom Ludwigshafener Bahnhof ging es zu Fuß zur Schule. Täglich waren die Dreizehnjährige und ihre Klassenkameradinnen über zwei Stunden unterwegs. Bei den Mitschülerinnen hinterließ Hannelore dabei einen irritierenden Eindruck. Sie saß im Zug immer allein in einer Ecke und beteiligte sich grundsätzlich nicht an gemeinsamen Spielen wie »Stadt, Land, Fluss«. Nie sah man sie lachen. »Sie war das unglücklichste und traurigste Kind, das mir in meiner Jugendzeit begegnet ist«, erinnert sich eine gleichaltrige Fahrschülerin aus Mutterstadt. Vergebens bemühten sie sich um Gespräche mit ihr, luden sie ein zu den Spielen, mit denen die Fahrzeit verkürzt werden sollte. Das Flüchtlingskind reagierte mit totaler Abschottung und blieb mit dieser Haltung für alle ein großes Rätsel. Auch im Laufe der Jahre änderte sich an dieser Flucht in die Einsamkeit und an dieser unmissverständlichen Gesprächsverweigerung wenig. Hannelore blieb eine Außenseiterin, die nicht nur in der Schule, sondern auch in Mutterstadt so gut wie keine Bekannten oder gar Freundinnen hatte. Begünstigt wurde dieses Rückzugsverhalten auch durch Hannelores Mutter, die für strenge Distanz zu allen und allem sorgte. Irene Renner galt im Ort als äußerst stolze und geradezu hochnäsige Fremde, die ihre Tochter vereinsamen ließ, sie von allen äußeren Einflüssen fernhielt, nach ihrem Willen und Wollen gängelte und so am Selbstständigwerden hinderte. Hannelore lebte während dieser Mutterstädter Jahren wie in einem Glaskasten oder Käfig, ohne entkommen zu können. Die Mutter litt unsäglich unter dem gesellschaftlichen Absturz, den sie nach außen hin mit Arroganz und einem überzogenen Ehrbegriff zu kaschieren suchte. Sie war zu stolz, die Hilfe anderer in Anspruch zu nehmen. Eher wäre sie verhungert als zuzugeben, dass sie nichts zu essen hatte.

Für Hannelore hieß das: Niemals auffallen, niemals klagen, alles erdulden. Sie musste sich dem täglichen Diktat der Mutter ohne Widerworte unterordnen. Nachbarn aus Mutterstadt beschreiben eine Familie Renner, an deren Spitze nicht mehr der einst so mächtige HASAG-Direktor stand, der sich nun als Hilfsarbeiter durchschlagen musste, sondern dessen vermutlich selbst schwer traumatisierte Ehefrau. Die wenigen Menschen, die den Flüchtlingen nahestanden, vermuten, dass sie mit ihren althergebrachten und durch die NS-Zeit geprägten Erziehungsmethoden für Hannelore nach den schlimmen Belastungen bei der Flucht für weitere Verstörungen sorgte. Das Leben der »blonden Germania«, wie das Mädchen mit seinen langen Zöpfen in Mutterstadt genannt wurde, war wegen der ungebrochenen Dominanz der Mutter alles andere als angenehm. Die schlimmste Zeit ihres Lebens, die mit der Flucht von Döbeln Richtung Westen begonnen hatte, setzte sich in Mutterstadt auf gewisse Weise fort – unter dem strengen Regiment der für Hannelore mitunter unberechenbaren Mutter. Nicht nur Fahrschülerinnen aus der kleinen pfälzischen Gemeinde hatten Mitleid mit Hannelore. Gleiches galt für die Erwachsenen aus der Nachbarschaft, die das Gängeln des Kindes durch die dominante Irene hautnah erlebten.

* * *

Während Hannelore im kalten Winter 1945/46 das Gymnasium besuchte und sich dem alles bestimmenden Machtanspruch der Mutter zu unterwerfen hatte, ging Vater Renner Gelegenheitsarbeiten nach. Er reparierte, was immer sich anbot, vor allem Landmaschinen. Als Gegenleistung bekam er von den Bauern die so dringend benötigten Lebensmittel. Er war ein Meister des Improvisierens, half seinem Bruder in der Werkstatt und fand schon bald eine Anstellung als Hilfsarbeiter bei der Firma Johann Brendel im benachbarten Limburgerhof. Mit dem Fahrrad fuhr er in den kleinen Ort mit 4000 Einwohnern und wurde überall dort eingesetzt, wo »Not am Mann war«. Die Firma Brendel war ein Spezialgeschäft für Laubsägerei und lieferte alle erforderlichen Hölzer und Werkzeuge für Laubsägearbeiten. Etwa 30 bis 35 Personen waren in diesem kleinen Unternehmen beschäftigt. Wilhelm Renner, der erfindungsreiche Hilfsarbeiter in einem ihn unterfordernden Job, kam auf die Idee, ein neues Produkt für seine Firma zu entwickeln. Eine Schultafel aus Schiefer, die nicht mehr mit Wasser, sondern mit einem trockenen Tuch gereinigt werden konnte und sofort wieder benutzbar war. Mit dieser erstaunlichen Erfindung wird der Name von Hannelores Vater in der Pfalz bis heute in Verbindung gebracht. Die Firma Brendel hatte in den Krisenjahren 1928 bis 1932 besondere Umsatzsteigerungen erlebt, weil viele Arbeitslose versuchten, sich Einnahmen durch den Verkauf von selbst gebastelten Holzarbeiten zu verschaffen. Nach dem Krieg ging der Umsatz so stark zurück, dass die Firma Anfang 1951 Insolvenz anmelden musste. Auch Wilhelm Renner verlor damals seinen schlecht bezahlten Aushilfsjob und blieb für längere Zeit arbeitslos. Er war verbittert und für die Mutterstädter ein gebrochener Mensch. In ihren Augen wurde er mit einem Berufsverbot der französischen Besatzungsmacht für Verbrechen bestraft, wobei niemand so recht wusste, was er tatsächlich im Dritten Reich gemacht hatte. Auch in Renners Geburtsort hält sich bis heute das Gerücht, er sei Erfinder der Panzerfaust gewesen, was nachweislich nicht den Tatsachen entspricht.

Seit seiner Flucht vor den sowjetischen Besatzungstruppen musste der Pfälzer mit der Angst vor einer Festnahme leben. Selbst über die Zonengrenzen hinweg war die Gefahr allgegenwärtig, entdeckt und den betreffenden Behörden überstellt zu werden. Das Döbelner Amtsgericht hatte die Kriminalpolizei der Stadt Leipzig am 20. Oktober 1945 »um recht baldige genaue Auskunft in politischer Hinsicht usw.« über den »Wehrwirtschaftsführer« und »Betriebsdirektor« der HASAG-Werke Wilhelm Renner gebeten. In ihrem Antwortschreiben neun Tage später teilten die Behörden dem Amtsgericht mit, dass »nach den vorliegenden politischen Unterlagen, die jedoch nicht lückenlos« seien, gegen Wilhelm Renner »nichts Belastendes« vorliege. Doch die Döbelner gaben nicht auf und wandten sich im Auftrag der Staatsanwaltschaft mit einem Schreiben vom 5. November 1945 an das Kriminalamt in Leipzig. In diesem Dokument wurde der ehemalige HASAG-Direktor nicht nur als »Wehrwirtschaftsführer« sondern auch als »Mitkonstrukteur verschiedener moderner Panzerabwehrwaffen« bezeichnet. Er sei »Geheimnisträger verschiedener nazistischer Befehle« gewesen und für die Landesverwaltung und die Behörde von größter Wichtigkeit. Man möge alle Hebel in Bewegung setzen, um Renners Aufenthaltsort zu ermitteln und ihn festzunehmen. In dem Schreiben der Döbelner Kripo wird auch Irene Renner erwähnt, die längere Zeit in Döbeln gewohnt habe und erst am 5. Mai 1945 vor dem Einmarsch der Roten Armee mit ihrer Tochter aus Döbeln geflüchtet sei. Abschließend heißt es: Sollte die Festnahme des Wilhelm Renner erfolgt sein, werde um sofortige telefonische Nachricht gebeten. Unterzeichnet war das Schreiben vom Leiter der Döbelner Kriminalpolizei.

Es dauerte mehr als zwei Monate, bis die Kriminaldienststelle Döbeln dem Landeskriminalamt in Dresden die »erfolgreich durchgeführte Fahndung nach einem führenden Nationalsozialisten« meldete. In diesem Schreiben vom 18. Januar 1946 wurde festgehalten, dass der ehemalige HASAG-Direktor Wilhelm Renner in den HASAG-Werken als der »Wirtschaftsführer usw.« tätig war. Er sei »Mitkonstrukteur verschiedener, moderner Panzerabwehrwaffen« und es sei bekannt, »dass Renner KZ-Häftlinge in Sachsenhausen mit Panzerfaustteilen beschäftigen ließ und diese besonders ausbeutete«. Er soll laut polizeilichen Akten den Ausspruch getan haben: »Ich lasse

An das
Kriminalamt

in L e i p z i g .

Betrifft: Politische und kriminelle Beurteilung und evtl.
Festnahme des Direktors Wilhelm Renner.

In den Hasag-Werken war der Direktor

          Wilhelm R e n n e r, geb. am 15.1.1890
          in ? , wohnhaft gewesen in Leipzig N 22,
          Montbéstraße Nr. 41

als Wehrwirtschaftsführer usw. tätig. Er war Mitkonstrukteur
verschiedener moderner Panzerabwehrwaffen. Er ist Geheimnisträger verschiedener nazistischer Befehle und für die Landesverwaltung und der Militärbehörde von größter Wichtigkeit.

Ich bitte alles in Bewegung zu setzen, um Renner zu ermitteln
und festzunehmen.
Es muß vor allem auch seine politische Tätigkeit erforscht
und nach hier mitgeteilt werden. Durch Befragung in den von
ihm bewohnten Häusern oder Personen, die unter Renner arbeiten
mußten, dürfte dies möglich sein.
Die Ehefrau des Renner, Frau

          Irene R e n n e r   geb. Mertig, geb. am
          31.12.97 in Bremen,

hat längere Zeit in Döbeln gewohnt und ist erst am 5.5.45
vor dem Einmarsch der Roten Armee mit ihrer Tochter von Döbeln
geflüchtet.
Sollte die Festnahme des Renner erfolgen, so wird um sofortige
telf. Nachricht gebeten. Diese Anfrage geschieht auf Anweisung
der St.A. Döbeln.

                              Leiter der Kriminalpolizei.

Mit diesem Schreiben wandte sich die Kriminalpolizei Döbeln an ihre
Kollegen in Leipzig mit der Bitte um Unterstützung bei der Fahndung
nach Wilhelm Renner und bei der Nachforschung, welche politische Rolle
Wilhelm Renner im Nationalsozialismus gespielt hat.
Quelle: Sächsisches Staatsarchiv

Kriminalamt Leipzig
Zentralstelle H

Ermittlungsbericht

Betr: den flücht. Obersturmbannführer Renner

Ermittlungen und Durchsuchung mit K + Sch. Köllner
ergaben, dass sich in der Garage 2 Kisten Kinderspielzeug
und eine Märchenbücher befinden. Ausserdem 2 Mandolinen und
ein Gartentisch sowie eine Kindergartenlaube.

Ausserdem noch 2 Wärmeöfen für Auto, sowie 5 Hasag-Laternen.

Ich beantrage angeführte Gegenstände der Volkssolidarität oder
dem Wiedergutmachungswerk zur Verfügung zu stellen.

4079/46

Ermittlungsbericht vom Kriminalamt Leipzig, in dem aufgeführt wird,
welche Gegenstände bei der Durchsuchung der Garage des zerstörten
Leipziger Elternhauses von Hannelore Kohl gefunden und sichergestellt
wurden. Quelle: Sächsisches Staatsarchiv

die verantwortlichen Leute, die sich in Zukunft etwas zu Schulden
kommen lassen, einfach hinrichten.« Zu dieser erfolgreich durchgeführten Fahndung nach Wilhelm Renner hätten auch die aktuellen
Daten des Einwohnermeldeamtes von Mutterstadt beigetragen, wonach die Renners seit dem 16. Juli 1945 polizeilich im Neuweg 2
angemeldet seien. Schließlich verwies die Kriminaldienststelle Döbeln noch darauf, die über Renner gesammelten Akten seien dem
Amtsgericht Döbeln übergeben worden. Von dort seien Maßnahmen eingeleitet worden – in Verbindung mit der Militärkomman-
dantur –, den »Renner nach hier überführen zu lassen«.

Im Rahmen ihrer Fahndung nach »dem flüchtigen Obersturmbannführer Renner« waren Kriminalbeamte durch die Information
eines ehemaligen HASAG-Mitarbeiters auf die frühere Renner-Ga-

rage neben dem zerstörten Haus in der Montbéstraße 41 gestoßen. In einem Ermittlungsbericht mit der Überschrift »Betr. den flüchtigen Obersturmbannführer Renner« wurden am 8. Juli 1946 in der Garage folgende Gegenstände sichergestellt:
2 Kisten Kinderspielzeug und eine mit Märchenbüchern
5 HASAG-Lampen
1 Gartentisch
1 Kindergartenlaube
2 Mandolinen
2 kleine Autoheizöfen

Nach dem Protokoll vom 3. September 1946 erhielt die »Freie Deutsche Jugend« eine Mandoline und eine Gitarre. Die beiden Wärmeöfen fürs Auto und die fünf HASAG-Laternen wurden zur Verwendung der KA (Kriminalabteilung) Leipzig übergeben. Zwei Kisten Kinderspielzeug und eine Kiste Märchenbücher erhielt die Leipziger Volkssolidarität, ebenso einen Gartentisch und eine Kindergartenlaube.

Im Protokoll über die Einstellung des Verfahrens gegen Wilhelm Renner vom 26. April 1948 heißt es wörtlich: »Die Unterlagen erbringen den Beweis, dass der R. Abwehrbeauftragter und Wehrwirtschaftsführer war. In dieser Beziehung sich laufend Kriegsverbrechen und Verbrechen gegen die Menschlichkeit begangen zu haben (sic!). Das Verfahren wurde eingestellt, weil der Beschuldigte sich in der Westzone aufhält.« Doch noch einmal wurde die Kriminaldienststelle in Döbeln aktiv. Mittlerweile hatte das sogenannte Kommissariat K 5, der politische Teil der Kriminalpolizei und die Vorgängerorganisation der berüchtigten Staatssicherheit der DDR, das Sagen. Das Kommissariat eröffnete am 3. Juni 1948 die »Zonenfahndung« gegen den »Beschuldigten Renner, Wilhelm«. Damit wurde die Akte Renner offenbar endgültig geschlossen. Weitere Dokumente konnten in den einschlägigen Archiven nicht gefunden werden.

In den zitierten Papieren ist immer wieder nachzulesen, Wilhelm Renner sei »Wehrwirtschaftsführer« gewesen. Unter dieser Bezeichnung wurden im nationalsozialistischen Deutschen Reich die Leiter kriegswichtiger Betriebe geführt. Tatsächlich findet sich im Berliner Bundesarchiv weder ein Nachweis darüber, dass Renner tatsächlich dieses Amt bekleidete, noch gibt es Belege für eine Mitgliedschaft in der »Sturmabteilung« (SA), der früheren paramilitärischen Kampforganisation der NSDAP während der Weimarer Republik und späteren »Hilfspolizei«. Der Rang eines SA-Obersturmbannführers lässt sich ebenfalls nicht stichfest nachweisen, wenngleich Renner nach Zeitzeugenaussagen im Leipziger Telefonbuch als SA-Mann verzeichnet gewesen sein soll. Auch sind die Mitgliederverzeichnisse von NSDAP-Unterorganisationen im Bundesarchiv zum Teil lückenhaft und können insofern nicht als eindeutige Quellen herangezogen werden.

Hannelores Vater erfuhr von den Fahndungsmaßnahmen, die in Döbeln und Leipzig angestrengt wurden, nichts. Von den Franzosen in der Pfalz ging für ihn keine Gefahr aus. Die französische Besatzungsmacht beschränkte sich auf die Suche nach NS-Spitzenfunktionären, zu denen der frühere Leipziger Fabrikdirektor in ihren Augen offenbar nicht gehörte. Die Militärregierung hatte die Durchführung der Entnazifizierung bereits im Herbst 1945 in deutsche Hände gelegt und kontrollierte lediglich die Einhaltung der Bestimmungen. Den aus 131 Punkten bestehenden Fragebogen mussten nur Beschäftigte des öffentlichen Dienstes und Inhaber verantwortlicher Posten im öffentlichen Leben und in der Privatwirtschaft ausfüllen. Dazu zählte Renner zweifellos; dennoch scheint es ihm gelungen zu sein, sich erfolgreich einer Ermittlung der Entnazifizierungsbehörde in der französischen Besatzungszone zu entziehen. Er beantragte nicht einmal einen »Persilschein« für Angestellte in den »Mitläuferfabriken«. Jedenfalls gibt es darüber keine Belege. Zwar stand er im Januar 1948 auf der Liste von weit über 70 Personen des Bürgermeisters von Mutterstadt, die aufgefordert wurden, sich dem Meldeverfahren der Landesverordnung zur politischen Säuberung zu unterziehen. Doch ein von ihm persönlich ausgefüllter Meldebogen konnte in dem einschlägigen Archiv nicht gefunden werden. Dem ehemaligen HASAG-Direktor war es mit frei erfundenen Legenden gelungen, sein wahres Leben und das seiner Frau im nationalsozialistischen Deutschland zu verschleiern.

Von all dem ahnte seine geliebte Tochter Hannelore nichts. Sie verehrte ihren Vater als rechtschaffenen, völlig unpolitischen Spitzeningenieur und beschrieb ihn sicherlich nach bestem Wissen und Gewissen als ehrbaren Bürger. Irene indes musste es besser wissen. Sie war sicherlich in alle Einzelheiten seiner beruflichen Verantwortlichkeiten, parteipolitischen Aktivitäten und Verstrickungen eingeweiht. Doch darüber schwieg sie gegenüber Hannelore bis zu ihrem Tod.

Das Ausblenden des Gewesenen war eine damals von Vielen verfolgte Strategie, die auch gezielte Lügen einschloss, wenn es als notwendig angesehen wurde. Irene Renner hatte nie einen Hehl daraus gemacht, dass sie seit dem Kirchenaustritt ohne jegliche religiöse Bindung war. In ihrer Bremer Geburtsurkunde vom 4. Januar 1898 noch als Angehörige der »evangelischen Religion« geführt, fand bereits ihre kirchliche Trauung mit Wilhelm am 2. Februar 1929 nicht in einem protestantischen Gotteshaus statt, sondern wurde als »Haustrauung« in der elterlichen Wohnung vollzogen. Der Kirchenaustritt vom 19. September 1940 schließlich führte zum Kappen jeglicher Verbindungen zur Amtskirche, die auch in der neuen Heimat beibehalten wurde. Nach dem Willen der Eltern wurde Hannelore nicht konfirmiert. Es gibt Gerüchte, wonach sich der damalige Mutterstädter Pfarrer Johannes Bähr geweigert habe, Hannelore zum Konfirmandenunterricht zuzulassen, weil sie der evangelischen Kirche nicht angehöre. Belegen lässt sich dies nicht. Dokumentiert ist aber, dass Johannes Bähr auf Bitten von Hannelores Mutter eine Patenschafts-Urkunde ausstellte. Hannelore sollte in der Verwandtschaft eine Patenschaft übernehmen, wozu sie als

Voraussetzung den Nachweis über den Empfang der Konfirmation erbringen musste. Irene Renner versicherte bei einem Besuch im Pfarrhaus Pfarrer Bähr auf Treu und Glauben im Beisein ihrer Tochter, diese sei sehr wohl konfirmiert. Vermutlich eine glatte Lüge, Belege für eine Konfirmation gibt es nicht. Der seit 1937 in Mutterstadt tätige Pfarrer, ein Mann des Widerstandes gegen den Nationalsozialismus, der wegen seiner »Judenfreundlichkeit und Widerständigkeit gegen das System« nach der Kristallnacht 1938 ins Gefängnis kam und später erheblichen Repressalien ausgesetzt war, wusste vom Kirchenaustritt der Familie Renner. Er hatte einst persönlich die Evangelische Kirche der Pfalz in Speyer darüber in Kenntnis gesetzt. Johannes Bähr mochte Hannelores Vater nicht und fand nur sarkastische Worte für ihn, weil dieser unverdrossen an seiner NS-Ideologie festhielt und als unverbesserlicher Gegner des Protestantismus galt. Hannelore begegnete er hingegen mit Mitgefühl. Ob er Irenes Version vom Empfang der Konfirmation tatsächlich glaubte, oder nur hoffte, ein verlorenes Schäfchen für die Kirche zurückgewinnen zu können, bleibt ungewiss. Jedenfalls beglaubigte er mit Stempel und Unterschrift die Urkunde für Hannelores Patenschaftsübernahme.

Wenn Hannelore, wofür vieles spricht, nie konfirmiert wurde, war es die auch sonst sehr bestimmende Mutter, die von ihrer Tochter Stillschweigen einforderte, wenn nicht gar zur Lüge animierte. Für den erfahrenen Pfarrer stand die Seelsorge im Mittelpunkt seiner Entscheidung, und er hoffte damit auf eine vorsichtige Einbindung der beiden in die kirchliche Gemeinde. Tatsächlich wurden Mutter und Tochter hin und wieder in der Kirche gesehen, während Vater Renner bis zu seinem Tod kein Gotteshaus betrat. Konsequenterweise legte er auf eine kirchliche Beisetzung keinen Wert.

* * *

Auch für Hannelore muss es eine ganz besondere Erleichterung gewesen sein, als ihr arbeitsloser Vater endlich eine vielversprechende Position angeboten bekam. Mit der Festanstellung in einem erfolgreichen Unternehmen erfüllte sich für den Pfälzer ein lang gehegter Traum im Nachkriegsdeutschland. Allerdings musste er in den sauren Apfel beißen, seine geliebte Heimat zu verlassen und nach Ulm ziehen. Hier übernahm Wilhelm Renner zum 1. Mai 1950 einen Posten als Direktor bei der Herrenwäschefabrik Mey & Edlich. Möglicherweise halfen dabei verwandtschaftliche Beziehungen. Schließlich stammte Irene Renners Mutter aus diesem einst sächsischen Unternehmen und ehedem ältesten Versandhaus des Landes. Nach den Jahren der Gelegenheitsarbeit, der Arbeitslosigkeit, des Nicht-Gebraucht-Werdens, des tiefen wirtschaftlichen und gesellschaftlichen Falls brach nun eine neue Zeit an. Wilhelm Renner wurde sogar Mitglied der Geschäftsleitung und war – wie sein Enkel Peter Kohl berichtet – für alle technischen Angelegenheiten der Fabrikation sowie für die technische Beratung in allen Handels- und Exportbelangen der »Mey & Edlich, Betriebsstätten West« verantwortlich.

Wie prekär die finanziellen Verhältnisse der Familie auch noch zu Anfang der Fünfzigerjahre waren, belegt die Tatsache, dass sich Wilhelm alleine nach Ulm an der Donau begab und dort in das Notquartier für ausgebombte Ulmer Bürger, Flüchtlinge und Vertriebene einzog. Es war die berühmte Wilhelmsburg, von 1842 bis 1849 als Reduit der Zitadelle der Festung Ulm erbaut, später kaiserliche Kaserne, von der Reichswehr belegt, gegen Ende des Krieges von polnischen Zwangsarbeitern bewohnt und heute ein Bundeswehr-Standort. Nach dem Krieg wurde die Wilhelmsburg zum Flüchtlingslager mit eigenem Laden, einer Poststelle und einer Schule. Zeitweise lebten hier über 3000 Menschen. Wilhelm war sehr beengt untergebracht, die Räume wurden in der Regel mit mehreren Personen belegt. Für den ehemaligen HASAG-Direktor eine Zumutung und im Vergleich zu den Wohnverhältnissen in Mutterstadt ein neuerlicher Abstieg. Doch Renner biss sich durch und verfolgte konsequent das Ziel, beruflich und materiell so abgesichert zu sein, um seine Familie ernähren zu können.

Als die Firma Mey & Edlich Teile ihrer Produktionsstätten von Ulm nach Leinfelden verlegte, ging Wilhelms Zeit im Notquartier zu Ende. Endlich konnte er nach monatelanger Trennung seine Familie zu sich holen. Ganz in der Nähe seines Arbeitsplatzes richteten sich die Renners in einer Zweizimmerwohnung in der Mörikestraße ein. Und schon wurde auch für sie ein Stück Wirtschaftswunder Wirklichkeit: Die bescheidenen Ersparnisse reichten 1952 für die Anschaffung eines kleinen gebrauchten Pkws.

* * *

Die Nachkriegsjahre waren nicht nur für Hannelores Eltern die schlimmsten ihres Lebens. Das Wegbrechen einer gesicherten Existenz, der tiefe Fall aus privilegierten, wohlhabenden Kreisen in die Schicht der Habenichtse wirkte sich natürlich auch verheerend auf das junge Mädchen aus. Das Einzige, was Hannelore in dieser Zeit Stabilität verlieh, waren der regelmäßige Schulbesuch und die Freude am Lernen, die ihr über manche Probleme des Alltags hinweghalf. Was sie, wie so viele ihrer Generation, nicht verarbeiten konnte, waren die immer wiederkehrenden traumatischen Erinnerungen: die Bombenangriffe auf Leipzig, die Phosphorbomben, die nicht gelöscht werden konnten und die Straßenzüge in ein apokalyptisches Szenario verwandelten. Wie ein Albtraum verfolgte sie der »Bahnhofsdienst« von Döbeln, die Bilder der offenen Güterwaggons mit erfrorenen Menschen und grausam verstümmelten Soldaten, die unbeschreiblichen hygienischen Zustände und die andauernden Tieffliegerangriffe. Auch jetzt noch waren die Erlebnisse der Flucht gegenwärtig, das Gefühl der Entwurzelung, die Angst vor dem Untergang, die Ohnmacht eines Mädchens, das die Welt nicht mehr verstehen und das Chaos nicht fassen konnte. In unseren langen Gesprächen erzählte sie, dass sich die Bilder der

Flucht, der Misshandlung, der brutalen Vergewaltigung unauslöschlich in ihr Gedächtnis eingebrannt hatten. Bis zu ihrem Tod quälte sie das Erlebte, das Stigma, ein misshandeltes und missbrauchtes Kind gewesen zu sein. In den Jahren nach dem Krieg gab es keinen Raum dafür, die traumatischen Erlebnisse zu bewältigen. Jeder hatte sein Päckchen allein zu tragen, es galt, alles schnell zu verdrängen und mit aller Macht am Wirtschaftswunder zu arbeiten. Hannelore musste der Pflicht genügen, sie musste funktionieren, um wenigstens die von ihr erwarteten schulischen Leistungen zu erbringen.

An den Ludwigshafener Schulen fehlte es in den Nachkriegsjahren an Lehrkräften und Schulbüchern. Zudem verlangte die französische Besatzungsmacht, dass die Kinder die französische Sprache erlernten. In Döbeln hatte Hannelore mit Latein begonnen, jetzt musste sie sich auf Französisch und Englisch umstellen. Ohne fremde Hilfe meisterte sie die schulischen Anforderungen mit Bravour, glänzte in den naturwissenschaftlichen Fächern und überzeugte auch in den Sprachen. Aus ihrer Begabung machte sie das Beste, auch finanziell: Hannelore gab Nachhilfeunterricht in fast allen Fächern. Für fünf Mark pro Stunde verhalf sie schwächeren Schülerinnen zum Weiterkommen und steckte ihren ganzen Ehrgeiz in den Erfolg ihrer Schützlinge. Misserfolge wären »geschäftsschädigend« gewesen, auch deshalb strengte sie sich sehr an, damit ihre Schüler das nächste Klassenziel auch erreichten. Neben der wunderbaren Geldvermehrung hatte der Nachhilfeunterricht einen weiteren angenehmen Nebeneffekt. Hannelore ging zu ihren Schülern nach Hause und genoss die geheizten Stuben während der winterlichen Kälteperioden. Außerdem fiel nicht selten etwas zu essen ab, was ihre Lebensfreude allenthalben steigerte. Das Gewicht des Mädchens hatte sich lange an der Grenze zur Unterernährung bewegt, nun aß sie mit gutem Appetit. Besonders freute sie sich über die »Quäker-Speisung« der Amerikaner: von dem süßen Brei aus Milchpulver und Haferflocken verschlang sie große Portionen. Klassenkameradinnen erinnern sich, dass man sie wegen ihrer markanten Wangenknochen bald mit dem Spitznamen »Pfannkuchen« bedachte. Für ein Mädchen in diesem Alter, zumal für eine Außenseiterin wie Hannelore, eine massive Kränkung. Die Hänselei hinterließ eine weitere Wunde auf ihrer Seele. Ihre Zurückhaltung, ihre Menschenscheu und ihr Misstrauen gegenüber anderen nahmen noch zu. Zumal die Lebensumstände zu Hause nicht dazu beitrugen, ihr Selbstbewusstsein zu stärken. Noch waren die Renners bettelarm, und Hannelore besaß nicht einmal ein eigenes Bett. Oft schlief sie bei Nachbarn, im Doppelbett mit den Nachbarsfrauen, deren Männer noch in Gefangenschaft waren, musste Woche für Woche die Schlafplätze wechseln. Damals, so berichten ihre Bekannte, gewöhnte sie sich auch eine besondere Schlaftechnik an, die sie bis zu ihrem Lebensende nicht mehr ablegen wollte. Sie legte sich ins Bett und, um niemanden zu stören, bewegte sich nicht. Niemals drehte sie sich bewusst von einer auf die andere Seite, rutschte nach oben oder unten, sondern blieb bis zum Aufstehen wie erstarrt auf dem Rücken liegen.

Mit dem Umzug vom Mutterstädter Neuweg 2 in die Friedensstraße 31 am 15. Juni 1949 verbesserten sich wenigstens die Wohnverhältnisse. Mit zwei Zimmern, Küche und Bad war die dreiköpfige Flüchtlingsfamilie besser gestellt als manch anderer. Ein eigenes Bad benutzen zu können, empfand Hannelore damals als ausgesprochenen Luxus. Die Versorgungslage blieb indes schwierig. Die Lebensmittelzuteilungen waren gering und betrugen 1948 in der Pfalz 1850 Kalorien pro Kopf: 300 Gramm Brot, 20 Gramm Fett, 26 Gramm Fleisch und 35 Gramm Zucker. Dürftig war auch die Kleidung, die meist aus gebrauchten Stücken geschneidert wurde. Miserabel war die Versorgung mit Schuhwerk. Es gab Zeiten, da musste sie sich drei Jahre lang mit den gleichen billigen Gummischuhen begnügen, die für ein heranwachsendes Mädchen zur Qual werden konnten.

Mit der Währungsreform vom Juni 1948 verbesserte sich auch für die Renners die Lebensqualität. Der unkontrollierte Tauschhandel, das Feilschen um Güter des einfachsten Bedarfs hatten ein Ende. Geldwert und Kaufkraft stiegen allmählich, sodass sich auch das zur Sparsamkeit und Genügsamkeit erzogene Flüchtlingskind häufiger Kino- oder Schwimmbadbesuche leisten konnte. Ein weiterer Lichtblick waren die Übernachtungen bei ihrer Ludwigshafener Klassenkameradin Annegret. Die letzte Bahn nach Mutterstadt fuhr gegen 18:00 Uhr. Und wann immer besondere Anlässe wie Theater- oder Konzertbesuche anstanden, später auch der Tanzkurs, konnte Hannelore im Haus der Eltern ihrer Freundin Quartier beziehen. Die Freundschaft zwischen Annegret und Hannelore resultierte nicht zuletzt aus ähnlichen Schicksalen der Eltern. Annegrets Vater war Chemiker, politisch belastet und zeitweise mit einem Berufsverbot belegt gewesen. Es waren Annegrets Eltern, die den Renners eine erste bescheidene Grundausstattung an Möbeln überlassen hatten – eine Hilfestellung, die Hannelore nie vergaß.

Die beiden Mädchen wurden mit der Zeit ein eingespieltes, vertrautes Team, vor allem, wenn es um ihr großes Ziel ging: das Erreichen des Abiturs. In der französischen Besatzungszone war das Zentralabitur Pflicht bis zum Abitur-Jahrgang 1951. Doch bevor es zur Abiturprüfung und der feierlichen Übergabe der Zeugnisse kam, musste Hannelore eine schwere Hürde nehmen. Wer zum Abitur zugelassen werden wollte, musste das 18. Lebensjahr erreicht haben. Diese Voraussetzung fehlte der Siebzehnjährigen. Zum Glück hatte die Jüngste der 20 Schülerinnen zählenden Abiturklasse des Jahrgangs 1951 einflussreiche Befürworter im Lehrerkollegium und erreichte schließlich die Zulassung. Nachdem im Dezember 1950 die Anmeldung erfolgt war, konzentrierte Hannelore ihre ganze Kraft darauf, die Leistungen zu erbringen, die von ihren älteren Klassenkameradinnen gefordert wurden. Dank der ausführlichen Tagebucheintragungen von Mutter Irene, die Peter Kohl in seinem Buch zitiert, ist das Thema der schriftlichen Prüfung in Deutsch bekannt. Aus den zur Auswahl stehenden zwei Themen entschied sich Hannelore für einen politischen Aufsatz: »Wie kann der jugendliche

Mensch für das politische Leben gewonnen und für die späteren politischen Aufgaben vorbereitet werden?« Wie die Note ausfiel, hat Hannelores Mutter indes nicht notiert.

Am 21. Juni 1951 gab es endlich die begehrten Zeugnisse, und Hannelore konnte sich über ihren ausgezeichneten Notendurchschnitt nur freuen. Die frisch gebackene Abiturientin genoss die neue Freiheit, das Tor für eine akademische Laufbahn war weit geöffnet. Doch wie in den vergangenen Jahren musste sich Hannelore auch jetzt wieder bescheiden. Aus finanziellen Gründen war ein Universitätsstudium ausgeschlossen. Dazu reichte Vaters Einkommen bei Mey & Edlich noch nicht aus. Und mit Hannelores Fähigkeiten, wie dem mittlerweile fast perfekten Stenografie- und Schreibmaschineschreiben, ein Studium zu finanzieren, schien unmöglich. In dieser Situation entschied sich Hannelore für das Nächstliegende: Kurz entschlossen meldete sie sich im nahe gelegenen Germersheimer Auslands- und Dolmetscherinstitut an. Im Hauptfach belegte sie Französisch, in den Nebenfächern Englisch und Spanisch.

Mit dem Wintersemester 1951/52 begann eine neue Lebensphase. Hannelore war erstmals auf sich alleine gestellt. Sie bezog eine kleine Bude, die Besuche in der elterlichen Wohnung in Leinfelden beschränkten sich während des Semesters auf wenige Wochenenden und Feiertage. Sie nutzte die neue Freiheit zu intensiver Arbeit und verfolgte mit Ehrgeiz ihr Sprachenstudium. Der an Bescheidenheit und Verzicht gewöhnten Studentin war klar, dass ein von den Eltern finanzierter Studienaufenthalt im Ausland nicht realisierbar war. Aber sie wusste sich zu helfen und bewarb sich erfolgreich um eine Stelle als Au-pair-Mädchen in Paris. Mit wenig Geld in der Tasche, aber mit hohen Erwartungen, fuhr sie Mitte März 1952 mit dem Zug in die französische Hauptstadt. Hier wurde sie ausgesprochen freundlich – damals keine Selbstverständlichkeit – in einer recht wohlhabenden Familie aufgenommen.

Was sie in ihrer deutschen Heimat schon bis zur Perfektion verfeinert hatte, war in Paris wieder gefragt: Die Germersheimer Studentin entwickelte ein Nachhilfekonzept für die einzige Tochter der französischen Gasteltern. Ausgestattet mit einem guten Lexikon, »dozierte« sie nun ausschließlich auf Französisch, wovon ihre eigenen Sprachfähigkeiten entscheidend profitierten. So nutzte sie den Paris-Aufenthalt auch für sich optimal. Mit ihrem bescheidenen Taschengeld konnte sie sich während ihrer knapp bemessenen freien Zeit kleine Ausflüge leisten und die Schönheiten der französischen Metropole kennenlernen. Nach zweieinhalb Monaten ging der Paris-Aufenthalt zu Ende, Hannelore musste Abschied nehmen von dieser deutschfreundlichen Pariser Familie, bei der sie sich so gut aufgehoben gefühlt hatte. Der Besuch hatte ihr brüchiges Selbstbewusstsein gefestigt, mit ihm hatte sie ihre Selbstständigkeit unter Beweis stellen können.

Voller Schwung und gestärkt durch die positiven Erfahrungen nahm sie das zweite Semester in Angriff. Alles deutete darauf hin, dass ihr Dolmetscherstudium die richtige Wahl gewesen und ein erfolgreicher Abschluss in Kürze zu erwarten war. Nach allem, was das Flüchtlingskind an seelischen Belastungen und Verletzungen erlebt hatte, deutete nun alles auf eine fast sorgenfreie Lebensphase hin.

* * *

Der Umzug nach Leinfelden war noch keine vier Wochen her, als Wilhelm Renner mit 62 Jahren überraschend am 18. September 1952 im städtischen Katharinenhospital in Stuttgart starb. Überliefert ist, dass Hannelore noch rechtzeitig aus Germersheim anreiste, um von ihrem über alles geliebten Vater Abschied zu nehmen. Er war die prägende Figur in ihrem bisherigen Leben gewesen. Auf dem Totenbett sagte er noch einen Satz, der für Hannelores Leben maßgeblich wurde: »Wenn du später etwas zu tun hast, dann sage nie: ich kann es nicht. Sage vielleicht: Ich kann es noch nicht.«

In der Sterbeurkunde Nummer 2420 vom 19. September 1952 wird als Todesursache »Coronarsklerose« angegeben, eine Verkalkung und Veränderung der Herzkranzgefäße. Diese Todesursache wurde von einigen Zeitzeugen angezweifelt. Immer wieder tauchten Gerüchte auf, er habe sich das Leben genommen, die aber nie bestätigt werden konnten. Wilhelm Renner, so die Vermutungen, habe wohl den Gedanken daran, er habe seinen Posten bei May & Edlich vor allem den verwandtschaftlichen Beziehungen seiner Frau zu verdanken, nur schwer ertragen. Es sei ihm, so eine weitere Mutmaßung, auch nicht gelungen, in dieser ihm fremden Bekleidungsbranche den Anforderungen der Geschäftsführung zu genügen und mit den innerbetrieblichen Abläufen zurechtzukommen. Im tiefsten Herzen habe er wohl das Ende seiner Direktorenkarriere in Leipzig nie verwunden und sich mit dem daraus resultierenden tiefen gesellschaftlichen und sozialen Absturz nicht abfinden können. Nicht überraschend wäre, wenn er trotz großer Kraftanstrengung eine Depression entwickelt hätte. Ob diese Lesart zutreffend ist, bleibt ungewiss. Fakt ist, dass er – außer seiner Frau, wenn überhaupt – niemandem sein wahres Gefühlsleben offenbarte. Hannelore blieb er als ein Mann mit großer Herzenswärme, als äußerst verständnisvoller und liebevoller Vater in Erinnerung.

Wilhelm Renner wurde am 20. September 1952 in Stuttgart eingeäschert und am 2. Dezember des gleichen Jahres auf dem Riensberger Friedhof im Bremer Stadtteil Schwachhausen ohne kirchlichen Segen beigesetzt. Der berühmte Riensberger Friedhof ist eine parkähnliche Ruhestätte mit einem See, mehreren Brücken, vielen künstlerisch bedeutsamen Grabmalen, Mausoleen und einer gotischen Backsteinkapelle. Hier fand Wilhelm Renner seine letzte Ruhe in der Grabstätte seines Schwiegervaters und seines Schwagers.

Was hat Hannelore über ihren Vater tatsächlich gewusst? Wusste sie, dass er sich nicht nur aus Opportunismus und Karrieregründen, sondern auch und vor allem aus politischer Überzeugung bewusst in den Dienst der Nazis gestellt hatte und nicht nur Mitwisser, sondern auch Mittäter gewesen war? Woher hatte die Tochter die oft geäußerte Überzeugung, er sei nur ein unpolitischer Spezialist gewesen, der mit Politik niemals mehr etwas zu tun haben wollte? War er nach juristischer Bewertung nicht viel eher ein Täter, auch wenn er niemals verurteilt wurde? Gehörte er als Direktor eines NS-Musterbetriebs nicht vielmehr zu Hitlers willfährigen Helfern? Wie hat er es nach 1945 geschafft, seine NS-Belastung zu vertuschen und mit Erfolg Spuren zu verwischen? Hat Hannelore bewusst die Legendenbildung und das Verschweigen mitbekommen oder hat selbst sie nie etwas darüber erfahren? All das sind Fragen, die sich heute nicht mehr beantworten lassen. Es scheint, als habe auch im Hause Renner wie in Millionen anderen Familien nach dem Krieg tiefe Verunsicherung geherrscht, als sei das Schweigen über mögliche Verstrickungen oberstes Gebot gewesen. Alle Anzeichen sprechen dafür, dass beim Thema Vergangenheitsbewältigung eine jahrelange Sprachlosigkeit zwischen Hannelore und ihren Eltern herrschte.

PFLICHT

Für Hannelore war der plötzliche Tod des Vaters ein tiefer Einschnitt. Sie verlor ihren engsten Vertrauten, ihr Vorbild, ihren verlässlichsten Beschützer und sicheren Halt im Leben. Der neuerliche Schicksalsschlag machte den beiden Hinterbliebenen schwer zu schaffen. Hinzu kam das Unvermögen der vierundfünfzigjährigen Mutter, mit der neuen Situation fertig zu werden. Irene Renner, sieht man von ihrer Kriegsverpflichtung ab, war nicht an ernsthaftes Arbeiten gewöhnt, war immer die Frau an seiner Seite gewesen, privilegiert und verwöhnt, bis der Krieg ihr sorgenfreies Leben zerstört hatte. Nach dem Tod ihres Mannes war sie wohl völlig überfordert damit, ihre eigene Existenz und die ihrer Tochter zu sichern. Denn neben dem Schmerz über den Verlust eines geliebten Menschen kam ein materiell harter Schlag hinzu: Es gab keine Versorgungsansprüche, keine Witwenrente, nichts, absolut nichts.

Psychisch auf einem absoluten Tiefpunkt angelangt und physisch ohnehin angegriffen, brach Hannelore ihr Studium an der Germersheimer Dolmetscherschule ab. Sie musste Geld verdienen, um ihre Mutter und sich zu ernähren. Das Kind der Nazi-Eltern, das Flüchtlingskind, die stolze Gymnasiastin, die wissbegierige Studentin, das geschätzte Au-pair-Mädchen: Seit der Evakuierung nach Döbeln hatte Hannelore ihren Beitrag leisten müssen – und sei es, dass sie lernte, Essen zu organisieren. Immer ging es um die Sicherung der Existenz. Hannelores späte Kindheit und Jugend waren, wie bei Millionen anderen auch, kriegsbedingt geprägt vom ständigen Kampf ums Überleben. Jetzt musste sie auch noch ihren Vater ersetzen und auf eine Ausbildung verzichten. Das Gefühl, zu kurz zu kommen, ließ sie nicht mehr los. All ihre Talente, ihre naturwissenschaftlichen und sprachlichen Begabungen lagen brach, weil sie eine folgenschwere Kehrtwendung in ihrem Leben vollziehen musste.

Nachdem sie mitten im zweiten Semester das Sprachstudium abgebrochen hatte, jobbte sie vorübergehend im Stuttgarter Konradin-Verlag, redigierte Manuskripte und las Korrektur. Mit ihrem bescheidenen Gehalt musste sie nicht nur die Miete für die kleine Zwei-Zimmer-Wohnung in Leinfelden stemmen, sondern auch für den Unterhalt der Mutter sorgen. Ein Schicksal, das sich in dieser Zeit tausendfach wiederholte, für die Betroffenen aber das Ende aller Träume bedeutete.

Hannelore war nach dem Tod ihres Vaters klar, dass sie einen ganz neuen Weg einschlagen musste. Ein glänzendes Abitur ohne eine anschließende berufliche Ausbildung reichte nicht aus, sie musste sich fortbilden. Da ihre Mutter und sie nicht im Raum Stuttgart bleiben wollten, sollte ein Umzug nach Ludwigshafen auch einen beruflichen Neuanfang ermöglichen. Kurz nachdem die beiden Frauen Ende April 1953 in die Ludwigshafener Achenbachstraße 24 umgezogen waren, legte Hannelore die Handelskammerprüfung im englischen und französischen Stenografieren ab. Damit hatte sie zumindest ein erstes Zertifikat, das mehr wert war als der Nachweis eines abgebrochenen Dolmetscherstudiums. Mit dieser »Ausbildung« bewarb sie sich erfolgreich bei der Ludwigshafener BASF (Badische Anilin- & Soda-Fabrik) und trat am 15. Juni 1953 als kaufmännische Angestellte ihre erste Festanstellung an. Mit einem monatlichen Salär von 250 Mark war für damalige Verhältnisse ein bescheidenes Auskommen gesichert. Unterdessen war es Hannelores Mutter tatsächlich gelungen, bei einem Ludwigshafener Chemieunternehmen als Sekretärin unterzukommen. Mit Hannelores Hilfe hatte sie sich zu Hause monatelang vorbereitet und geübt.

* * *

Mit dem Tod des Vaters, dem Studienabbruch, der Jobsuche und dem Umzug nach Ludwigshafen musste die knapp Zwanzigjährige erst einmal zurechtkommen. In dieser äußerst schwierigen Lebensphase stand ihr ein Mensch zur Seite, den sie mit 15 Jahren kennen gelernt hatte: Helmut Kohl. Der robuste Pfälzer war ihr eine wichtige Stütze, ohne die sie die Schicksalsschläge kaum verkraftet hätte. Den drei Jahre älteren Ludwigshafener hatte die Gymnasiastin bei einem Tanztee im Jahr 1948 kennen gelernt. Kohls Jungenklasse hatte die Schülerinnen des Ludwigshafener Mädchengymnasiums zu einer Fete ins Gasthaus zum Weinberg im Friesenheim eingeladen. Aus dieser ersten Zufallsbegegnung kurz nach der Währungsreform hatte sich eine Freundschaft entwickelt, die von Jahr zu Jahr tragfähiger geworden war. In jenem fünften Jahr ihrer Bekanntschaft erwies sich Helmut Kohl als verlässlicher Freund, der in der

Stunde großer persönlicher Not, in der Zeit des Schmerzes über den Verlust des geliebten Vaters, hohe Sensibilität für die Freundin zeigte und half, die tiefe Verzweiflung zu lindern.

Helmut Kohl war am 3. April 1930 in Ludwigshafen als jüngstes von drei Kindern zur Welt gekommen. Seine Mutter Cäcilie, das zweite von vier Kindern, wurde am 18. November 1890 geboren. Die Lehrertochter besuchte ein Mädchenpensionat und lernte bei Nonnen Hauswirtschaft, Sticken und Nähen. Sie starb 1979.

Kohls Vater, ein Finanzbeamter, stammte aus einer Bauernfamilie im Unterfränkischen. Als ältester Sohn von insgesamt 13 Kindern kam er am 6. Januar 1887 zur Welt. Hans Kohl wurde wie seine Frau Cäcilie 88 Jahre alt und starb am 20. Oktober 1975.

Bis zum Kriegsbeginn verbrachte Helmut Kohl im Friesenheimer Eigenheim eine unbeschwerte Kindheit. Nach vierjähriger Volksschulzeit besuchte er die Oberrealschule in der Ludwigshafener Leuschnerstraße und wurde Pimpf im »Deutschen Jungvolk in der HJ«. Seine liberal-katholische Erziehung sowie die kritische Einstellung seiner Eltern zum Nationalsozialismus ließen ihn allerdings auf gesunde Distanz zur Hitler-Jugend gehen. Er erlebte die Bombardierung seiner Geburtsstadt Ludwigshafen und wurde zum Bergen von Toten und zu Aufräumungsarbeiten in der zerstörten Stadt herangezogen. Für den damals Fünfzehnjährigen, der nie zuvor mit dem Tod konfrontiert gewesen war, eine schockierende Erfahrung. Noch Anfang April 1945 wurde er in einem Berchtesgadener Wehrertüchtigungslager vereidigt und sollte zum Flakhelfer ausgebildet werden.

Wie die meisten Schüler in dieser Zeit erlebte auch Helmut Kohl während des Krieges ständigen Unterrichtsausfall. Als der Krieg zu Ende war, begann der Schulbetrieb erst Monate später. Die Schüler des Geburtsjahrgangs 1930 hatten zu diesem Zeitpunkt durchweg zwei Jahre verloren. Allerdings war diese Generation durch Krieg und Bombennächte reifer geworden als die folgenden Generationen. Der Friesenheimer engagierte sich stark als Klassensprecher, war anerkannt, ohne Primus zu sein. Beim französischen Zentralabitur mit recht hohem Schwierigkeitsgrad hatte er viel Glück. Mit einer glatten Sechs in der Mathematik-Abiturarbeit stellte er einen Rekord auf: Es war die schlechteste Mathematiknote in ganz Rheinland-Pfalz. Dank einer Spitzenleistung mit der Note Sehr gut in Deutsch konnte er ausgleichen und schaffte im Juli 1950 ein mittelmäßiges Abitur.

Seit Anfang Juli 1946 gab es einen Kreisverband der CDU Ludwigshafen, den Helmuts Vater Hans mitbegründet hatte. Für den politisch stark interessierten Jugendlichen kam der Impuls, im Dezember 1946 in die CDU einzutreten, aus dem Elternhaus. Als jüngstes Parteimitglied sammelte Helmut erste praktische Erfahrungen im Landtagswahlkampf 1947. »Helle«, wie der Gymnasiast genannt wurde, machte sich als Plakatkleber nützlich und lernte hautnah die Auseinandersetzungen zwischen Mitgliedern der CDU und der SPD kennen. Besonders fasziniert war er von Johannes Fink, einem Priester der Arbeiter und kleinen Leute und volkstümlichen Redner. Im katholischen Pfarrhaus von Limburgerhof nahm Kohl seit 1947 regelmäßig an wöchentlichen Treffen teil. Dabei ging es nicht allein um geistige Strömungen des politischen Katholizismus, Liberalismus und Sozialismus, sondern auch um einfache methodische Fragen des politischen Handwerks. Ebenfalls nicht ganz unerheblich: Bei Pfarrer Fink gab es immer etwas zu essen und zu trinken, Kaffee und Kuchen, vor allem aber pfälzische Wurstspezialitäten.

Kohl engagierte sich als Ortsvorsteher der Jungen Union, spürte aber schon früh, wie wichtig eine zielstrebige Arbeit in der Mutterpartei war. Bereits 1948 nahm er mit Sitz und Stimme als Delegierter an allen wichtigen Parteiveranstaltungen teil. Im ersten Bundestagswahlkampf 1949 befand sich der Ludwigshafener an vorderster Front beim Plakatekleben und bei zentralen Kundgebungen in der Pfalz. Seinen ersten öffentlichen Auftritt als Wahlredner hatte Kohl am Vorabend der Bundestagswahl am 13. August 1949 in Mutterstadt, der neuen Heimat seiner Freundin Hannelore Renner. In den folgenden Jahren arbeitete Kohl als CDU-Delegierter, reiste kreuz und quer durch das »Land aus der Retorte«, knüpfte landesweit Kontakte und wurde mit kritischen Äußerungen über die Honoratioren der CDU in Rheinland-Pfalz bekannt.

Im Wintersemester 1950/51 nahm er sein Studium an der Johann-Wolfgang-Goethe-Universität in Frankfurt am Main auf. In der Staatsrechtlichen und Philosophischen Fakultät eingeschrieben, hörte er Vorlesungen in Nationalökonomie und besuchte ein erstes Proseminar. Der junge Student war fasziniert von Professoren mit glanzvollen Namen wie Walter Hallstein und Carlo Schmid. In den Semesterferien jobbte er als Steinschleifer in der BASF. Sechs Jahre lang besaß er dort einen Stammplatz für diesen schmutzigen, aber gut bezahlten Job.

Wegen des beträchtlichen Aufwands, den das Pendeln zwischen Ludwigshafen und Frankfurt verursachte, wechselte Kohl die Universität und schrieb sich im Wintersemester 1951/52 an der Juristischen und Philosophischen Fakultät der Universität Heidelberg ein. Von der zunächst beabsichtigten juristischen Laufbahn kam er im vierten Semester ab und wählte als Hauptfach Geschichte, sowie Staatsrecht, Öffentliches Recht und Politische Wissenschaften als Nebenfächer. In den ersten Proseminaren hatte er wegen bescheidener Sprachkenntnisse vor allem in Latein große Schwierigkeiten. Die meisten akademischen Lehrer zeigten Verständnis für sein politisches Engagement und förderten ihn, wo immer es möglich war. Vom Wintersemester 1955 an konzentrierte sich Kohl auf seinen Studienabschluss und begann mit seiner Doktorarbeit bei Professor Walter Peter Fuchs. Das Thema hatte er selbst gewählt: »Die politische Entwicklung in der Pfalz und das Wiedererstehen der Parteien nach 1945.« Anfang 1958 lieferte er die 160 Seiten umfassende Doktorarbeit ab, überstand das Promotionsverfahren mit der mündlichen Prüfung Ende Juli des gleichen Jahres erfolgreich und erreichte immerhin die Gesamtnote »cum laude«. Kohls Dissertation war zwar aus seiner praktischen Parteiarbeit heraus entstanden, kann aber neben seinem unaufhörlichen Parteiengagement dennoch als beachtlicher Erfolg gewertet werden. Mit seinem Abschluss des Studiums zum Dr. phil. stand er nun vor der Entscheidung, Politik zu seinem Haupt- oder nur zu seinem Nebenberuf zu machen.

Hannelore hatte Helmuts Doktorarbeit getippt, wie zuvor schon so manche Seminararbeit. Sie begleitete ihn gerne zu Wahlveranstaltungen und war an seiner Seite, wenn er Auftritte vor Publikum hatte. Hannelore, die im Alter von 17 Jahren mit einer Ausnahmegenehmigung den Führerschein erworben hatte, machte Autofahren zu ihrem Hobby und fuhr den Freund wann immer es ging zu Terminen. Gerne gingen die beiden jungen Leute schwimmen, reisten gemeinsam in das benachbarte Elsass, unternahmen Radtouren in den Schwarzwald und übernachteten in Jugendherbergen. Während Hannelores Pariser Au-pair-Zeit schrieben sich die beiden nicht nur unzählige Briefe. Der verliebte Helmut Kohl besuchte sie auch mit einigen Freunden in der französischen Hauptstadt. Spätestens seit dieser Begegnung in Paris stand für beide fest, ihr Leben künftig gemeinsam zu gestalten. Hannelore, die mit Gefühlsäußerungen ansonsten außerordentlich geizte, zeigte Helmut in Anwesenheit seiner Freunde unverhohlen ihre Zuneigung. Es war – nach ihren eigenen Worten – Liebe auf den zweiten Blick.

Wenige Wochen später dann der Schicksalsschlag, der Tod von Vater Wilhelm Renner, der Helmut längst in sein Herz geschlossen hatte, wenngleich er dessen parteipolitisches Engagement eher verachtete. In dieser schweren Phase bot ihr Helmut Schutz und Geborgenheit. Dieser Pfälzer mit seiner fast unbegrenzten körperlichen Energie verbreitete Optimismus und schenkte ihr ein Stück Zukunft. Hannelore, deren unbeschwerte Kindheit so jäh zu Ende gegangen war, die mit zwölf Jahren schon erwachsen hatte werden müssen, suchte einen starken Mann, der ihr das Gefühl tiefen Vertrauens vermittelte, der Führungsqualitäten besaß, ihr eine Heimat bot und das Leben einfach in die Hand nahm. Das alles fand sie bei

Helmut Kohl, dem bestimmenden und willensstarken Tatmenschen, der keinem Konflikt aus dem Weg ging. Er, der seine Interessen erfolgreich durchzusetzen vermochte, war für Hannelore der Idealtyp eines Mannes, dem sie nach dem Tod ihres Vaters blind vertraute. Aus der zaghaft begonnenen Freundschaft entwickelte sich mit der Zeit Liebe.

Helmuts Eltern, die sich mit dem Gedanken anfreunden mussten, eine Schwiegertochter nicht katholischen Glaubens zu bekommen, akzeptierten das attraktive Leipziger Flüchtlingskind, mit dem sich ihr Sohn gerne schmückte, nach anfänglichem Zögern. Vor allem das Verhältnis zwischen Hannelore und Helmuts Vater entwickelte sich zu einer sehr engen Beziehung. Mutter Cäcilie hingegen war – ähnlich wie Irene Renner – eine eigensinnige, kühle und distanzierte Frau, die kaum Empathie zeigen konnte. Das Verhältnis zwischen ihr und Hannelore blieb ebenso kühl wie das Klima zwischen Helmut und Irene, das sich erst mit Kohls Aussicht auf eine politische Karriere verbesserte.

∗ ∗ ∗

Hannelore hatte nach dem Tod des Vaters ihre gerade gewonnene Eigenständigkeit wieder aufgeben müssen. Gemeinsam mit ihrer Mutter unter einem Dach zu leben, fiel ihr nicht leicht. Mit Neid blickte sie auf ihren Freund Helmut, der sich wohlfühlte in seinem Elternhaus und täglich von Ludwigshafen nach Heidelberg und zurückfuhr.

Hannelores Tätigkeit bei BASF begann morgens um 7:30 Uhr. Zwischen 12 und 13 Uhr war Mittagspause, dann ging es weiter bis 18 Uhr, anfangs auch samstags. Die klassische 6-Tage-Woche bei drei Wochen Urlaub im Jahr. Aus Hannelores Arbeitszeugnissen, die Sohn Peter in der Biografie seiner Mutter ausgewertet hat, geht hervor, dass sie in den insgesamt sieben Jahren ihrer Anstellung auf größere berufliche Karrieresprünge verzichten musste. Sie begann als »fremdsprachliche Stenotypistin« und schrieb für die Abteilung

»Verkauf, Export und Farben«. Im Mittelpunkt stand dabei die kaufmännische und technische Korrespondenz in deutscher, englischer und französischer Sprache. Von Anfang 1955 bis Ende 1957 arbeitete sie in der sogenannten »Gruppe Afrika«. Die Welt des Ludwigshafener Chemiegiganten war in Kontinente aufgeteilt. In dieser Abteilung musste sie in deutscher, englischer, französischer und italienischer Sprache nach Diktat sowie nach Tonbandaufzeichnungen schreiben. Damals gab es noch keine elektrischen Schreibmaschinen, so dass Fehler mühsam korrigiert werden mussten. Die Arbeitsatmosphäre unter den sechs weiblichen Angestellten, die sich ein Zimmer teilen mussten, soll kollegial und angenehm gewesen sein. Hannelore galt als freundlich, kameradschaftlich, zurückhaltend und bescheiden. Klatsch und Tratsch lagen ihr fern. Es entwickelten sich über die beruflichen Verantwortlichkeiten hinaus Freundschaften, die zum Teil viele Jahre Bestand hatten. Hannelores Gehalt entsprach den damaligen Tarifen in der Chemieindustrie und bewegte sich zwischen 300 und 400 Mark. 1957 konnte auf dem Werksgelände das Friedrich-Engelhorn-Hochhaus, die neue Verwaltungszentrale der BASF, bezogen werden. Für Hannelore und ihre Kolleginnen bedeutete dies eine spürbare Verbesserung der Arbeitsbedingungen. Mit der positiven räumlichen Veränderung ging eine erfreuliche Beförderung einher. Hannelore stieg zur ersten Sekretärin des Gruppenleiters auf. Fortan musste sie die vielen Überseereisen ihres Chefs vorbereiten, Statistiken führen und mehr als früher eigenständig Korrespondenz erledigen. Zu der neuen Herausforderung gehörte auch die Betreuung von in- und ausländischen Kunden, bei denen sie ihr Sprachtalent unter Beweis stellen konnte. Endlich hatte sie ein Stück Eigenständigkeit bekommen und einen Verantwortungsbereich, der ihr Selbstwertgefühl erheblich festigte. Nebenbei gab es eine geringfügige Gehaltserhöhung, die zu ihrer guten Stimmung beitrug.

Parallel zu den beruflichen Herausforderungen unterstützte sie Helmuts Studienverpflichtungen und begleitete ihn bei seinen politischen Aktivitäten. Mit dem CDU-eigenen VW ging es von Partei-veranstaltung zu Parteiveranstaltung und zu Wahlkampf-Kampa-gnen. Bei diesen Reisen saß Hannelore meist am Steuer, chauffierte ihren Geliebten bei Nacht und Nebel, Schnee und Eis kreuz und quer durch Rheinland-Pfalz. Sie genoss die Zeit an seiner Seite und freute sich auf die gemeinsame Zukunft. Helmuts Heiratsantrag hatte sie längst angenommen – sobald er »fest im Beruf stand«, wollte das Paar heiraten. Bis es soweit war, mussten noch weitrei-chende Entscheidungen gefällt werden.

WEICHENSTELLUNG

Zwischen der Urlaubsreise zum Neusiedlersee in Österreich, auf der sich das junge Paar verlobt hatte, und Helmut Kohls Kandidatur für den Rheinland-Pfälzischen Landtag lagen nur wenige Monate. 1955 hatte Kohl noch auf eine Bewerbung um das Landtagsmandat verzichtet, weil er vorher sein Studium abschließen wollte. Nie hat-te er einen Hehl aus seinem leidenschaftlichen Interesse an einer politischen Karriere gemacht. In seiner Heimatstadt war er partei-politisch fest verankert. Jetzt hatte er ein klares Ziel vor Augen, nämlich bei der Landtagswahl 1959 in den Mainzer Landtag einzu-ziehen. Es gab damals allerdings keinen Abgeordneten, der seinen beruflichen Werdegang allein von einem Parlamentsmandat abhän-gig gemacht hätte. Auch für den Pfälzer – und vor allem für seine zukünftige Ehefrau – war ein krisenfester Beruf ganz wichtig. Bei

Hannelore Kohl, 1947

Hannelore Kohl und Freundin Annegret Helling, 1948

Klassenausflug 1949, Hannelore Kohl, sitzend, Dritte von rechts

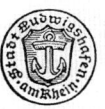

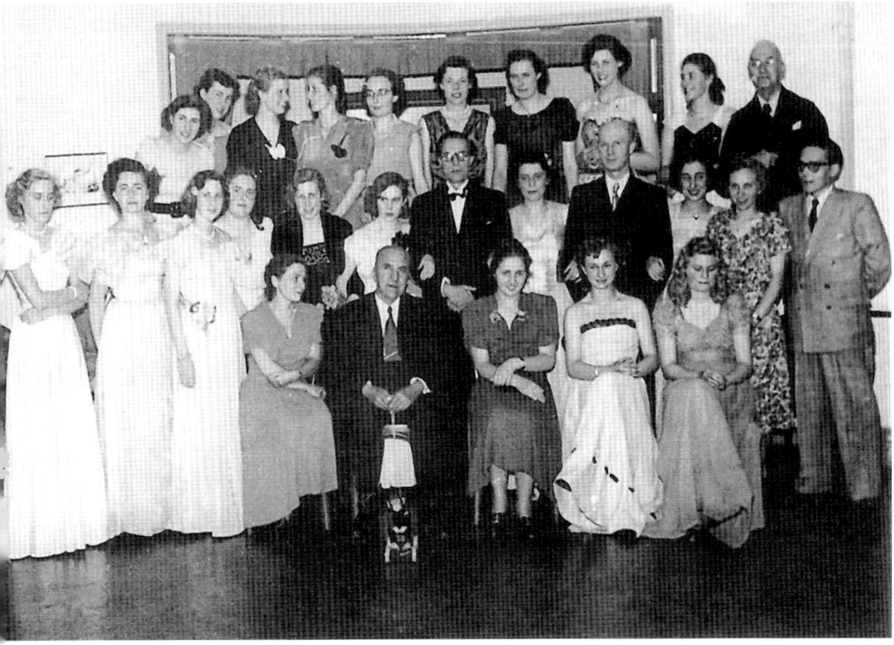

biturfeier 1951, Hannelore sitzend, rechts

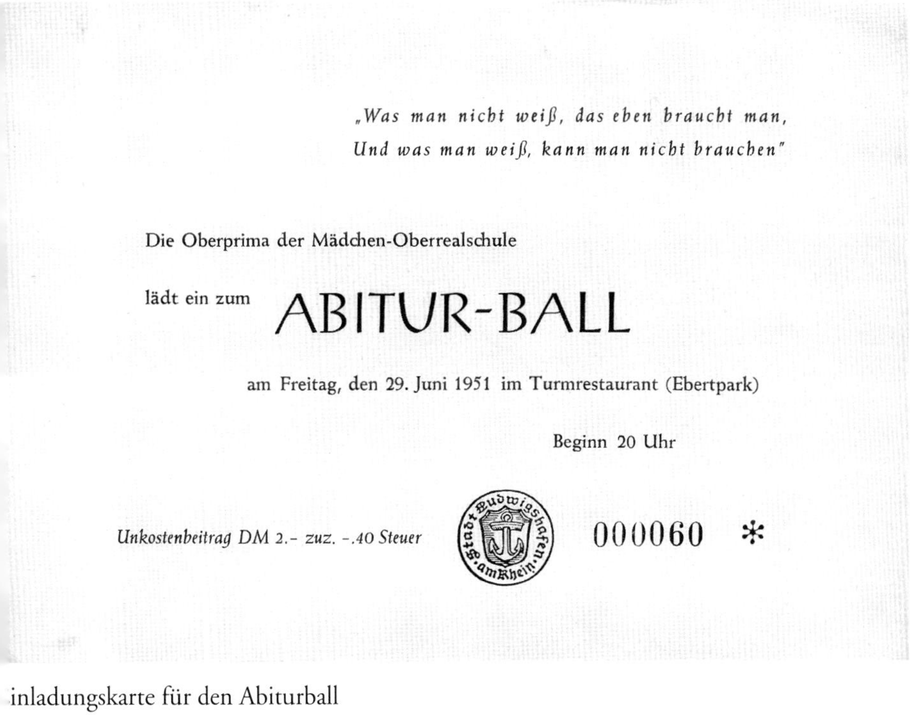

„Was man nicht weiß, das eben braucht man,
Und was man weiß, kann man nicht brauchen"

Die Oberprima der Mädchen-Oberrealschule

lädt ein zum **ABITUR-BALL**

am Freitag, den 29. Juni 1951 im Turmrestaurant (Ebertpark)

Beginn 20 Uhr

Unkostenbeitrag DM 2.- zuz. -.40 Steuer Stadt Ludwigshafen am Rhein 000060 *

inladungskarte für den Abiturball

Hannelore Kohl und Polizeihund »Igo«, 1963

Hannelore Kohl
und Freundin
Irene Ludwig, 1967

Die Ehepaare Kohl
und Ludwig im
Urlaub 1967

© privat

© privat

Wohnhaus der Familie Kohl in Ludwigshafen-Oggersheim

Helmut und Hannelore Kohl und die Söhne Walter (links) und Peter (rechts) im Ludwigshafener Bungalow, 1976

Familie Kohl zusammen mit Juliane Weber und Horst Teltschik bei ihrem Besuch der DDR in Leipzig 1976

Urlaub in St. Gilgen 1978, die Familie beim Kartenspiel (v. l.: Sohn Walter, Schulfreund Peter, Hannelore, Helmut und Sohn Peter Kohl)

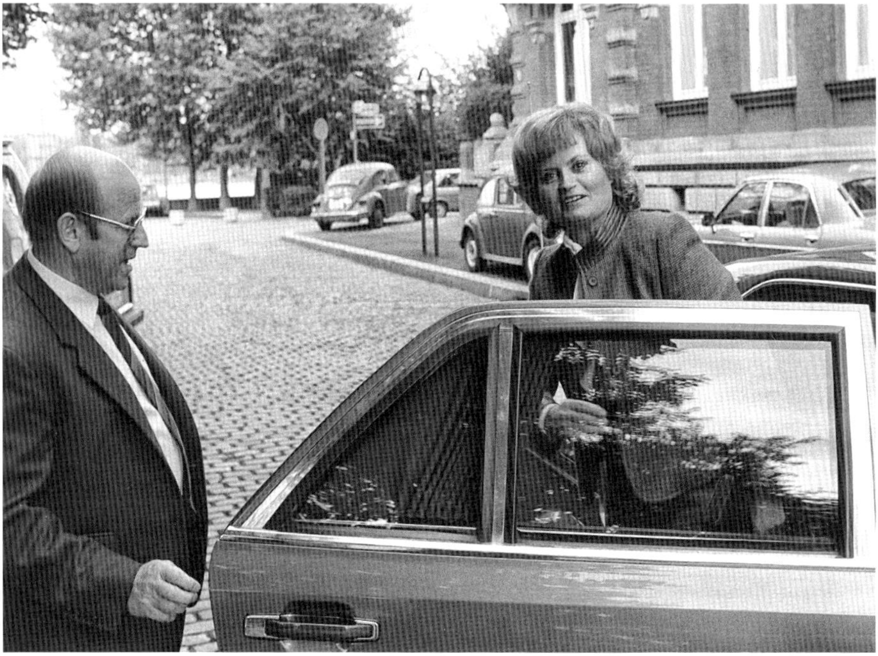

© privat

Hannelore Kohl und Ecki Seeber, Helmut Kohls Cheffahrer, 1983

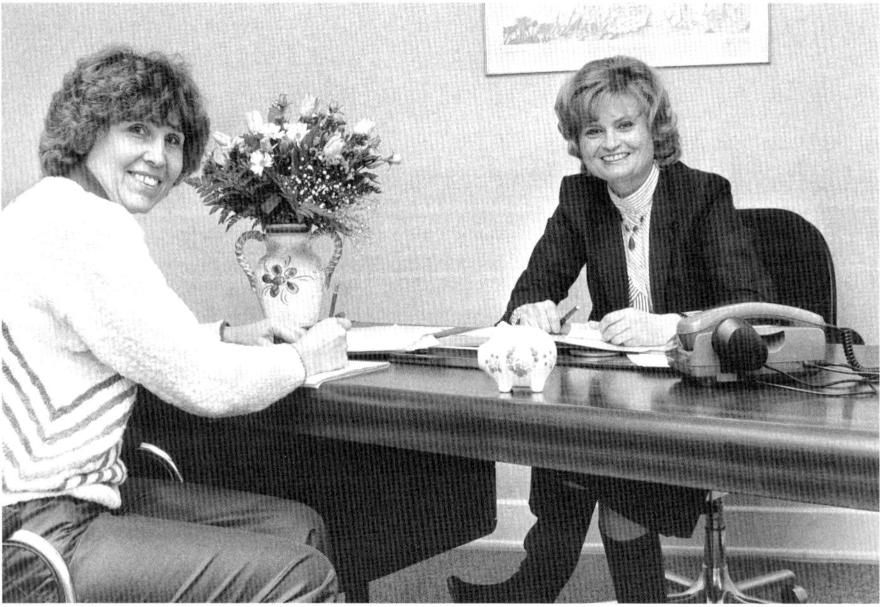

© privat

Im Bonner ZNS-Büro zusammen mit Amalie Barzen, 1986

allem politischen Engagement wollte Kohl unabhängig bleiben. Damals hätte er bei der BASF, dem größten Unternehmen der Stadt, mit Hilfe hochrangiger Förderer eine Anstellung bekommen können. Doch Kohl nahm das Angebot des Ludwigshafener Unternehmers Walter Mock an, als Direktionsassistent in dessen Betrieb einzutreten. Die Eisengießerei Mock mit etwa 250 Mitarbeitern gehörte zu den gesunden mittelständischen Unternehmen in Ludwigshafen. Als »Mädchen für alles« war der Achtundzwanzigjährige vor allem damit beschäftigt, Grundstücke von den Nachbarn der Gießerei zu kaufen. Nach einem Jahr wechselte er als Referent zum Verband der chemischen Industrie in Ludwigshafen. Dank seiner schnellen Auffassungsgabe, seines Organisationstalents und seiner Menschenkenntnis konnte er sich von anderen Referenten absetzen, zeigte Teamgeist, Leistungsbereitschaft und die Fähigkeit, Auseinandersetzungen beizulegen. Hierbei kam ihm seine langjährige Parteiarbeit zugute. Helmut Kohls Zuständigkeit lag in der Wirtschafts- und Steuerpolitik. Verantwortung trug er außerdem für die Finanz-, Zoll- und Umweltprobleme. Seine Haupttätigkeit zwischen den Jahren 1959 und 1969 bestand darin, die Mitgliedsfirmen des Chemieverbandes über neue Gesetzgebungsmaßnahmen zu informieren und entsprechend zu beraten. Eine Arbeit, die gemeinhin als Vollzeitjob galt. Dennoch saß Helmut Kohl seit 1959 im Rheinland-Pfälzischen Landtag und führte von 1960 an bis 1969 auch noch die CDU-Fraktion im Ludwigshafener Stadtrat. Als Referent beim Chemieverband kam er in Kontakt mit den Bossen der Chemiefirmen seines Landes und gewann Einblicke in das Innenleben eines schwergewichtigen Industrieverbandes. Er lernte verschiedene unternehmerische Strategien kennen und bekam hautnah mit, wie in der Industrie viel Geld verdient – und unter Umständen auch wieder verloren wurde. Seine Tätigkeit beim Chemieverband wäre der sichere Job gewesen, den sich vor allem Hannelore für ihren Zukünftigen gewünscht hätte. Doch innerlich hatte Helmut Kohl längst eine andere Entscheidung getroffen.

Mit dem Eintritt in den Mainzer Landtag waren die Weichen für die nächsten Jahre gestellt: Politik würde den Beruf zunehmend in den Hintergrund drängen. Eine Doppelbelastung, die kaum Zeitfenster für Privates und Persönliches ließ. Nicht nur deshalb zeigte sich Hannelore eher skeptisch. Wenn auch Helmut Kohl in seinen Memoiren unterstreicht, Hannelore habe gegen seine Landtagskandidatur keine Einwände gehabt, spricht vieles dafür, dass sie sich eher einen Mann gewünscht hätte, der als erfolgreicher Banker, Manager oder hoher Verbandsfunktionär Karriere gemacht hätte. Doch sie hatte keine Chance, an dieser beruflichen Weichenstellung zu drehen. Ihr Einfluss auf Helmut Kohls politischen Werdegang blieb bis zu ihrem Tod 2001 äußerst gering. Der Pfälzer stieg auf seiner Karriereleiter unaufhörlich weiter, ohne dass er Einwände, Bedenken oder dringende Bitten seiner Frau in nennenswerter Weise bedacht oder gar berücksichtigt hätte.

Es war die Generation des Helmut Kohl, Jahrgang 1930, die nach dem Zweiten Weltkrieg zu jung war, um in Verbrechen und Schuld der Nazis verstrickt gewesen zu sein, doch alt genug, um sich politische Sporen zu verdienen. Den Parteien fehlte es an geeignetem Nachwuchs. Deshalb hatten Kohl und seine Freunde alle Chancen, sehr früh in verantwortungsvolle Positionen zu gelangen. Kommunalpolitiker, Landespolitiker, Angestellter des Chemieverbandes: Zu den hervorstechenden Eigenschaften des Helmut Kohl zählte die Kunst, Menschen für sich einzunehmen und an sich zu binden. Das war eines seiner Erfolgsgeheimnisse – bis zum Ende seiner Kanzlerschaft.

Beruflich abgesichert und Inhaber von zwei politischen Mandaten war es für Helmut Kohl nun an der Zeit, auch privat die entscheidenden Weichen zu stellen. Hannelore wohnte seit 1953 immer noch zusammen mit ihrer Mutter in der Ludwigshafener Achenbachstraße. Die ordentlich bezahlte Festanstellung bei der BASF füllte sie immer weniger aus. Sie fühlte sich schon länger unterfordert und sah keinerlei Möglichkeiten für ein berufliches Fortkommen. In dieser Phase überraschte sie Helmut Kohl mit der Idee, ein gemeinsames Zuhause zu schaffen. Noch verfügten weder er und schon gar nicht Hannelore über Ersparnisse. Auch an ein Erbe war nicht zu denken und ein Darlehen aufzunehmen, schien kaum realisierbar. Da hatte Hannelore, die dem Vorhaben zunächst skeptisch gegenüberstand, eine geniale Idee. Mutter und Tochter Renner besaßen Flüchtlingsausweise, die ihnen eine besondere finanzielle Vergünstigung bescherten. Die beiden Frauen konnten einen Kredit in Höhe von 40 000 D-Mark zu einem geringen Zinssatz von 1,5 Prozent in Anspruch nehmen. Den Rest der potenziellen Bausumme würde sich der Landtagsabgeordnete bei einer Bank besorgen können, da sich die Höhe der Verschuldung durch seine Anstellung beim Chemieverband in überschaubaren Grenzen hielt.

Jetzt wurde geplant, berechnet, gezeichnet, entworfen, verworfen. Hannelore übernahm die Oberaufsicht über das »Projekt Hausbau«. Fortan überwachte sie sämtliche Handwerker, prüfte die fertig gestellten Gewerke, lobte und tadelte, veränderte und erweiterte die Aufträge. Leidenschaftlich griff sie ein bei der baulichen und räumlichen Ausgestaltung, diskutierte mit dem Architekten und den Handwerkern. Die Ingenieurstochter war ganz in ihrem Element, wenn sie Maurer, Elektriker, Verputzer oder Dachdecker mit ihrem Sachverstand überzeugen konnte, sie wusste mit Zahlen umzugehen, prüfte Rechnungen und konnte sehr laut werden, wenn Fehler offenbar wurden. Hannelore erlebte bei ihrem »Projekt Hausbau« schmerzlich, wo ihre Talente lagen, was sie zufrieden und glücklich machte, und wie ungenutzt diese Talente bislang geblieben waren.

Der Neubau mit einer Einliegerwohnung für Mutter Irene Renner in der Tiroler Straße im Ludwigshafener Stadtteil Gartenstadt machte gute Fortschritte. Helmut überließ Hannelore alles, kümmerte sich um nichts, wurde aber bei wichtigen Entscheidungen zurate gezogen. Diese Arbeitsteilung, die sich als äußerst effizient herausstellte, entsprach nicht nur dem Kohlschen Rollenverständnis, sondern kam auch Hannelore sehr entgegen. Endlich stand sie vor einer Herausforderung, bei der sie sich beweisen konnte. Die gelungene Abwicklung des Projekts Hausbau mit allen Höhen und Tiefen, Fehlern und Reparaturen, sorgte für Stabilität und war für sie ein enormes Erfolgserlebnis.

* * *

Seinen dreißigsten Geburtstag am 3. April 1960 feierte Helmut Kohl letztmalig als Junggeselle. Die Planung für die Hochzeit verlief parallel zum Fortgang des Hausbaus. Als sich der Spätsommer als Einzugstermin in Ludwigshafen-Gartenstadt abzeichnete, stand einem baldigen Hochzeitstermin nichts mehr im Wege. Von der BASF hatte Hannelore bereits mit einem feucht-fröhlichen Ausstand Abschied genommen, als der Termin für die kirchliche Trauung auf den 27. Juni 1960 festgesetzt wurde. Zuvor wollten sich Hannelore und Helmut im allerkleinsten Kreis auf dem Standesamt in Ludwigshafen das Ja-Wort geben. Die Eheschließung fand in der katholischen Josefskirche von Friesenheim statt, deren Bau Helmuts Großvater einst mitinitiiert hatte. Obwohl sie ohne religiöse Bindung aufgewachsen und per Antrag ihres Vaters 1940 aus der Kirche ausgetreten war, kostete es sie nach eigenen Angaben keine Überwindung, katholisch getraut zu werden. Auf dem Papier blieb sie – ebenso wie ihre Mutter Irene – bis zum Tod konfessionslos.

Der damalige Friesenheimer Pfarrer Rupprecht Ripp traute die beiden: Hannelore ganz in Weiß mit Schleier, Helmut in einem dunklen Anzug. Der Gottesdienst hatte kaum Höhepunkte. Es wurde weder das eigentlich unvermeidliche »Ave Maria« vorgetragen, noch gab es eine Darbietung des örtlichen Kirchenchores oder eine besonders gelungene Orgeleinlage. Welche Worte der befreundete Pfarrer zur Schließung der »Mischehe« sprach, ist nicht überliefert. Die anschließende Hochzeitsfeier fand in der Nähe des Mannheimer Nationaltheaters statt. Helmut Kohls Memoiren sind zu entnehmen, dass etwa dreißig Gäste – Verwandte und Freunde – in die »Theaterklause« eingeladen waren. Der Hochzeitsschmaus soll gediegen-festlich, die Geschenke sollen reichlich und funktional gewesen sein. Da eine üppige Aussteuer von Hannelores Mutter nicht zu erwarten war, freuten sich die Jungvermählten über jedes praktische Geschenk.

Einen Tag nach der kirchlichen Trauung ging es in die dreiwöchigen Flitterwochen. Helmuts Peugeot 404 brachte die beiden in eine Pension nach Süditalien ans Meer. Selbstversorgung war angesagt, preiswert musste der Urlaub sein angesichts knapper Kassen: einkaufen, kochen, essen, wandern, schwimmen und am Strand die Sonne genießen. Für die damaligen Verhältnisse und für diese Generation war es gleichwohl eine wunderschöne Zeit.

Hannelore und Helmut hatten bis dahin noch nie so lange unter einem gemeinsamen Dach gelebt, wie während der Flitterwochen in Italien. Eine ganz neue Erfahrung. Seit zwölf Jahren kannten sie sich, vor sechs Jahren hatte Helmut ihr einen Heiratsantrag gemacht. Ehe auf Probe gab es damals nicht, ebenso wenig wie Übernachtungen in einem Bett. Aber Dank der engen freundschaftlichen Beziehungen über so viele Jahre schienen die beiden bestens für eine gemeinsame Zukunft gerüstet zu sein.

* * *

Obwohl es Hannelore nicht schwergefallen war, den wenig aussichtsreichen Job bei BASF aufzugeben, bereitete es ihr Probleme, auf ihre berufliche Selbständigkeit mit eigenem Einkommen zu verzichten. Helmut indes kam es entgegen, dass die Frau an seiner Seite nun ganz für ihn da sein konnte. Hannelore fügte sich in die neue Rolle und stürzte sich mit ihrer ganzen Energie auf die Fertigstellung ihres Hausbauprojektes. Mangels finanzieller Mittel wurde der Außenverputz des Hauses verschoben, auch verzichtete man einstweilen auf den Bau der geplanten Garage wie auf die Fertigstellung der Gartenanlage. Helmut überließ seiner Frau auch die komplette Inneneinrichtung des neuen Eigenheims. Die einzige Vorgabe war, dass sich alle Anschaffungen im abgesprochenen finanziellen Rahmen bewegen sollten. Die »Projektleiterin« entschied sich für eine moderne, funktionale und pflegeleichte Ausstattung, die von Helmut rundum für gut befunden wurde.

Dann konnte das Haus endlich bezogen werden. Da so gut wie alles neu angeschafft worden war, reichte ein kleiner Möbeltransporter, um den Umzug in die Tiroler Straße 41 zu bewältigen. Irene Renner fand wie geplant eine neue Bleibe im Haus der Jungvermählten und bezog im oberen Stock eine steuergünstige Einliegerwohnung. Ob dies eine gute Entscheidung war, darf bezweifelt werden. Denn nach wie vor zwang sie ihre längst erwachsene Tochter, ihren Wünschen und Bitten zu folgen. Hannelores Mutter konnte einfach nicht loslassen, wollte nicht auf das Bestimmen verzichten. Schließlich hatte sie mit ihrem Flüchtlingsausweis ja auch indirekt zur Mitfinanzierung des Hauses beigetragen, auch wenn sie mit der Abzahlung des Darlehens nichts zu tun hatte. Bis 1980 saß sie ihrer Tochter wortwörtlich auf der Pelle. Die Belastung durch die nicht einfache Mutter-Tochter-Beziehung endete für Hannelore erst mit dem Tod der Mutter.

Dass Helmut keine Einwände gegen den Einzug seiner Schwiegermutter hatte, zeugt einerseits von einer gewissen Toleranz, andererseits aber auch von der Einsicht, dass Mutter und Tochter gleichermaßen nicht voneinander loskamen. Sicherlich war es für die Tochter nicht immer einfach, die eigene dominante Mutter bis zu deren Tod im eigenen Haus wohnen zu haben.

Kapitel 4

ALLEINERZIEHEND

Das Haus in der Tiroler Straße 41 wurde rasch zur Zentrale für politische Begegnungen und ausgiebige Diskussionen der Kohl-Verbündeten. Die junge Ehefrau musste sich schnell daran gewöhnen, eine freundliche Gastgeberin zu sein, Sorge zu tragen für das leibliche Wohl auch bei oftmals unverhofftem Besuch. Von ihrer Mutter, die selbst alles andere als eine begnadete Köchin war, hatte Hannelore die Grundregeln des Kochens gelernt. Darüber hinaus erhielt sie von ihrer Schwiegermutter »Nachhilfeunterricht« – Cäcilie machte sich Sorgen, dass ihr geliebter Sohn Hunger leiden könnte. Manchmal brachte sie bei ihren Besuchen vorsorglich gleich eine komplette Mahlzeit für zwei Personen mit. Gelassen nahm Hannelore solche Verletzungen hin und versuchte, all das, was sie vermeintlich nicht beherrschte, zu erlernen. Ihr Mann verstand vom Kochen nichts, wusste allerdings ganz genau, was ihm schmeckte. Hin und wieder besuchte er ohne Hannelores Wissen seine Mutter, um die seit Kindesbeinen gewohnte Hausmannskost zu genießen.

Als Gastgeberin in der Tiroler Straße musste Hannelore sehr schnell Fertigkeiten erwerben, die ihr Sicherheit gaben und sie nicht in Verlegenheit bringen konnten. Denn Helmut liebte es, mit Freunden – durchweg Parteifreunde –, nach Hause kommen zu können, wo ihn eine gut gelaunte und gepflegte Frau in Empfang nahm und für das leibliche Wohl sorgte. Sein Selbstwertgefühl stieg spürbar, wenn die Freunde voll des Lobes waren über Hannelores perfekte Bewirtung und freundliche Aufnahme.

Die junge Ehe war von Anfang an geprägt vom klassischen Rollenverständnis der Zeit. Hannelore fügte sich Helmuts Vorgaben und fühlte sich dabei keineswegs unwohl. Diese Rollenverteilung hatte sie als Kind schon bei ihren Eltern erlebt und fand nichts dabei, nach den gleichen Prinzipien zu leben. Helmut machte von Anfang an keinen Hehl daraus, dass sich im Hause Kohl alles um ihn und seine künftige Karriere drehen würde.

Obschon erst seit kurzem im Mainzer Parlament, galt der Dreißigjährige als Hoffnungsträger der stark überalterten rheinland-pfälzischen CDU. Nach internen Machtkämpfen wählten ihn die Abgeordneten zunächst zum stellvertretenden Fraktionsvorsitzenden, ab Oktober 1961 führte er inoffiziell die CDU-Fraktion im Landtag an. Der Amtsinhaber war schwer erkrankt und daher nicht in der Lage, den Posten auszufüllen. Mit 33 Jahren erlangte er eine für sein Alter ungewöhnliche Machtfülle, als er Anfang Mai 1963 mit 38 von 41 Stimmen der Abgeordneten zum CDU-Fraktionschef im rheinland-pfälzischen Landtag gewählt wurde. Hannelore, zwar stolz auf ihren Mann, betrachtete die Entwicklung mit einem gewissen Unbehagen. Sie wusste längst, dass ihr Mann nach noch Höherem strebte und rechnete damit, in Zukunft stärker auf seine Anwesenheit verzichten zu müssen. Zu groß war der zeitliche Arbeitsaufwand, den Helmut für seine Tätigkeit beim Chemieverband und im Mainzer Landtag aufbringen musste. Doch als Heimchen am Herd in Ludwigshafen zu versauern und die Zeit allein mit ihrer Mutter in der Tiroler Straße verbringen zu müssen, war ihr zutiefst zuwider. Sie unternahm das, was sie auch als Single jahrelang gemacht hatte. Sie verabredete sich mit zwei vertrauten ehemaligen Klassenkameradinnen, traf sich mit ehemaligen BASF-Kolleginnen, ging ins Kino und ab und an ins Ludwigshafener Theater. Mit Vergnügen präsentierte sie ihren Freundinnen das neue Eigenheim, erklärte stolz von ihren Erlebnissen während der Bauphase und verwöhnte sie mit Kaffee und Kuchen, Tee und Gebäck. Noch heute schwärmen die Gäste von Hannelores Gastfreundschaft – und beschreiben eine junge Ehefrau, die endlich wie ein glücklicher Mensch wirkte. Hannelore schien an einem Punkt angelangt, an dem sie einen Gutteil dessen, was sie unter einem schönen Leben verstand, verwirklicht hatte. Als Helmut der Tiernärrin auch noch den Wunsch erfüllte, einen Hund zu besitzen, war sie überglücklich. Dass ihr Mann gleich einen teuren und bereits abgerichteten Polizeihund mitbrachte, war allerdings eine Überraschung. Der legendäre Schäferhund namens »Igo« wurde, wie zu Kindertagen Dackel »Dorli«, Hannelores treuester Begleiter. Er gehorchte ihren Befehlen aufs Wort, wurde wie ein Familienmitglied behandelt und sehr verwöhnt. Später machte noch eine zugelaufene Katze aus der Nachbarschaft die vierbeinige Menagerie im Hause Kohl komplett.

Hannelore, die während ihrer Schulzeit eher als Außenseiterin gegolten hatte, bemühte sich nun sehr um die Kontaktpflege zu ihren ehemaligen Koabiturientinnen. Aus Anlass des zehnjährigen Jubiläums ihrer Reifeprüfung organisierte sie im Jahr des Berliner Mauerbaus 1961 ein erstes Klassentreffen, das sich unter ihrer Federführung zu einer festen Tradition entwickelte. Im Laufe der Jahre organisierte sie die Zusammenkünfte an den verschiedensten Orten. Das letzte Klassentreffen, zu dem sie persönlich eingeladen hatte, fand vier Monate vor ihrem Tod in Mannheim statt.

Aus der Außenperspektive betrachtet konnte Hannelore glücklich sein. Mit dem Hausbau hatte sie Verlorenes wiedererrichtet und endlich das Zuhause, nach dem sie sich so sehr gesehnt hatte. Sie spürte die Wärme und Zuneigung ihres Mannes und pflegte bei allen unausgesprochenen Vorbehalten gegenüber der ostdeutschen »Protestantin« eine freundliche Beziehung zu den Schwiegereltern. Mit dem komplizierten Verhältnis zu ihrer Mutter musste sie indes leben, ohne einen Ausweg aus dieser anhaltenden Belastung zu sehen.

Anfang Juli 1962 brach für Hannelore eine Zeit an, die ihr nicht nur viel abverlangte, sondern auch gewisse Privilegien bescherte: Helmut bekam einen Dienstwagen mit Chauffeur. Der heimliche Fraktionschef verfügte von nun an auch über die äußeren Insignien der Macht. Helmut Kohl war es gelungen, den Fahrer eines befreundeten Ludwigshafener Industriellen für sich zu gewinnen. Der Mann hieß Eckard Seeber, war ausgebildeter Fallschirmspringer und hatte als Obergefreiter Kommandeure bei der Bundeswehr gefahren. »Ecki«, wie er von seinem neuen Chef liebevoll genannt wurde, entwickelte sich im Laufe der Jahre zu einer unverzichtbaren Stütze für die Familie Kohl. Zur Gattin des Mainzer Fraktionsvorsitzenden und späteren Ministerpräsidenten, des Oppositionsführers in Bonn und des Kanzlers der Bundesrepublik Deutschland pflegte Ecki Seeber 39 Jahre lang ein sehr enges Arbeits- und Vertrauensverhältnis. Die Sympathien beruhten auf Gegenseitigkeit. Seeber war es schließlich auch, der zusammen mit seiner Frau Hilde Hannelore nach ihrem Selbstmord tot im Bett fand und Helmut Kohl informierte.

Mit der Entscheidung, Politik zu seinem Beruf zu machen, begann nicht nur für Helmut Kohl ein Leben nach dem viel zu vollen Terminkalender. Hannelore musste sich nach den Erfordernissen der politischen Arbeit ihres Mannes richten, wurde oft in ein Zeitkorsett gezwängt, ohne sich dagegen wehren zu können. Die freie Zeit ihres Mannes war schon damals so begrenzt, dass gemeinsame Unternehmungen immer seltener wurden. Das viele Alleinsein zehrte an ihr, die Stunden mit Freundinnen und Kolleginnen waren zu selten, als dass sie die Leere hätten füllen können. So kam die gute Nachricht genau zur rechten Zeit. Im Spätherbst 1962 war die Freude groß, als sie ihrem Mann verkünden konnte, dass sie schwanger sei. Sie hatte ein Haus bauen und Bäume pflanzen lassen, ein Nest hergerichtet. Jetzt empfand sie die Schwangerschaft als wunderbares Geschenk – eine neue Rolle, die Erfüllung versprach. Auch Helmut war glücklich, als Dreiunddreißigjähriger Vaterfreuden entgegenzusehen. Das hatte er sich schon lange gewünscht, nicht nur weil Kinder zum

Image einer vorbildlichen Politikerfamilie gehörten. Es erfüllte ihn mit Stolz, Vater zu werden. Zu Hannelores Rollenverständnis gehörte ohnehin der Wunsch nach Kindern, die Aufgabe als Hausfrau und Mutter entsprach nicht nur ihrem Lebensentwurf, sondern dem der Zeit. Nach allem, was sie bisher an Höhen und Tiefen erlebt, in welche Abgründe sie geblickt hatte, zeichnete sich für sie nun eine hoffnungsvolle Zukunft ab.

Aus Helmut Kohls Memoiren wissen wir, dass Hannelores Schwangerschaft nicht ohne Komplikationen verlief. Seit der schweren Verletzung auf der Flucht 1945 litt sie an immer wiederkehrenden Rückenschmerzen, die sich gerade jetzt als besonders belastend erwiesen. In den letzten Wochen der Schwangerschaft musste sie häufig das Bett hüten und konnte sich nur noch langsam von der Stelle bewegen. Außerdem kämpfte sie gegen Schmerzattacken und Muskelverkrampfungen, die sie immer wieder außer Gefecht setzten. Von der Mutter zu Härte gegen sich selbst erzogen, keine Schwächen zuzulassen und schon gar nicht Mitleid erregen zu wollen, stemmte sie sich verbissen gegen ihre Schmerzen, ohne ein Wort darüber zu verlieren.

Am 16. Juli 1963 kam der Stammhalter zur Welt, ein gesunder und kräftiger Junge. Nach stundenlangen Wehen bei unerträglicher Sommerhitze war es endlich soweit: vorbei die Qualen der schwierigen Schwangerschaft, vorbei die Sorgen um die Unversehrtheit des Neugeborenen. Über die Namensgebung hatten die glücklichen Eltern vor der Geburt des Sohnes mehrfach diskutiert. Am Ende überließ Helmut seiner Frau die endgültige Entscheidung. Ihre Wahl fiel auf den Namen Walter – eine Reminiszenz an Helmuts im Krieg gefallenen Bruder. Naturgemäß waren Helmut und seine Eltern darüber hocherfreut. Schwiegermutter Cäcilie soll Tränen in den Augen gehabt haben, als sie erfuhr, dass Helmuts Erstgeborener den Namen ihres so früh verstorbenen ältesten Sohnes Walter tragen sollte. Mit dieser Wahl stieg Hannelore im Ansehen ihrer Schwiegermutter erheblich.

Hannelore hatte sich auf ihre Mutterrolle gut vorbereitet und kannte sich bestens aus in Fragen der Säuglingspflege. Aufmerksam verfolgte sie die Entwicklung des Wunschkindes, notierte die Fortschritte des Babys bei Wachstum und Gewichtszunahme. Besuche beim Kinderarzt bescheinigten, dass sich der Erstgeborene blendender Gesundheit erfreute. Ihr Perfektionismus machte Hannelore zu einer umsorgenden und stets wachsamen Kindsmutter, die nichts dem Zufall überließ. Mit dem ersten Kind kam eine fleißige Haushaltshilfe in die Tiroler Straße 41, die stundenweise der Mutter zur Seite stand. Eine Putzhilfe gehörte inzwischen ebenfalls zum Personal im Hause Kohl. Später kam noch ein Kindermädchen hinzu, das Hannelore sorgfältig aus einer Reihe von Bewerberinnen ausgewählt hatte. Die junge Mutter wusste aus eigener Erfahrung, wie wichtig das richtige Kindermädchen sein konnte. Auch wenn sie selbst ihrem Kind emotional ganz anders begegnen wollte, wusste sie nur zu gut, wie wichtig die geliebte Hilde für sie gewesen war, ihre Wärme und all die Streicheleinheiten, die sie von ihrer Mutter damals nicht bekam und sehr vermisste.

Nach gut zwei Jahren musste Walter seine bisherige Hauptrolle im Leben der Mutter abgeben, weil sich die Geburt eines zweiten Kindes ankündigte. Am 28. August 1965 kam Peter in einem Ludwigshafener Krankenhaus zur Welt. Hannelore hatte die Zeit der Schwangerschaft relativ problemlos überstanden, wenngleich sie auch diesmal schlaflose Nächte mit Rückenschmerzen gequält hatten.

Peters Geburt fiel mitten in die heiße Wahlkampfphase zur Bundestagswahl 1965. Kein geringerer als Bundeskanzler Ludwig Erhard hielt sich einen Tag später zu einer CDU-Veranstaltung in Mannheim auf. Nachdem ihm Helmut Kohl von seinem neuerlichen Vaterglück berichtet hatte, entschied sich der alte Herr spontan zu einem Besuch bei Hannelore in der Klinik. Kohls Memoiren ist zu entnehmen, dass die junge Mutter äußerst überrascht war und sich sehr geschmeichelt fühlte, als der Vater des Wirtschaftswunders ihr im Krankenhaus gratulierte.

Kurz darauf erfuhr sie, dass es Komplikationen bei Peters Geburt gegeben hatte, die aber zu keinen bleibenden Beeinträchtigungen führten, auch dank der Hilfe von Professor Dr. med. Helmut Gillmann, damals Direktor der Medizinischen Klinik in Ludwigshafen, und bis zu ihrem Tod einer der wichtigsten Hausärzte der ganzen Familie. Für die Kohl-Söhne wurde er später sogar zu einer Art Vaterersatz, dem sie immer wieder ihr Herz ausschütteten.

Unterstützt von seiner unermüdlichen Mutter legte Peter später auf dem städtischen Gymnasium ein glänzendes Abitur ab. Nach seinem Dienst bei der Bundeswehr ging er ans Massachusetts Institute of Technology nach Amerika, um Wirtschaftswissenschaften zu studieren.

Die – zumindest, was den Alltag anging – alleinerziehende Mutter kümmerte sich rund um die Uhr um ihre beiden Jungs. Sie wurden beide katholisch getauft und, ganz im Sinne des Vaters, früh mit den katholischen Ritualen vertraut gemacht. Dazu gehörte der sonntägliche Kirchgang, den Helmut mit den Kindern alleine unternahm. Lediglich zu besonderen kirchlichen Feiertagen wie Ostern und Weihnachten schloss sich Hannelore Mann und Kindern an und ging mit zu den feierlichen Gottesdiensten im Speyerer oder Wormser Dom. Im Gegensatz zu ihrem Vater dienten die Söhne später als Ministranten und engagierten sich als junge Christen in der katholischen Pfarrei.

Walter war knapp sechs und Peter knapp vier Jahre alt, als ihr Vater am 19. Mai 1969 zum Ministerpräsidenten von Rheinland-Pfalz gewählt wurde. Zwei Wochen später beendete Helmut Kohl seine Tätigkeit beim Verband der chemischen Industrie. Dabei hätte es Hannelore viel lieber gesehen, wenn ihr Mann auf ein attraktives Angebot aus der Wirtschaft eingegangen wäre. Doch selbst der verlockendste Vorstandsjob hätte den Ludwigshafener nicht davon abbringen können, die Spitze der Landespolitik zu übernehmen. Seit März 1966 war er bereits Landesvorsitzender der CDU Rheinland-Pfalz, nun kam, neben dem Amt als Ministerpräsident, auch noch der Posten als stellvertretender Bundesvorsitzender der CDU dazu. Eine Ämterhäufung, gegen die Hannelore erhebliche Einwände hatte. Sie hätte es begrüßt, wenn ihr Mann auf das Ministerpräsidentenamt verzichtet hätte – in der Hoffnung, ein normaleres Familienleben führen zu können. Doch auf Entscheidungen ihres Mannes im Politikbetrieb hatte sie keinerlei Einfluss.

Mit dem Sprung ihres Mannes in die Riege der Ministerpräsidenten kam auf Hannelore eine neue Rolle zu, die mit erheblichen Repräsentationspflichten einherging. Noch versuchte sie, auf Distanz zu den Aufgaben einer Landesmutter zu gehen. Ihre ganze Kraft sollte weiterhin den Kindern gelten. Ein Balanceakt, der immer schwieriger wurde. Auch wenn sie wenig Gefallen an der Übernahme der neuen Pflichten fand, stieg der Erwartungsdruck. Die nach außen immer charmant und sympathisch wirkende Ministerpräsidenten-Gattin nahm ihre Rolle eher zögerlich an. Um möglichst wenig außer Haus sein zu müssen, erledigte sie viele Aufgaben in ihrem Ludwigshafener Eigenheim. Allerdings kam sie nicht umhin, zu mancher gesellschaftlichen Veranstaltung und zu offiziellen Auftritten in die Landeshauptstadt Mainz zu fahren. Besonderen Gefallen fand sie daran nicht, zumal es kaum einen Augenblick in jenen Jahren gab, in denen sie sich schmerzfrei auf öffentlichem Parkett bewegen konnte. Die alte Wirbelverletzung verursachte ihr immer wieder Probleme. Nach außen ließ sie nie erkennen, wie sie sich fühlte, was sie bedrückte, um was sie sich wirklich kümmern wollte. Um der Doppelbelastung standzuhalten, verhielt sie sich sehr selektiv bei der Entscheidung für oder gegen einen Auftritt bei politischen Veranstaltungen an der Seite ihres Mannes. Helmut zeigte viel Verständnis, vor allem dann, wenn die Priorität den Kindern galt. Er wusste, Hannelore würde im entscheidenden Moment trotzdem an seiner Seite sein.

Einst jüngster Landtagsabgeordneter, jüngster Fraktionschef und CDU-Landesvorsitzender und jetzt der jüngste Ministerpräsident eines Bundeslandes: Helmut Kohl unternahm große Anstrengungen, ohne ideologische Scheuklappen den hohen Erwartungen gerecht zu werden und in Partei, Fraktion und Regierung ein neues Wir-Gefühl zu entwickeln. Mit großem persönlichen Einsatz und viel Fortune gelang ihm vieles, und er setzte landespolitische Reformen durch, die bundesweit Anerkennung fanden. Dabei hielt ihm Hannelore den Rücken frei. Die Familie und das Eigenheim in Ludwigshafen waren für ihn ein wichtiges Rückzugsgebiet, ein Ort der Entspannung und Ruhe, den Hannelore mit Charme und Ideenreichtum führte.

Die Erziehung der Kinder lag allein in ihren Händen, der Vater hatte damit so gut wie nichts zu tun. Er war einfach nicht da – er kam spät nachts nach Hause und war in aller Frühe bereits wieder weg. Für die Söhne war Helmut Kohl ein selten gesehener Gast, ein Besucher, der nicht einmal an den Wochenenden uneingeschränkt Zeit für sie hatte. Hannelore musste die zahlreichen Aufgaben weitgehend alleine schultern. Ihre Mutter war seit 1962 Rentnerin und ging ihren Hobbys nach. Eine echte Hilfe war »Gogo«, wie Walter und Peter ihre Oma nannten, eher nicht. Gut, dass es die Haushaltshilfe Hilde Seeber gab, die Hannelore wirklich entlastete. Verantwortung trug die junge Mutter auch für die fünf Kilometer entfernt wohnenden Schwiegereltern, die sie regelmäßig besuchte. Bei aller Distanz zur dominanten und eher kühlen Schwiegermutter musste sie sich von Jahr zu Jahr mehr um deren gesundheitliche Probleme kümmern. Hannelore bemühte sich nach Kräften um Harmonie in der Familie. Doch das Wichtigste für sie war es, ihren Mann, den Spitzenpolitiker und einflussreichen Strippenzieher in der CDU, auf jede nur denkbare Weise zu unterstützen.

Walter Kohl veröffentlichte im Frühjahr 2011 ein Buch über seine Leidensgeschichte als Sohn von Kohl. Unter dem Titel *Leben oder gelebt werden. Schritte auf dem Weg zur Versöhnung* beschreibt er in einer Mischung aus Autobiografie und Ratgeber, was er in seiner Kindheit und Jugend als Sohn des langjährigen Spitzenpolitikers und Bundeskanzlers erleben musste. Darin beklagt er, dass der Vater nie mit ihm geredet habe, dass es ihm verwehrt geblieben sei, mit seinen Sorgen zu ihm zu kommen. Helmut Kohl sei alles andere als ein verständnisvoller, interessierter Vater gewesen. Selbst wenn er einmal physisch anwesend gewesen sei, habe es an emotionaler Resonanz total gefehlt. Von einem Einfluss auf seine Söhne könne also keine Rede sein.

Erst als die Kinder schulpflichtig wurden, nahm der Vater Einfluss – auf eine indirekte Art, die seiner Rolle in der Politik geschuldet war, und die über die gesamte Schul- und Bundeswehrzeit der Söhne anhielt. Dieser indirekte Einfluss des prominenten Vaters zeigte sich in Animositäten gegen die Söhne, in übler Nachrede, ständigem Mobbing und Hänseleien bis hin zu Schlägereien. Der Fakt, ein »Sohn von Kohl« zu sein, war für Walter und Peter eher Fluch als Segen. Das Ludwigshafener Pflaster entpuppte sich für die Kohl-Söhne als eine einzige Katastrophe und gehörte zu den übelsten Erfahrungen während ihrer Kindheit und Jugend. Am wenigsten bekam der Vater mit, wie sehr die Kinder seinetwegen litten. Die größte Belastung musste Hannelore ertragen. Die Anfeindungen der Mitschüler und die Unverfrorenheit, die manche Lehrer den Kindern gegenüber an den Tag legten, schmerzten sie extrem. Ohnmächtig musste sie mit ansehen, wie ihre Kinder wegen der politischen Rolle des Vaters stigmatisiert wurden. Die Buben selbst konnten sich noch nicht erklären, warum das Amt des Vaters sie zu Opfern werden ließ. Im Rückblick erzählte Hannelore Kohl, dass die Jugendjahre ihrer Söhne in Ludwigshafen zur schlimmsten Zeit ihrer Ehe gehörten. Sie endete erst, als die Kinder zum Studium ins Ausland gingen.

In dieser aufgeladenen Atmosphäre war Hannelore bemüht, wenigstens einen gewissen Grad an Normalität im Familienleben zu wahren. Mit aller Macht wollte sie das Bild einer normalen Familie nach innen und nach außen aufrechterhalten. Sie wollte lange nicht wahrhaben, dass ihre Kinder wegen der Rolle des Vaters Nachteile haben könnten, gar zu Opfer würden. Rückblickend zeugt es von großer Naivität, dass sie glaubte, die Söhne von all dem fernhalten zu können. Da sie selbst so oft die Nase rümpfte über Machtkämpfe in der Partei, über Intrigen und Intriganten, denen sie während der politischen Karriere ihres Mannes immer wieder begegnete, übertrug sie ihre eigenen Antipathien hinsichtlich des Politikbetriebs unbewusst auf die heranwachsenden Söhne. Hannelore versäumte es, ihren Söhnen kindgerecht in einem frühen Stadium den Beruf des Vaters zu erklären und um Verständnis für die Abwesenheit und Kommunikationsdefizite ihres Mannes zu werben. Die unpolitische Mutter unternahm große Anstrengungen, Walter und Peter von allem Politischen fernzuhalten und erklärte deshalb nicht, was dringend erklärungsbedürftig gewesen wäre. Damit erwies sie nicht nur den Kindern einen Bärendienst. Wer sich während der Zeit von Helmut Kohls Kanzlerschaft mit den Söhnen etwa über die Bedeutung von Parteien für die Stabilität der Demokratie unterhalten wollte, stieß auf Unkenntnis, Unverständnis oder gar Ablehnung. Was Außenstehende irritieren mochte, war für den Vater eine bittere Enttäuschung. Gleichaltrige aus der Jungen Union oder dem »Ring Christlich Demokratischer Studenten« (RCDS) verfügten über mehr politischen Sachverstand als die eigenen Söhne. Deren Einstellung und Bewertung politischer Vorgänge waren für Helmut Kohl derart unverständlich, dass er politische Diskussionen mit den Söhnen über viele Jahre mied. Dabei galt gerade er bei den Jugendorganisationen der Unionsparteien als beliebtester Gesprächspartner. Kohl war Kult. Zu Hause allerdings ging er auf Distanz zu den Kindern, zu denen ihm nicht nur mangels politischem Sachverstand schlicht der engere Bezug fehlte.

Hannelore versuchte auszugleichen, wo immer es ging und bemühte sich, auch in Phasen hohen Drucks an ihren Erziehungsmaximen festzuhalten. Das, was ihr selbst von Kindesbeinen antrainiert worden war, hielt sie auch für ihre Söhne für angemessen. Als Mutter und Ehefrau hatte sie sich Ziele gesteckt, die dem Zeitgeist der Fünfziger- und Sechzigerjahre entsprachen. Es gehörte zu ihrem Selbst-

verständnis, ihrem Mann zu dienen, sich seinen Bedürfnissen zu
unterwerfen. Selbstbestimmung, wie sie heute alltäglich ist, kannte
sie nicht und überließ dem übermächtigen Mann und Vater ihrer
Kinder die Deutungshoheit darüber, wie ein glückliches Ehepaar
mit einer intakten Familie auszusehen habe. Eigene Wünsche stellte
sie zurück und vermisste zu keiner Zeit ein Mehr an Emanzipation.
Ihr Platz war zu Hause, am Herd und im Kinderzimmer, in der Arbeit für Mann und Kinder sah sie ihren Lebensweg – den einzig
denkbaren. Sie kümmerte sich um alles, was eine Ehefrau neben der
Erziehung der Kinder leisten konnte. Geld verwalten und anlegen,
Bankgeschäfte tätigen, Haus und Hof verwalten. Ihr Mann brauchte
sich in Ludwigshafen um überhaupt nichts zu kümmern. Er pflegte
sein mächtiges Patriarchat und konzentrierte sich auf sein Hauptanliegen, die politische Arbeit. Auch wenn es heute unverständlich erscheinen mag, empfand Hannelore es nicht als Makel, auf eine eigene Karriere verzichtet zu haben. Die anfängliche Unzufriedenheit
über die verlorene Unabhängigkeit mit eigenem Einkommen trat
hinter das zurück, was ihr viel größer erschien – Kinder und Familienleben. Für ihre Kinder hätte sie ihr Leben gegeben, für sie opferte
sie sich auf. Die Rolle als Übermutter, so steht zu vermuten, dürfte
den Söhnen mit zunehmendem Alter auf die Nerven gegangen sein.
Es konnte hier wie in anderen Familien durchaus lästig sein, wenn
die Mutter wie eine Glucke alles umhegte und Ansichten vertrat,
von denen man sich gerade als Jugendlicher abgrenzen und endlich
flügge werden wollte. Dass Kinder naturgemäß anders denken als
ihre Eltern und anders entscheiden wollen, ließ Hannelore lange
Zeit nicht zu. Streng und mit einer Portion Autorität zog sie ihr
Programm durch und nahm, wie sie sich später schmunzelnd erinnerte, manchmal wenig Rücksicht auf die Bedürfnisse und Eigenarten ihrer Söhne. Walter und Peter waren »ihre Männer«, denen sie
ihre Vorstellungen von einer guten Zukunft mit Nachdruck nahe
brachte. Womöglich hatte sie Schuldgefühle, wenn sie ihren Söhnen
nicht plausibel genug erklären konnte, warum das Familienleben so

funktionierte und nicht anders. An ein normales Miteinander aller vier Kohls war kaum zu denken, schon weil immer einer fehlte. Und diesen Mangel versuchte sie auszugleichen, indem sie ihre Rolle als Mutter noch stärker perfektionierte. Ein Teufelskreis aus Überprotektion und Abhängigkeiten, aus dem sich die Kinder in einem mitunter mühevollen Prozess emanzipierten.

FIRST LADY

Als Helmut Kohl im Mai 1969 zum rheinland-pfälzischen Ministerpräsidenten gewählt wurde, war er gerade 39 Jahre alt geworden. An der Seite des jüngsten Regierungschefs eines Bundeslandes der Bundesrepublik Deutschland stand mit 36 Jahren Hannelore als jüngste First Lady. Die attraktive Landesmutter zog sofort das Interesse der Mainzer Landespresse auf sich. Die ersten Fotos zeigen eine charmante und sympathische Hannelore Kohl. Als Gattin des Fraktionsvorsitzenden hatte sie die Popularität ihres Mannes und damit auch das Interesse an ihrer Person kritisch verfolgt. Eher zurückhaltend und bescheiden präsentierte sie sich nun in ihrer neuen Rolle als Landesmutter von rund 3,6 Millionen Bürgern.

Im Gegensatz zu ihrem Mann war sie, was ihr Zuhause anging, nicht politisch vorgeprägt. Ihre Eltern trugen die Lasten der Vergangenheit und wollten als »gebrannte Kinder« nie wieder etwas mit Politik zu tun haben. Davon wurde Hannelore als Jugendliche wesentlich beeinflusst. Politik, zumal Parteipolitik, wie sie ihr Mann

durchlebte, interessierte sie überhaupt nicht. Innerparteiliche Auseinandersetzungen und Machtkämpfe stießen sie ab. Im Grunde
brachte sie für den Beruf ihres Mannes nicht allzu viel Verständnis
auf. Gleichwohl zwang ihre preußische Pflichtauffassung sie, jedwede Unterstützung für ihren Mann und sein Ansehen aufzubringen.
Dazu gehörte, öffentliche Auftritte wahrzunehmen und sich dieser
Aufgabe mit der gebotenen Souveränität zu stellen. Noch fehlten
ihr die innere Ruhe und vor allem die Sicherheit in der Öffentlichkeit, die sie sich dringend aneignen musste. Dass ihr das nicht leicht
von der Hand ging, war offensichtlich. Man konnte sehen, wie sehr
sie sich um fehlerfreies Wirken bemühte. Bemerkenswert war aber
auch, wie rasch sie die Herzen der Menschen gewann. Hannelore
spürte, dass sie über ein enormes Sympathiepotenzial verfügte und
das machte sie mit der Zeit selbstbewusster. Die neue First Lady
entwickelte eine eigene Art, mit den Menschen zu kommunizieren,
die von den Bürgern angenommen wurde. Dennoch blieb sie von
ihrem Wesen her ein scheuer Mensch. Vor allem Massenveranstal-
tungen bereiteten ihr große Probleme. Wegen ihrer nicht enden
wollenden Rückenschmerzen hatte sie Angst vor großen Menschen-
mengen. Im Gegensatz zu ihrem Mann, der das Bad in der Menge
genoss und ganz in seinem Element war, fürchtete sie, im Gedränge
verletzt zu werden. Welche körperlichen Probleme die First Lady
von Rheinland-Pfalz zu bewältigen hatte, wurde von der breiten
Masse kaum wahrgenommen. Neben Helmut Kohl wussten nur
ganz wenige Vertraute von den Ängsten und der Überwindung, die
öffentliche Auftritte Hannelore kosteten. Gerne hätten die Partei-
strategen der Landes-CDU die Sympathieträgerin viel öfter eingesetzt. Aber sie dosierte ihre Auftritte ganz gezielt. So gibt es zum
Beispiel auch keine Werbefilme, in denen Hannelore eine Rolle
spielte. Und das begrenzte Fotomaterial durfte für Wahlkampfbro-
schüren nur dann benutzt werden, wenn sie ihr Okay gegeben hatte. Was Journalisten und Fotografen am meisten ärgerte, war Hannelores kategorische Ablehnung von Homestories. Das Privatleben

in Ludwigshafen schottete sie total ab. Es gab keine Interviews, die in der Privatwohnung geführt wurden. Es gab keine Besuche von Journalisten und Fotografen im Ludwigshafener Eigenheim. Wie eine Löwin stellte sie sich vor ihre Kinder, die von niemandem fotografiert oder interviewt werden durften. Die Fotos, die die intakte Familien-Idylle im Hause Kohl zeigten, waren zum Zeitpunkt ihrer Veröffentlichung bereits etliche Monate alt. Diese Grundsatzentscheidung, niemandem zu gestatten, ihre Kinder zu fotografieren, hielt Hannelore über Jahrzehnte durch. Gleichzeitig lehnte sie es ab, Fragen zu ihren beiden Buben Walter und Peter zu beantworten. Eine Einstellung, die von vielen Journalisten als falsch und übertrieben angesehen wurde. Sie verstanden nicht, warum die Trennung des privaten vom öffentlichen Leben so streng gehandhabt wurde.

Für Hannelores konsequente Haltung gab es in den Jahren der terroristischen Bedrohung durch die RAF sicherlich gute Gründe. Für die Zeit davor und danach fehlte den Medienmenschen jegliches Verständnis. Viele, auch angesehene Journalisten, hielten Hannelores Bemühen für krankhaft. Stets achtete sie vehement darauf, dass niemand die Grenze zum Privaten überschritt. Obwohl Hannelore von Journalisten durchweg gut und vor allem weit besser als ihr Mann behandelt wurde, war ihr diese Berufsgruppe bis auf ganz wenige Ausnahmen verhasst. Das Feindbild des Journalisten pflegte sie bis zu ihrem Tod und übertrug diese Einstellung auch auf ihre Kinder. Sie begründete ihre fanatische Abneigung Journalisten gegenüber mit üblen Erfahrungen, die sie während der ersten Jahre der Ministerpräsidenten-Ära ihres Mannes gemacht habe. Es gab einige Beispiele, die Hannelore oft erzählte, wie sie von Journalisten schlicht hintergangen wurde. Vertrauensmissbrauch blieb bei ihr hängen und für alle Zeit unvergessen. Auch hasste sie den Zynismus und die Arroganz im Politik- und Medienbetrieb. Hannelore fand erst in den Neunzigerjahren einen eigenen Weg, sich gegenüber Journalisten zu behaupten und deren Arbeit anzuerkennen. Sie pflegte auf ihre Art Kontakte vor allem zu Journalistinnen, die sie erst einmal kennenlernen wollte, bevor ein einziger Satz über sie veröffentlicht wurde. Wer allerdings je ein kritisches Wort über ihren Mann oder gar über sie geschrieben oder gesendet hatte, musste mit der Höchststrafe rechnen: der Nichtbeachtung. Auch dieses Prinzip behielt sie bis zu ihrem Tod bei. Um Hannelore in der Ministerpräsidentenzeit für ein Interview zu gewinnen, bedurfte es eines langen Atems. Es konnten Monate und sogar Jahre vergehen, bevor die Einwilligung zu einem Gespräch vorlag. Mancher Mainzer Landeskorrespondent verzweifelte an ihrer Art des langen Vertröstens, an dessen Ende oftmals eine eindeutige Absage stand. Warum die First Lady für eine Entscheidung so lange Zeit benötigte, bleibt ihr Geheimnis. Über ihre »Zickigkeit« können sich ganze Journalistengenerationen bis heute noch aufregen.

Die Berichterstattung über die Frau an der Seite des Ministerpräsidenten war für alle ein schwieriges Geschäft. Dabei ging es inhaltlich so gut wie nie um Politik. Diese Thematik schloss Hannelore ebenso aus wie die bereits erwähnten Fragen zu den Kindern. Auskunft gab sie hingegen gerne über ihr soziales Engagement, bei dem es damals schon um Hirnverletzte in Rheinland-Pfalz ging. Auch über ihre zweimal wöchentlich in Ludwigshafen durchgeführten Sprechstunden berichtete sie stolz. Hannelores sprichwörtliche Geduld und ihre Begabung zuzuhören, stieß bei den Betroffenen, die mit ihren Problemen zu ihr kamen, auf große Achtung. Sie spürten, wie ernst sie genommen wurden, und dass es Sinn machte, bei Hannelore vorzusprechen. Verzweifelte Mütter suchten Rat bei ihr, wenn sie mit der Erziehung nicht zurechtkamen. Arbeitslose beknieten sie um einen neuen Job. Auch damals stand das Thema Arbeitslosigkeit ganz oben, die Verzweiflung der Betroffenen bekam Hannelore hautnah mit. Sie wusste durch eigenes Erleben nach dem Krieg, was ein solches Schicksal bedeutete. Sensibel behandelte sie auch Schulprobleme, für die sie wegen ihrer eigenen schulpflichtigen Kinder ein besonders offenes Ohr hatte. Die junge Landesmutter versprach wenig, half aber umso effektiver. Es reichte ihr nicht, die Informati-

onen weiterzuleiten und die Ministerialbürokratie auf Unzulänglichkeiten aufmerksam zu machen. Sie suchte praktische Lösungen,
die rasch Abhilfe schufen. Für juristische Fragen standen ihr Experten der Staatskanzlei zur Verfügung. Im Zweifel ließ sie sich aber
gerne von ihrem gesunden Menschenverstand leiten. Ohne Bezah-
lung und ohne Sekretärin leistete sie Hilfe und Unterstützung für
Betroffene: Arme, Kranke, verschuldet oder unverschuldet in Not
geratene Menschen. Beinahe, ganz im Stillen, ohne Presse, Rundfunk und Fernsehen, tat sie für die Öffentlichkeitsarbeit der Mainzer
Kohl-Regierung mehr, als man auf den ersten Blick erkennen konnte. Es sprach sich herum, dass sich der Weg nach Ludwigshafen zur
Frau des Ministerpräsidenten lohnte. Mit Dankesbriefen überschüt-
tet, empfand die Fürsprecherin für gestrandete, geschädigte und be-
dürftige Bürger Gefallen an diesem sozialen Dienst. Er verschaffte
ihr ein Stück Befriedigung über den Alltag einer alleinerziehenden
Mutter mit all ihren eigenen großen und kleinen Sorgen hinaus.

* * *

Das Amt des Ministerpräsidenten ihres Mannes brachte der First
Lady nicht nur Belastungen und neue Herausforderungen. Seit Mai
1969 gab es auch eine Reihe von Annehmlichkeiten. Dazu zählten
nicht nur Freikarten zu karnevalistischen Fernsehsendungen wie
»Mainz wie es singt und lacht« oder Einladungen zu Festen und Feiern in der Landeshauptstadt oder Winzerfeste in den wunderbaren
rheinland-pfälzischen Weinanbaugebieten, sondern auch Abendessen in den besten Restaurants des Landes. Allerdings machte Hannelore von den meisten dieser Angebote viel zu selten Gebrauch. Kinder, Mutter, Hund und Haus hielten sie zu häufig davon ab, als Frau
an seiner Seite Auftritte mit Helmut richtig zu genießen, Ess-, Trink-
und Diskussionskultur ausgiebig zu pflegen. Hannelore war keine
Feinschmeckerin, legte weniger Wert auf ausgefallene Speisen, sondern bevorzugte Hausmannskost, trank zwar gerne Champagner in

Maßen, aber auch Bier, Pfälzer Riesling und französischen Rotwein. Sie fand wenig Gefallen an ausgiebigem Trinkgelage, und ganz im Gegensatz zu ihrem Mann achtete sie ganz besonders auf ihre Figur. Gesunde Ernährung für sich und ihre Kinder war ihr äußerst wichtig. Dabei orientierte sie sich an wissenschaftlichen Erkenntnissen. Auch in dieser Beziehung lebte sie ihren Kindern Disziplin im Essen und Trinken vor. Was möglichst nicht an die Öffentlichkeit durfte, war ihre Leidenschaft für das Rauchen. Im Hause Kohl sorgte der Pfeifenraucher Helmut über viele Jahre für einen permanenten Tabakgeruch, während Hannelore versuchte, ihren Zigarettenkonsum auf ein Minimum zu beschränken. Während der Schwangerschaft hatte sie vollends auf den Rauchgenuss verzichtet. Erst als die Kinder größer waren, neigte sie zu stärkerem Tabakkonsum, vor allem in geselliger Runde mit den Freundinnen. Ihre Söhne sind überzeugte Nichtraucher. Die Mutter hatte sie auf die Gefahren des Rauchens eingeschworen, ohne selbst vom Nikotin gänzlich abzulassen.

Hannelore war eine oft überrängstliche Mutter, die in ihrer manchmal erdrückenden Fürsorge für ihre Söhne nicht nachließ. Sie empfand es daher auch keineswegs als Nachteil, als nach der Wahl ihres Mannes zum Ministerpräsidenten ein Wohnwagen mit zwei Polizisten vor ihrem Haus in der Tiroler Straße aufgestellt wurde. Polizeibeamte bewachten fortan rund um die Uhr das Kohlsche Eigenheim. Außerdem folgte Helmuts Dienstwagen mit Chauffeur Ecki Seeber grundsätzlich ein Auto mit einer Sicherheitsbesatzung aus zwei Beamten. Hannelore hielt in ihrer freundlichen Art Kontakt zu diesen Menschen, unterstützte sie in ihren beruflichen Pflichten und akzeptierte dankbar die Sicherheitsvorkehrungen für ihre Familie. Das eitle Geschwätz von der angeblichen persönlichen Belastung durch Sicherheitskräfte, wie es viele Politiker und deren Frauen immer wieder glauben erzählen zu müssen, ärgerte Hannelore gewaltig. Sie sah die Notwendigkeit des Personenschutzes ein und hoffte, dass ihre Familie unversehrt blieb.

Es waren nicht allein Sicherheitsgründe und schon gar nicht Wichtigtuerei, als sich das Ehepaar Kohl entschloss, ein geeignetes Grundstück für ein größeres Haus zu suchen. Es sollte für repräsentative Aufgaben, Einladungen und Empfänge gebaut werden, wie es das Amt des rheinland-pfälzischen Regierungschefs erforderte. Zwar war das Eigenheim in der Tiroler Straße noch nicht ganz bezahlt, aber der Verkauf brachte einen guten Gewinn, der als Grundkapital für den geplanten Neubau eingesetzt werden konnte. Bei der Suche nach einem Bauplatz landete Hannelore im Ludwigshafener Stadtteil Oggersheim. In einem ansehnlichen Bungalow-Viertel wurde sie fündig. Als auch Helmut grünes Licht gegeben hatte, konnte sie sich mit Feuereifer auf das neue Projekt stürzen. Wieder übernahm sie die komplette Planung und Bauaufsicht. Wieder verhandelte Hannelore mit dem Architekten und legte ihrem Mann die fertigen Baupläne zur Zustimmung vor. Und wieder musste eine Einliegerwohnung für Irene Renner bei den Planungen berücksichtigt werden. Hannelores Mutter steuerte auch diesmal zur Finanzierung des Bauprojekts erheblich mit bei. Nach der Neu-Gründung der Firma Mey & Edlich war die Miterbin Irene Renner mit einem kleinen Anteil Kommanditistin geworden. Dafür kassierte sie jährlich immerhin zwischen 20 000 und 30 000 D-Mark. Diesen glücklichen Umstand konnten die Eheleute Kohl bei der Finanzierung ihres neuen Bungalows mitberücksichtigen.

Hannelore sorgte dafür, dass die verschiedenen Bereiche innerhalb des neuen Hauses sauber voneinander getrennt waren: der Privattrakt mit Schlafzimmern, Bad und Toiletten für Eltern und Kinder befand sich im ersten Stock. Mutter Irene bekam ihre Einliegerwohnung mit eigenem Eingang, Schlaf-, Wohnzimmer, Kochnische und Bad im Hochparterre. Es war Hannelores Idee, Küche und Esszimmer sowie ein großes repräsentatives Wohnzimmer mit angeschlossenem Arbeitszimmer in das Parterre zu legen. Bei alledem mussten Sicherheitsmaßnahmen berücksichtigt werden. Seit Helmuts Amtsübernahme als Regierungschef in Mainz galten für die Privatwohnung Vorschriften, die zwingend einzuhalten waren. Als besonderen Luxus leistete sich das Ehepaar Kohl auf dem relativ kleinen Grundstück einen Swimmingpool, den vor allem Hannelore bis zu ihrem Tod regelmäßig nutzte. Wenige Meter vom Haus entfernt wurde eine Unterkunft für Polizeibeamte errichtet, die rund um die Uhr das Anwesen der Kohls bewachten und jeden Besuch registrierten.

Ganz in ihrem Element dirigierte Hannelore das Baugeschehen, überwachte wieder jedes einzelne Gewerk. Wie bei jedem anderen Hausbau wurden Fertigstellungstermine überschritten und Kosten überzogen. Dies dürfte das Finanzbudgets der Familie Kohl nicht unerheblich strapaziert haben, es wäre nicht überraschend, wenn die Kohls sich dafür hätten verschulden müssen. Die Kreditwürdigkeit ihres Mannes schien zwar grenzenlos, doch zu Hannelores Finanzgebaren gehörte das von den Eltern übernommene Prinzip, nur das Geld auszugeben, das man auch besaß. Diesmal musste sie davon abrücken und bemühte sich bei der Prüfung des Budgets, Sparmaßnahmen dort einzuleiten, wo sie die geringsten Einschnitte verursachten.

Im Herbst 1971 war das Bauprojekt endlich abgeschlossen, dem Umzug in das neue Haus stand nichts mehr im Wege. Auch diesmal hatte die Bauherrin wieder ihre innenarchitektonischen Fähigkeiten unter Beweis stellen und die Ausstattung des Bungalows nach eigenen Vorstellungen gestalten können. Es lag nicht nur an Helmuts Vereinnahmung durch sein Ministerpräsidentenamt, sondern auch an seinem geringen Interesse, auf die Ausstattung Einfluss zu nehmen. Gerne überließ er seiner Frau jeden Handlungsspielraum, das neue Eigenheim optimal mit ihrer persönlichen Note wohnlich so einzurichten, wie es ihr gefiel.

Was Hannelore Anfang der Siebzigerjahre mit dem Bungalowbau in Oggersheim zu Ende brachte, hatte über viele Jahre Bestand. Mancher Staatsgast erinnert sich noch heute an hochbrisante Gespräche und richtungweisende Entscheidungen, die in den von Hannelore gestalteten Räumlichkeiten stattfanden. Vor allem während Kohls Kanzlerschaft wurde der Oggersheimer Bungalow zur wichtigen Adresse für mächtige Staatslenker der Welt. Hier fielen zum Teil historische Entscheidungen. In der Darstellung der Geschichte der Bundesrepublik Deutschland wird man an diesem Ort vertraulicher Gespräche und wegweisender Beschlüsse nicht vorbeikommen. Der Bungalow war auch Ziel friedlicher wie militanter Demonstrationen. In den Jahren der terroristischen Bedrohung gehörte er zu den bestbewachtesten Häusern der Bundesrepublik. Das hatte Konsequenzen für den Alltag, für die Kinder, für die ganze Familie. Der Ministerpräsident und seine Frau standen als Zielobjekte auf den Listen von Terroristen. Walter Kohl beschreibt in seinem Buch eindrucksvoll die lückenlose Bewachung des Ludwigshafener Eigenheims in den Siebzigerjahren, als die Bedrohung durch den RAF-Terror für ihn, seinen Bruder und seine Mutter allgegenwärtig war. Auch in dieser Zeit sah der übermächtige und unnahbare Vater keine Notwendigkeit, mit den Kindern über ständig wiederkehrende Bedrohungsgefühle zu sprechen. Er verweigerte darüber einfach jedes Gespräch und blieb für die Söhne ein kaum greifbarer Mensch. Die Kinder mussten mit polizeilichen Maßnahmen zurechtkommen und Überwachung beim Spielen und Polizeischutz auf dem Schulweg akzeptieren. Walter konnte mit zwölf Jahren schon die Heckler-&-Koch-Maschinenpistolen seiner Personenschützer auf der Rückbank des Polizeiwagens zerlegen und wieder zusammensetzen, während ihn die Beamten zur Schule fuhren. Die Bedrohung durch die RAF hielt während seiner gesamten Schulzeit an. Eltern von Spielkameraden reagierten zum Teil hysterisch und verboten den Kontakt zu den Kohl-Söhnen, weil er ihnen zu gefährlich schien.

Als Helmut Kohl nach dem Rücktritt Rainer Barzels im Juni 1973 zum Bundesvorsitzenden der CDU Deutschlands gewählt wurde, nahmen die Sicherheitsmaßnahmen für ihn und seine Familie noch einmal erheblich zu. Die Kinder wurden nicht nur in Polizeibegleitung zur Schule gebracht, auch ihre Freizeitgestaltung litt angesichts der akuten Bedrohung. Ob sie um Fußball- oder Tennisplatz wollten, immer standen sie unter Kontrolle der Polizei, was sie außerordentlich hassten. Ein normales Leben, eine sorglose Kindheit und Jugend waren völlig ausgeschlossen. Die Kinder empfanden ihr Leben als Söhne von Kohl lange Zeit als unerträglich. Bis zu ihrem 16. Lebensjahr waren sie verpflichtet, den Personenschutz zu akzeptieren. Danach lehnten sie konsequent jegliche weitere Gängelung durch die Sicherheitsbehörden ab.

Für Hannelore waren diese Jahre eine äußerst bittere Lebensphase. So hatte sie sich ihr Leben und das ihrer Kinder nicht vorgestellt. Dass Helmuts Ämterübernahme in Land und Bund derartige Auswirkungen auf das Familienleben haben würde, hatte sie sich in den kühnsten Träumen nicht vorgestellt. Die Öffentlichkeit hatte keine Ahnung, mit welchen Bedrohungsszenarien die Familie leben musste. Nach außen hin wirkten die Kohls wie eine Familie, die mit aller Macht ihren Privatbereich schützte und nichts über familiäre Probleme nach außen ließ.

* * *

An der Seite ihres Mannes vermittelte Hannelore der Öffentlichkeit ein neues Bild des Typus der »Landesmutter«, ein Begriff, den sie überhaupt nicht mochte. Ihre Vorgängerin, die Gattin des fast achtzigjährigen Peter Altmeier, war einmal im Jahr zum Neujahrsempfang in der Staatskanzlei aufgetreten. Hannelore hingegen zeigte Präsenz bei Besuchen hoher auswärtiger Gäste. Mit Kohls Amtsantritt gab es erstmals einen qualifizierten Protokollchef, mit dem sich Hannelore sehr gut verstand. Dieser hoch gebildete Diplomat, der seine Ausbildung im benachbarten Frankreich durchlaufen hatte, traf den richtigen Ton. Er begleitete Hannelores Auftritte mit guten Ratschlägen, die diese gerne befolgte. Es machte ihr sichtlich Freude, den Anweisungen des Mainzer Protokollchefs nachzukommen und bei Staatsbesuchen ihre brillanten Sprachkenntnisse einzusetzen. Im Gegensatz zu ihrem Mann konnte sie sich fehlerfrei in englischer oder französischer Sprache mit den Gästen unterhalten. Voller Stolz demonstrierte sie auch ihrem Gatten zumindest auf dem Gebiet der Fremdsprachen ihre Überlegenheit. In den Gesprächen ging es ihr nie um die große Politik, nie um Analysen oder Bewertungen. Sie warb für das schöne Bundesland Rheinland-Pfalz, erzählte von Geschichte und Kultur, von den Menschen und ihren Leistungen. Sie fand leicht Zugang zu den Gästen und waren sie noch so spröde, wie etwa der ehemalige Bundespräsident Gustav Heinemann. Als im Oktober 1971 der japanische Kaiser Hirohito und Kaiserin Nagako einen Besuch in Mainz abstatteten, überzeugte die junge Landesmutter auch hier mit einem souveränen Auftritt. Die von politischen Gegnern oft verlachte »Barbie von der Pfalz«, dieses »Provinzmäuschen«, beherrschte längst nicht nur öffentliche Auftritte in der rheinland-pfälzischen Provinz, sondern glänzte auch auf dem internationalen Parkett. Großen Gefallen fand sie an Unterhaltungen mit Vertretern der amerikanischen oder französischen Streitkräfte in Deutschland. Mit den Militärs sprach sie in deren Muttersprache über Land und Leute, versuchte, ihnen die deutsche Mentalität und die deutsche Geschichte näherzubringen. Auch hier sparte sie Themen der aktuellen Politik, Probleme der Landesverteidigung oder der Weltpolitik allgemein konsequent aus. Politik war und blieb die Domäne ihres Mannes. Trotzdem flüchtete sie sich nicht in Smalltalk, sondern beschrieb eloquent und unterhaltsam die besonderen Eigenarten und sehr unterschiedlichen Mentalitäten des rheinland-pfälzischen Menschenschlags. Was Hannelore auf diesem Gebiet leistete, konnte kein noch so gut und aufwändig gedrehter Werbefilm vermitteln. Noch heute schwärmt der langjährige Protokollchef Dr. Jürgen Hartmann über Hannelores Auftritte, die ihre eigenständige Persönlichkeit deutlich werden ließen. Vor allem im deutsch-französischen Verhältnis, genauer in den Beziehungen zwischen Rheinland-Pfalz und Burgund, war Hannelore ein ganz wichtiges Bindeglied zwischen den politischen Spitzen dieser beiden europäischen Kernregionen. Hier hatte sie sich Freiräume geschaffen und Fähigkeiten unter Beweis gestellt, die ihr Mann nur bewundern konnte.

Mindestens einmal in der Woche kam Hannelore nach Mainz. Anfangs hatte sie in der Staatskanzlei kein eigenes Büro, konnte aber ein Zimmer ihres Mannes unter dem Dach nutzen, in dem der Ministerpräsident immer dann übernachtete, wenn sich eine Rückfahrt nach Ludwigshafen aus terminlichen Gründen nicht lohnte. Hannelore selbst kehrte nach jeder Veranstaltung in der Landeshauptstadt zurück nach Hause. In der Staatskanzlei hatte sie im Büro des Ministerpräsidenten eine Ansprechpartnerin, die neben den Männern des Protokolls für einen reibungslosen Ablauf ihrer Termine sorgte. Sie liebte Veranstaltungen, bei denen sie ihre Sprachkenntnisse »auskosten« konnte, und hatte keinerlei Schwierigkeiten, auf Menschen zuzugehen. Wenn sie alleine auftrat, gelang es ihr mühelos, alle Augen auf sich zu lenken. Spitz, spritzig und reaktionsschnell konnte sie argumentieren, zeigte reges Interesse an ihren Gesprächspartnern, verstand es zuzuhören und versuchte niemals, sich wichtiger als ihr Gegenüber zu nehmen. Im Gegensatz zu vielen anderen Politikerfrauen plusterte sie sich niemals auf, auch wenn sie oft im Mittelpunkt eines Empfanges stand. Ihre direkte, ja beinahe burschikose Art, Leute anzusprechen und dabei auch eine ganz undiplomatische Sprache zu benutzen, zeichneten sie in besonderer Weise aus. Sie war die Sympathieträgerin schlechthin für ihren Mann, sein Kabinett und für das Bundesland Rheinland-Pfalz.

Körperlich hingegen war Hannelore Kohl nicht besonders belastbar. Empfänge zum neuen Jahr und zum Verfassungstag im Mai beispielsweise waren ihr eine Last. Stundenlanges Stehen an der Seite ihres Mannes und Händeschütteln von über 600 Personen kosteten sie viel Kraft. Einmal wurde ihr sogar die Hand gebrochen, ein stundenlanger Krankenhausaufenthalt war die Folge. Tagelang trug sie ihre rechte Hand in Gips. Nachdem sich der Verursacher von ihrem Mann eine unvergessene Standpauke anhören musste und sich gezwungen sah, mit einem außergewöhnlich großen Blumenstrauß um Verzeihung zu bitten, reagierte die First Lady mit einem schriftlichen Dankeschön.

Auffallend war, dass sich Hannelore nur von ihrer freundlichen Seite zeigte, wenn sie Menschen vertraute. Misstrauisch zeigte sie sich bei Leuten, die sich bei ihr einschmeicheln wollten, ihr nach dem Munde redeten. Dann konnte sie sehr unangenehm werden, reagierte kühl und mit Verschlossenheit. In den ersten Jahren als öffentliche Person an der Seite ihres Mannes wurde auch der Grundstein gelegt für ihre kritische Haltung Journalisten gegenüber. Sie empfand Verachtung für jene Vertreter dieses Berufsstandes, die sich ihr gegenüber freundlich und zuvorkommend verhielten und gleichzeitig Geschichten publizierten, die Hannelores Wahrnehmungen diametral widersprachen. Vor allem die ständige Gier mancher Boulevardjournalisten, aber auch Vertreter seriöser Zeitungen, etwas über ihre Ehe und Familie, über Schule und Ausbildung der Kinder zu erfahren, ließ Hannelore zur Furie werden. Wenn es um die Kinder ging, wurde sie unberechenbar. Sie konnte Termine platzen lassen, wichtige repräsentative Pflichten vernachlässigen, wenn ihre Präsenz in Ludwigshafen gefragt war. Das kleinste Problem bei einem ihrer beiden Söhne – und sei es aus der Außensicht noch so nebensächlich – hielt sie nicht davon ab, das Mainzer Protokoll oder den jeweiligen Veranstalter in größte Verlegenheit zu bringen. Die alleinerziehende Mutter räumte zu allen Zeiten ihren Kindern die absolute Priorität ein. Sie sollten geschützt werden, vor allem vor den Medien. Auch deshalb waren Hannelore die jährlichen Pressetermine während des Sommerurlaubs ein besonderes Gräuel. Seit 1962 reisten die Kohls im Sommer traditionell an den Wolfgangsee. Und seit dieser Zeit gehörten Interview- und Fototermine zum festen Bestandteil des Österreich-Urlaubs. Daran hatten nicht nur Journalisten der Landespresse großes Interesse. Nachdem Helmut Kohl 1973 Bundesvorsitzender der CDU geworden war, wollten auch Vertreter der Bonner Bundespressekonferenz dem urlaubenden Kohl und seiner Gattin ihre Aufwartung machen. Während der Ministerpräsident, spätere Oppositionsführer und Kanzler Pressetermine im Urlaub gerne wahrnahmen, hasste Hannelore die gemeinsame Urlaubzeit am Wolfgangsee, wie sie mir einmal anvertraute. Ihre größte Sorge galt ihren zehn und zwölf Jahre alten Kindern, hinter denen die Fotografen hinterher waren wie der Teufel hinter einer armen Seele. Streit zwischen den Eheleuten war vorprogrammiert. Davon bekam allerdings niemand etwas mit. Hannelore konnte ihr freundlichstes Lächeln aufsetzen, selbst wenn es in ihrem Innern noch so sehr kochte.

* * *

Der Mainzer Regierungschef verfügte über einen mit erlesenen Sorten vortrefflich gefüllten Weinkeller von über 1000 Flaschen aus allen Weinbaugebieten des Landes. Dafür sorgten die Mitarbeiter des Protokolls. Einer von ihnen kochte dem Ministerpräsidenten seine Lieblingsspeise, wann immer es Kohls Terminkalender erlaubte. Dabei konzentrierte sich Manfred Borsekowsky, so der Name des Kochs, auf die beliebte Hausmannskost, die Helmut Kohl besonders schätzte. Der in dieser Beziehung pflegeleichte Ludwigshafener überließ seinem Koch die Auswahl der Speisen. Nur Innereien waren tabu. Wenn hochrangige Gäste angesagt waren, ließ sich der Koch aus Schlesien etwas Besonderes einfallen. Bei größeren gesellschaftlichen Veranstaltungen kam das Essen hingegen aus den Spitzenküchen zweier Mainzer Hotels.

Auch Hannelore wusste das Essen der Staatskanzlei zu genießen und trank ab und an ein Glas Wein mit Manfred Borsekowsky. Der Koch hat die First Lady bis heute in bester Erinnerung, schwärmt von ihrer Hilfsbereitschaft auch in ganz persönlichen Angelegenheiten. Gerne erzählt er, wie sehr sich Hannelore für die Entwicklung seiner drei Kinder interessierte und manch brauchbaren Ratschlag gab. Borsekowsky weiß allerlei Anekdoten, die sich um Essen und Trinken in und auch außerhalb der Staatskanzlei ranken. So zum Beispiel über das »Drama« während der Kommunionfeier des Kohl-Sohnes Peter. Hannelore hatte den Koch der Staatskanzlei gebeten, die kulinarische Versorgung der Gäste zu übernehmen. Doch bei dem Fest im Oggersheimer Bungalow versagte der Backofen. Was in der Küche der Staatskanzlei an wunderbar gefüllten Flugenten vorgekocht war, wollte in Hannelores Eigenheim nicht heiß werden. Es war schließlich Kohls Fahrer Ecki Seeber, der den rettenden Einfall hatte, bei den Nachbarn insgesamt drei Grillgeräte auszuleihen, damit der Festkorona mit reichlicher Verspätung das Festmahl kredenzt werden konnte. Auch wenn Borsekowsky für die Ofenpanne weiß Gott nichts konnte, fürchtete er den Zorn des Hausherren. Es war Hannelore, die ihm die Angst nahm, für die Verzögerung des Mittagessens verantwortlich gemacht zu werden.

Ihr Umgang mit Angestellten – egal ob Hauspersonal, Fahrer, Staatskanzlei-Beamte, Pförtner oder Sicherheitsleute – ist etwas, das alle noch heute hervorheben. Hannelore gehörte zu den Politikerfrauen, die nicht nur Verständnis für deren Arbeit hatte, sondern bei Fehlern und Nachlässigkeiten immer auf der Seite der Schwächeren stand. Wen immer man als Zeitzeugen aus der Mainzer Zeit befragt: Hannelores Einfühlungsvermögen in die Menschen, ihr offenes Ohr für Probleme, ihre Hilfsbereitschaft und Freundlichkeit werden hoch gelobt.

* * *

Viel Zeit für ihre Hobbys blieb Hannelore in ihrer neuen Rolle als Frau des Ministerpräsidenten nicht. Gleichwohl nutzte sie seit dem Umzug in das neue Haus sogar bei winterlichen Außentemperaturen das Schwimmbad im Garten. Schwimmen im Rhein, wie sie es

Ende der Vierzigerjahre zusammen mit ihrem Freund Helmut leidenschaftlich unternommen hatte, blieb nur noch schöne Erinnerung. Fahrradfahren wurde auch seltener. Schon vor der Währungsreform 1948 hatte ihr Vater ihr ein Herrenfahrrad hergerichtet, das schließlich 1951 von einem schicken Damenfahrrad als Abitur-Geschenk abgelöst wurde. Jetzt brachte sie das Fahrradfahren ihren Kindern bei. Dem Motorradsport hatte sie indes abgeschworen. Ihre Abenteuer auf dem Soziussitz von Helmuts Roller, den er 1953 gebraucht für 150 D-Mark erworben hatte und der wegen defekter Starter zum Preis von 17,50 D-Mark erhebliche Kosten verursachte, reichten für alle Zeit aus. Aber als leidenschaftliche Autofahrerin wäre sie am liebsten im offenen Cabrio durch die Lande gereist, nicht im abgedunkelten Dienstwagen. Wie ihr Vater liebte sie schnittige Sportwagen, schaute im Fernsehen begeistert Autorennen und litt zuweilen unter den Fahrkünsten ihrer Chauffeure. Nur dem Cheffahrer ihres Mannes, Ecki Seeber, vertraute sie blind. Bei ihm im Wagen konnte sie sogar ein »Nickerchen« machen. Wenn sie selbst fuhr, trat sie ordentlich aufs Gaspedal. Sie liebte hohes Tempo, pflegte eine rasante Fahrweise und fand großes Vergnügen daran, die gewaltigen Pferdestärken unter der Motorhaube zu beherrschen.

Neben dem Autofahren galt ihre große Leidenschaft dem Sportschießen. Kaum jemand wusste davon, bis dieses für eine Frau »unpassende« Hobby durch eine in ihren Augen unverzeihliche Indiskretion an die Öffentlichkeit gelangte. Es war der Facharzt für Chirurgie und spätere langjährige Hausarzt der gesamten Kohl-Familie gewesen, der in Hannelore mit 16 Jahren das Interesse am Sportschießen weckte. Dr. Heinz Lösel hatte früher schon die Renners in ärztlichen Belangen betreut und durch Hannelores lang gehegtes Bedürfnis, niemals mehr schutzlos einer Gefahr für Leib und Leben ausgeliefert zu sein, bedurfte es wohl keiner besonderen Überredungskunst, sie für den Schießsport zu begeistern und einen Waffenschein zu erwerben. Später besaß sie auch eine eigene Sportpistole. Noch heute schwärmt der über 92 Jahre alte Mediziner aus Franken von der Begabung seines damals jungen Schützlings. Hannelore gehörte zu den eifrigsten Schülerinnen und zu den Erfolgreichsten ihres Alters. Ihr Interesse galt dabei vor allem der absoluten Konzentration, die das Sportschießen erforderte. Der nötige Einklang von Körperbeherrschung und innerer Ruhe faszinierte sie bis zuletzt. Ihr Mentor Heinz Lösel ist überzeugt, dass dies die wichtigste Motivation für Hannelore Kohl gewesen war, sich im Sportschießen mit so viel Hingabe zu engagieren. Mit dieser Konzentrationsübung habe sie manche anderweitigen Probleme beherrschen können. Lösel war viele Jahre lang Arzt der deutschen Schützen-Nationalmannschaft, dann der europäischen Schützen und am Schluss der Weltorganisation der Sportschützen. Als Arzt des IOC hatte er Mitarbeiter aus der ganzen Welt und bekam viele nationale und internationale Auszeichnungen, darunter das Bundesverdienstkreuz 1. Klasse.

Hannelore gehörte nie einem Schützenverein an. Sie verabredete sich mit ihrem Hausarzt und lernte von ihm auf dem Ludwigshafener Schießplatz die Kunst des Pistolenschießens. Der Hochleistungsschütze Lösel fand Gefallen an seiner Schülerin und übte mit ihr bis zur Perfektion. Dabei ging es nicht um Siege und Preise, sondern schlicht um ihr eigenes Vergnügen, ihre eigene Sicherheit. Auf Auslandsreisen oder im Urlaub nahm sie gerne Angebote wahr, auf fremden Schießständen ihrem Hobby zu frönen. Sie lehrte auch ihre beiden Söhnen das Sportschießen, wobei vor allem Walter großes Interesse zeigte und seine sportlichen Talente unter Beweis stellen konnte.

Heinz Lösel war über dreißig Jahre der Hausarzt der Kohl-Familie. Er kannte Hannelores Gesundheitsprobleme wie kein anderer und wusste um die gesundheitlichen Schwächen und Stärken ihres Mannes. Er wurde zurate gezogen, wenn die beiden Söhne krank waren. Dr. Lösel begleitete mit großem Engagement die Entwicklung der Söhne und gehörte zu denen, die Hannelores pädagogische

Anstrengungen unterstützten. Der namhafte Chirurg begleitete den späteren Bundeskanzler und seinen Tross auch auf zahlreichen Auslandsreisen. Die Fotogalerie in seiner Wohnung weist ihn als wichtigsten medizinischen Beistand in den langen Jahren von Helmut Kohls politischer Karriere aus. Im Jahr 1993 kam es zum Bruch zwischen der Kohl-Familie und dem getreuen Leibarzt. Zu diesem Zeitpunkt wurde der Chirurg verdächtigt, Hannelore ein falsches Medikament mit beinahe tödlicher Wirkung verabreicht zu haben, das zu einem langwierigen Krankenhausaufenthalt führte. Der Mediziner weigert sich heute, darüber zu sprechen, hat aber offenbar gute Argumente dafür, nicht der Verursacher der lebensbedrohenden Krankheit gewesen zu sein.

Woraus Hannelore indes kein Geheimnis machte, war ihre große Liebe zu Tieren. Von den Hunden »Dorli« und »Igo« und der zugelaufenen Katze wurde bereits berichtet. Als der Schäferhund 1972 starb, war die Trauer im Hause Kohl riesengroß. Die Söhne, die mit dem Tier aufgewachsen waren, weinten tagelang. Auch Hannelore trauerte um ihren treuen Begleiter, dessen Tod sie schmerzlich an ihren geliebten Dackel erinnerte, der in einer Leipziger Bombennacht zu Tode gekommen war.

Während sie sich Menschen gegenüber reserviert verhalten konnte, ging sie auf Tiere mit großer Offenheit zu, vor allem auf Hunde. Mit Herrchen oder Frauchen konnte sie endlos über Rasse und Zucht von Vierbeinern plaudern. Alles, was ein dichtes Fell hatte, erregte ihr Interesse. Sie ließ sich sogar hinreißen, Löwenbabys zu taufen und übernahm für einen guten Zweck auch die Patenschaft. Vom Posieren mit Kühen oder Pferden während des traditionellen Sommerurlaubs in Österreich hielt sie indes wenig. Zum inszenierten Charakter der Bilder kam, dass Kühe in ihren Augen schlicht dumm waren. Ähnlich verhielt es sich mit Federvieh. Diese Frau, die Schlangen angstfrei anfassen und sich um den Hals legen lassen konnte, geriet beim Schwimmen im Wolfgangsee in Panik, wenn sich in weiter Entfernung ein Schwan näherte. Sie hatte große

Angst, von einem solchen Tier angegriffen zu werden, was aber nie passierte, weil sie rechtzeitig aus dem Wasser floh.

Hannelore Kohl liebte und fürchtete, mochte und mied. Das galt nicht nur für Tiere, sondern in besonderem Maße für die Menschen in ihrem Umfeld. Dabei spielten sicherlich auch die Meinungen und Gefühle ihres Mannes eine nicht unwesentliche Rolle. Im Mainzer Regierungskabinett ebenso wie in der Staatskanzlei gab es Mitglieder und Mitarbeiter, die sie schätzte und mochte und andere, die sie verachtete und ablehnte. Dieser auffällige Hang zur Schwarz-Weiß-Malerei war ihr ebenso eigen wie ihrem Mann. Dabei gab es zum Teil große Unterschiede, die sich meist in sehr persönlichen Einschätzungen zeigten. Bekanntlich interessierte sich die Ministerpräsidenten-Gattin nur begrenzt für geschichtliche Zusammenhänge. In politischen Analysen und Wertungen folgte sie blind ihrem Mann, ohne dabei große eigene Anstrengungen zu unternehmen. Politische Prozesse interessierten sie allerdings immer dann, wenn sie selbst – vor allem aber ihre Kinder – unmittelbar davon betroffen waren. Ein Beispiel war die Schulpolitik in Rheinland-Pfalz, später ging es um Wehrdienst und Studium. Beim Thema Schule ließ sie kein gutes Haar an Helmuts Kabinettsmitglied Hanna-Renate Laurien. Mit deren Schulpolitik war Hannelore überhaupt nicht einverstanden und legte sich mehrfach im direkten Gespräch mit Laurien an. Mit Bernhard Vogel, damals Kultusminister im Kabinett Kohl, stritt sie ebenso verbissen und erklärte ihm unverhohlen, er habe deshalb schon keine Ahnung von der Materie, weil er weder Frau noch Kinder habe. Hannelore hingegen erlebte den Schulalltag mit all seinen Schwächen und Unzulänglichkeiten nicht nur mittelbar durch ihre Söhne, sondern auch direkt durch ihre über 18 Jahre währende aktive Mitarbeit in Elternbeiräten. Sie verstand sich allein deswegen als Praktikerin, die den oftmals ministerialen Theoretikern Argumente liefern und mit Verve entgegenschleudern konnte, von denen diese in Form und Inhalt so noch nie gehört hatten. Natürlich hatte sie in den Elternbeiräten immer breite Unterstützung, weil man von ihr Reformen und Änderungen zum Besseren erhoffte, die sie als Gattin des Ministerpräsidenten vielleicht durchzusetzen vermochte. Und sie tat alles, was diesbezüglich in ihren Kräften stand. Überliefert wird, dass Helmut Kohl die Anregungen seiner Frau in der Schulpolitik in die Kabinettssitzungen einbrachte und darauf achtete, dass sie ernst genommen und möglichst umgesetzt wurden.

Getreu ihrer Neigung zur Schwarz-Weiß-Malerei beurteilte Hannelore die Mitglieder des Kabinetts Kohl durchaus kritisch. Einen guten Zugang hatte sie beispielsweise zu Innenminister Heinz Schwarz und vor allem zu dessen Frau Margret, die über beachtliche intellektuelle Fähigkeiten verfügte. Zu Hannelores »Lieblingen« zählten auch Johann Wilhelm Gaddum und der bereits genannte Kultusminister Bernhard Vogel, den sie allerdings in der Mainzer Zeit nicht immer ganz ernst nahm. Otto Theissen wiederum, der Justizminister, wurde hoch geschätzt und von Hannelore als Spitzenjurist bewundert. Anders Helmut Kohls Freund und Förderer Waldemar Schreckenberger. Der weit über die Grenzen von Rheinland-Pfalz anerkannte Wissenschaftler und Einser-Jurist fiel bei Hannelore glatt durch. Sie hielt ihn einfach für sonderbar. Im Laufe der Jahre entwickelte Kohls Gattin feine Sensoren für Personalentscheidungen, wovon der spätere Bundeskanzler noch häufig profitieren sollte. In Mainz hatte der jüngste Ministerpräsident der Republik eine Truppe von ministrablen Persönlichkeiten um sich geschart, die bundesweit Aufsehen erregten. Für Hannelore galten die meisten als glückliche Wahl. Der Mainzer Regierungssprecher Hennes Schreiner, den Kohl als Redakteur vom hessischen Rundfunk abgeworben und mit viel Macht und gutem Gehalt ausgestattet hatte, gehörte nicht dazu. Sie mochte ihn nicht, wenngleich sie seine fachlichen Qualitäten anerkannte. Schließlich Willibald Hilf, Chef der Staatskanzlei, intellektueller Kopf und einflussreicher Ratgeber des Mainzer Regierungschefs und Patenonkel des jüngsten Kohl-Sohnes. Ihn mochte Hannelore von Anfang an ganz besonders, weil er sich von der Schar der CDU-Funktionäre abhob, über politisches Geschick und Sensibilität verfügte und einen eigenen Kopf hatte. Jahre später kam es allerdings zu einem totalen Bruch, weil der mit Hilfe Kohls in das Amt des Südwestfunk-Intendanten gelangte einstige Vertraute und Freund einen unverzeihlichen Fehler beging. Am 23. November 1992 strahlte der damalige Südwestfunk in seinem dritten Fernsehprogramm den Fernsehfilm *Die Terroristen* aus. Darin wurde ein Attentatsversuch auf ein nicht genanntes, aber eindeutig als Kanzler der Bundesrepublik Deutschland zu identifizierendes Opfer beschrieben. Für die Kohls war es ein unverzeihlicher Fehler, dass Originalaufnahmen des Kanzlers in diese fiktive Geschichte montiert worden waren. Die Verantwortung für diese Produktion hatte letztlich der Kohl-Freund Willibald Hilf. Während diese Parabel über den Sieg des Geldes über die Politik Hannelore fürchterlich entsetzte, hielten die Aufsichtsgremien des Südwestfunks nebst Intendant Hilf den Fernsehfilm für ein künstlerisches Werk. Damit zerbrach eine langjährige Freundschaft zwischen Hannelore, ihrem Mann, den Kindern und Peters Patenonkel. Die Kohls waren zutiefst verletzt und schlossen eine Versöhnung für alle Zeit aus.

* * *

In seiner Eigenschaft als Bundesvorsitzender der CDU und rheinland-pfälzischer Ministerpräsident reiste Helmut Kohl mit seiner Frau und seinen beiden Söhnen dreimal in die DDR. In der ersten Novemberwoche 1974 besuchten die Kohls als normale Touristen die Städte Leipzig, Dresden und Weimar. Mitte August 1975 wurde die dreitägige Privatreise wiederholt. Für Hannelore war es ein ergreifendes Gefühl, nach dreißig Jahren den Klassenraum zu betreten, den sie als Zehnjährige zuletzt gesehen hatte. Die Schule in der heutigen Leipziger Lumumbastraße hatte sich kaum verändert. Wie in einem Film, so erzählte sie später, seien die frühen Leipziger Jah-

re an ihr vorbeigezogen. Die großbürgerliche Atmosphäre ihres Elternhauses, der Schwimmunterricht mit dem Vater im HASAG-
eigenen Bad, aber auch die schmerzliche Trennung von ihrer Freundin Rena Georgi, der Tod von Renas Schwester und die fatale Evakuierung. All das war mit einem Mal wieder ganz präsent. Was damals wirklich in ihrem Herzen und ihren Gedanken vor sich ging,
erfuhr keiner ihrer Mitreisenden. Gefühle zu unterdrücken hatte sie
hinreichend gelernt.

Was sie auf der Reise am meisten erfreute, war die große Herzlichkeit und Offenheit der Menschen, die der Reisegruppe zufällig begegneten. Viele von ihnen kamen spontan auf sie zu, schüttelten
ihre Hand und meinten, dass es schön sei, »Sie hier bei uns zu sehen«. Dass die Kohls mit ihrem Fahrer Ecki Seeber unter ständiger
Kontrolle der DDR-Staatssicherheit standen, kann den Reisenden
nicht ganz verborgen geblieben sein. Würde man Einblick in Kohls
Stasi-Akten bekommen – was mir leider verweigert wurde –, könnte man bestimmt Beobachtungsberichte lesen, die im Minutentakt
von inoffiziellen Stasi-Mitarbeitern angefertigt wurden und sicherlich eine reichlich bebilderte Reportage vom gesamten Reiseverlauf
studieren. Meine eigenen vielfachen Erfahrungen mit Akten des
DDR-Geheimdienstes legen dies nahe.

Darüber gesprochen hat sie mit mir dagegen nie. Allerdings hatte
sie eine eher belanglose Beobachtung nachdenklich gestimmt. Auf
dem Weg zur Wartburg in Eisenach fiel ihr auf, was sie zuvor schon
unterschwellig gespürt hatte. Die Menschen drüben waren stiller
und verhaltener als die westdeutschen Touristen. Woran das gelegen
haben könnte, darüber verlor sie kein Wort. Etwas blauäugig be-
merkte sie, dass sie sich auch ohne offizielle Reisebegleitung frei in
der DDR bewegen konnten. Innerhalb von nur 14 Tagen war der
prominenten Familie aus Ludwigshafen die Einreise ins »andere
Deutschland« genehmigt worden, über die die offiziellen Stellen
selbstverständlich unterrichtet waren. Die Abfertigung an der
Grenzübergangsstelle bei Wartha habe nur wenige Minuten gedau-

ert. Gleiches galt für die Ausreise. Dass den Kohls, die mit schwarzer Dienstlimousine unterwegs waren, dabei eine Vorzugsbehandlung zuteil geworden war, die »normale« Menschen nicht für sich in Anspruch nehmen konnten, scheint sie ausgeblendet zu haben. Hannelore nahm jedenfalls die Überzeugung mit nach Hause, dass die Menschen in der Bundesrepublik so häufig wie möglich die Reisemöglichkeiten nutzen sollten. Das stärke das Zusammengehörigkeitsgefühl und schaffe Verständnis für die gegenseitigen Probleme, meinte sie in einem Zeitungsbeitrag.

Anderthalb Jahre später reiste der Kanzlerkandidat der CDU/CSU mit seiner Familie nach der verlorenen Bundestagswahl 1976 erneut privat in die DDR. Diesmal gehörten Kohls außenpolitischer Berater Horst Teltschik und seine Bürochefin seit 1965 – Juliane Weber – zu der Reisegruppe, die in einem Zweitwagen Kohls Dienstmercedes folgte. Für Hannelore eine willkommene Abwechslung. Es war ihre Idee, auch in späteren Jahren die DDR privat zu besuchen. Von Zeit zu Zeit verspürte sie einfach das dringende Bedürfnis, die Stätten ihrer Kindheit wiederzusehen. Im Herzen blieb Hannelore ihr ganzes Leben lang eine Ostdeutsche, eine Leipzigerin, die gerne sächsisch sprach und auch nach Jahrzehnten nicht wirklich in der Pfalz angekommen war. Dort blieb sie eine Fremde bis zu ihrem Tod 2001.

KARRIEREBEGLEITUNG

Spätestens seit Helmut Kohls Wahl zum Bundesvorsitzenden der CDU auf dem Bonner Parteitag 1973 musste Hannelore damit rechnen, dass ihr Mann in naher Zukunft von der Landes- in die Bundespolitik wechseln würde. Die ständige Präsenz in Bonn gehörte längst zum Alltag des Pfälzers, der nicht nur wegen der freitäglichen Sitzungen des Bundesrates dort sein Land vertreten musste. CDU-Präsidium und -Vorstand kamen jeden Montag ebenfalls in Bonn zusammen und beiden Spitzengremien stand der Mainzer Ministerpräsident vor. Der zeitliche Aufwand für die Parteiarbeit stieg weiter an, Kohl war gefragt, trat auf zahlreichen Landesparteitagen auf und war gern gesehen auf Veranstaltungen der bayerischen Schwesterpartei CSU.

Für Helmuts bundespolitische Pläne war ausschlaggebend, wie erfolgreich die Bilanz seiner Landespolitik ausfiel. Seit 1969 Regierungschef in Mainz, hatte Kohl bereits in kurzer Zeit den Nachweis erbracht, eine reformorientierte Politik in seiner oft abschätzig als »Land der Reben und Rüben« bezeichneten Heimat durchsetzen zu können. Wer aber Spitzenmann in einer Partei bleiben und bundespolitisch agieren wollte, musste auch Wahlen gewinnen.

Am 9. März 1975 waren drei Millionen wahlberechtigte Rheinland-Pfälzer aufgefordert, über die Zusammensetzung des Landtages zu entscheiden. Schlechte Umfragewerte und die Gefahr einer eher niedrigen Wahlbeteiligung ließen Böses ahnen. Der Mainzer Spitzenkandidat setzte alles auf eine Karte und mobilisierte die Partei wie selten zuvor. Kohl stellte die besonderen Anstrengungen seines Kabinetts im Bereich von Kunst und Kultur, seine Bürgernähe, die Verdienste um die Verwaltungsvereinfachung sowie Schulgeldfreiheit und die starken Investitionen in die innere Sicherheit in den

Mittelpunkt des CDU-Wahlkampfes. Mit dieser klaren inhaltlichen Ausrichtung kamen er und seine Partei an. Zur eigenen Überraschung belohnten die Bürger ihren Regierungschef und seine CDU mit einem überwältigenden Wahlergebnis: 53,9 Prozente der Wählerstimmen und damit 55 Landtagsmandate gingen an die Christdemokraten. Die absolute Mehrheit. Die Landes-CDU unter Helmut Kohl erzielte das beste Resultat, das sie bei Landtags- und Bundestagswahlen je erreicht hatte.

Der Wahlabend wollte nicht enden. Wie in einem Rausch feierte die Partei mit ihrem Spitzenpersonal den unverhofft hohen Sieg. Mittendrin Hannelore, die First Lady von Rheinland-Pfalz. Für sie schien es ausgeschlossen, dass ihr Mann jetzt, angesichts dieses überwältigenden Erfolges, über bundespolitische Ambitionen nachdenken könnte. Dieser hohe Wahlsieg verpflichtete ihn, dem Wählerauftrag zu folgen und seine vom Wahlvolk bestätigte Politik als Ministerpräsident einer CDU-geführten Landesregierung fortzusetzen. Hannelores Ansicht wurde von einer breiten Mehrheit der CDU-Mandatsträger und -Funktionäre geteilt. Und noch tat der umjubelte Wahlgewinner auch so, als sähe er seine politische Zukunft in der Mainzer Staatskanzlei. Tatsächlich hatte er mit dieser gewonnenen Landtagswahl eine erste wichtige Hürde genommen, um bei der Bundestagswahl im darauf folgenden Jahr als Kanzlerkandidat der Unionsparteien ins Rennen gegen den amtierenden Bundeskanzler Helmut Schmidt zu gehen.

Wenige Wochen nach der Landtagswahl in Rheinland-Pfalz schuf der CDU-Bundesvorstand Klarheit. Nachdem der schleswig-holsteinische Ministerpräsident Gerhard Stoltenberg überraschend auf eine Bewerbung um die CDU-Kanzlerkandidatur für die Bundestagswahl 1976 verzichtet hatte, stimmte das 25-köpfige CDU-Spitzengremium ohne Enthaltung und ohne Gegenstimme für Helmut Kohl als Kandidaten der Union für das Amt des Bundeskanzlers. Im Vorfeld hatte der bayerische Ministerpräsident Franz Josef Strauß zwar noch versucht, CDU-Fraktionschef Karl Carstens für eine

Kanzlerkandidatur zu gewinnen. Doch der spätere Bundespräsident hatte das Angebot abgelehnt.

Hannelore Kohl erfuhr von dieser wichtigen Weichenstellung aus dem Radio. Erst später rief ihr Mann bei ihr an, um sie über die neue Faktenlage zu informieren. Er hatte, wie so oft, eine weit reichende Entscheidung ohne vorherige Absprache getroffen. Hannelore ahnte, welche neuen Belastungen nun auf die Familie zukommen würden; sie war enttäuscht, wütend und wusste gleichzeitig, dass sie nichts an der Entscheidung ihres Mannes würde ändern können. Es blieb ihr trotz vielfacher Bedenken nichts anderes übrig, als ihren Mann bei seinem nächsten Karriereschritt zu unterstützen.

Auf dem Mannheimer Parteitag Ende Juni 1975, der unter dem Leitmotiv »Alternative 76 CDU« stand, erlebten die Delegierten tatsächlich eine fröhliche, ja beinahe aufgekratzte Hannelore Kohl. Diesmal stand auch die Neuwahl der Parteispitze auf der Tagesordnung. Als das Ergebnis für ihren Mann mit 98,44 Prozent der Stimmen der Parteitagsdelegierten bekannt gegeben wurde, ließ sich selbst Hannelore von den überschäumenden Emotionen anstecken. Sie fiel ihrem Mann spontan und mit einer Herzlichkeit um den Hals, wie es langjährige Weggenossen des CDU-Spitzenkandidaten noch nie gesehen hatten.

Nach diesem Triumph warf sie ihre Vorbehalte, die sie gegen Helmuts bundespolitisches Engagement hatte, endgültig über Bord und orientierte sich an den neuen Fakten. Fortan wollte sie ihren Mann engagiert auf dem steilen Weg in eine risikoreiche politische Zukunft begleiten und ging mit großen Erwartungen in das Wahljahr 1976, das nach Helmuts eigenen Worten physisch wie psychisch eines der anstrengendsten seines Lebens war. Nie zuvor hatte sich die Mainzer First Lady so sehr in den CDU-Wahlkampf eingebracht wie diesmal. Die Dreiundvierzigjährige erwies sich allein durch ihre Präsenz bei großen Wahlauftritten als beste Werberin für die christlich-demokratische Politik des CDU-Kanzlerkandidaten. Trotz körperlicher Strapazen, trotz begrenzter Zeit wegen der Fürsorge für ihre Kinder, trotz der Angst vor terroristischer Bedrohung: Die attraktive und engagierte Mainzer Landesmutter wollte es nun wissen und mit mutigen öffentlichen Auftritten an der Seite ihres Mannes für die Union werben. Es machte ihr offensichtlich richtig Spaß, über die Landesgrenzen hinaus auf bundespolitischer Ebene im Glanz der Scheinwerfer zu stehen und um Zustimmung für ihren Mann zu kämpfen. Oft genügten schon ein freundliches Lächeln und aufmunternde Gesten, um das Wahlvolk zu begeistern. In Rheinland-Pfalz war ihre Popularität mittlerweile sehr hoch. Dies nutzte sie jetzt im Bundestagswahlkampf 1976. Im direkten Kontakt zu den Bürgern erwies sie sich als geduldige Zuhörerin, ohne Berührungsängste. Sie konnte inzwischen den augenscheinlichen Zuspruch der Menschen genießen und fühlte sich in jenen Wahlkampfwochen des Jahres 1976 wohler als zu früheren Zeiten. Hannelore hatte sich verändert, nahm die neue Rolle uneingeschränkt an und setzte alles daran, neben ihrer Verantwortung für die beiden Söhne der Verpflichtung für die Arbeit ihres Mannes nachzukommen. Dabei verbrachte sie nicht eine einzige Nacht außerhalb der Ludwigshafener Wohnung. Das bedeutete für sie immer wieder, trotz später Stunde den stressigen Weg mit ihrem Fahrer nach Hause anzutreten. Das war für sie die entscheidende Bedingung für ihren Wahlkampfeinsatz 1976 gewesen – allein der Kinder wegen.

* * *

Bei allem Stress wurde auch im Wahljahr 1976 auf die Österreich-Reise nicht verzichtet, wenngleich keine Rede von Entspannung und Erholung sein konnte. Schon im Vorfeld musste einiges organisiert werden. Ins Haus in Sankt Gilgen musste ein Bett in Übergröße transportiert werden, auch entsprechendes Bettzeug musste aus Ludwigshafen mitgebracht werden. Am Urlaubsort angekommen, jagte auch diesmal wieder eine Besprechung die andere, blieb das Telefon kaum still, kündigten sich ständig Besucher an. Bei den Zusammenkünften ging es im Wesentlichen um die Ministermannschaft, die im Falle eines CDU-Wahlsiegs berufen werden sollte. Für die Söhne Walter und Peter waren diese Ferien ebenso uninteressant und langweilig wie für Hannelore, der die Österreich-Urlaube bis zu ihrem Lebensende eine einzige Qual waren. Wie gerne wäre sie ans Meer gefahren, auf die kanarischen Inseln oder einen anderen Flecken der Welt, wo wenigstens das Wetter stabil war. Doch Helmut Kohl ließ sich zu keiner Zeit umstimmen, hielt entgegen massiver Proteste Hannelores und der Söhne an der althergebrachten Ferienplanung fest.

In den letzten Wochen vor der Entscheidung um die Mehrheit im Deutschen Bundestag, um die mögliche Ablösung der sozialliberalen Koalition, lief das Ehepaar Kohl zur Hochform auf. Auf der Schlusskundgebung am Freitag vor der Wahl erlebten die Unionsanhänger ein strahlendes Ehepaar – einen vor Energie strotzenden Kanzlerkandidaten und eine nach außen glücklich wirkende Hannelore, die fest an den Sieg ihres Mannes zu glauben schien. Die aktuellen Umfragewerte untermauerten ihren Optimismus.

Nach den ersten Hochrechnungen am Wahlabend des 3. Oktober 1976 stieg die Hoffnung auf einen knappen Wahlsieg der Unionsparteien. Am Ende erreichte die Union jedoch »nur« 48,6 Prozent der gültigen Stimmen und verfehlte damit ganz knapp die absolute Mehrheit. Gegenüber dem Bundestagswahlergebnis von 1972 mit dem CDU-Spitzenkandidaten Rainer Barzel gewann Kohl fast vier Prozentpunkte für die Union hinzu. Die Wahlbeteiligung fiel mit 90,7 Prozent außergewöhnlich hoch aus. Die SPD und der amtierende Bundeskanzler Helmut Schmidt mussten eine herbe Niederlage hinnehmen. Sie verloren im Vergleich zur letzten Wahl über drei Prozent. Kohl scheiterte an nur 350 000 Stimmen bei 42 Millionen Wählern, die er der sozialliberalen Koalition aus SPD und FDP noch hätte abjagen müssen. Ein Prozent mehr für die Unionsparteien, und die absolute Mehrheit wäre perfekt gewesen. So blieb alles beim Alten: Die sozialliberale Koalition unter Helmut Schmidt und Hans-Dietrich Genscher wurde fortgesetzt, die Unionsparteien mussten weiter die Oppositionsbänke im Bonner Parlament drücken.

In der ersten Sitzung der CDU/CSU-Bundestagsfraktion vier Tage nach der Wahl erklärte Helmut Kohl seine Bereitschaft, die Leitung der Fraktion zu übernehmen. Damit war trotz der verlorenen Wahl der Wechsel von Mainz nach Bonn vorprogrammiert. Hannelore, die sich wie noch nie zuvor in einem Wahlkampf mit großem zeitlichen Aufwand und hoch motiviert eingesetzt hatte, versuchte auch diesmal erfolglos, ihren Mann von seinen Plänen abzubringen. Mit ihren Argumenten stand sie nicht allein. Die Mehrzahl der engsten Vertrauten und Mitarbeiter unterstützten sie und empfahlen Kohl, Regierungschef in Mainz zu bleiben. Aber der Pfälzer ließ sich von nichts und niemandem auf seinem Weg beirren.

Noch bevor der neue Oppositionsführer installiert werden konnte, kündigte der CSU-Vorsitzende Franz Josef Strauß nach einer Klausurtagung der Landesgruppe im bayerischen Wildbad Kreuth die Aufkündigung der Fraktionsgemeinschaft von CDU und CSU im Deutschen Bundestag an. Ein Schock auch für Helmut Kohl und seine Getreuen, weil es im Kern dabei um die bundesweite Ausdehnung der CSU und damit um die Etablierung einer vierten Partei ging. Mit einer bundesweit agierenden weiteren konservativen Partei musste die CDU Stimmverluste fürchten. In dieser Situation gab es für den noch amtierenden Mainzer Regierungschef kein Halten mehr. Mit mutigen Schritten wie der Gründung von CDU-Orts- und Kreisverbänden in Bayern und öffentlichen Drohungen gegen die Schwesterpartei erreichte er schließlich die Zurücknahme des Kreuther Trennungsbeschlusses. Am 1. Dezember 1976 wurde Helmut Kohl schließlich zum neuen Vorsitzenden der CDU/CSU-Bundestagsfraktion gewählt. Kohl ging gestärkt aus diesem Kräftemessen mit seinem bayerischen Rivalen hervor. Seine

Position in Partei und Fraktion war unumstritten. Nun musste er die Parlamentarier davon überzeugen, dass er der richtige Mann zur richtigen Zeit am richtigen Ort in der Bundestagsfraktion der Unionsparteien war.

Noch am Tag seiner Wahl verabschiedete sich Helmut Kohl von seinen Mainzer Weggefährten. Das glanzvolle Abschiedsfest erinnerte zeitweise eher an eine Trauerfeier. Mit Tränen in den Augen standen die Parlamentarier mit einem Glas Wein in der Hand und blickten pessimistisch in die Zukunft. Nicht alle glaubten an den Erfolg von Kohls Nachfolger im Amt des Mainzer Ministerpräsidenten, dem bisherigen Kultusminister Bernhard Vogel.

Als das Ehepaar Kohl von Ecki Seeber nach Ludwigshafen gebracht wurde, vergoss Hannelore im Wagen bittere Tränen. Es war ihre letzte Fahrt als Gattin des Ministerpräsidenten. Die Zukunft lastete wie eine schwere Bürde auf ihr.

Kapitel 5

BONNER BÜHNE

Das »Provisorium« Bundeshauptstadt hatte schon 27 Jahre Bestand, als Helmut Kohl den Wechsel von Mainz nach Bonn vollzog. Die Stadt an beiden Ufern des Rheins im Süden Nordrhein-Westfalens war von 1949 bis 1999 Regierungssitz der Bundesrepublik Deutschland. Hier fielen in den 50 Jahren wichtige und nachhaltige Entscheidungen, die das politische Leben maßgeblich bestimmten. Die Geschichte der Bundesrepublik ist mit der Stadt Bonn eng verbunden. Daran hatte der neue Oppositionsführer der Union und spätere Bundeskanzler ganz besonderen Anteil.

Während Helmut Kohl um den Fortbestand der Fraktionsgemeinschaft von CDU und CSU kämpfte, machte sich Hannelore daran, eine geeignete Bleibe für ihren Mann in der Bundeshauptstadt zu finden. Sie hatte ihren Willen durchgesetzt, dass die Familie nicht nach Bonn zog, sondern in Ludwigshafen blieb. Hauptgrund waren die Kinder, die nicht aus ihrer gewohnten Umgebung herausgerissen werden sollten. Dabei ging es auch um die schulische Kontinuität. Selbst wenn Hannelore für sich selbst einen Umzug nach Bonn akzeptiert hätte, so hätte sie wegen der Söhne Ludwigshafen niemals verlassen. Die Kinder der gierigen Bonner Öffentlichkeit auszusetzen, war ihr absolut zuwider.

Hannelore fand als Zweitwohnsitz ein alleinstehendes Einfamilienhaus in Wachtberg, einer Gemeinde mit 13 Ortschaften und rund 16 000 Einwohnern im Rhein-Sieg-Kreis. Wegen der Nähe zu Bonn hatten hier viele Menschen ihren Wohnsitz, die in den Bundesbehörden und Botschaften tätig waren. Außerdem wohnten hier zahlreiche Politiker wie beispielsweise die damaligen Bundesminister Josef Ertl und Hans-Dietrich Genscher. Das Haus in der Huppenbergstraße 36 des Ortsteils Pech musste vor dem Einzug zunächst renoviert werden. Die erfahrene Bauherrin übernahm auch diesmal wieder die Überwachung der Handwerker und kaufte für die Innenausstattung Möbel und Teppiche ein. Am Ende hatte sie ein komplettes Haus bezugsfertig eingerichtet, das auch die Zustimmung ihres Mannes fand. In diesem nicht besonders hübschen, aber sehr funktionalen Haus hatte nicht nur das Ehepaar Kohl ein eigenes Zimmer. Auch Helmuts Chefsekretärin Juliane Weber und sein Fahrer Ecki Seeber zogen mit ins Haus. Zu dieser Wohngemeinschaft gehörten anfangs auch noch zwei Sicherheitsbeamte. Über die »Kohl-WG« rümpften viele Zeitgenossen ihre Nase, die Boulevardpresse hatte ein neues Thema. Hannelores Zimmer stand meist leer. Nur im äußersten Notfall übernachtete sie in der WG. Es ließe sich an einer Hand abzählen, wie oft sie in der Huppenbergstraße 36 »kampierte«.

Was den Alltag anging, änderte sich auf den ersten Blick wenig für die quasi alleinerziehende Mutter. Doch während ihr Mann in der Mainzer Zeit – wann immer möglich – in Ludwigshafen übernachtete, sahen sich die Eheleute fortan meist nur noch am Wochenende. Hannelore trauerte der Ministerpräsidentenzeit ihres Mannes nach und konnte sich mit dessen Wechsel nach Bonn lange Zeit nicht abfinden. Nur halbherzig unterstützte sie ihren Mann und fand immer wieder gute Argumente, in Ludwigshafen zu bleiben. Sie mochte die Bonner Bühne nicht und die auffallende Geschäftigkeit und demonstrative Wichtigtuerei mancher Politiker stießen sie geradezu ab. Für sie war es zu keiner Zeit eine Option, sich ganz in der Stadt am Rhein niederzulassen. Trotzdem blieb ihr nichts anderes übrig, als wieder einmal die Karriere ihres Mannes zu begleiten. Diesmal allerdings mit spürbarer Distanz und gelegentlich kaum verborgener Abneigung gegen ihre neue Rolle in Bonn.

Was sie in jener Zeit regelrecht bedrückte, war die finanzielle Unsicherheit, die der Wechsel nach Bonn mit sich brachte. Was wäre, wenn ihr Mann als Oppositionsführer scheiterte? Wenn er den Rückhalt in der Bundestagsfraktion der Union verlieren würde? Was wäre, wenn innerparteiliche Konkurrenten ihn von den einflussreichen Parteiämtern verdrängen würden? Hannelore – Finanzministerin im Hause Kohl – kannte die Kontoauszüge und wusste um die monatlichen Belastungen. Ein Großverdiener war Helmut Kohl keineswegs, und die finanziellen Verbindlichkeiten durch den Bungalow-Bau in Oggersheim waren erheblich. Mit Erbschaften war nicht mehr zu rechnen, auch gesundheitlich durfte Helmut als Alleinverdiener nichts passieren. Der Ernstfall hätte Hannelore und ihre beiden Söhne vor große finanzielle Probleme gestellt. Die Abhängigkeit von Wahlen, von Parteitagsdelegierten, von Mitgliedern der CDU-Spitzengremien machte Hannelore zuweilen sehr nachdenklich. Als Mainzer Ministerpräsident wäre ihr Mann finanziell viel besser abgesichert gewesen. Jetzt hatte sich der Politiker in mancherlei Abhängigkeit begeben, agierte ohne Netz und doppelten Boden. Die Diäten als Bundestagsabgeordneter und die finanziellen Zuwendungen als Fraktionsvorsitzender waren längst nicht so üppig wie in manch anderer Branche. Für Hannelore war – allein durch ihre Erfahrungen während der Nachkriegszeit – die Vorstellung von einem möglichen wirtschaftlichen Absturz äußerst bedrohlich. Sie wusste, was es heißt, aus gesicherter Position ins Nichts zu fallen. Sie wusste auch, was es heißt, zu scheitern, Träume aufgeben zu müssen. Helmut Kohl war erst 46 Jahre alt und musste erst lernen, sich auf den verschlungenen Wegen des Bonner Parketts in seiner neuen Position zurechtzufinden.

Wurde er einst als Mainzer Ministerpräsident nicht nur von der Landespresse, sondern auch von den überregionalen Medien als Reformer und erfolgreicher Landespolitiker gefeiert, machten jetzt große Teile des Bonner Pressekorps mobil gegen den »Provinzfürsten«. Dass er es wagte, dem sozialdemokratischen Kanzler zu widersprechen, ihm die Stirn zu bieten, glich einer Majestätsbeleidigung. Längst hatten die SPD-Wahlkampfmanager dem neuen Oppositionsführer ein Etikett angehängt, das Helmut Kohl selbst im Ausland verfolgte. »Der Mann aus Oggersheim« schien vor allem für die einflussreichen Hamburger Magazine und Zeitungen ein gefundenes Fressen zu sein. Der publizistische Gegenwind gleich zu Beginn von Kohls Bonner Oppositionszeit verunsicherte nicht nur den CDU-Vorsitzenden. Hannelore fühlte sich zutiefst verletzt. Sie musste machtlos hinnehmen, wie ihr Mann als »Provinzblödel«, »Eierkopf« und »Birne« verunglimpft wurde. Sie spürte die Phalanx der einflussreichen Presse, die den Oppositionsführer gerne als unfähig, erfolglos, uninspiriert und provinziell darstellte. Auch für die Bonner Karikaturisten war Kohl eine Steilvorlage. Über viele Jahre war er derjenige Politiker, über den am häufigsten Karikaturen in den Printmedien erschienen – größtenteils beleidigend und verletzend. Das alles ging nicht spurlos an Hannelore vorbei. Sie litt unter dem negativen Trommelfeuer, das kein Ende nehmen wollte.

Auch an den Wochenenden in Ludwigshafen ließen sich die Bonner Probleme nicht aussperren: Krisensitzungen, vertrauliche Gespräche mit engsten Mitarbeitern, stundenlange Telefonate. Kohl war auf der Suche nach einer schlüssigen Oppositionspolitik und einem Konzept für eine bessere Presse. Er musste sich anstrengen, die Fäden in der Hand zu behalten, damit seine Position nicht geschwächt wurde. Neben dem harschen Ton der Presse setzte ihm die innerparteiliche Kritik an seinem Führungsstil zu. Der Dauerstreit zwischen ihm und dem bayerischen Ministerpräsidenten Franz Josef Strauß nahm unerträgliche Formen an. Der CSU-Chef lieferte mit seinen Angriffen auf Kohl den Unionsgegnern hinreichend ätzenden Stoff. Im Mittelpunkt stand dabei immer das Verhältnis der Unionsparteien zur FDP. Strauß hätte am liebsten die Liberalen aus dem Bonner Parlament katapultiert, während Kohl nur mit Hilfe der FDP eine Chance sah, die Macht am Rhein zu erobern. Hannelore mochte den Bayern überhaupt nicht, ohne es sich nach außen anmerken zu lassen, und empfahl ihrem Mann, die Freundschaft aufzukündigen und mit ihm zu brechen.

Den Umgang des Bundeskanzlers mit dem Oppositionsführer fand Hannelore gleichermaßen unredlich und eines Spitzenpolitikers eigentlich unwürdig. Der schneidenden Rhetorik Helmut Schmidts und seinem weltmännischen Auftreten stellten die meisten Medien mit besonderer Vorliebe den leicht hölzern wirkenden und hörbar mit pfälzischem Dialekt sprechenden Kohl gegenüber. Verspottet wurde die zweifellos unelegante Figur des Pfälzers, der auch vor den Fernsehkameras immer noch steif und ungelenk wirkte. Jede Filmaufnahme, jede Textzeile, die Kritik und Spott transportierte, verletzte die Kohl-Gattin weit mehr als ihren Mann, der zumindest nach außen hin ein dickes Fell und Gelassenheit demonstrierte. Wie es tatsächlich um ihn bestellt war, durfte Hannelore an den Wochenenden erleben, wenn er sich einmal gehen ließ und seinem Zorn und seiner Verachtung für seine politischen Gegner freien Lauf ließ.

Das bekamen dann auch die Söhne mit, für die der Vater so gut wie keine Zeit hatte. Für sie war er der Gast im Hause, der unentwegt telefonieren, besprechen, verhandeln und entscheiden musste. Ein Familienleben nach bürgerlichen Vorstellungen gab es bei Kohls nicht. Damit hatte sich Hannelore längst abgefunden. Ihr ganzer Ehrgeiz galt daher vor allem der Erziehung ihrer Kinder: Hausaufgabenüberwachung, Engagements im Elternbeirat von Walters Gymnasium und in der Elternschaft von Peters Waldorfschule. Besonders ernst nahm sie die Elternabende. Für einen solchen Termin konnte sie sämtliche Bonner Planungen über den Haufen werfen. Sie kniete sich hinein in die Waldorfpädagogik, studierte die Lehren des Anthroposophen Rudolf Steiner, die mit der Ludwigshafener Lebenswirklichkeit oft genug kollidierten. Gleichwohl schätzte sie diesen Schultyp für ihren Sohn Peter besonders und setzte sich sogar dafür ein, Waldorfschulen staatlich anzuerkennen. Die strenge Mutter, die nur das Allerbeste für ihre beiden Söhne wollte, überließ nichts dem Zufall, überwachte penibel die schulischen Leistungen, erteilte Nachhilfe, wenn es nötig wurde. Ihre sprachlichen Talente erwiesen sich als entscheidender Vorteil, wenn es darum ging, die Kinder in Französisch und Englisch zu unterstützten. Die Planung von Schüleraustauschen entwickelte sich zu ihrem kleinen Hobby. Geschickt wählte sie Austauschfamilien in Frankreich, Belgien und Großbritannien aus, besuchte sie vorab, um sie genauer kennen zu lernen, bevor sich Walter und Peter auf den Weg in die Fremde machten. Natürlich war der Ludwigshafener Bungalow groß genug, um im Gegenzug Austauschschüler aufzunehmen. Von alledem bekam Vater Helmut so gut wie nichts mit, es sei denn, der eine oder andere Austauschschüler wurde einfach mit in den Sommerurlaub nach Sankt Gilgen am Wolfgangsee genommen. Dies geschah nicht immer zur Freude des gestressten Oppositionsführers, der auch vom Urlaubsort aus permanenten Kontakt zu seinem Büro in Bonn und den wichtigsten CDU-Spitzenpolitikern hielt. Ein Verzicht auf ständige Telefon- und Telexverbindung war ausgeschlossen. Dazu gab es keine Alternative. Kein Wunder, dass Hannelore diese seit 1969 gepflegte Urlaubstradition innerlich ablehnte und sie von Jahr zu Jahr mehr hasste. Aber ihm zuliebe gab sie klein bei. Sie war es gewohnt, Unannehmlichkeiten nicht nach außen zu tragen, Ärger herunterzuschlucken, selbst bei der größten Zumutung ihres Mannes nicht zu explodieren. Aus der Haut fahren konnte sie schon; aber selbst dies geschah ohne erhöhte Lautstärke und vor allem ohne Außenstehende. Anders als ihr Mann zeigte sie ganz selten Emotionen, ließ sich nie gehen, war selbst im engsten Familienkreis unfähig, Gefühle offen zu zeigen. Ihr Leben bestand aus permanentem Beherrschen.

Das galt auch hinsichtlich der Gerüchte, die über die WG in Bonn die Runde machten. Hannelore hatte zeitlebens einen besonderen Zugang zu ihrem Mann und nahm einen großen Raum in seinem Herzen ein. Aber natürlich gab es andere Frauen, die für ihn aufgrund ihrer Funktion ebenso unentbehrlich waren. Seit Kohls langjährige Sekretärin und Bürochefin Juliane Weber mit ins Haus im Bonner Vorort gezogen war, wollte das Getuschel über eine Beziehung zwischen den beiden nicht verstummen. Hannelore, die in der Mainzer Zeit mit Juliane Weber bei der Bearbeitung von Petitionen aus der Bevölkerung eng zusammengearbeitet hatte, musste sich damit abfinden. Beide Frauen verband damals eine Freundschaft, die auch gemeinsame Urlaube mit den Kindern möglich machte. Dass die mit einem ZDF-Juristen in Mainz verheiratete Juliane Weber zu den wichtigsten und vertrautesten Mitarbeitern im ganz nahen Umfeld des Oppositionsführers zählte, inspirierte vor allem die Boulevardpresse jahrelang zu fantasievollen Spekulationen und Unterstellungen. Hannelore nahm das alles zur Kenntnis und ging damit gelassen um.

* * *

Für die Familie Kohl wurde das erste Oppositionsjahr 1977 zu einem regelrechten Ausnahmejahr. Die 1970 gegründete Terrororganisation RAF blies zum Angriff auf den Staat, es begann eine Zeit, die als »Deutscher Herbst« in die Geschichte eingehen sollte. Helmut Kohl zählte zum Kreis der am meisten gefährdeten Politiker. Er und seine Familie lebten seit Jahren mit der terroristischen Bedrohung. Nach der bitteren Erfahrung mit der Entführung des Berliner CDU-Vorsitzenden und Bürgermeisterkandidaten Peter Lorenz Anfang März 1975, die mit der Freilassung einiger Top-Terroristen endete, hatte sich in Bonn eine neue Linie durchgesetzt. In vergleichbaren Fällen sollte den erpresserischen Forderungen von nun an nicht mehr nachgegeben, eine Freilassung von Gefangenen ausgeschlossen werden. Das war die feste Überzeugung des Oppositionsführers, die er mit vielen führenden Bonner Politikern aller Fraktionen teilte. Auch im

Falle seiner eigenen Entführung sollte dies gelten. In Kohls Memoiren ist nachzulesen, dass er eine an Hannelore gerichtete Verfügung niederschrieb, in der unmissverständlich stand, im Falle einer Entführung sei es nicht sein Wunsch, dass den Erpressern nachgegeben würde. Der Staat dürfe nicht erpressbar sein.

Am 7. April 1977 wurde der höchste Ankläger der Bundesrepublik, Generalbundesanwalt Siegfried Buback, von Terroristen in Karlsruhe ermordet. Vier Monate später galt ein tödlicher Anschlag Jürgen Ponto, einem der führenden Männer der deutschen Wirtschafts- und Finanzwelt. Ponto war Vorstandssprecher der Dresdner Bank. Am 5. September 1977 wurde Arbeitgeberpräsident Hanns Martin Schleyer auf dem Weg in sein Kölner Büro von RAF-Terroristen entführt. Sein Fahrer und drei Sicherheitsbeamte wurden getötet. Dieser Entführungsfall gewann zusätzlich an Dramatik, als am 13. Oktober 1977 die Lufthansa-Maschine »Landshut« mit 82 Passagieren und fünf Besatzungsmitgliedern auf dem Flug von Mallorca nach Frankfurt gekapert wurde. Nach langwierigen Verhandlungen und einer Odyssee über verschiedene Flughäfen gelang der neu gegründeten Anti-Terroreinheit des Bundesgrenzschutzes GSG 9 die Befreiung der Geiseln in Mogadischu. Mit der Entführung hatte ein palästinensisches Terrorkommando die erste Generation der RAF um Baader, Ensslin und Raspe aus dem Gefängnis freipressen wollen. Das Scheitern gilt als Auslöser für die »Blutnacht von Stammheim«, in der sich drei der Inhaftierten das Leben nahmen. Am nächsten Tag gab die RAF die Ermordung Schleyers bekannt. Am 19. Oktober 1977 wurde die Leiche des Arbeitgeberpräsidenten im Kofferraum eines PKWs im elsässischen Mühlhausen gefunden. Mit der erfolgreichen Erstürmung der »Landshut« war das Schicksal Hanns Martin Schleyers endgültig besiegelt worden. Der Bonner Krisenstab, in dem Politiker aller Parteien saßen, hatte die Staatsräson höher bewertet als das Leben des Entführten.

Hannelore, die Hanns Martin Schleyer als engen Freund der Familie schätzte, war verzweifelt. Auch sie vertrat die grundsätzliche

Auffassung, Erpressern nicht nachgeben zu dürfen. Aber es war ein großer Unterschied, wenn aus einer abstrakten, theoretischen Überlegung bittere Realität wurde. Im Falle Schleyers entwickelte die Lage eine besondere Dramatik, als der Arbeitgeberpräsident in einer verzweifelten Videobotschaft das Wort an die Regierung richtete. In diesen schweren Tagen stand das Telefon im Hause Kohl nicht still. Während ihr Mann im Bonner Krisenstab fast pausenlos tagte, beknieten Freunde Schleyers Hannelore in Ludwigshafen, auf ihren Mann einzuwirken, um das Leben des geachteten Wirtschaftsführers und Familienvaters zu retten. Diese Hilferufe blieben Hannelore Zeit ihres Lebens unvergessen, musste sie doch ohnmächtig mit ansehen, wie ein Freund aus Gründen der Staatsräson geopfert wurde. Die Witwe Schleyers war fortan nicht mehr in der Lage, mit Helmut Kohl und seiner Frau zu sprechen. Für Hannelore eine bittere, aber verständliche Reaktion. Vermutlich hätte sie in diesem Entführungsdrama genauso gehandelt und alles daran gesetzt, ihren Mann zu retten. Unausgesprochen fand sie die Härte des Bonner Krisenstabes sehr problematisch.

Als Konsequenz aus dem Schleyer-Drama wurden die Sicherheitsvorkehrungen auch für die Familie Kohl noch einmal verschärft. Vor allem Walter und Peter litten sehr unter den nun noch erweiterten Personenschutzmaßnahmen. Klassenkameraden machten einen großen Bogen um Walter und Peter. Eltern empfahlen ihren Kindern, den Kontakt zu den Kohl-Söhnen zu meiden. Waren die beiden Kinder wegen ihres Vaters schon immer Zielscheibe für Hänseleien und Aggressionen gewesen, spürten sie jetzt ihre neue Sonderstellung als gefährdete Kinder eines berühmten Vaters. Hannelore blieb nichts anderes übrig, als bei ihren Kindern um Verständnis für die Gefahrenlage zu werben. Viel zu spät, denn die Söhne hatten längst eine tiefe Abneigung gegen den Beruf ihres Vaters, eine kritische Distanz zur Politik, entwickelt. Hannelore bemühte sich intensiv, ihre Kinder vor weiteren Nachteilen zu schützen, sie möglichst fernzuhalten von den Riesenproblemen, die ihren

Mann als Oppositionsführer in Bonn beschäftigten. Noch bekamen sie die zunehmende Kritik an ihrem Vater nicht im vollen Umfang mit. Noch lasen sie nicht Schlagzeilen wie »Kohls Talfahrt« oder »Der Mann ohne Glück«. Wie sehr ihr Mann mit dem Rücken zur Wand stand und um sein Standing als Führer der größten Oppositionspartei im Deutschen Bundestag zu kämpfen hatte, nahm seine Frau mit großer Sorge wahr. Dabei beschlich sie die ständige Angst, ihr Mann könne sein Bonner Spitzenamt verlieren, gestürzt und abgewählt werden. Ihre Sorge galt der Existenzsicherung, der langfristigen finanziellen Belastung durch den Hausbau und den Kosten der längst ins Auge gefassten Ausbildung ihrer Söhne. Sorgen einer ganz normalen Ehefrau und Mutter. Die schweren Auseinandersetzungen innerhalb der CDU empfand sie als abstoßend, ohne dies nach außen zu zeigen. Im Gegensatz zu Marianne Strauß, Jahrgang 1930 und studierte Volkswirtin, Gattin des Erzrivalen ihres Mannes, verfügte Hannelore über keine politische Kompetenz. Sie besaß auch nicht die kämpferische Natur einer Marianne Strauß, die ihren Mann und dessen Politik öffentlich wie im privaten Kreis wie eine Löwin verteidigte. Im Vergleich zur drei Jahre älteren First Lady von Bayern blieb Hannelore die Politik fremd; sie lehnte es ab, die Mechanismen politischer Abläufe, ihre Zwänge und Widersprüche durchdringen zu wollen. Nicht einmal angesichts der politischen Stürme, die um den Oppositionsführer in Bonn tobten.

Kurz nach der Jahreswende 1978/79 wurde ein vertrauliches »Memorandum« des früheren CDU-Generalsekretärs Kurt Biedenkopf bekannt, in dem er die Trennung von Partei- und Fraktionsführung in der CDU forderte. Nur so sei die Führungskrise der Union zu meistern. Was von den Medien als gefährlich für Kohl dargestellt wurde, münzte der Amtsinhaber in kürzester Zeit in einen Erfolg um. Im CDU-Bundesvorstand gelang es ihm, einen Beschluss herbeizuführen, wonach der Partei- und Fraktionsvorsitz in einer Hand bleiben sollte. Damit war Biedenkopfs Intrige gegen den Amtsinhaber gescheitert. Gleichwohl änderte sich wenig am negativen Stimmungsbild. Für eine erneute Kanzlerkandidatur im Wahljahr 1980 sah der Realist aus der Pfalz keine Chance. Niemand kannte wie er die Stimmungslage innerhalb der Unionsparteien, also machte er sich auf die Suche nach einem erfolgreichen Gegenspieler zu Helmut Schmidt. Noch bevor er fündig geworden war, verkündete die bayerische Schwesterpartei, Franz Josef Strauß stehe als Kanzlerkandidat der Unionsparteien zur Verfügung. Damit hatte die CSU Fakten geschaffen, die in weiten Teilen der CDU auf Ablehnung stießen und die vor allem den Liberalen als mögliche Koalitionspartner nicht vermittelbar schienen. Kohl zeigte Stehvermögen und brachte in den CDU-Spitzengremien eine personelle Alternative zu Strauß durch. Er schlug den niedersächsischen Ministerpräsidenten Ernst Albrecht als gemeinsamen Kanzlerkandidaten der Unionsparteien vor. Nach tagelangen heftigen Kämpfen musste sich Kohl allerdings geschlagen geben. Die CDU/CSU-Bundestagsfraktion kürte in geheimer Abstimmung Franz Josef Strauß zum Kanzlerkandidaten. Hannelore war entsetzt über die persönliche Niederlage ihres Mannes, zumal sie erkannte, dass er nun auch als CDU-Bundesvorsitzender erheblich geschwächt war. Doch der kluge Taktiker unterwarf sich den Realitäten. Er akzeptierte scheinbar selbstverständlich die Mehrheitsentscheidung und schaltete sofort um, indem er den neuen Spitzenmann vorbehaltlos unterstützte. Ein möglicher Sturz war damit abgewendet.

Der Wahlkampf für die Bundestagswahl am 5. Oktober 1980 war einmalig in der Geschichte der Bundesrepublik. Schmidt oder Strauß, der Staatsmann aus Hamburg oder der unberechenbare Wüterich aus Bayern. Helmut Kohl stürzte sich in den Wahlkampf, als sei er selbst der Kanzlerkandidat. Doch weder er noch Hannelore waren davon überzeugt, dass es Strauß schaffen würde – zumal die FDP niemals ein Bündnis mit dem Bayern eingehen würde. Das Ergebnis für die Unionsparteien war denn auch niederschmetternd. Über vier Prozentpunkte verloren die Unionsparteien im Vergleich zur Wahl 1976, sie erhielten nur noch 44,5 Prozent der Stimmen.

Die Regierungskoalition aus SPD und FDP wurde klar im Amt bestätigt.

Helmut Kohl wurde für sein faires Verhalten gegenüber Strauß belohnt und fast einstimmig als CDU/CSU-Fraktionsvorsitzender wieder gewählt. Auch wenn die Zweifel an Kohls Führungsqualitäten in Bonn nicht enden wollten, hatte er die Partei fest im Griff und verfügte über breites Vertrauen in ihren Spitzengremien. Durch personelle Veränderungen in der Fraktion gelang es ihm, seinen Rückhalt weiter zu festigen.

Für Hannelore waren Helmuts Oppositionsjahre die schwierigsten in ihrem bisherigen gemeinsamen Leben. Ihr Verständnis von Politik ließ sich nicht mit innerparteilichen Intrigen, öffentlicher Häme aus dem eigenen Lager oder Verletzungen der persönlichen Würde in Einklang bringen.

Trost fand sie in den schulischen Erfolgen ihrer Kinder, die sich zu wertebewussten jungen Menschen entwickelten. Es gelang ihr weiterhin mit beinahe erdrückender Perfektion, ihre Söhne von der Öffentlichkeit und den gierigen Blicken der Medien fernzuhalten. Ein Status, den sie solange wie eine Tigerin verteidigen musste, bis die Söhne ihr Abitur erreicht hatten und dann zum Studium ins Ausland gehen konnten. Diesen Plan verfolgte sie mit aller Konsequenz. Die enge Bindung der Kinder an ihre Mutter hatte allerdings auch Schattenseiten. Solange sie in Ludwigshafen lebten, überließ die Mutter nichts dem Zufall, wollte über ihr Leben bestimmen, was deren Weg zur Selbstständigkeit nicht leichter machte.

* * *

Hannelore hatte sich inzwischen ein Netz von Freundinnen aufgebaut, zu denen sie engen Kontakt pflegte. Meist ergriff sie die Initiative und überbrückte manche Einsamkeit durch ständige Telefonate und Treffen mit Frauen, denen sie seit Jahren vertraute und mit denen sie sich vor allem in Fragen der Kindererziehung austauschte. Es waren Frauen, die für Hannelore jeweils eine sehr unterschiedliche Bedeutung hatten. Sie pflegte Freundschaften, die in der Leipziger Kinderzeit, auf dem Gymnasium oder in den BASF-Jahren entstanden waren. Darunter befand sich kein einziger Mensch, der mit Politik zu tun hatte. Das Netz der Freundinnen war über die ganze Bundesrepublik verstreut, auch wenn das Zentrum in der Pfalz lag, besonders in und um Ludwigshafen. Dieses Freundschaftsnetz sollte vor allem in Hannelores letzten Lebensjahren eine wichtige Rolle spielen.

Unterstützt wurde sie auch von einigen Freundinnen, als es um die Betreuung der stark kränkelnden Schwiegermutter ging. Schon immer war sie der Überzeugung, ein »Abschieben alter Menschen« – wie sie es nannte – in ein Altersheim verhindern zu müssen. Rührend kümmerte sie sich um Helmuts Mutter Cäcilie. Täglich fuhr sie in die Hohenzollernstraße und gab ihr das sichere Gefühl, gut versorgt zu sein. Hannelore überwachte die medizinische Betreuung und bewies Geduld und hohes Einfühlungsvermögen für die nicht immer leicht zufriedenzustellende Schwiegermutter. Als Cäcilie am 2. April 1979 im Alter von 88 Jahren in den eigenen vier Wänden starb, wusste ihr Sohn, dass es vor allem Hannelore geschuldet war, dass die letzten Wochen und Monate vor dem Tod der Mutter einigermaßen erträglich gestaltet worden waren. Helmut wusste sehr wohl um die Verdienste seiner Frau und war ihr deshalb auch ewig dankbar. Einmal mehr hatte sie sich von ihrer besten Seite gezeigt und mit starker sozialer Kompetenz und medizinischem Sachverstand das langsame Sterben ihrer Schwiegermutter begleitet. Sich kümmern war für Hannelore ein Stück Lebensinhalt. Sich kümmern um den Mann, um die Kinder, um die Schwiegereltern, um Freundinnen, Mitarbeiterinnen und Mitarbeiter. Hatte sie ein Helfersyndrom? Auch wenn man soweit sicher nicht gehen muss, Fakt ist, dass ihr das Zurückstellen eigener Bedürfnisse seit ihrer Jugend in Fleisch und Blut übergegangen war.

Kaum ein Jahr später erkrankte Hannelores Mutter Irene schwer. Im Oggersheimer Bungalow erschien täglich der Hausarzt. Oma

»Gogo« musste rund um die Uhr betreut werden. Pflichtbewusst setzte sich auch diesmal wieder Hannelore ein, die eine Einweisung in ein Altenheim kategorisch ablehnte. Bis zur eigenen physischen Erschöpfung pflegte Hannelore ihre Mutter, zu der sie ein Leben lang ein ambivalentes Verhältnis hatte. Zuletzt blieb ein Krankenhausaufenthalt unvermeidlich. Im Alter von 83 Jahren starb Irene Renner am 18. Juli 1980 in einer Ludwigshafener Klinik. Eine Woche später wurde ihre Urne auf dem Friesenheimer Friedhof beigesetzt. Obwohl Irene bis zu ihrem Tod »gottgläubig« und ohne jegliche religiöse Bindung gelebt hatte, konnte Hannelore den evangelischen Krankenhauspfarrer von Ludwigshafen-Oggersheim, Karl Theodor Ellbrück, für die Beerdigung im engsten Familienkreis gewinnen.

Am 12. September 1980 wurde die Urne von Irenes 1952 verstorbenem Mann Wilhelm Renner von Bremen nach Ludwigshafen umgebettet. Das war Hannelores lang gehegter Wunsch, den sie trotz einiger bürokratischer Barrieren nun umsetzte. Fortan besuchte sie häufig das Grab ihrer Eltern, die im Tode wiedervereint waren. Die Grabstätte befindet sich in unmittelbarer Nähe von Helmuts Elterngrab, in dem Hannelore 2001 auch ihre letzte Ruhe fand.

VORLAUF

Das Ehepaar Kohl lebte in verschiedenen Welten. Helmut hatte ohne Wenn und Aber die Oppositionsrolle angenommen. In seinen Doppelämtern waren harte Arbeit und Geduld gefragt. Als Parteivorsitzender und Chef der CDU/CSU-Bundestagsfraktion musste er auch die Großen der Welt empfangen, die zu Gast in Bonn weilten. Hannelore, die sich in der provisorischen Hauptstadt zu keiner Zeit wohlfühlte, kam nicht umhin, ihren Mann bei wichtigen Empfängen für Staatsgäste zu begleiten. Wann immer es möglich schien, verzichtete sie auf ihre Präsenz, fand gute Gründe, in Ludwigshafen zu bleiben. Sie hatte eine ausgeprägte Fantasie, wenn es um Ausreden ging. Solange sie für ihre Söhne allein verantwortlich war, begründete sie ihre Abstinenz mit der Fürsorge für ihre Kinder – auch wenn es nur vorgeschoben war. Mitte des Jahres 1982 machte Sohn Walter sein Abitur und erwog, ins Kloster zu gehen und sich der katholischen Theologie zuzuwenden. Die religionslose Hannelore machte aus ihrer Missbilligung keinen Hehl, und es gelang ihr schließlich, Walter zu überzeugen. Den zwei Jahre jüngeren Sohn Peter hatte seine Mutter bei der Organisation mehrmonatiger Aufenthalte in Frankreich und England unterstützt, und damit den Grundstein für Höchstleistungen in den beiden Sprachen Französisch und Englisch gelegt. Nicht zuletzt deshalb machte er im Mai 1985 auf dem Mannheimer Gymnasium ein glänzendes Abitur. Stolz berichtete Hannelore ihren Freundinnen vom herausragenden Notendurchschnitt, an dem sie nicht unbeteiligt gewesen war. Peter folgte seinem Bruder Walter und verpflichtete sich ebenfalls als Zeitsoldat bei der Bundeswehr. Mit großer Anteilnahme begleitete Hannelore Ausbildung und Einsatz der jungen Soldaten, lernte Dienstgrade, Dienstzeiten und Technik kennen, amüsierte sich über Vorschriften für Verpflegung und Regeln des Uniformtragens. Sie kannte sich nach insgesamt vierjähriger Dienstzeit ihrer Söhne in Alltag und Anforderungen der Bundeswehr gut aus. Wann immer sie Gelegenheit hatte, mit dem Bonner Verteidigungsminister zu sprechen, glänzte sie mit Insiderwissen, diskutierte über Schwächen und Stärken der Truppe. Ihre Erfahrungen mit Zeitsoldaten in den Achtzigerjahren, die sie hautnah kennengelernt hatte, flossen nicht selten in kritische Fragen ihres Mannes beim zuständigen Minister ein. Gerne erzählte Helmut Kohl, der selbst nie Soldat gewesen war, wie er später als Bundeskanzler durch Hannelores Hinweise mit sehr praktischen und realistischen Bemerkungen seinen Kabinettskollegen in die Bredouille brachte. Von den Söhnen lernte er, wie altmodisch und überholt Ausbildung und Ausstattung der Bundeswehr teilweise waren.

Doch bevor der Oppositionsführer überhaupt in die Nähe des Kanzleramtes kommen sollte, vergingen quälende Wochen und Monate auf der Bonner Bühne. Zu Beginn des Jahres 1982 spitzte sich der Konflikt in der Bonner Regierungskoalition immer mehr zu. Die anhaltenden Spannungen zwischen den beiden Koalitionsparteien, aber auch innerhalb der SPD wollten nicht enden. Parteitagsbeschlüsse der Sozialdemokraten standen in klarem Widerspruch zur Regierungspolitik Helmut Schmidts. In zentralen Fragen der deutschen Politik wie dem Umgang mit der Kernenergie und dem NATO-Doppelbeschluss – immerhin von Kanzler Schmidt mitinitiiert – blieb die SPD zerstritten. Im Sommer 1982 gab es erste Gerüchte über einen drohenden Koalitionsbruch. Helmut Kohl ließ sich nicht aus der Ruhe bringen, wenngleich er keinen Zweifel darüber aufkommen ließ, wer im Ernstfall die Nummer eins der Unionsparteien sein würde. Er war bereit, zu jeder Zeit politische Verantwortung zu übernehmen. Doch noch war die Regierung Schmidt/Genscher im Amt, noch konnten viele Monate vergehen, bis die Opposition zum Handeln aufgefordert war.

Im Sommer 1982 begab sich Familie Kohl wieder einmal in den Sommerurlaub nach Sankt Gilgen. Zum 13. Mal in Folge musste sich Hannelore damit abfinden, nur Randfigur im Begleittross ihres Mannes zu sein – und sich für die gestellten Fotomotive bereitzuhalten, die sie so sehr hasste. Über drei Wochen lang erlebte sie einen Ehemann, der mit allerhöchster Konzentration die Entwicklungen in Bonn verfolgte. Er schien es geradezu zu riechen, dass sich dort größere Eruptionen anbahnten, die ihn schon bald in eine neue Rolle katapultieren könnten. Die Tage waren geprägt von den unvermeidlichen stundenlangen Telefonaten, von endlosen Gesprächen mit Besuchern und hin und wieder einem Spaziergang auf ausgetretenen Pfaden – Urlaubsalltag, wie seit jeher. Hannelore konnte dem Ganzen nichts abgewinnen, kaum etwas bereitete ihr wirklich Freude. Gelegentliche Besuche bei ihrer österreichischen Freundin, einer Heimatdichterin, brachten wenigstens ein bisschen Abwechslung. Ohne Rücksicht auf Hannelores persönliche Interessen zog Helmut sein Programm durch, zu dem es aus seiner Sicht auch diesmal keine Alternative gab. Selten sehnte Hannelore das Ende des Sommerurlaubs so sehr herbei wie diesmal. Gleiches lässt sich von den Söhnen sagen, wenngleich es für Walter und Peter die letzten gemeinsamen Ferien mit den Eltern im ungeliebten Sankt Gilgen am Wolfgangsee sein würden.

Zurück in Bonn herrschte noch immer Ungewissheit über den Fortbestand der Regierungskoalition. Anfang September 1982 ging es dann aber Schlag auf Schlag. Auf Bitten des Kanzlers Helmut Schmidt hatte der damalige FDP-Bundeswirtschaftsminister Otto Graf Lambsdorff ein Papier angefordert, das als »Scheidungspapier« in die Geschichte der Bundesrepublik eingehen sollte. In diesem Papier hatte ein hoher Beamter des Wirtschaftsministeriums für seinen Minister ein »Konzept für eine Politik zur Überwindung der Wachstumsschwäche und zur Bekämpfung der Arbeitslosigkeit« formuliert, das den Kanzler und seine Partei außerordentlich erboste. Schmidt war fest entschlossen, die vier FDP-Minister der Koalition zu entlassen, die ihrem Rauswurf allerdings durch ein eigenes Rücktrittsgesuch zuvorkamen. Damit war der Koalitionsbruch da, die sozial-liberale Scheidung vollzogen. Eine SPD-Minderheitsregierung hatte keine Chance.

Nun suchten der FDP-Chef Hans-Dietrich Genscher und der CDU-Vorsitzende Helmut Kohl das direkte Gespräch. Nachdem CDU-Präsidium und -Bundesvorstand am 20. September 1982 einstimmig beschlossen, Helmut Kohl zum Kanzler der neuen Bundesregierung aus Union und FDP vorzuschlagen, einigten sich die beiden Parteien auf ein konstruktives Misstrauensvotum zur Abwahl Helmut Schmidts. Die Entscheidung fiel am 1. Oktober 1982 im Deutschen Bundestag. Nach hitziger Debatte verkündete der damalige Bundestagspräsident Richard Stücklen kurz nach 15 Uhr das Ergebnis der Abstimmung über das konstruktive Misstrauensvotum gegen Helmut Schmidt. Von den 495 gültig abgegebenen Stimmen erhielt Kohl 256 Ja-Stimmen. Das waren sieben Stimmen mehr als die 249, die er zur absoluten Mehrheit, die für die Wahl zum Bundeskanzler erforderlich war, benötigte. 235 Abgeordnete stimmten mit Nein, vier enthielten sich. Damit war Helmut Kohl zum Bundeskanzler gewählt.

Hannelore und die Söhne Walter und Peter waren bereits am Vortag in Bonn angereist. Auf der Diplomatentribüne des Bundestages hatten sie die Debatten und den anschließenden Wahlgang verfolgt. Sie gehörten zu den ersten Gratulanten.

Hannelore war gegen ärztlichen Rat nach Bonn gekommen. Sie litt seit Tagen unter starken Kopfschmerzen und war mit Tabletten vollgepumpt. Bei einer Parteiveranstaltung im Ruhrgebiet war sie einige Wochen zuvor von einem Kameramann versehentlich so schwer an ihrer sensiblen Stelle im Halswirbelbereich verletzt worden, dass sie sich in ärztliche Behandlung hatte begeben müssen. Diesmal hätte es also wirklich gute Gründe gegeben, auf eine Präsenz in Bonn zu verzichten. Doch daran war nicht zu denken. Sie biss die Zähne zusammen und absolvierte täglich schmerzhafte Reha-Übungen, um einigermaßen fit zu werden. Angst hatte sie vor dem nun anstehenden Gratulationsmarathon, bei dem erhebliches Gedränge herrschte. Aber Sicherheitsbeamte und ihre Söhne schützten sie vor unliebsamen Stößen beim Bad in der Menge der Abgeordneten an der Seite des frisch gebackenen Kanzlers. In der Lobby des Bonner Bundeshauses knipste die Presse, wie sich Helmut und Hannelore in den Armen lagen. Auch die Söhne, die sich seit Jahren als Opfer seines Berufes fühlten, gratulierten ihrem Vater überschwänglich. Ungeachtet ihrer grundsätzlichen Skepsis präsentierte sich Hannelore dem Bonner Pressekorps und wich nicht von der Seite ihres Mannes. Nach dem Stress der letzten Monate, Wochen und Tage sah man Hannelore die Erleichterung an. Sie strahlte vor Glück und marschierte erstmals zusammen mit den Söhnen in die Sitzung der CDU/CSU-Bundestagsfraktion. Dort gab es Freudentränen, die stehenden Ovationen der Fraktionsmitglieder wollten nicht enden. Es waren bewegende Augenblicke, die Hannelore ihre Schmerzen beinahe vergessen ließen.

Am Abend dieses für ihren Mann bedeutsamsten Tages in seinem Leben ließ sie sich nicht davon abhalten, im Herrenhaus Buchholz in der Nähe Bonns hoch über dem Rheintal den Erfolg mit Champagner zu feiern. Hannelore zeigte sich ausgelassen, beinahe euphorisch und schien die neue Lage vorbehaltlos zu genießen. Die Opfer, die sie und die Kinder für die Karriere ihres Mannes hatten bringen müssen, waren wenigstens nicht umsonst gewesen. Helmut war am Ziel seiner Wünsche – sie hatte auf ihre Weise dazu beigetragen. Sie ahnte, dass mit diesem Amt einmal mehr neue Pflichten und Verantwortung auch auf sie zukommen würden. Sie hatte sich in ihrer Ehe immer auf Veränderung einstellen müssen, die sie nicht herbeigeführt hatte, also würde es auch diesmal gelingen. Was tatsächlich auf sie zukam, erschloss sich Hannelore am Tag der Kanzlerwahl sicher nicht in vollem Umfang. An der Seite ihres Mannes, der das wichtigste politische Amt übernommen hatte, das die Republik zu vergeben hat, musste sie ganz neue Wege gehen. Doch lange Zeit würde ihr nicht zur Eingewöhnung bleiben.

Für die Übernahme von Aufgaben und Pflichten durch die Frau des Bundeskanzlers sieht das Bonner Grundgesetz keinerlei Regeln vor. Hannelore musste ihre Rolle auf dem Bonner Parkett – wie alle Kanzlergattinnen – erst finden. Gerne hätte sie Ratschläge ihrer Vorgängerin entgegengenommen, wie sie das selbst 1998 beim Kanzler-Wechsel von Kohl zu Schröder dessen Frau Doris Schröder-Köpf anbot. Aber die langjährige gegenseitige Abneigung der beiden Spitzenpolitiker Schmidt und Kohl ließ es offenbar nicht zu, dass Hannelore nach dem Wechsel im Kanzleramt mit Schmidts Gattin ins Gespräch kam. Sie wechselten niemals ein Wort miteinander, was Hannelore oft bedauerte. Loki Schmidt war durch den Sturz ihres Mannes vom Kanzler-Thron vermutlich ebenso verletzt wie ihr Mann, der sich sichtlich überwinden musste, seinen Nachfolger zum neuen Amt zu beglückwünschen. Dass die selbstbewusste Hamburgerin Loki Schmidt nicht mal Hannelore die Hand reichte, stieß bei dieser auf großes Befremden. Die neue Bonner First Lady zeigte sich noch Jahre später enttäuscht über dieses Verhalten, das sie – bei aller politischen Konkurrenz – so gar nicht nachvollziehen konnte.

Auch unter den Kanzlergattinnen der länger zurückliegenden Vergangenheit fand Hannelore kaum Vorbilder, die ihrer Auffassung von diesem »Amt« nahegekommen wären.

Der erste Bundeskanzler nach Gründung der Bundesrepublik war der Witwer Konrad Adenauer. Seine zweite Frau Auguste war 1948 gestorben. Die Rolle als Frau an seiner Seite nahm bei besonders wichtigen repräsentativen Veranstaltungen Adenauers Tochter Lotte wahr.

Die Gattin seines Nachfolgers Ludwig Erhard, Luise, war besonders an der bildenden Kunst, namentlich an der abstrakten Malerei interessiert. Ungerechterweise wurde sie einmal als »deutsches Hausmütterchen« bezeichnet, was sie ungemein ärgerte. Die damalige Kanzler-Gattin war gesundheitlich stark angeschlagen und spielte in der Öffentlichkeit auch deshalb kaum eine Rolle.

Die Frau des Kanzlers der Großen Koalition Kurt Georg Kiesinger, Marie-Luise Kiesinger, fasste ihre Rolle den Sechzigerjahren entsprechend ganz traditionell auf. Sie galt nicht gerade als auffallende Schönheit und trat höchst selten an der Seite ihres Mannes auf.

Rut Brandt, die Gattin des ersten Kanzlers der sozial-liberalen Koalition Willy Brandt, war die erste in der langen Reihe, bei der Hannelore Ähnlichkeiten sah. Rut hatte sich nie allein nur als Kanzlergattin verstanden. Ähnlich wie Hannelore Kohl gab sie der Erziehung der drei gemeinsamen Kinder besonderen Vorrang und glänzte bei unvermeidlichen Repräsentationsverpflichtungen an der Seite ihres Mannes. Diese starke Frau hatte an der Seite des Regierenden Bürgermeisters von Berlin bereits eine herausragende Rolle gespielt, bewegte sich auf internationalem Parkett als Dame von Format und war für ihren Mann eine große Sympathieträgerin. Hannelore schwärmte oft von Rut Brandt und hielt sie für die erfolgreichste und beste Kanzlergattin der Bonner Republik.

Unter den Frauen der deutschen Bundespräsidenten hatte Hannelore einige Begegnungen mit Wilhelmine Lübke. Von der ehemaligen Studienrätin mit herausragenden Sprachtalenten für Englisch, Französisch, Spanisch, Italienisch und Russisch war die neue Kanzlergattin einst sehr angetan. Überzeugend auch ihr soziales Engagement, das in der jungen Republik Maßstäbe setzte.

Die deutsche Ärztin Mildred Scheel spielte an der Seite ihres Mannes, des Bundespräsidenten Walter Scheel, eine ganze besondere Rolle durch ihr soziales und gemeinnütziges Handeln. Vor ihrer Lebensleistung, der deutschen Krebshilfe, hatte Hannelore ganz großen Respekt. Gleiches gilt für die Frau des Bundespräsidenten Karl Carstens, Veronica Carstens, die Hannelore von allen Bundespräsidenten-Gattinnen am besten kannte und sehr schätzte. Auch deren eigenständige Rolle an der Seite ihres Mannes als Ärztin mit vielfältigen sozialen Aufgaben fand Hannelores Zustimmung.

Mit Marianne von Weizsäcker indes konnte Hannelore wenig anfangen. Obwohl sie die Bankierstochter von allen Bonner Politikerfrauen am längsten kannte, übertrugen sich vielleicht die späteren Vorbehalte, die Helmut Kohl gegenüber Richard von Weizsäcker hatte, auch auf dessen Frau. Während der zehnjährigen Bundespräsidentenzeit und der damit häufigen gemeinsamen Repräsentationspflichten gab es keine nennenswerte Annäherung, geschweige denn eine freundschaftliche Nähe. Dies beruhte auf Gegenseitigkeit. Ebenso wenig wie Marianne von Weizsäcker Sympathien Helmut Kohl entgegenbrachte, konnte sich Hannelore für Richard von Weizsäcker erwärmen.

Noch aus der Mainzer Zeit hatte Hannelore Roman Herzog in bester Erinnerung, der damals im Kabinett Kohl eine nicht unwesentliche Rolle spielte. Hannelore lernte auch Christiane Herzog kennen, eine außerordentlich warmherzige Mutter zweier Söhne. Die gelernte Hauswirtschaftslehrerin aus München gründete 1986 den Förderverein Mukoviszidose-Hilfe und übernahm als Frau des Bundespräsidenten die Schirmherrschaft von mehreren sozialen Hilfsprojekten im In- und Ausland. Hannelore erlebte ein Jahr vor ihrem eigenen Tod mit großer Anteilnahme das langsame Sterben dieser tapferen Frau, die den Kampf gegen ihre schwere Krankheit, Leberkrebs, verloren hatte.

Hannelore hatte so gut wie keine Vorbilder für ihre neue Rolle als Frau an der Seite des Bundeskanzlers. Sie suchte und fand ihren eigenen Weg, der ihr viel Sympathie über Parteigrenzen hinweg einbrachte. Nach anfänglichen Unsicherheiten wirkte sie in den letzten Jahren von Helmut Kohls Kanzlerschaft äußerst souverän. Nicht zuletzt beweisen die vielen Kondolenzschreiben nach ihrem Tod, wie beliebt sie nicht nur bei den Großen der internationalen Politik war, sondern wie sehr sie vom einfachen Volk verehrt und gemocht wurde.

IM RAMPENLICHT

Der Umzug vom Büro des Fraktionsvorsitzenden ins Bundeskanzleramt einen Tag nach der Wahl am 2. Oktober 1982 vollzog sich ohne öffentliches Aufsehen. Während die Bonner Journalisten ihr Wochenende genossen, brachte Helmut Kohl zusammen mit Hannelore, den Söhnen Walter und Peter sowie mit Fahrer Ecki Seeber und dessen Kollegen den Wechsel über die Bühne. Sie wurden kräftig unterstützt von Kohls engsten Mitarbeitern Juliane Weber, Eduard Ackermann, Horst Teltschik und Wolfgang Bergsdorf. Helmut Schmidt hatte sein Büro vollständig räumen lassen, auch das Vorzimmer konnte bereits bezogen werden. Nachdem das Ehepaar Schmidt auch den Kanzlerbungalow verlassen hatte, kündigten die Kohls den Mietvertrag ihres Hauses in Wachtberg-Pech. Dem Umzug in den 1964 fertig gestellten Kanzlerbungalow im Park zwischen dem Bundeskanzleramt und dem Palais Schaumburg stand nichts mehr im Wege.

Den Bau des Kanzlerbungalows hatte einst der frühere Wirtschaftsminister und spätere Kanzler Ludwig Erhard in Auftrag gegeben. Der Architekt Sep Ruf übernahm die Aufgabe, ein repräsentatives und modernes Gebäude in der Tradition der klassischen Moderne zu errichten. Der Kanzlerbungalow verfügt über einen privaten Wohn- und Schlafbereich und einen großen repräsentativen Teil mit Empfangshalle, Empfangsraum, Speisesaal und Küche. Seit Mitte der Sechzigerjahre stand das Gebäude, das als herausragendes Beispiel westdeutscher Nachkriegsarchitektur gilt, den Bonner Kanzlern zur Verfügung. Ludwig Erhard, Kurt Georg Kiesinger und Helmut Schmidt hatten hier gewohnt. Willy Brandt und Gerhard Schröder bewohnten andere Domizile. Die längste Zeit würde das Ehepaar Kohl mit mehr als 16 Jahren dort zubringen. Der

Kanzlerbungalow war traditionell der Ort, an dem wichtige politische Entscheidungen getroffen wurden. Hier trafen die Großen der Welt mit dem deutschen Kanzler zusammen. Hier wurden Staats- und Regierungschefs zu Gesprächen von historischer Tragweite empfangen. Von hier aus gingen Bilder um die Welt, die für die Geschichte der Bonner Republik von Bedeutung sind. Im Laufe der Jahre versuchte Hannelore, die oft bemängelte Behaglichkeit zu verbessern, indem sie mehrmals Änderungen bei der Ausstattung vornahm. So wurden beispielsweise die Klinkerwände mit einem Seidenstoff überzogen, dimmbare Leuchten eingebaut und ein großer Perserteppich angeschafft. Doch von Wohlfühlen konnte keine Rede sein. Öffentlich äußerte sie sich dazu nie, weil sie fürchtete, Kritik an der Architektur könne ihr als Arroganz ausgelegt werden. Gleichwohl ließ sie durchblicken, dass manches im Kanzlerbungalow nicht gelungen war, vor allem, was die Funktionalität der Räumlichkeiten anging. Und dass es nicht einmal einen privaten Eingang zum Bungalow gab, konnte sie überhaupt nicht nachvollziehen.

Hannelore pendelte ständig zwischen Ludwigshafen und Bonn. Ihr erster Wohnsitz blieb das Haus in Oggersheim. Mit der Kanzlerschaft ihres Mannes trat sie noch mehr ins Rampenlicht. In der Mainzer Zeit hatte sie bereits erlebt, dass sie auf Schritt und Tritt von den Medien verfolgt wurde, sobald sie sich in die Öffentlichkeit begab. Das in ihren Augen eher miserable Berufsbild der Journalisten war hier begründet worden. An der Seite des Bonner Oppositionsführers hatte sie eine äußerst kritische und aus ihrer Sicht ungerechte Presse erlebt, die ihrem Mann nur schaden wollte und ihn gnadenlos niederschrieb – wodurch dieses Bild zementiert wurde. Jetzt rechnete sie mit einem noch schwierigeren Verhältnis zu den Medien, fühlte sich aber durch ihre Erfahrungen aus der Vergangenheit besser gewappnet, damit umzugehen. Viele Medienvertreter glaubten, der neue Kanzler, der »Mann aus der Provinz«, werde sich kaum halten können und spätestens bei der nächsten Bundestagswahl scheitern. Und die würde schließlich bald ins Haus stehen. Nach den dramatischen Ereignissen der letzten Zeit hatte Hannelore die Ankündigung ihres Mannes vor den Unionsmitgliedern des Deutschen Bundestages, sich in einer vorgezogenen Bundestagswahl am 6. März 1983 den Bürgern zu stellen, völlig unvorbereitet getroffen. Sie konnte nicht nachvollziehen, dass ihr Mann so früh auf einer solchen Bestätigung im Amt bestand. Es erschien ihr schlicht überflüssig und unklug.

Während sich ihr Mann in den ersten Tagen nach der Wahl um Handlungsfähigkeit bemühte, ohne in Aktionismus zu verfallen, stimmte sich Hannelore auf die neuen Herausforderungen ein. Mit ihrer ganzen Kraft wollte sie sich für die Absicherung der Macht ihres Mannes einsetzen. Nachdem das komplizierte Verfahren zur Auflösung des Deutschen Bundestages überstanden war, begann ein knapp dreimonatiger Winterwahlkampf, der ihr enorme Ausdauer abverlangte. Aber noch nie war Hannelore derart motiviert, für die Partei und damit für ihren Mann zu werben, um Zustimmung zu kämpfen. Sie war wild entschlossen, ihre Rolle im Rampenlicht der Öffentlichkeit zu nutzen, um die parlamentarische Mehrheit zu sichern. Sie leistete Schwerstarbeit und wurde nicht nur von den Unionsanhängern bei ihren Auftritten stürmisch gefeiert. Über Parteigrenzen hinweg zollte man Respekt für ihren Einsatz. Als ob sie selbst zur Wahl stehen würde, zog sie mit ihrem Mann im bitterkalten Winter von Wahlveranstaltung zu Wahlveranstaltung. Der einzige Vorteil des Winterwahlkampfs war, dass sich alles in riesigen Hallen und größeren Versammlungsräumen abspielte. Gesundheitlich robust wie selten zuvor, leistete sie für die Unionsparteien einen außergewöhnlichen Wahlkampfbeitrag, der vielleicht größer war als der mancher Prominenter aus dem Parteiestablishment. Sie spürte ihre positive Wirkung auf die Menschen und genoss den Zuspruch. Helmut Kohl, der seit der Wahl zum Bundeskanzler an Selbstvertrauen gewonnen hatte, verzichtete nur noch ungern auf seine Frau. Wenngleich Hannelores Anteil an dem unverhofft hohen Wahlsieg der Regierungskoalition nicht in Stimmanteilen messbar ist, so darf ihre Position als sympathische und schlagfertige Kanzlergattin nicht unterschätzt werden. Weder Loki Schmidt noch Rut Brandt hatten sich in Wahlkämpfen derart engagiert wie Hannelore Kohl. Das war neu, fiel auf – und wurde sogar von der Presse durchweg positiv kommentiert. Selbst Kohls heftigste Kritiker kamen nicht umhin, das Engagement der Kanzlergattin zumindest wahrzunehmen. Innerhalb der Unionsparteien schlugen ihr ohnehin die Sympathien entgegen. Hannelore freute sich über den Zuspruch, bewertete ihn aber auch nicht über. Selbstkritisch, wie sie war, wusste sie, dass sie weiter daran arbeiten musste, Unsicherheiten zu überwinden, eigene Ängste abzubauen und mehr Selbstbewusstsein zu zeigen.

Der Abend des 6. März 1983 brachte ein sensationelles Wahlergebnis: Ganz knapp verfehlten die Unionsparteien die absolute Mehrheit und konnten mit einem Wahlergebnis von 48,8 Prozent an die großen Erfolge der Adenauer-Ära anknüpfen. Die FDP erreichte mit sieben Prozent ein beachtliches Ergebnis. Die Regierungskoalition Kohl/Genscher wurde eindrucksvoll bestätigt. Die Sozialdemokraten mit ihrem Spitzenkandidaten Hans-Jochen Vogel fielen unter die 40-Prozent-Marke. Erstmals übersprangen die Grünen mit 5,6 Prozent die Fünf-Prozent-Hürde und schafften den Einzug ins Bonner Parlament.

Bei der Siegesfeier im Kanzlerbungalow mit den engsten Mitarbeitern zeigte sich Hannelore in bester Feierlaune. Sie freute sich nicht nur über den hohen Wahlsieg und die Bestätigung ihres Mannes an der Spitze der Bundesregierung. Sondern auch darüber, dass ihre Existenzängste – zumindest für die nächsten vier Jahre – nicht weiter genährt wurden. Niemals mehr auf den guten Willen anderer bauen zu müssen, abhängig zu sein: Das waren die prägenden Gefühle seit den entbehrungsreichen Mutterstädter Jahren, die sie immer wieder heimsuchten.

Über solche Gedanken sprach sie mit niemandem. Mit wem auch? Für ihre Freundinnen, für die Nachbarn und vor allem für die Partei stand Hannelore im Rampenlicht und zählte mittlerweile zur Spitze der Bonner Politprominenz. In der Außensicht gibt es in einer solchen Position keine finanziellen Sorgen oder Nöte. Die Fernsehbilder zeigten Hannelore bei Staatsbesuchen in Bonn, bei Reisen in die weite Welt, bei Empfängen auf dem internationalen Parkett. Sie wäre wohl mit Unverständnis und Spott bedacht worden, hätte sie ihre Ängste mitgeteilt. Ängste, die vielen Kriegskindern geläufig sein dürften.

Was die strahlenden Fernsehbilder nicht einfingen, war die Anstrengung, die mit solchen Reisen verbunden war. Es bedurfte intensiver Vorbereitung, nicht nur eine gute Figur zu machen oder für ein wenig Glamour zu sorgen, sondern auch jederzeit voll konzentriert und auf der Höhe des Gesprächs zu sein. Die permanente Beobachtung durch Kamera und Mikrofon, ständig bereit, einen falschen Schritt, eine unpassende Bemerkung zu dokumentieren, verlangte Hannelore alles ab.

Ihre erste Auslandsreise als Kanzlergattin führte Hannelore Ende Mai 1983 ins amerikanische Williamsburg. Beim Treffen der sieben Staats- und Regierungschefs (G-7-Gipfel) nebst ihren Ehefrauen war Hannelore die Jüngste und vor allem der Neuling auf diesem besonderen Parkett. Auch unter den Ehefrauen der Politiker gab es eine Art Rangfolge, die sich an den Amtsjahren des Ehemannes orientierte. Diesmal war es Nancy Reagan, die das Damenprogramm anführte und für das Wohlbefinden der Gäste sorgte. Trotz des großen Altersunterschieds fand Hannelore gleich einen direkten Draht zur Frau des mächtigsten Mannes der westlichen Welt. Hierbei halfen ihr auch die exzellenten Sprachkenntnisse, ihr perfektes Englisch, das sie gerne sprach. Wie Helmut Kohl in seinen Memoiren schreibt, scheute sich Hannelore nicht, Nancy unbefangen um Rat zu fragen, wenn sie ihn brauchte. Als Beispiel seien nur Fragen zum großen Protokoll bei internationalen Veranstaltungen genannt, die oftmals den Wünschen und Bedürfnissen der Politikerfrauen nicht gerecht wurden. Auch im Umgang mit der amerikanischen Presse hörte sie gerne auf ihren Rat.

Ob mit Reagans oder den Mitterrands – Hannelore erwies sich als Kommunikatorin mit Humor und Fingerspitzengefühl. Ihr Mann nannte sie eine »Spitzenkraft« bei Auslandsreisen. Von Kohls erster Gipfelteilnahme lieferten die Radio- und Fernsehkorrespondenten ohne Ausnahme positive Beiträge. Über Hannelores zurückhaltenden, aber jugendlich-frischen Auftritt in Amerika berichtete nicht nur die Boulevardpresse voll des Lobes. Die seriösen Medien vermeldeten Gleiches.

Hannelore war durch und durch Perfektionistin, auch, wenn es um die Vorbereitung von Auslandsreisen ging. Vom Auswärtigen Amt bekam sie die nötigen Unterlagen über Land und Leute, über Geschichte, Finanz-, Wirtschafts- und Gesellschaftspolitik des Gastlandes. Oftmals hielt sie diese Informationen für unzureichend und bemühte sich im direkten Gespräch mit den Verantwortlichen um zusätzliche Materialien. Vor allem legte sie Wert auf biografische Daten ihrer Gesprächspartner, wollte Persönliches erfahren und Hintergrundinformationen erhalten über jene Menschen, denen sie im Laufe der Reisen begegnen würde.

Das galt auch für die erste Reise des Bundeskanzlers in den Nahen Osten Anfang Oktober 1983. Mit Jordanien, Ägypten und Saudi-Arabien bereiste das Ehepaar Kohl drei arabische Länder mit hoher politischer Bedeutung. Vor allem das jordanische Königspaar, Königin Nur und König Hussein, hatten es Hannelore angetan. Die Bilder zeigten die Gastgeber in prachtvoller königlicher Garderobe und Hannelore in einem ausgefallenen Abendkleid. Als dudelsackpfeifende Ehrengardisten in Beduinen-Uniformen auf dem Flughafen Amman antraten und beim Abschreiten der Ehrenformation Walzerklänge zu hören waren, amüsierte sich die Kanzlergattin derart, dass sie darüber noch Jahre später gerne berichtete. Ob bei der Besichtigung der Pyramiden außerhalb von Kairo oder beim Besuch in der Altstadt halb verschleiert: Hannelore zeigte sich wissbegierig, stellte sachkundige Fragen und interessierte sich für Menschen und ihre Geschichte. Wo immer sie in Erscheinung trat, hinterließ sie einen freundlichen Eindruck. Dabei sah sie ihre Rolle nicht darin, als »nettes« Anhängsel ihres Mannes durch die Welt zu reisen, schöne Kleider zu tragen und Werbung für die Bundesrepublik zu machen. Es wurde bereits in den ersten Kanzlermonaten deutlich, wie sehr sie sich um Eigenständigkeit bemühte. Schon bald hatte sie ihre eigene Rolle gefunden und in der Öffentlichkeit an Profil gewonnen.

Protokollarische Zwänge nahm sie gelassen hin und kam inzwischen auch mit physischen Strapazen gut zurecht. In all den Jahren als Kanzlergattin missachtete sie nie die Regeln des Protokolls, nahm Ratschläge gerne entgegen und war, wie kaum eine andere Kanzlergattin, pünktlich zur Stelle, wenn es von ihr erwartet wurde. Noch heute schwärmen Protokollchefs von Hannelores Disziplin und preußischer Pflichtauffassung, wenn es um die Einhaltung von Absprachen ging. Sicherheitsvorkehrungen nahm sie außerordentlich ernst, während sie mit manch ungewohntem Brauchtum in fernen Ländern gelassen umging. Was ihr allerdings Probleme bereitete, war die Zeitumstellung, die manche Fernreise mit sich brachte. Es wurde erwartet, dass Hannelore auch nach mehrstündiger Flugzeit immer lächelnd vor die Kameras trat. Wie viel Mühe sie das manchmal kostete, konnte man bei Kohls Japanreise mit einer großen Wirtschaftsdelegation Ende Oktober 1983 sehen. Der glanzvolle Empfang bei Kaiser Hirohito blieb Hannelore unvergessen, lieferte aber auch Bilder einer angestrengten Kanzlergattin, die hochkonzentriert darauf achtete, dem außergewöhnlichen Protokoll zu folgen. Die Sorge, einen Fehler zu machen, stand ihr buchstäblich ins Gesicht geschrieben. Ihr Lächeln geriet oft zur Maske, vor allem dann, wenn sie sich unbekannten Regeln unterwerfen musste. Aber je häufiger sie sich im Ausland bewegte, umso selbstbewusster und gelöster meisterte sie auch solche Situationen.

Ob totalitäre Regime in Asien oder Lateinamerika, ob kommunistische Diktaturen in Osteuropa oder China: Hannelore lernte sie im Laufe der Jahre alle kennen. Den offiziellen Damenprogrammen, deren Schwerpunkt auf der Besichtigung kultureller Einrichtungen lag, konnte sie hingegen immer weniger abgewinnen. Mit der Zeit mischte sie sich schon im Vorfeld interessanter Reisen ein und nahm Einfluss auf die Planungen, die für ihren Aufenthalt vorgesehen waren. Sie scheute sich nicht, Vorschläge deutscher Botschafter in Gastländern abzulehnen oder stark zu ändern. Je erfahrener und sicherer sie wurde, umso selbstbewusster organisierte sie ihr Damenprogramm nach ihrem Geschmack. Nachdem Hannelore ihr soziales Engagement als Präsidentin des Kuratoriums für Verletzte mit Schäden des Zentralen Nervensystems (ZNS) 1983 aufgenommen hatte, legte sie besonders großen Wert auf Besuche medizinischer Einrichtungen dieser Art im Ausland.

Diese Eigenständigkeit brachte ihr bei den Gastgebern auf der ganzen Welt großen Respekt und Anerkennung ein. Zumal sie stets penibel darauf achtete, übergeordnete Wünsche des Protokolls zu erfüllen, wenn es dem Ansehen von Gastgebern oder Gästen diente. Auf was sie gerne verzichtet hätte, waren die stundenlangen Galadiners, bei denen politische Reden gehalten wurden, die Hannelore oft langweilten. Wenig konnte sie auch mit den sich ewig wiederholenden Toasts und launigen Trinksprüchen anfangen. Doch Pflichtbewusstsein und Disziplin – zwei ihrer hervorstechendsten Eigenschaften – verboten ihr auszuscheren.

Nach anstrengenden Auslandsreisen brauchte Hannelore Erholung. Sie schlief ausgiebig und entspannte sich mit Freundinnen, mit denen sie shoppen oder essen ging. Das geschah meist unter der Woche. Wenn Helmut am Wochenende nach Ludwigshafen kam, war sie ganz auf ihn konzentriert, sorgte für gute Stimmung, für gutes Essen und Trinken. Zweisamkeit und Ruhe waren trotzdem nur selten angesagt. Hannelore musste jederzeit auf Gäste vorbereitet sein.

Kapitel 6

PRÄSIDENTIN

Nach der vorgezogenen Bundestagswahl am 6. März 1983, die der Bonner Regierungskoalition eine komfortable Mehrheit beschert hatte, sah Hannelore Kohl Handlungsbedarf. Für sie war nun die Zeit gekommen, sich neben den Repräsentationspflichten verstärkt sozial zu engagieren. Längst hatte sie sich insgeheim dafür entschieden, Hirnverletzte zu unterstützen und ihnen zu besseren Heilungschancen zu verhelfen. Eigene Erfahrungen im engsten Familien- und Freundeskreis und vor allem ihre Tätigkeit als Schirmherrin des Fördervereins der Walter-Poppelreuther-Unfallklinik des Bundes Deutscher Hirngeschädigter in Vallendar bei Koblenz, die sie seit 1971 ausübte, hatten sie in ihrem Entschluss bestärkt. In ihrer Rolle als Frau des damaligen Ministerpräsidenten hatte sie diese Neurologische Rehabilitationsklinik durch ihre Unterstützung über die Grenzen des Landes Rheinland-Pfalz hinaus bekannt gemacht. Durch ihr Engagement hatte sie erfahren, dass Verletzungen des zentralen Nervensystems vor allem durch Unfälle im Straßenverkehr, am Arbeitsplatz, im Haushalt oder beim Sport hervorgerufen wurden. Von den rund 270 000 Betroffenen waren im Jahr 2010 knapp die Hälfte unter 25 Jahren, darunter 35 000 Kinder unter fünf Jahren.

Wenige Tage nach der Wahl 1983 ergriff Hannelore die Initiative, um eine bundesweite Organisation zur Unterstützung Hirngeschädigter ins Leben zu rufen. Wie immer überließ sie dabei nichts dem Zufall. Sie brauchte die besten Experten der Republik, musste Menschen finden, die bereit waren, ihren Sachverstand für eine völlig neue Initiative einzusetzen. Sie holte sich vor allem Rat beim Ärztlichen Direktor der Berufsgenossenschaftlichen Unfallklinik in Ludwigshafen, Dr. med. Werner Arens, den sie seit Jahren kannte und dessen Urteil sie sehr schätzte. Arens riet ihr, Professor Dr. Dr. Klaus Mayer, den Ärztlichen Direktor der Neuropsychologischen Abteilung und Neurologischen Poliklinik der Universität Tübingen in ihr Vorhaben einzubinden. Mayer gehörte damals zu den wenigen Forschern, die sich wissenschaftlich mit den Folgen eines Schädel-Hirn-Traumas und möglichen Reha-Maßnahmen beschäftigten. Der gebürtige Düsseldorfer hatte dazu zwei Memoranden abgefasst, in deren Mittelpunkt die Verbesserung der neurologischen Rehabilitation der Patienten stand. Genau in diese Richtung sollte auch Hannelores Initiative zielen. Die Kanzlergattin beließ es nicht bei Telefonaten, sondern vereinbarte einen baldigen Besuch bei dem prominenten Mediziner in Tübingen, an dessen Ende die Zusage des Forschers stand, Hannelores Bemühungen mit allen Kräften zu unterstützen. Aber bis die engagierte Kanzlergattin eine erlauchte Runde von Gründungsmitgliedern um sich versammeln konnte, sollten noch einige Monate vergehen. Am 21. Dezember 1983 wurde das »Kuratorium ZNS für Unfallverletzte mit Schäden des Zentralen Nervensystems« im Bonner Kanzlerbungalow gegründet. Neben Arens und Mayer hatte Hannelore den Bundesvorsitzenden des Bundes Deutscher Hirnbeschädigter (BDH), Karl Dahmen, für ihr Vorhaben gewonnen. Außerdem hatte sie den Schatzmeister und Justitiar des BDH von einer Mitarbeit überzeugen können. Zu den Gründungsmitgliedern zählte auch Robert Visarius, Leitender Direktor der Neurologischen Klinik in Vallendar. Schließlich konnte die Initiatorin den Kanzleramtsmitarbeiter Michael Wettengel überzeugen, als juristischer Berater das Kuratorium ZNS mit aus der Taufe zu heben. Gründungsmitglied ohne Funktion im Vorstand wurde Hannelores langjährige Kollegin und Freundin aus der gemeinsamen BASF-Zeit Maria Fischer. Auf der Gründungsversammlung wurde Hannelore Kohl zur Präsidentin des »Kuratoriums ZNS« ernannt. Der Anfang war gemacht, die Satzung verabschiedet, nun mussten Taten folgen.

Als Hannelore ihre Initiative der kritischen Bonner Presse vorstellte, reagierten die meisten Medienvertreter überrascht. Ihre Vorgängerin Loki Schmidt hatte sich mit ihrem »Kuratorium zum Schutz gefährdeter Pflanzen« einen Namen gemacht und damit bis zu ihrem Tod 2010 große Erfolge erzielt. Hannelore ging einen anderen Weg. Sich für »Bekloppte« – wie Betroffene oft abwertend betitelt wurden – einzusetzen, war lobenswert, aber nicht sonderlich populär. Dass sich das mit den Jahren änderte, war maßgeblich der Verdienst Hannelore Kohls. Als sie 2001 starb, verzeichnete die Buchführung rund 30 Millionen D-Mark Spendengelder auf dem Konto ihres Lebenswerkes für Unfallverletzte mit Schäden des zentralen Nervensystems.

Die frisch gebackene Präsidentin sah es nach der Gründung 1983 als ihre wesentliche Aufgabe an, um Spendengelder zu werben und mit ihrer Prominenz das lange Zeit tabuisierte Thema »Hirnverletzung« in die Öffentlichkeit zu tragen. Nachdem die Gründung des Kuratoriums reibungslos vonstattengegangen war, mussten nun noch weiteres Personal und vor allem Räumlichkeiten gefunden werden, um einen langfristigen Erfolg zu sichern. Hannelore ließ in der Bonner Regionalpresse eine Anzeige schalten, in der eine Büroangestellte für eine neu gegründete Organisation gesucht wurde. Die Bewerberinnen erfuhren erst bei ihrer Vorstellung beim Schatzmeister des Kuratoriums, um was es eigentlich ging. Eine Duisburgerin aus dem Rhein-Sieg-Kreis, Amalie Barzen, Mutter von vier Kindern, machte das Rennen. Seit März 1984 verfügte das Kuratorium auch über eine eigene Geschäftsstelle in der Bonner Humboldtstraße 30. In der ersten Etage eines wunderbaren Altbaus, der dem Bund Deutscher Hirngeschädigter (BDH) gehörte, mietete das Kuratorium eine 80 Quadratmeter große Wohnung an, die aus zwei Räumen und einer zusätzlichen Dachkammer bestand. Wenig später konnten zwei weitere Bürokräfte eingestellt werden. Für alle galt es zunächst, sich eine vollkommen fremde Welt zu erschließen und sich nach den Vorgaben der Gründungsmitglieder einzuarbeiten.

Die Präsidentin und ihre wichtigste Stütze Amalie Barzen begegneten sich von Anfang an »auf Augenhöhe«. Für das Kuratorium war sie ein großer Gewinn und fast 17 Jahre lang Teil eines äußerst erfolgreichen Teams, das getragen war von Loyalität und gegenseitiger Achtung. Hannelore verstand es außerordentlich gut, ihre Mitarbeiterinnen und Mitarbeiter zu motivieren, ihnen Freiräume zu lassen und gleichzeitig hohe Anforderungen zu stellen.

Für den Aufbau des Kuratoriums ZNS war die Bestallung eines hauptamtlichen Geschäftsführers nach anfänglichen weniger guten Erfahrungen mit ehrenamtlichen Mitarbeitern unumgänglich. Der Präsidentin schwebte für diese wichtige Position ein pensionierter General vor. In einem Gespräch mit dem damals amtierenden Bundesverteidigungsminister Manfred Wörner erfuhr sie, dass zwar kein General zur Verfügung stand, aber drei Oberstleutnants zur Auswahl empfohlen werden konnten. Hannelore war klug genug, diese wichtige Personalentscheidung nicht alleine zu fällen, sondern einige Gründungsmitglieder zu den Bewerbungsgesprächen hinzuzuziehen. Am Ende entschied man sich für Oberstleutnant Rolf Wiechers, der sich schon bald als ausgezeichneter Generalist erwies. Im Februar 1985 nahm der neue Mann, der bei der Bundeswehr unter anderem Chef einer Instandsetzungskompanie gewesen war und sich um die Entwicklung eines neuen Kampfpanzers gekümmert hatte, den Aufbau der Geschäftsstelle in Angriff. Hannelore und dem neuen Geschäftsführer ging es von Anfang an darum, neue Initiativen zur Langzeitbetreuung von Hirngeschädigten zu fördern. Zwar wurden viele Unfallopfer medizinisch gut erstversorgt, doch die zwingend notwendige spätere intensive Betreuung war kaum gewährleistet. Es gab so gut wie keine Reha-Kliniken. Hier Änderungen herbeizuführen, den Menschen, die oftmals aufgegeben wurden und für die kaum Aussicht auf Heilung bestand, wieder Hoffnung zu geben, das war der Auftrag. Es fehlte allenthalben an diagnostisch und therapeutisch geeigneten Geräten, es gab auch keine Informations- oder Auskunftsstelle, über die Hirnverletzten ein Reha-Platz vermittelt werden konnte. Deshalb wurde die ZNS-Geschäftsstelle in Bonn schon bald zur Vermittlungszentrale ausgebaut. In der Bonner Humboldtstraße gingen von Jahr zu Jahr mehr Anfragen ein, die bewältigt werden mussten, egal, ob es sich um Probleme mit Versicherungen handelte oder um Arbeitsplatzbeschaffung, um Rente und Ansprüche, die nicht anerkannt worden waren. Das Kuratorium war aber nicht nur zentrale Auskunfts- und Servicestation für die Betroffenen und deren Angehörige. Auf Hannelores Betreiben wurde ein Pilotprojekt mit der Firma Nixdorf unter dem Motto »Computer helfen heilen« gestartet. Die Kanzlergattin hatte den erfolgreichen Unternehmer Heinz Nixdorf als Mitglied einer Wirtschaftsdelegation auf einer Auslandsreise ihres Mannes kennengelernt. Wie so oft in ihrem Leben nutzte sie die Zufallsbekanntschaft, um für ihr Lebenswerk zu werben. Die an Innovationen äußerst interessierte Präsidentin, die technische Neuerungen nicht als Jobkiller betrachtete, sondern darin auch eine mögliche Stütze für Menschen mit Behinderung sah, setzte ihren ganzen Charme ein, um den Pionier der dezentralen elektronischen Datenverarbeitung für ihr Projekt zu gewinnen. Sie konnte ihn dafür begeistern, mit seinen Mitarbeitern eine behindertengerechte Soft- und Hardware zu entwickeln. Tatsächlich gelang es den Nixdorf-Technikern, eine extra große Spezialtastatur zu kreieren. Außerdem wurde die Monitorschrift bis zu zehnmal vergrößert. Die Nixdorf-Entwickler konzipierten eine Software mit einem Lern- und Konzentrationsprogramm, das von einfachen Rechenaufgaben über Grammatikschulungen bis hin zu Anleitungen für kaufmännische

Arbeiten ein breites Spektrum abdeckte. Auf mehreren Spezialmessen präsentierte das Paderborner Unternehmen die neuen Erfindungen. Das Interesse – nicht nur von Krankenhäusern oder Reha-Zentren – war überwältigend.

Hannelore war beseelt von diesen ersten Erfolgen und stürzte sich geradezu besessen in ihre Arbeit. Sie wurde nicht müde, die Bedeutung des Gehirns als wichtigstes Steuerungssystem des Menschen hervorzuheben. Es steuert nicht nur unsere Fähigkeit des Sprechens, der Bewegung und des Denkens, sondern auch unsere Emotionen. Die neue Technologie ermöglichte schwer Hirnverletzten, neue Aktivitäten für sich zu entdecken. Die am PC arbeitenden Patienten, die in ihrer Feinmotorik gestört und zum Teil durch Lähmungen erheblich eingeschränkt waren, erhielten durch Langzeittrainings Sicherheit zurück, wurden gefördert und motiviert und konnten so ihr Schicksal besser verarbeiten.

Eine der wichtigsten Aufgaben bestand für Hannelore darin, Ärzten das Potenzial zu vermitteln, das in computergestützten Reha-Maßnahmen lag. Heute werden Computer gezielt im neurologisch-pädagogischen Bereich eingesetzt, damals war das etwas völlig Neues. Durch zahlreiche Symposien gelang es dem Kuratorium ZNS, diese Computertherapie bundesweit publik zu machen. Für Hannelore war die Förderung der Unfallverletzten oberstes Prinzip – eine Förderung durch Fordern. Das war ihr immer wiederkehrendes Schlagwort, das war der wichtigste Slogan für sie und ihre Mitarbeiter. Auch nach dem Tod des Unternehmensgründers Heinz Nixdorf 1986 wurde das Programm »Computer helfen heilen« erfolgreich fortgesetzt und von den Nachfolgern in Nixdorfs Sinne weiter ausgebaut.

Die Präsidentin zog aus ihrem unermüdlichen Engagement eine große Befriedigung. Die Kinder waren längst aus dem Haus und studierten inzwischen im Ausland, sodass sie ihre ganze Kraft auf das Projekt ZNS konzentrieren konnte. Was sie für das Kuratorium leistete, war sichtbar, überprüfbar und allenthalben spürbar. Sie besuchte Kliniken, spendete Betroffenen Trost und bemühte sich, auch mit Angehörigen von Hirnverletzten ins Gespräch zu kommen. Ihnen wollte sie Orientierungshilfen für die neue, fordernde Lebenssituation geben. Solche Begegnungen mit Angehörigen konnten oftmals wichtiger sein als der Händedruck mit einem Schwerverletzten, der seinen Zustand noch gar nicht begriffen hatte. Die Eltern, die Familie, die Freunde müssen mit völlig neuen Belastungen umgehen lernen, die sie in der Regel überfordern. Diesen Menschen Hilfe anzubieten, ihnen Zuversicht zu vermitteln, das war Hannelores Sache. Dabei entwickelte sie eine sehr hohe Sensibilität, fand die richtigen Worte. Aber das Wichtigste war – und das wurde zu ihrem Markenzeichen – ihre Fähigkeit, geduldig zuhören zu können.

Mit den ZNS-Gründungsmitgliedern verfügte sie über einen hoch qualifizierten Beraterstab, deren Meinungen und Ansichten sie sehr schätzte. Niemals entschied sie selbstherrlich über Fördergelder, niemals unterstützte sie Reha-Kliniken im Alleingang. Nie machte sie Förderungsprojekte abhängig von politischen Überzeugungen oder gar parteipolitischen Überlegungen. Dennoch kam ihr die Stellung als Gattin des amtierenden Bundeskanzlers natürlich zugute. Ihre Popularität bei den Mächtigen in Wirtschaft und Industrie, bei Gönnern aus der Mitte der Gesellschaft verhalf ihrem Kuratorium maßgeblich zum Erfolg. Geschickt spielte sie mit den Medien und setzte sie gezielt ein, um ihre Arbeit für Hirnverletzte einer breiten Öffentlichkeit publik zu machen. Sie gewann bekannte Künstler für Benefizveranstaltungen und scheute sich nicht, auch bei gesellschaftlich hochrangigen Veranstaltungen Menschen anzusprechen und zuweilen überfallartig mit ihrem Ansinnen zu »belästigen«. Wer sich in ihre Nähe begab, musste damit rechnen, für ihre gute Sache eingespannt zu werden. Manchmal schien es ihrem unmittelbaren Umfeld beinahe peinlich zu sein, wie sie unerbittlich um Geld warb und nicht locker ließ, bis sie die Zusage für eine ansehnliche Spende erhalten hatte.

Hannelore und ihr Geschäftsführer Rolf Wiechers wussten, dass die Ziele des Kuratoriums ohne ausreichende Spendengelder nicht zu verwirklichen waren. Mitte der Achtzigerjahre hatte die Zahl der Betroffenen die Marke von 200 000 überschritten. Um effektiv helfen zu können, musste der Kreis der Förderer ständig erweitert werden. Für eine erste Benefizveranstaltung im Februar 1985 konnte Hannelore die international bekannte deutsche Sopranistin Edda Moser gewinnen. Die glänzende Sängerin, die in Salzburg unter Herbert von Karajan in Wagners *Ring des Nibelungen* mitgewirkt hatte, später an der Wiener Staatsoper, der Metropolitan Opera in New York und im Ensemble der Oper Frankfurt gesungen hatte, war die richtige Wahl für einen vollendeten Musikabend in Karlsruhe. Mit ihrer Verpflichtung hatte Hannelore einen Coup gelandet.

Um die breite Bevölkerung für ihr Anliegen zu interessieren, war das Fernsehen ein unverzichtbares Medium. Mit Auftritten bei verschiedenen Sendungen in ARD, ZDF und den Dritten Programmen erreichte Hannelore das größtmögliche Publikum. Dabei überließ sie nichts dem Zufall, spielte Interviewfragen und deren Beantwortung mit ihrem Geschäftsführer durch und bestand darauf, nur zu ihrem sozialen Engagement Stellung zu beziehen. Politische Fragen lehnte sie ebenso ab wie solche, die ihr Privatleben betrafen. Wer sich nicht an diese Absprachen hielt, musste damit rechnen, von Hannelore vor laufender Kamera energisch zurechtgewiesen zu werden. Sie scheute sich nicht, sich mit Journalisten anzulegen, wenn sie den Eindruck hatte, dass sie vom eigentlichen Thema abweichen wollten. Wer die von ihr vorgegebenen Regeln nicht einhielt, hatte es sich mit ihr für allezeit verdorben.

Im Laufe der Jahre wurden ihre Fernsehauftritte immer souveräner, sie fand sogar Gefallen an großen Unterhaltungssendungen. Die Moderatoren Dieter Thomas Heck, Thomas Gottschalk und viele andere luden die Kanzlergattin zu ihren quotenstarken Samstagabendsendungen ein, in denen die Präsidentin des ZNS vor einem Millionenpublikum für ihre Sache werben konnte. Die Spendeneinnahmen sprudelten, mit den Geldern wurden vor allem medizinische Geräte für Reha-Kliniken angeschafft. Hinzu kamen Talksendungen bei den öffentlich-rechtlichen wie privaten Fernsehstationen. Es folgten längere Filmporträts, Beiträge in Gesundheitsmagazinen und jede Menge Zeitungsinterviews, in denen die ZNS-Präsidentin mit großem Erfolg für die Arbeit des Kuratoriums werben konnte. Hannelore beteiligte sich an Benefizschallplatten und gab zwei Kochbücher heraus, die hohe Auflagenzahlen erzielten. Alle Einnahmen flossen in die Kasse des Kuratoriums, das damit auch mehrere Symposien finanzierte. Schließlich gab es noch verschiedene Gala-Veranstaltungen, wobei die Bonner Opern-Gala besonders beliebt war und ordentliche Überschüsse einbrachte. Die Benefizkonzerte mit Justus Frantz in Aachen oder mit Sandra Schwarzhaupt in Köln kamen beim Publikum ebenfalls sehr gut an und sorgten für hohe Spendensummen für das ZNS-Kuratorium. Nicht zu vergessen der Mannheimer »Ball der Sterne« eines privaten Radiosenders, bei dem die Präsidentin ihren großen Auftritt hatte, und mit einer launigen Rede zu Spenden aufrief. Das Kuratorium präsentierte sich auch auf dem jährlichen Unfallchirurgenkongress in Berlin, bei dem sie ein Symposion etwa über die »Notwendigkeiten und Möglichkeiten der Frührehabilitation« abhielt. Gleiches galt für die alljährlich in Düsseldorf stattfindende Reha-Messe, an der das ZNS-Kuratorium mit einer kleinen Standfläche vertreten war. Hannelore selbst legte großen Wert darauf, bei diesen Veranstaltungen dabei zu sein. Wenn sie sich auf dem Messestand zeigte, bildeten sich Menschentrauben. Die Präsidentin verstand es in besonderer Weise, Fachpublikum anzusprechen und Reha-Kliniken von der Effektivität der Arbeit des Kuratoriums zu überzeugen. In den ersten Jahren nach der Gründung nutzte sie auch CDU-Bundesparteitage, um mit einem Infostand die Arbeit ihres Kuratoriums bekanntzumachen und vor allem den politischen Journalisten Rede und Antwort zu stehen. So fanden ZNS-Aktivitäten nicht selten Eingang in die Berichterstattung über die Ausarbeitung von

Parteiprogrammen und Abstimmungen über politische Initiativen der CDU. Wenngleich Hannelore an der Seite ihres Mannes bei diesen Großveranstaltungen wie eine Diva gefeiert wurde, galt ihr Hauptanliegen dem unverdrossenen Werben um neue Fördermitglieder.

Einer, der sich besonders durch aktive Werbung für das Kuratorium von Hannelore Kohl einsetzte, war Wolfgang Schapper aus Langenfeld. Der gelernte Maurer und überzeugte Sozialdemokrat hatte in einer schwierigen persönlichen Lebensphase Hannelore Kohl durch Zufall im Fernsehen gesehen. Bei ihrem Auftritt hatte sie deutlich gemacht, wie sehr sie sich darüber freuen würde, wenn es mehr Menschen gäbe, die sich aktiv für ihre Arbeit engagieren wollten. Der nach zwei Herzinfarkten und drei Bypässen stark angeschlagene 53-Jährige wurde umgehend aktiv und wandte sich schriftlich an das Bonner Kuratorium ZNS. Er lud deren Präsidentin zu einem Altbierfest ein. Die Einnahmen der Biersause sollten als Spende dem Kuratorium zugutekommen. Hannelores rechte Hand Amalie Barzen reagierte sofort und teilte Herrn Schapper mit, zu einem Altbierfest werde Frau Kohl auf keinen Fall erscheinen. Schapper benannte das Altbierfest kurzerhand in »ZNS-Sommerfest« um und schickte eine neuerliche Anfrage. Was als Fest mit vielen Bierständen geplant war, wurde nun zu einer Feier mit buntem Bühnenprogramm, einer großen Autoschau, einem Trödelmarkt und Spielständen für Kinder. Es war die Geburtsstunde des großen ZNS-Festes, das seit 1989 dank der ungebrochenen Begeisterung der Langenfelder Bevölkerung jährlich wiederholt wird.

Gemeinsam mit seinem Mitstreiter Wilhelm Kaffsack gründete der umtriebige Schapper auch den ZNS-Förderkreis Langenfeld. Die Kleinstadt im Kreis Mettmann mit ihren knapp 60 000 Einwohnern verfügt seit dieser Zeit über den einzigen Förderkreis für die »ZNS-Stiftung Hannelore Kohl« – wie sie heute heißt – in Deutschland. Seitdem unterstützt der Förderkreis Hannelores Initiative unermüdlich und kontinuierlich mit Spenden. Zwar konnte

Hannelore aus terminlichen Gründen nicht zum ersten ZNS-Sommerfest 1989 erscheinen, besuchte aber fortan, wann immer sie es einrichten konnte, die sich rührend engagierenden Langenfelder. Ob zum Sommerfest, zu Open-Air-Konzerten oder zum Geburtstag von Gründer Wolfgang Schapper: Hannelore kam gerne und oft ins Rheinland und lud im Gegenzug die Langenfelder Förderer mehrmals in den Bonner Kanzlerbungalow ein. Insgesamt hat das Engagement des Langenfelder Förderkreises inzwischen über 415 000 Euro an Spendengeldern erbracht, pro Jahr im Durchschnitt 20 000 Euro. Wolfgang Schapper unterstreicht immer wieder, dass jeder Euro, der in Langenfeld gesammelt wird, direkt den Menschen zugutekommt, die nach einem schweren Unfall wieder ins Leben zurückfinden müssen. Das ehrenamtliche Engagement des Vereins wurde von Hannelore bis zu ihrem Tod besonders gewürdigt.

* * *

Zwar war Hannelore eine großartige Spendensammlerin, aber das allein brachte ihr nicht die große Erfüllung. Sie wollte mit ihrem Einsatz festgefahrene Einstellungen ändern, die öffentliche Meinung beeinflussen und die Schicksale der Betroffenen stärker in den Fokus rücken. Bei ihrer Arbeit hatte sie immer wieder feststellen müssen, wie sehr das Thema nach wie vor tabuisiert wurde, wie sehr sie immer wieder an Grenzen stieß, wenn das Gespräch auf Menschen mit Verletzungen des Gehirns kam. Während Menschen mit körperlichen Behinderungen am Arbeitsleben in einem gewissen Rahmen teilhaben konnten, galt das Wort »hirngeschädigt« im Bewerbungsschreiben eines Arbeitssuchenden lange Zeit beinahe als sicheres Aus. Die Betroffenen und deren Angehörige mussten sich nicht nur mit gesundheitlichen Problemen auseinandersetzen, sondern auch mit massiven Existenzängsten zurechtkommen. Erst, wenn erkannt wurde, dass diese Menschen nicht einfach aus dem

Leben gefallen waren, sondern weiterhin Aufgaben übernehmen konnten, wäre ein weiteres wichtiges Ziel des Kuratoriums erreicht worden.

Hannelore wusste, dass sie mit ihrem Werben für die Anliegen des ZNS manchmal auf einem schmalen Grat wandelte. Bei all ihren Veranstaltungen, bei Schirmherrschaften und Begrüßungsreden musste sie sich davor hüten, als »Stimmungskiller« aufzutreten. Sie musste einen Weg finden, mit sorgfältig abgewogenen Worten einerseits Betroffenheit über das Schicksal der Hirngeschädigten zu erzeugen, diese Betroffenheit aber gleichzeitig nicht so weit zu treiben, dass sich diese bleiern über den ganze Abend legte. Mit der Zeit beherrschte die ZNS-Präsidentin den Spagat zwischen fundierter Aufklärung bei Wahrung der vergnüglichen Benefizatmosphäre perfekt. Es gelang ihr scheinbar mühelos, mit irgendeinem Joker die Stimmung aus tiefer Betroffenheit in Feierlaune umzuwandeln. Sie konnte Menschen dazu bewegen, ihr Herz für einen guten Zweck zu öffnen und Anteil zu nehmen, ohne darüber die schönen Seiten des Lebens zu vergessen. Dabei kam ihr zugute, dass sie eine besondere Fähigkeit besaß, Stimmungen unmittelbar zu erfassen und darauf zu reagieren. Gepaart mit Zielstrebigkeit, Verantwortungsbewusstsein, Verlässlichkeit, Disziplin und vor allem Sachverstand, gelang es ihr, Laien und Fachpublikum gleichermaßen für die Arbeit ihres Kuratoriums zu begeistern. Gebetsmühlenartig wies sie bei Veranstaltungen auf Unfallgefahren hin und forderte Verbesserungen bei der Prävention – und das zeigte Wirkung. Der Ausbau von Intensiv- und Rehabilitationsbehandlung wäre ohne ihr Wirken so nicht möglich gewesen. Auch die Förderung der neurologischen Forschung und die Unterstützung der Angehörigen von Betroffenen sind mit ihrem Namen untrennbar verbunden.

Wie nachhaltig Hannelore Kohls 18 Jahre andauernde Arbeit heute noch Wirkung zeigt, dokumentiert ein Fall aus dem Jahr 2008. Der 46-jährige Guido Senge aus Lohmar in der Nähe von Köln, Diplomingenieur mit Schwerpunkt Fahrzeugtechnik in ungekündigter Stellung, frönte wieder einmal seinem teuren Hobby. Mit seinem Motorrad nahm er am 13. Mai 2008 an einem Rennen auf dem Nürburgring teil. Der erfahrene Motorsportler und Vater zweier Kinder kam gegen 17 Uhr auf der trockenen Rennstrecke zu Fall und prallte mit dem Kopf gegen die Seitenbegrenzung. Wie sich später herausstellte, hatte er zwar äußerlich keine Blessuren, aber schwere innere Verletzungen davongetragen. Trotz seines modernen Helms erlitt er schwere Hirnblutungen. Der erste Lendenwirbel war völlig zerstört, hinzu kamen Halswirbelbrüche. Der rechte Lungenflügel war kollabiert, der linke von Rippen durchstoßen. Guido Senge überlebte, lag vier Wochen auf der Intensivstation und kam anschließend in eine Reha-Klinik. Selbst nach über zwei Jahren kann der Diplom-Ingenieur weder stehen, noch laufen und ist bis heute völlig hilflos. Er kann sich zwar artikulieren, tut es aber nur, wenn man ihn anspricht. Guido Senge ist extrem wahrnehmungsgestört und lebt in einer völlig anderen Welt.

Seine vierzigjährige Frau Susanne gab vorübergehend ihren Beruf als Industriekauffrau auf und kümmerte sich rund um die Uhr um ihren Mann. Über den Sozialdienst erfuhr sie vom Kuratorium ZNS, das 1993 in die Hannelore-Kohl-Stiftung umgewandelt worden war. Sie lernte das Haus am Stadtwald von Bonn-Bad Godesberg kennen, das über eine Abteilung für schädel-hirn-verletzte Menschen verfügt. Der Aufbau dieser Station war vom ZNS mit 80 000 Euro gefördert worden. Guido Senge, der als Schwerstpflegefall im häuslichen Bereich versorgt wird, nimmt dreimal wöchentlich die ambulante Versorgung in diesem Haus wahr. Für Schädel-Hirn-Verletzte wie ihn sowie für Wachkomapatienten eine einmalige und segensreiche Institution.

Die vom Schicksal schwer geprüfte Ehefrau und Mutter fand über das ZNS auch psychologische Hilfe. Sie lernte das Netzwerk kennen, erhielt Unterstützung beim Erlernen der Pflegemaßnahmen und war häufig Teilnehmerin von ZNS-Seminaren für Angehörige von Hirnverletzten. Susanne Senge hadert nicht mit ihrem Schicksal. Dank einer Unfallversicherung kann sie zumindest den finanziellen Ausfall kompensieren. Trost findet sie in ihren beiden Kindern und in den Selbsthilfegruppen des ZNS. Sie hat die neue Situation angenommen und verweist im Gespräch gerne auf das Schicksal anderer Menschen, die eine noch schwerere Last zu ertragen haben. Seit kurzem engagiert sie sich selbst in einer Angehörigengruppe und unterstützt die Hannelore-Kohl-Stiftung mit Vorschlägen für Prospekte und Spendenaufrufe. Was sie für ihren Mann und für sich selbst in Anspruch nehmen konnte und kann, möchte sie nun zurückgeben. Für sie ist es eine Selbstverständlichkeit, die segensreiche Arbeit der Bonner ZNS-Stiftung bekannt zu machen und tatkräftig zu unterstützen, soweit es die Pflege ihres Mannes zulässt. Für sie, die Hannelore Kohl selbst nie bewusst erlebt, sondern nur als Kanzlergattin wahrgenommen hat, erlangte die Lebensleistung der ZNS-Gründerin durch einen Schicksalsschlag eine ganz besondere Bedeutung.

FÜRSORGE

Hannelore Kohl war durch und durch Realistin. Sie wusste sehr genau, dass ihre Erfolge als Präsidentin des Kuratoriums ZNS auch ihrer Rolle als Frau des Bundeskanzlers geschuldet war, weshalb sie automatisch zur Prominenz des Landes zählte. Sie selbst hielt sich im Prinzip für uninteressant und betonte immer wieder bescheiden, sie verdanke ihre exponierte Stellung einzig und allein dem Amt ihres Mannes. Nur als »Frau an seiner Seite« wollte sie dennoch nicht wahrgenommen werden, weshalb sie großen Wert auf Eigenständigkeit legte, die sie mit ihrem sozialen Engagement täglich unter Beweis stellen konnte. Gleichwohl nahm sie ihre repräsentative Rolle im Politikbetrieb der Bundesrepublik ernst, ließ sich immer wieder in die Pflicht nehmen und unternahm jedwede Anstrengung, um in der Öffentlichkeit ihrem Auftrag gerecht zu werden. Dazu gehörte vor allem, nichts zuzulassen, was ihrem Mann und seiner Politik schaden könnte. Ständig war sie auf der Hut, bemüht, mögliche Fehler zu vermeiden und sich von ihrer freundlichsten und unterstützenden Seite zu zeigen. Immer blendend auszusehen, immer lächeln zu müssen, konnte auf Dauer recht anstrengend sein. Sie wusste, dass jedes Wort auf die Goldwaage gelegt wurde. Auch deshalb machte sie um die Beantwortung politischer Fragen einen großen Bogen. Hannelore konnte regelrecht aus der Haut fahren, wenn ihr jemand eine politische Äußerung entlocken wollte. Ähnlich auf Granit bissen die Medien, wenn es um Persönliches, Privates und Familiäres ging. Konsequent hielt Hannelore etwa die Aufenthaltsorte von Walter und Peter bei der Bundeswehr und später beim Studium geheim. Dabei hätte sie sicher manches Mal – wie alle Mütter – gerne voller Stolz auf die Leistungen ihrer Kinder verweisen wollen. Aber erst Jahre später konnte man ihr Einzelheiten darüber entlocken.

Als Sohn Walter Ende 1984 nach zweijähriger Dienstzeit als Fähnrich eines Jägerbataillons entlassen und später Reserveleutnant wurde, bewegte Hannelore kaum etwas mehr, als die Frage nach dem richtigen Studienort. Sie war getrieben von der Angst, ihre Söhne könnten an der Belastung durch den Namen Kohl schwer zu tragen haben oder gar Opfer eines Anschlags werden. Mit ihrer gewohnten Fürsorge unterstützte sie Walters Pläne, die Bundesrepublik zu verlassen, um ein Auslandsstudium zu beginnen. Vater Helmut spielte bei diesen Überlegungen keine Rolle; er überließ, wie so oft, die Entscheidung seiner Ehefrau und dem erwachsenen Sohn.

Dass Amerika von Beginn an in der engeren Wahl war, stimmte den Kanzler jedoch keineswegs glücklich. Er hätte es lieber gesehen, wenn seine Söhne sich für deutsche Hochschulen entschieden hätten. Doch dank Hannelores Unterstützung setzte sich Walter durch.

Um einen Platz an einer amerikanischen Eliteuniversität zu bekommen, musste Walter ein kompliziertes Auswahlverfahren überstehen. Wieder war es die Mutter, die die beiden Söhne schon mit harter Hand und jeder Menge Motivationstalent durch die Schulzeit begleitet hatte, die sich durch diese neue Aufgabe herausgefordert fühlte. Um das Bewerbungsverfahren für die Aufnahme am Harvard College erfolgreich absolvieren zu können, bedurfte es einer ausgeklügelten Vorbereitung, ohne die ein Scheitern nicht auszuschließen war. Hannelore half Walter dabei, einen Privatlehrer zu finden, der ihn fit für die Aufnahmeprüfungen machte. Nach einigen Recherchen fand er in Heidelberg eine amerikanische Professorin, die Kurse für die Vorbereitungstests an amerikanischen Colleges anbot. Er gewann die Privatlehrerin für einen mehrmonatigen Crashkurs, der sicher nicht billig war. Sohn Walter, der bereits über exzellente Sprachkenntnisse verfügte, unterzog sich trotzdem einer harten Lehr- und Lernzeit. Nachdem er mit großem Fleiß, der moralischen Unterstützung seiner Mutter und dem großen pädagogischen Geschick der Lehrerin alle Tests bestanden hatte, stand seinem Studium der Volkswirtschaft und Geschichte am Harvard-College im amerikanischen Massachusetts nichts mehr im Weg. Walter Kohl schloss sein Hochschulstudium Mitte Juni 1989 mit dem »Bachelor of Arts« (BA) erfolgreich ab. Seine Eltern ließen es sich nicht nehmen, an der feierlichen Diplomübergabe in Harvard teilzunehmen. An den Amerika-Aufenthalt schloss Walter ein Studium in Wien an, wo er mit einem Abschluss als Diplom-Volkswirt die beste Voraussetzung für einen guten Start ins Berufsleben erwarb.

Der jüngere Kohl-Sohn Peter ging einen ähnlichen Weg wie sein Bruder. Als er im Juni 1987 seine zweijährige Bundeswehrzeit als Fähnrich beendet hatte, bereitete auch er sich intensiv auf die Prüfungen für ein Auslandsstudium vor. Im Herbst 1987 nahm Peter sein Studium am Massachusetts Institute of Technology (MIT) auf und belegte die Fächer Wirtschaftswissenschaften und Luft- und Raumfahrttechnik. Die ungebrochene Fürsorge, mit der Hannelore ihre Söhne bedachte, die ungewöhnlich enge Bindung der Söhne an die Mutter, hielten auch während der Auslandsjahre unvermindert an.

Nachdem die Söhne aus dem Haus waren, widmete sich Hannelore Kohl mit großer Herzlichkeit verstärkt den Menschen, die zu ihrem unmittelbaren Umfeld gehörten. Hilde und Ecki Seeber unterstützte sie nicht nur organisatorisch bei der Finanzierung ihres Reihenhauses in Ludwigshafen, sondern hatte auch ein Auge auf das schulische Fortkommen der Seeber-Kinder. Dabei beließ sie es nicht bei Interessensbekundungen, sondern nahm sich Zeit für gründlichen Nachhilfeunterricht. Die älteste Seeber-Tochter Sabine erinnert sich heute noch an die Mischung aus Strenge und beständiger Ermunterung, mit der Hannelore sie durch schulische Schwächephasen begleitete.

Hannelore, die sich auch um ein gutes Arbeitsklima im Ludwigshafener Haus wie im Bonner Kanzlerbungalow kümmerte, war schließlich ausschlaggebend für die Entscheidung Helmut Kohls, den damals 21-jährigen Martin Frühauf als Koch einzustellen. Der neue Leibkoch des Kanzlers hatte eine fünfjährige Ausbildung als Koch und Restaurantfachmann im Hotel »Zum Schwan« in Idar-Oberstein hinter sich, als er zur Bundeswehr eingezogen wurde. Er landete zunächst als Ordonnanz und später als Koch im Bundesverteidigungsministerium. Dort hielt das Bundeskabinett einmal im Jahr eine Sitzung ab und ließ sich danach gerne im Offizierskasino kulinarisch verwöhnen. Der Kanzler war so angetan von der Qualität der Speisen, dass er auf die Idee kam, Verteidigungsminister Manfred Wörner einen seiner Köche abzuwerben. Wörner unterbreitete dem Kanzler drei Vorschläge für geeignete Kandidaten, darunter auch Martin Frühauf. Da die Entscheidung in den Bereich

»Haus und Küche« fiel, lag das letzte Wort bei Hannelore. Im Mai 1983 trat Frühauf als Leibkoch ins Bundeskanzleramt ein, wo ihm zwei Küchen zur Verfügung standen. Ob Frühstück, Lunch oder Abendmenü: Frühaufs Kochkünste kamen an. Er kaufte täglich ein und kochte, was ihm an Wünschen über das Kanzlerbüro mitgeteilt wurde. Die Vorlieben der Kohls waren schnell erkannt – Hausmannskost war besonders gefragt. Frühauf bekochte die Kohls privat und sorgte für den kulinarischen Rahmen, wenn Gäste zu bewirten waren. Wenn Hannelore einlud, kamen Ministergattinnen ebenso wie die Frauen von Botschaftern oder ZNS-Spender.

Helmut Kohl legte besonderen Wert auf die strikte Trennung der finanziellen Verantwortlichkeiten seiner Frau in ihrer Rolle als Kanzlergattin und als ZNS-Präsidentin. Bewirtungen im Rahmen ihrer ZNS-Tätigkeit gingen zulasten des Kuratoriums, ebenso wie entsprechende Fahrten mit dem Dienstwagen des Bundeskanzleramts. Darüber konnten sich führende Mitglieder des Kuratoriums regelmäßig echauffieren, weil sie argumentierten, Hannelores soziale Tätigkeit sei ein Dienst, für den eigentlich der Staat aufzukommen habe. Deshalb müssten zumindest die Kosten der Dienstwagenbenutzung übernommen werden. Eine Argumentation, von der sich der Kanzler nicht überzeugen ließ.

Ähnlich verhielt sich Kohl, als Sohn Peter in Italien schwer verunglückte, und Hannelore Kohl mit einem Regierungsflugzeug nach Bologna gebracht wurde. Er bestand darauf, die Kosten in Höhe von 80 000 D-Mark zu erstatten.

Die Trennung der Kosten für dienstliche und private Aufträge an den Kanzlerkoch wurde ebenso penibel eingehalten. Einmal kochte Martin Frühauf aus Anlass eines Familienfestes im Ludwigshafener Bungalow. Diese Privatveranstaltung ging selbstverständlich zulasten der Kohl-Familie. Wenn der Kanzler Spitzenpolitiker in sein Privathaus einlud, verlegte der Leibkoch seine Arbeit von Bonn nach Ludwigshafen. Dabei bereitete er in der Regel alles in Bonn vor, was im Hause Kohl aufgetischt werden sollte. Hannelore war eine dankbare Hausherrin, oft voll des Lobes ebenso wie ihr Mann, der Frühaufs Kochleistungen überaus schätzte. Besonders erfreulich für die Kanzlergattin war Frühaufs Anwesenheit, wenn sie zu später Stunde hungrig in den Kanzlerbungalow kam. Gerne blieb sie dann bei ihm in der Küche, schaute ihm über die Schulter, aß ein paar Häppchen, trank ein Glas trockenen Wein und unterhielt sich mit ihm. Sie nahm Anteil, wollte wissen, was gut oder schlecht lief, wo es Probleme gab und wo sie helfen konnte. Bei ihr fühlte sich das Personal gut aufgehoben und scheute sich nicht, mit ihr über ganz persönliche Dinge zu sprechen oder sie um Rat zu bitten.

Nach vier Jahren nahm Martin Frühauf Abschied aus dem Kanzleramt, was allgemein bedauert wurde. Hauptgrund seiner beruflichen Veränderung war die Einsamkeit, unter welcher der Leibkoch zunehmend litt. Die Küche im Keller des Kanzleramts verfügte nicht über Tageslicht, er hatte keine Kollegen, die ihm zuarbeiteten. Seine Bilanz fällt dennoch positiv aus: Seinen Chef, den Kanzler, seine Chefin, die Kanzlergattin, hat er in bester Erinnerung und hat manches zu erzählen, was das Ehepaar Kohl als Vorgesetzte auszeichnete. Vor allem Hannelores Umgang mit ihm und den beiden Hauswirtschafterinnen hält Frühauf für einmalig. Ihre unaufgeregten Erwartungen und klar formulierten Wünsche an die Bediensteten zeugten von einem sehr natürlichen menschlichen Umgang. Ohne Anflüge von Arroganz und Überheblichkeit habe sie Veranstaltungen im Kanzlerbungalow organisiert und durchgeführt. Aufmerksamkeiten zu Geburtstagen und Geschenke zu Weihnachten wurden von ihr nie vergessen. Es gehörte zu Hannelores Stil, in mütterlicher Fürsorge auch den Wünschen ihres Personals entgegenzukommen und vor allem viel Verständnis für deren private Probleme zu zeigen. Dabei beließ sie es nie nur bei geduldigem Zuhören, sondern zeigte auch Lösungsmöglichkeiten auf.

Einen weiteren Personalwechsel im Kanzlerbungalow gab es im März 1988. Neben Helma Pirwitz, die über zwanzig Jahre für Helmut Kohls Vorgänger und deren Familien als Hauswirtschafterin gearbeitet hatte und auch in den Diensten des neuen Kanzlers verblieb, musste eine zweite Kraft eingestellt werden. Hannelore hatte eine Frau im Blick, die schon mehrfach bei größeren Veranstaltungen ausgeholfen hatte. Wenn ein renommierter Bonner Partyservice für das leibliche Wohl größerer Gesellschaften beauftragt wurde, war sie da. Hannelore entschied sich für Edeltraud Otto, 1941 in Greifswald geboren und 1950 mit ihren Eltern aus der DDR in den Westen übergesiedelt. Nachdem die Sicherheitsüberprüfung nach vier Wochen ohne Einwände abgeschlossen worden war, trat die ausgebildete Hotelfachfrau ihren neuen Job an. Ihre wesentliche Aufgabe als Wirtschafterin bestand in der Bewirtung der Gäste im Bungalow. Für die Bestückung der privaten Küche der Kohls bekam sie Wirtschaftsgeld, über das sie genau Buch führte, ohne je von Hannelore überprüft worden zu sein. Sie vertraute ihrer Wirtschafterin blind und überließ ihr Freiräume für selbstständiges Handeln. Edeltraut Otto, eine sympathische, gestandene und mit allen beruflichen Herausforderungen vertraute Spitzenkraft, gehörte zu den Bonner Wirtschafterinnen, die auch im Privathaus der Kohls in Ludwigshafen eingesetzt wurden. Wenn die Bushs, die Mitterrands, die Gorbatschows oder die Jelzins Gäste in Kohls Privathaus waren, wurde das Mehrgangmenü vom »Deidesheimer Hof« geliefert, zubereitet vom dortigen Koch Manfred Schwarz. Den Service im Haus übernahmen Edeltraud Otto und Hilde Seeber. Das waren Highlights im Leben der beiden Frauen, von denen sie heute noch schwärmen.

Nach einem kurzen Zwischenspiel des Frühauf-Nachfolgers kam es 1990 zu einem erneuten Wechsel in der Kanzlerküche. Werner Sowa hatte sein Handwerk im angesehenen Bonner »Rheinhotel Dreesen« erlernt und seine Bundeswehrzeit als Koch in der Küche des Bonner Wachbataillons verbracht. Nach einigen Wanderjahren in renommierten Häusern des Rheinlandes trat er in den Dienst des Landes Baden-Württemberg. In dessen »Bonner Botschaft« kochte er unter anderem für den damaligen Ministerpräsidenten Lothar

Späth. Doch die Arbeit im öffentlichen Dienst behagte ihm nicht sonderlich. Als dann der Anruf aus dem Bundeskanzleramt kam, sich einem engen Kohl-Mitarbeiter vorzustellen, zögerte er keinen Moment. Im Mai 1990 trat er seinen neuen Job an und war von nun an Herrscher über drei Küchen: Die eine war im Kanzleramt nur für den Kanzler, die zweite Küche im Bungalow und eine dritte im Palais Schaumburg, dem alten Bundeskanzleramt. Seine direkte Ansprechpartnerin war die Chefin des Kanzlerbüros Juliane Weber. Werner Sowa liebte die Küche im Bungalow, in der er für mindestens ein Dutzend Personen Essen zubereiten konnte. Da er alleine für alles verantwortlich war, gehörten Überstunden zur Tagesordnung, zumal er in Ermangelung eines Kühlhauses alles frisch zubereiten musste. Hannelore hatte viel Verständnis für die hohe Arbeitsbelastung, verweilte gerne auf eine Zigarettenlänge in der Küche und hörte sich geduldig an, wie der Kanzler-Koch seine Arbeitswelt sah und bewertete. Sowas Urlaub richtete sich nach den Ferien der Kohl-Familie. An den Wochenenden hatte der Leibkoch wenig zu tun, weil die Eheleute Kohl nach Ludwigshafen fuhren. Er blieb bis zum Ende von Kohls Kanzlerschaft. Sein Stolz, fast neun Jahre für den Kanzler der Einheit und seine Frau und deren Gäste gekocht zu haben, ist ungebrochen. Sowa weiß viele Geschichten über Prominente und Nicht-Prominente zu erzählen. Die erste Liga der prominenten Politiker war ihm weit angenehmer als jene Bonner Wichtigtuer aus der Ministerialbürokratie bis zu den Staatssekretären, die ihre Überheblichkeit gerne zeigten. Der Rheinländer des Jahrgangs 1963 fand zu Hannelore Kohl einen guten Draht und hat sie in bester Erinnerung. Was er ganz besonders an der Kanzlergattin schätzte, war ihre Bereitschaft, auch mit Angestellten unaufgeregt zu diskutieren. Manches Vieraugengespräch – sie mit einer Mentholzigarette in der rechten und einem Glas Sekt in der linken Hand – ist ihm unvergessen.

* * *

Es mag Zufall sein, dass beide Leibköche des Kanzlers ihr Handwerk bei der Bundeswehr ausgeübt hatten. Es mag auch Zufall sein, dass zwei von Hannelore sehr geschätzte Frauen aus der DDR geflohen waren und Jahre später in ihrem Alltag eine nicht zu unterschätzende Rolle spielten. Neben der Hauswirtschafterin Edeltraud Otto verbrachte auch Rita Stöbe, 1947 im Ostteil Berlins geboren, mehrere Jahre jenseits des späteren Eisernen Vorhangs. Unmittelbar vor dem Arbeiteraufstand in der DDR am 17. Juni 1953 floh die Ost-Berlinerin mit ihren Eltern über West-Berlin in die Bundesrepublik und landete in der Pfalz. Hier erlebte ihre Familie ein ähnliches Schicksal wie Hannelore und ihre Eltern. Als Flüchtlinge aus dem deutschen Osten waren sie nicht sonderlich beliebt und schon gar nicht willkommen. Die Chancen für einen beruflichen wie privaten Neustart standen eher schlecht. Häufige Arbeitsplatzwechsel des Vaters prägten die ersten Jahre der Stöbe-Familie. Ein Schicksal, das sie mit Millionen anderer Flüchtlinge und Vertriebener teilten. Tochter Rita erlernte nach der Schulzeit das Schneiderhandwerk. Nach dem Abschluss ihrer Lehre fand sie eine Anstellung in einem Mannheimer Atelier. Hier lernte Hannelore Kohl die Berlinerin kennen und erteilte ihr einen ersten Auftrag für ein Abendkleid. Ihr Erstlingswerk für die Kanzlergattin muss so gut angekommen sein, dass Hannelore gleich neue Wünsche äußerte. Aus dieser Zufallsbegegnung entwickelte sich eine jahrelange enge und vertrauensvolle Zusammenarbeit. Die erfahrene und geschmackssichere Schneiderin gehörte seit Mitte der Achtzigerjahre bis zu Hanneloes Tod zu den einflussreichsten Beraterinnen in Sachen Garderobe einschließlich Schmuck und Schuhwerk. Rita Stöbe, seit dieser Zeit nur noch für Privatkunden tätig, hatte in Hannelore Kohl nicht nur die prominenteste, sondern auch die interessanteste und wichtigste Kundin, die sie immer wieder vor neue Herausforderungen stellte. Was Hannelore an Kleidung für In- und Auslandsreisen benötigte, was an Garderobe für Empfänge und Bälle gebraucht wurde, entstand in enger Absprache mit ihrer Schneiderin. Die Kanzlergattin kaufte gerne in deutschen Metropolen ein wie in Berlin, Hamburg, München oder Frankfurt. Von manchen Auslandsreisen brachte sie hochwertige Stoffe mit – oft handbestickt oder mit Goldfäden durchzogen –, aus denen Rita Stöbe maßgeschneiderte Sonderanfertigungen nähte. Was immer Hannelore an Couture in Modehäusern wie beispielsweise »Escada« kaufte, musste in jedem Fall abgeändert werden. Hannelore, die aus ihrer gesunden Eitelkeit nie einen Hehl machte, hatte eine gute Figur mit schmalen Hüften und einem breiteren Rücken. Deshalb erwarb sie das Oberteil passend und ließ lieber den Rock von Rita Stöbe enger machen. Hannelore und ihre fachlich sehr versierte Schneiderin galten als eingespieltes Team, die Chemie zwischen den beiden stimmte von Anfang an. Alles andere als beratungsresistent ließ sich die Kanzlergattin gerne auf neue Geschmacksrichtungen ein, liebte die Abwechslung und genoss die hochwertige Garderobe zu den unterschiedlichsten Anlässen. Gleichwohl verließ sie sich nicht allein auf die Anregungen und Vorschläge ihrer Schneiderin. Mindestens drei enge Freundinnen, die bis heute nie an die Öffentlichkeit traten und völlig unbekannt sind, wurden immer wieder – unabhängig voneinander – zurate gezogen. Mit ihnen unternahm Hannelore auch zahlreiche Urlaubsreisen ins europäische Ausland, vor allem nach Paris. Dort frönte sie einer ihrer Lieblingsbeschäftigungen, dem Shoppen, führte ihren Freundinnen eine kleine Modeschau vor und entschied sich beim Kauf niemals gegen deren Rat.

Von den Medien wurde Hannelores Erscheinungsbild gerne als provinziell und konservativ kritisiert. Mancher Artikel, vor allem in der Boulevardpresse, ging an der Realität vorbei und bediente ärgerliche alte Klischees. Dabei hatte Hannelore Kohl im Laufe der Kanzlerjahre ihres Mannes eine rasante Entwicklung auch in Kleiderfragen durchgemacht. Vor allem für ihre Auftritte auf internationalem Parkett schaffte sie Garderobe an, die aus den Ateliers der bekanntesten Modemacher stammte. Aber sie konnte sich kleiden, wie sie wollte: Für einen Großteil jener Medien, die ihren Mann und seine Kanzlerschaft für einen Unfall der deutschen Geschichte hielten, blieb sie das »Püppchen aus der Pfalz«, die Frau ohne Geschmack und Sinn für einen guten Stil. Dabei brauchte sie vor allem auch im Hinblick auf ihre Vorgängerinnen wirklich keinen Vergleich zu scheuen. Die jugendlich frisch wirkende Hannelore repräsentierte keineswegs die Biederkeit aus der deutschen Provinz, wie böse Zungen behaupteten, sondern machte auf allen politischen Bühnen der Welt eine ausgezeichnete Figur. Natürlich lässt sich über Geschmack streiten. Manchen Kritikern fiel es noch nach Jahren schwer, Hannelores Stil anzuerkennen. Ihr war es wichtig, nicht jeden modischen Schnickschnack mitzumachen und dem Zeitgeist zu folgen. Stattdessen hielt sie sich an die Maxime, dem Alter und Anlass angemessene hochwertige Garderobe zu tragen.

Immer wieder belächelt wurde auch ihre Frisur, ihr naturblondes lockiges Haar. Fotos aus den Sechzigerjahren zeigen sie mit einer beeindruckenden Hochsteckfrisur. In dieser Zeit begann auch ihre Bekanntschaft mit einer Friseurin aus Ludwigshafen. Die junge Hannelore war Ende der Sechzigerjahre mit ihren beiden Söhnen in einem Friseurgeschäft ganz in der Nähe ihres Hauses in Ludwigshafen-Gartenstadt erschienen. In diesem Familienbetrieb lernte sie die Tochter des Inhabers kennen, die sie vorzüglich bediente. Seit dieser Zeit war Hannelore Stammkundin und blieb es über viele Jahre. Mit Kohls Übernahme der Kanzlerschaft 1982 wurde der 1939 in Ludwigshafen geborenen Edith Keilhauer eine wichtige Aufgabe zuteil: Sie war von nun an dafür verantwortlich, Hannelores Frisur so zu gestalten, dass sie immer gepflegt und bei allen Anlässen gut aussah. Sie begleitete die Kanzlergattin auf zahlreiche Auslandsreisen, wo sie auch für die ständig wechselnde Garderobe zuständig war. Edith Keilhauer half beim Kofferpacken, sortierte die von Hannelore ausgewählten Kleider und assistierte vor Ort beim Umziehen. Hannelore sagte klar und unmissverständlich, was sie wollte und brauchte, und die Ludwigshafenerin folgte willig den vielfältigen Wünschen ihrer Chefin. Sie gehörte lange Zeit zum Tross des

Kanzlers und seiner Gattin auf den Reisen nach Amerika und Asien, wurde eine unentbehrliche Assistentin für ihr »Äußeres«. Hannelore legte höchsten Wert auf eine optimal gepflegte Erscheinung und erschien deshalb auch immer wie aus dem Ei gepellt. Noch heute schwärmt die Friseurin Edith Keilhauer von den einmaligen und aufregenden Weltreisen mit einer fürsorglichen Chefin, der sie im wahrsten Sinne des Wortes hautnah zu Diensten stand. Die Mutter von zwei Kindern liebte ihren besonderen Job und blieb äußerst verschwiegen. Nur die engsten Freunde und Verwandte wussten um ihre unmittelbare Nähe zu Hannelore Kohl.

Die Arbeit für die Kanzlergattin endete jäh im Jahr 1993, als Hannelore nach einer schweren Krankheit unter starkem Haarausfall litt und zeitweise eine Perücke tragen musste. Für Edith Keilhauer endete damit ein aufregendes, ungewöhnliches und einmaliges Kapitel in ihrem Arbeitsleben. Sie gerät ins Schwärmen, sobald der Name ihrer einstigen Chefin fällt. Der Kontakt zu ihr hielt, auch wenn die beiden Frauen nicht mehr beruflich miteinander verbunden waren.

* * *

Auch für die Männer des Personenschutzes, die für die Sicherheit des Kanzlers und seiner Familie zuständig waren, hatte Hannelore immer ein offenes Ohr. Diesen Menschen, die im Ernstfall bereit waren, ihr Leben für das des Kanzlers, seiner Gattin und der beiden Söhne einzusetzen, begegnete sie mit großem Respekt und Fürsorglichkeit. »Die Sicherheit«, wie die Kommandos im internen Sprachgebrauch hießen, gehörte zum Alltag der Kohl-Familie und war eingebunden in sämtliche Abläufe des privaten und öffentlichen Kanzlerlebens. Überall waren die Männer des Bundeskriminalamtes präsent, ob auf Reisen im In- und Ausland, im Urlaub oder während der begrenzten freien Zeit. Selbst beim Schwimmen im österreichischen Wolfgangsee wurde Hannelore von einem Sicherheitsbeamten begleitet. Sie war seit Jahren daran gewöhnt, in der Öffentlichkeit kaum einen Schritt ohne Personenschutz zu tun. Sie mochte es nicht, wenn ein Sicherheitsbeamter einige Meter hinter ihr herging – ein möglichst normales Nebeneinander im wahrsten Sinne des Wortes war ihr lieber. Sie versuchte, im Rahmen ihrer Möglichkeiten, die Beamten einzubeziehen. Erkundigt man sich heute bei den Männern der Sicherheitskommandos, erhält man durchweg positive Äußerungen über Hannelore Kohl. Sie wurde gemocht und sehr geachtet, auch weil es ihr gelang, die Balance zwischen menschlicher Nähe und Distanz, die das Amt ihres Mannes erforderte, zu wahren. Bei allem Verständnis für Sicherheitsvorkehrungen und Bedrohungsszenarien hielt sie ihre Meinung nicht zurück, wenn ihr eine Maßnahme übertrieben schien. Einen eigenen Standpunkt zu vertreten, kam bei der Sicherheit durchaus an, und die meisten arbeiteten gerne für die Kohl-Familie, vor allem für Hannelore. Niemals erlebte sie illoyales Verhalten oder die Weitergabe von Vertraulichem. Gleiches galt für jene rheinland-pfälzischen Polizistinnen und Polizisten, die den Ludwigshafener Bungalow im Schichtdienst rund um die Uhr streng bewachten und jeden fremden Besucher im Auge hatten.

VERTRAUEN

Zu Hause in Ludwigshafen-Oggersheim wurden die Kohls durch das Ehepaar Hilde und Ecki Seeber unterstützt. Der treue Fahrer, Butler, Organisator und Helfer in allen Lebenslagen seit 1962 kannte die Wünsche und Bedürfnisse seines Chefs wie kein anderer. Aber auch für Hannelore war Ecki unentbehrlich. Wann immer es der Tagesablauf ihres Mannes zuließ, konnte sie auf Ecki zurückgreifen, der sie dann zu Dienstangelegenheiten chauffierte.

Als 1978 Hannelores langjährige Haushaltshilfe aus gesundheitlichen Gründen ihren Posten aufgeben musste, bat Hannelore Eckis Ehefrau Hilde Seeber, so lange auszuhelfen, bis eine geeignete Nachfolgerin gefunden war. Aus dieser Übergangslösung wurde eine 22 Jahre währende enge Zusammenarbeit mit der 1949 im badischen Münsingen geborenen Mutter von drei Kindern. Wie Hannelore hatte sie allein alle Lasten des familiären Lebens und der Kindererziehung getragen, seit ihr Mann 1962 in den Dienst von Helmut Kohl getreten war. Nach den ersten Tagen von Hildes Tätigkeit im Hause Kohl bemühte sich Hannelore schon gar nicht mehr ernsthaft um eine andere Haushaltshilfe und bot Hilde eine Festanstellung an. Die Chemie stimmte einfach zwischen den beiden Frauen. In der ersten Zeit reichte eine Halbtagsbeschäftigung, die mit Hildes Rolle als Mutter zu vereinbaren war. Außerdem beschäftigte Hannelore noch zwei weitere Frauen, die abwechselnd einmal in der Woche an einem Tag für Ordnung und Sauberkeit sorgten. Hilde Seeber war dagegen »Mädchen für alles«: Sie kaufte ein, kochte, wusch und bügelte. An den Wochenenden hatte sie in der Regel frei und kam deshalb mit Helmut Kohl so gut wie nicht in Kontakt. Das sollte sich erst nach Hannelores Tod 2001 ändern.

Mit der Kanzlerschaft ihres Mannes kam Hannelore in den Genuss von besonderen Privilegien und äußeren Symbolen der Macht, die das Amt mit sich brachte. Die wichtigste Neuerung war die Übernahme eines Dienstwagens mit Fahrer. Josef Rink, 1939 in Bonn geboren und ausgebildeter Kfz-Mechaniker, gehörte zu den erfahrensten Kraftfahrern des Bonner Kanzleramtes. Seit Ende 1961 fuhr er Bonner Spitzenpolitiker. Sein erster »Kunde« war der Stellvertretende Chef des Bundeskanzleramtes, Ministerialdirektor Reinhold Merker, ein Engvertrauter Konrad Adenauers. Mit Beginn der Großen Koalition aus CDU/CSU und SPD bekam Josef Rink 1966 einen neuen Chef: den Parlamentarischen Staatssekretär im Bundeskanzleramt Karl Theodor Freiherr von und zu Guttenberg, Großvater des im März 2011 zurückgetretenen Bundesverteidigungsministers. Der profilierte Außenpolitiker und scharfe Debattenredner gehörte zu den erbitterten Gegnern der Ostpolitik Willy Brandts und lehnte den Grundlagenvertrag zwischen der Bundesrepublik und der DDR 1972 kategorisch ab. Seit Jahren litt er an einer unheilbaren Krankheit, weshalb ihm das Gehen besonders schwerfiel. Josef Rink war beeindruckt vom ungebrochenen Lebenswillen des Konservativen und chauffierte den gehbehinderten Baron bis zum Ende der Großen Koalition 1969. Die guten Kontakte zu seinem ehemaligen Chef pflegte der Rheinländer bis wenige Monate vor dessen Tod Anfang Oktober 1972. Ihm hatte Josef Rink drei Jahre lang verlässliche Dienste geleistet und für einen allseits über die parteipolitischen Grenzen hinweg geachteten Politiker gearbeitet, von dem der Bonner bis heute in höchsten Tönen schwärmt.

Mit Beginn der sozial-liberalen Koalition aus SPD und FDP änderte sich für den Fuhrpark des Bundeskanzleramtes eine ganze Menge. Der personelle Austausch von der Spitze des Kanzleramtes bis zur Ebene der Ministerialdirektoren brachte den Fahrern neue Chefs. Eher durch Zufall wurde Josef Rink Zweitfahrer des neuen Bundeskanzlers Willy Brandt und seiner Gattin Rut. Erster Auftrag war eine Fahrt von Bonn nach Saarbrücken zum SPD-Parteitag, auf dem die Kanzlergattin an der Seite ihres Mannes auftrat. Diese Tour war der Beginn einer fast fünfjährigen äußerst abwechslungsreichen Zeit für den Rheinländer. Womit er nicht gerechnet hatte, war das spontane Angebot der zweiten Ehefrau des deutschen Bundeskanzlers Brandt, fortan ihr Chauffeur zu sein. Mit Rut Brandt, dieser wunderbaren Frau, die zu den auffallendsten Erscheinungen im Bonner Politikbetrieb zählte, erlebte Rink wichtige Jahre wechselvoller deutscher Geschichte. Die Mutter dreier Söhne, die im norwegischen Widerstand gegen die deutschen Besatzer aktiv gewesen war, machte auch außerhalb Bonns eine außerordentlich gute Figur und zählte zu den großen Sympathieträgern für ihren Mann und dessen Regierung. Rink kann stundenlang interessante Geschichten erzählen, ohne je die gebotene Verschwiegenheit und Vertraulichkeit zu verletzen. Vor allem seine Schilderungen über Fahrten mit Rut Brandt über die DDR-Transitstrecke nach West-Berlin stecken voller Anekdoten über Unwägbarkeiten bis zu unglaublichen Schikanen der Grenzer, die man nicht für möglich gehalten hätte.

Nach dem Rücktritt Willy Brandts 1974 wurde Josef Rink von Rut Brandt einfach an Loki Schmidt weitergereicht. Die Gattin des neuen Bundeskanzlers vertraute der Empfehlung ihrer Vorgängerin. Rink, der von seinen Kollegen nur »Jupp« genannt wird, musste sich nicht besonders umgewöhnen. Der parteilose, aber keineswegs unpolitische Rheinländer gehört zu jenen Menschen, die ihren Beruf sehr ernst nehmen, sich durch große Anpassungsfähigkeit, Bescheidenheit und absolute Loyalität auszeichnen. Als Helmut Schmidt im Oktober 1982 durch das konstruktive Misstrauensvotum im Deutschen Bundestag gestürzt wurde, ging für Josef Rink eine Ära zu Ende. Über 13 Jahre lang hatte er die Frauen der sozialdemokratischen Kanzler Brandt und Schmidt sicher chauffiert. Nun musste er mit einem Bruch in seiner Karriere rechnen. Denn je höher die Prominenz des Fahrgastes ist, umso angesehener ist auch der Fahrer – nicht nur bei den Kollegen, sondern im ganzen Politikbetrieb.

Jupp pflegte seit Jahren beste Kontakte zu Ecki Seeber. Der langjährige Fahrer des einstigen Bonner Oppositionsführers hatte bei den Treffen gerne geflachst und meinte dann, »bald werden wir Bundeskanzler«. Im gleichen Atemzug hatte er Rink gefragt, ob er in diesem Fall auch Hannelore Kohl fahren werde. Als in den Oktobertagen des Jahres 1982 tatsächlich der Regierungswechsel vollzogen wurde, nahm Seeber sofort Kontakt zu Josef Rink auf und erkundigte sich, ob er bereit sei, nun in die Dienste der neuen

Kanzlergattin zu treten. Während Rink keinen Moment zögerte, gab es zu Hause einige Diskussionen. Ehefrau Gisela, die sich seit zwanzig Jahren damit abfinden musste, dass ihr Mann ständig auf Abruf bereitstand und durch lange Abwesenheit glänzte, war nicht gerade begeistert von einer Verlängerung dieser Situation. Am Ende willigte sie aber noch einmal ein. Sie wusste am allerbesten, dass ihr Mann Autofahren als seinen Lebensinhalt betrachtete und todunglücklich gewesen wäre, nur noch durch das Bonner Umland fahren zu dürfen.

Nachdem Rink diese Hürde genommen hatte, bedurfte es noch der Zustimmung des Bundeskanzleramtes, und – was viel wichtiger war –, Hannelore Kohl musste ihn akzeptieren. Sie war von Ecki bestens informiert, wollte sich aber ein eigenes Bild von dem hochgelobten Kollegen verschaffen. Nach dem »Vorstellungsgespräch« in Ludwigshafen gab es eine Art Probezeit, während der Rink erhebliche Widerstände aus der CDU-Zentrale, dem Bonner Konrad-Adenauer-Haus, entgegenschlugen. Allein die Tatsache, dass er zwei sozialdemokratischen Kanzlergattinen »gedient« hatte, führte dort zu Irritationen. Der Bundeskanzler, dem das Ganze nicht verborgen geblieben war, nahm die Sache in die Hand. Er suchte das persönliche Gespräch mit dem Rheinländer und hatte nach wenigen Minuten eine Entscheidung gefällt. Die Empfehlung des Kanzlers an seine Frau war eindeutig. Nach diesem etwas holprigen Beginn entwickelte sich zwischen Josef Rink und seiner neuen Chefin eine tragfähige Zusammenarbeit, die mehr als 16 Jahre anhielt. In dieser Zeit verbrachte Hannelore mit ihrem Fahrer mehr Zeit als mit ihrem Mann.

Anfangs chauffierte Rink Hannelore Kohl im gleichen orangefarbenen BMW 520 wie zuvor schon Loki Schmidt. Am häufigsten wurde die Strecke Ludwigshafen-Bonn und retour zurückgelegt. Diese Fahrten wurden ohne Sicherheitsbeamten durchgeführt. Nur wenn Hannelore offizielle Termine wahrnahm, folgte dem Wagen ein Fahrzeug mit zwei Beamten des Bundeskriminalamts. In solchen Fällen saß häufig ein weiterer BKA-Mann in Hannelores Dienstfahrzeug. Es kam ganz auf die Größe und Öffentlichkeitswirksamkeit der Veranstaltung an. Kurzfristig wurde entschieden, wie viele Beamte des Sicherheitskommandos des Bundeskanzlers, das aus 12 bis 15 Beamten bestand, abgestellt wurden. Das Bundeskriminalamt schaltete sich immer dann sofort ein, wenn Erkenntnisse über potenzielle Bedrohungen vorlagen. Wie alle Fahrer der Bonner Spitzenpolitiker, musste auch Josef Rink Fahrerlehrgänge und Sicherheitstrainings absolvieren, die von Mitarbeitern des BKA durchgeführt wurden. Außerdem unterzog sich Hannelores Fahrer alle zwei Jahre einer Sicherheitsüberprüfung, die in der Verantwortung des Kölner Bundesamtes für Verfassungsschutz lag. Bei besonderen Anlässen wie Staatsbesuchen oder außergewöhnlichen Bedrohungsszenarien stiegen Hannelore und ihr Fahrer auf größere und vor allem sicherere BKA-Fahrzeuge um.

Nachdem der BMW ausgemustert worden war, stand Hannelore ein Mercedes vom Typ 200 zur Verfügung. Auf den Autofahrten quer durch die Republik hatte sie sich angewöhnt, Büroarbeiten auf dem Rücksitz zu erledigen. Da der Dienstwagen seit Mitte der Achtzigerjahre mit einem Telefon ausgestattet war, nutzte sie die Fahrzeit, um telefonisch Arbeiten zu delegieren, selbst zu recherchieren und Veranstaltungen zu organisieren. Ein weiterer Vorteil des Telefons war, dass sie für ihre Kinder, ihren Mann und später auch ihr Büro erreichbar war.

Als Kanzlergattin bekam sie kein Gehalt und verfügte zunächst über keinen Stab. Es gab weder eine Bürokraft noch einen Büroraum oder gar ein finanzielles Budget. Der Bundeskanzler stellte seiner Frau ein Zimmer im Konrad-Adenauer-Haus zur Verfügung, das er selbst kaum nutzte. Hier bereitete sie sich auf Auslandsreisen vor, bearbeitete die zahlreichen Petitionen der Bürger und koordinierte Termine im In- und Ausland. Zur Seite stand ihr der damalige Referent des CDU-Bundesvorsitzenden Michael Roik, der bis zum Ende von Kohls Kanzlerschaft 1998 ihre Öffentlichkeits- und

Pressearbeit betreute. Der Diplomübersetzer für Englisch und Spanisch, der in den Neunzigerjahren nebenbei Politikwissenschaft und Staatsrecht studierte und 2006 an der Universität Bonn promovierte, wurde rasch ihr wichtigster Berater. Der politisch versierte Rheinländer, ausgestattet mit ausgeprägtem Sinn für Machbares und innerhalb der Unionsparteien hervorragend vernetzt, galt als einflussreicher Zuarbeiter. Wenngleich bei der täglichen Arbeit Helmut Kohl die absolute Priorität galt, fand Roik immer noch genügend Zeit, sich um die Belange von Hannelore Kohl zu kümmern. Er war ihr ständiger Begleiter bei Außenterminen, stimmte sich mit ihr ab, wenn es um ihre Auftritte innerhalb des Bonner politischen Establishments ging, und bereitete auch Reden und Interviews vor. Seine Verbindungen innerhalb der Parteizentrale und seine Kontakte zu wichtigen Mandatsträgern und Medienvertretern erleichterten ihm die Zuarbeit für die Kanzlergattin. In den 16 Jahren der engen Zusammenarbeit entwickelte sich ein Vertrauensverhältnis, auf das Hannelore immer bauen konnte. Hinzu kamen Roiks hohe Einsatzbereitschaft, seine Sprachbegabung und besondere Formulierungskunst, die Hannelore zu nutzen wusste. Große Verdienste erwarb sich der heutige Ministerialdirigent im Bundeskanzleramt auch um Hannelores zunehmende Selbstsicherheit und um den spürbaren Abbau von Vorurteilen und Klischees, die der Frau des Mannes aus der Provinz jahrelang anhingen.

Anfang Oktober 1985 bekam das Zwei-Mann-Team Verstärkung. Hannelore entschied sich für die zwanzig Jahre jüngere Hannelore Moos als Bürokraft, eine gelernte Kauffrau mit Handelsschulabschluss und vertraut mit allen Vorgängen der CDU-Öffentlichkeitsarbeit. Zwischen den beiden Hannelores entwickelte sich im Laufe der Jahre ein besonders inniges Verhältnis. Moos, die – wie Hannelore Kohl oft meinte –, ihre Tochter hätte sein können, gehörte sehr bald zu den wenigen Engvertrauten im Bonner Regierungs- und Parteienbetrieb. Hannelore spielte sich selten als Chefin, als Arbeitgeberin oder autoritäre Befehlsgeberin auf. Viel Verständnis hatte sie für persönliche Anliegen und Probleme ihrer Mitarbeiter im Konrad-Adenauer-Haus. So wie sie sich selbst als Mutter für alles sah, so verhielt sie sich auch den Angestellten gegenüber – ob privat in Ludwigshafen oder dienstlich in Bonn. Ihre soziale Kompetenz und ihr äußerst sensibler Umgang mit den Menschen in ihrem unmittelbaren Umfeld sind diesen bis heute unvergesslich und Zeichen menschlicher Größe.

Kapitel 7

SYMPATHIETRÄGERIN

Die Bilanz der ersten Legislaturperiode fiel aus der Sicht des amtierenden Kanzlers durchaus positiv aus. Die Preise waren stabil, die Wirtschaft wuchs, die Realeinkommen stiegen und die Zahl der Beschäftigten nahm zu. In Kohls Memoiren wird belegt, dass rund 600 000 Arbeitsplätze neu geschaffen wurden und die Zahl der Kurzarbeiter drastisch abnahm. Dennoch sparten Kohls Herausforderer Johannes Rau und seine SPD nicht an Kritik. Der Wahlkampf war geprägt von Themen wie den explodierenden Kosten im Gesundheitswesen und sozialer Gerechtigkeit. Während Anfang Januar 1987 weite Teile der Bevölkerung bei Umfragen für eine Abwahl der Regierung Kohl plädierten, gelang es dem engagierten Wahlkämpfer, auf der Zielgeraden seine Anhänger zu mobilisieren. Auch diesmal unterstützte die Kanzlergattin die Bemühungen ihres Mannes. Vor allem durch ihr soziales Engagement brachte sie den Unionsparteien viel Sympathie ein. Und ihre öffentlichen Auftritte an der Seite ihres Mannes zählten zu den Highlights des CDU-Wahlkampfs. In den letzten Wahlkampfwochen mischte sie sich richtig ein, gab Interviews und vertrat ihren Mann auf mehreren Veranstaltungen. Dabei bediente sie sich eines gelungenen Schachzugs. Sie überbrachte als allererstes die besten Grüße und Wünsche ihres

Mannes und erntete mit diesem Einstieg starken Applaus. Grundsätzlich ließ sie ihrem Mann den Vortritt und sei es auch nur mit einer verbalen Geste.

Das Ergebnis der Bundestagswahl am 25. Januar 1987 war zwar nicht überwältigend, doch die Regierung Kohl/Genscher erhielt für die nächsten vier Jahre einen klaren Wählerauftrag. Die Union verlor vier Prozentpunkte und kam auf 44,3 Prozent der Stimmen, während die FDP um zwei Punkte zulegte und 9,1 Prozent erzielte. Die SPD musste leichte Verluste hinnehmen, während die Grünen einen gewaltigen Sprung auf einen Stimmenanteil von 8,3 Prozent machten. Kohls Herausforderer Johannes Rau zog sich aus der Bundespolitik zurück und konzentrierte sich wieder auf das Amt des Ministerpräsidenten von Nordrhein-Westfalen.

Nach dem hart geführten Wahlkampf kehrte wieder Ruhe in den Arbeitsalltag ein. Hannelore Kohl pendelte zwischen dem »Büro« im Bonner Konrad-Adenauer-Haus in der Friedrich-Ebert-Allee und dem Sitz des Kuratoriums ZNS in der Humboldtstraße. Je nach Aufgabe wechselte sie die Schreibtische. Sie zeigte Präsenz in Bonn, wirkte entspannter und offener als früher bei Fernsehauftritten. Sie trat mehrfach bei Thomas Gottschalk im ZDF auf, ließ sich von einer Journalistin bei RTL porträtieren, sprach zur Eröffnung der Bonner Opern-Gala und eröffnete in Ludwigshafen in der Berufsgenossenschaftlichen Unfallklinik das Symposium »Computer helfen heilen«. Aus Anlass des fünfjährigen Bestehens des Kuratoriums ZNS stellte sie sich im Bonner Presseclub den Journalisten und feierte mit Bild-Bonn das Sommerfest zugunsten von ZNS. Zum Abschluss des Jahres 1987 folgte ein Auftritt in der beliebten ZDF-Sendung *Und die Musik spielt dazu*, in der eine Benefizschallplatte vorgestellt wurde, deren Einnahmen in die Spendenkasse flossen. Unermüdlich warb die Kanzlergattin Gelder ein. Es waren Hannelores engagierteste und erfolgreichste Bonner Jahre, in denen sie sich fast wie eine hauptamtliche Präsidentin in den Dienst ihres Kuratoriums stellte.

Zwischendurch absolvierte sie immer wieder Auftritte als Frau an seiner Seite. Am 12. Juni 1987 erlebte sie zusammen mit ihrem Mann und dem Ehepaar Ronald und Nancy Reagan einen besonderen Berlin-Aufenthalt. Der amerikanische Präsident hatte vor dem Brandenburger Tor einen großen Auftritt. In seiner historischen Ansprache sagte er unter anderem: »Generalsekretär Gorbatschow, wenn Sie nach Frieden streben, wenn Sie Wohlstand für die Sowjetunion und die Völker Osteuropas wünschen, wenn Sie die Liberalisierung wollen, dann kommen Sie hierher zu diesem Tor! Herr Gorbatschow, öffnen Sie dieses Tor! Herr Gorbatschow, reißen Sie diese Mauer nieder.« Das waren Sätze ganz nach dem Geschmack Hannelore Kohls, die sich zwar gerne als unpolitische Zeitgenossin gerierte, aber wenn es um die deutsch-deutschen Beziehungen ging, war sie politisch hellwach.

Ende Juni 1987 erhielt sie in Washington für ihre Verdienste um die in Rheinland-Pfalz stationierten amerikanischen Soldaten als erste Deutsche den »International Service Award«, den »Oscar der Hilfsbereitschaft«. Diese Auszeichnung nahm sie für ihr Engagement als frühere Landesmutter von Rheinland-Pfalz entgegen; jahrelang hatte sie sich um US-Soldaten und deren Familien gekümmert. Bei der Verleihung des Preises im Rahmen eines festlichen Gala-Diners hatte Hannelore einen triumphalen Auftritt. Ihre Dankesrede in blendendem Englisch sorgte für Aufsehen. In ihrer Ansprache lobte sie die Leistungen Amerikas für die Sicherheit der Bundesrepublik und hob als Mutter von zwei Söhnen, die in der Bundeswehr gedient hatten, die Bedeutung der Soldaten für die Verteidigung der Freiheit hervor. Auch bei diesem Auftritt glänzte Hannelore nicht nur mit sprachlicher Brillanz und Souveränität, sondern sparte nicht an Witz und Humor. Das kam beim amerikanischen Publikum an, das ihre sympathische, charmante und positive Ausstrahlung mit lang anhaltendem Applaus bedachte.

Als Sympathieträgerin für ihren Mann und seine Politik reiste sie um die ganze Welt, war bereits zweimal in China. Private Reisen führten sie nach Nordafrika: nach Ägypten, Tunesien und Marokko bis an die algerische Grenze, wovon sie lange zehrte und schwärmte. Die leidenschaftliche Autofahrerin steuerte sogar bei einer Safari einen Jeep durch die Sahara, was sie hinreißend fand. Hannelore besuchte in ihrem Leben viele Länder privat oder dienstlich an der Seite ihres Mannes. Allerdings verzichtete sie grundsätzlich auf Reisen in Länder, in denen Impfzwang herrschte. Sie vertrug Impfungen nur sehr schlecht und lag einmal nach einer harmlosen Grippe-Schutzimpfung über acht Wochen lang mit einer schweren Lungenentzündung krank darnieder. Danach hatten ihr die Ärzte striktes Impfverbot erteilt, egal für was. Daher musste sie auf sämtliche Reisen, die etwa in Malaria-, Gelbfieber- oder Choleragebiete führten, verzichten.

Bei einem offiziellen Besuch des Kanzlers im Juli 1987 in Nepal, Tibet und China war Hannelore hingegen dabei. Diese Reise gehörte zu den eindrücklichsten und folgenreichsten ihres Lebens. Denn in Nepals Hauptstadt Katmandu kam es zu einem Zwischenfall. Nach der Fahrt vom Flughafen zum Hotel in einem Rolls-Royce-Oldtimer passierte es: Gerade als ein Sicherheitsoffizier des nepalesischen Protokolls Hannelore die Wagentür geöffnet hatte, rollte die Limousine noch einmal unvermittelt an. Das rechte Bein bereits auf dem Boden, verfing sich Hannelores linker Fuß im Fonds des Rolls-Royce. Die Folge war eine Zerrung, die zunächst recht harmlos erschien. Kurz darauf schwoll das Bein allerdings stark an. Jetzt konnte nur noch kaltes Wasser oder Eis helfen. Im Hotel gab es indes keine Eiswürfel, sondern nur sogenanntes Splittereis, dessen scharfe Kanten nach mehrmaliger Anwendung Hannelores Haut aufritzten. Das offensichtlich mit Keimen infizierte Eis löste eine Blutvergiftung aus, die dramatische Folgen hatte. Hannelores Bein, das mittlerweile stark eiterte, wurde – nur lokal betäubt – alle vier bis fünf Stunden aufgeschnitten, damit der Eiter abfließen konnte. Die Wunde durfte sich keinesfalls schließen und zuwachsen. Trotz starker Medikamente und ärztlicher Erstversorgung war es Hannelore kaum möglich, am Besuchsprogramm teilzunehmen. Sie war gerade noch fähig, sich eine halbe Stunde am abendlichen Empfang zu beteiligen. Die Folgen der schweren Blutvergiftung quälten sie noch Wochen nach der Reise.

* * *

Im September 1987 besuchte der Generalsekretär der SED und DDR-Staatsratsvorsitzende Erich Honecker die Bundesrepublik. Hannelore sah dem Treffen mit gemischten Gefühlen entgegen. Sie mochte den Mann einfach nicht, der seine Landsleute mit Waffengewalt in der DDR hielt. Dass er und seine SED die Meinungsfreiheit, die Presse- und Reisefreiheit tagtäglich verletzten und Honecker sich dann als Friedensengel in der Bundesrepublik präsentieren wollte, trieb der ehemaligen Leipzigerin die Zornesröte ins Gesicht. Wenngleich ihr Mann den Honecker-Besuch geschickt nutzte, um über beide Fernsehstationen in der Bundesrepublik und der DDR live Menschenrechtsverletzungen anzuprangern, für größere Reisefreiheit zu plädieren und den Wiedervereinigungsgedanken klar zu formulieren, blieb sie unversöhnlich. Tatsächlich stimmte die DDR nach dem Besuch Erleichterungen im innerdeutschen Reise- und Postverkehr zu – was aber weniger an politischer Einsicht gelegen haben dürfte, als an der prekären wirtschaftlichen Situation im Osten.

Wie wenig die Bürger der DDR davon profitierten, erlebten die Kohls bei der einzigen Privatreise, die sie während Helmuts Kanzlerschaft absolvierten. In den Jahren zwischen 1974 und 1976 war die Familie zusammen mit wenigen engen Mitarbeitern zu Kurzbesuchen in die DDR gereist. Der jüngste Kohl-Sohn Peter hatte zudem mit einer Jugendgruppe 1984 eine Woche lang die DDR besucht. Er gehörte ebenso zum Tross des Bundeskanzlers und seiner Ehefrau Hannelore wie die Regierungssprecher Friedhelm Ost und Ministerialdirektor Wolfgang Bergsdorf, als diese Ende Mai 1988 zu einer neuen Privatreise hinter den Eisernen Vorhang aufbrachen.

Besichtigt wurden die Städte Eisenach, Erfurt, Gotha und Weimar mit einer Übernachtung im berühmten Hotel »Elefant«. Weiter standen Leipzig und Dresden auf dem Programm.

Für den Kanzler war ein Höhepunkt der Reise der Besuch des Oberligafußballspiels »Dynamo Dresden« gegen »Carl Zeiss Jena« in der Elbmetropole, auf das Hannelore gerne verzichtete. Als kulturelles Highlight hatte sie sich eine Vorstellung in der Semperoper gewünscht. Auf dem Programm stand Richard Wagners Oper *Der Tannhäuser*. Als besonderer Fan klassischer Musik in der Familie genoss sie die wunderbare Vorstellung mit einer herausragenden Inszenierung. Bei der Ouvertüre und dem Pilgerchor summte sie sogar leise mit. In ihrem blauen Abendkleid war sie zweifellos für jedermann eine Augenweide, eine auffallende Schönheit. Später berichtete sie mit großem Enthusiasmus von diesem Kunstgenuss und erzählte vom spürbaren Raunen im Opernhaus, als die Kohl-Familie und ihre Begleitung auf dem großen Balkon Platz nahm. Ein rundum gelungener Abend, der von der Situation im Land hätte ablenken können – wären nicht der Kohl-Delegation beim Verlassen des Musentempels klammheimlich manche Zettel zugesteckt worden. Diese kurzen Notizen waren zum Teil dramatische Appelle, Kohl möge etwas unternehmen, Bürgern bei der Ausreise helfen oder etwas gegen die fortwährende Unterdrückung im Oststaat tun.

Diese erste und einzige Privatreise eines deutschen Bundeskanzlers in der Geschichte der beiden deutschen Staaten beschloss ein Gottesdienstbesuch in der katholischen Kathedrale von Dresden. Die Gläubigen verharrten solange in ihren Bänken, bis das Ehepaar Kohl die Kirche durch den Mittelgang verlassen hatte. Vor dem Bischofssitz spielten sich bemerkenswerte Szenen ab. Trotz der nicht erkennbaren, aber anwesenden Stasi-Aufpasser wurden Hannelore und Helmut immer wieder von Bürgern fotografiert, und mehrere hundert Menschen spendeten Beifall. Für das Kanzlerpaar war dieser DDR-Aufenthalt nach eigenen Worten eine der bewegendsten Reisen in ihrem Leben. Vielleicht gerade weil ihnen klar war, dass sie – in vor-

213

nehmer Distanz – auf Schritt und Tritt von offiziellen und inoffiziellen Mitarbeitern des Ministeriums für Staatssicherheit begleitet wurden. Die Überwachung machte auf unangenehm bedrückende Weise greifbar, was man ohnehin wusste. Dass Helmut Kohl in all seinen politischen Führungspositionen und besonders als Bundeskanzler, aber selbst seine Familie, unter Telefonkontrolle der DDR-Auslandsspionage stand, davon konnte sich der Pfälzer nach Öffnung der Stasi-Akten persönlich überzeugen. In weiser Voraussicht führte er bis 1989 ganz wichtige Telefonate grundsätzlich aus einer der berühmten gelben Telefonzellen der Deutschen Bundespost. Seine Annahme, sich damit der Telefonkontrolle des DDR-Geheimdienstes entziehen zu können, erwies sich allerdings als trügerisch. Auch diese Gespräche wurden über den Empfänger des Telefonats in der Regel abgehört und mitgeschnitten. Diese im Stasi-Jargon »Zielkontrollaufträge« genannten Mitschnitte betrafen auch die Telefonate von Helmut Kohl mit seiner Ehefrau. Die Privatanschlüsse in Ludwigshafen und in Bonn waren der DDR-Auslandsspionage ebenso vertraut wie die dienstlichen Telefonnummern des CDU-Bundesvorsitzenden, des CDU/CSU-Oppositionsführers und Bundeskanzlers, die in Ost-Berlin gespeichert waren und rund um die Uhr angezapft wurden.

∗ ∗ ∗

Hannelore und Helmut Kohl befanden sich gerade auf einer Indonesien-Reise, als sie am 3. Oktober 1988 über den Tod des bayerischen Ministerpräsidenten Franz Josef Strauß informiert wurden. Gefühle der Trauer hielten sich in Grenzen. Hannelore mochte den bayerischen Trouble-Maker nicht. Was hatte er ihrem Mann nicht alles angetan! Niemals konnte sie vergessen, wie verletzend seine öffentlichen Äußerungen über Helmut Kohl all die Jahre gewesen waren, welche Charaktereigenschaften er ihrem Mann abgesprochen und mit wie viel Häme er den Pfälzer immer wieder überzogen hatte. Durch solche persönlichen Verunglimpfungen ihres Mannes fühlte sie sich gleichsam mit in Sippenhaft genommen. Den Trauerfeierlichkeiten mit dem Requiem, das Kardinal Ratzinger, der heutige Papst Benedikt XVI., zelebrierte, und dem Staatsakt im Münchner Herkulessaal wäre Hannelore am liebsten ferngeblieben. Diesem Menschen die letzte Ehre zu erweisen, empfand sie im Grunde ihres Herzens als kaum zu ertragende Zumutung. Doch auch diesmal gestattete sie sich nicht, sich von Gefühlen leiten zu lassen. In einem unserer Gespräche gestand sie, für einen Augenblick ernsthaft überlegt zu haben, einen grippalen Infekt vorzuschieben, um dieser Veranstaltung fernbleiben zu können. Am Ende siegten ihre preußische Pflichtauffassung und die Zwänge des Protokolls. An der Seite ihres Mannes mischte sie sich unter die trauernde Prominenz und lauschte den zum Teil fast heuchlerischen Nachrufen, auch seitens ihres Mannes. Hannelore kannte seine Einstellung zu Franz Josef Strauß und erlebte nun, wie Helmut seinen »übergeordneten Pflichten« als Kanzler der Bundesrepublik und Vorsitzender der CDU Deutschland nachkam und Sätze vortrug, die wohl kaum seiner wahren Haltung und inneren Überzeugung entsprachen. Natürlich wusste sie, dass er kaum anders handeln konnte, aber die Scheinheiligkeit der politischen Kaste, die im Nachgang der Trauerfeierlichkeiten für den mächtigen Bayer durchschien, förderte einmal mehr ihre Vorbehalte und ihr Misstrauen gegenüber Politikern.

* * *

Um die lange Eiszeit zwischen Bonn und Moskau zu beenden, reisten der Bundeskanzler und seine Gattin mit großer Delegation Ende Oktober 1988 in die sowjetische Hauptstadt. In einem Interview hatte Kohl den sowjetischen Staatschef Michail Gorbatschow zwei Jahre zuvor mit dem NS-Propagandaminister Josef Goebbels verglichen. Beide seien »Experten für Public Relations«. Der Kreml hatte umgehend reagiert und den Besuch einer Delegation um Forschungsminister Riesenhuber abgesagt. Seitdem war das Verhältnis angespannt gewesen und noch im Frühjahr 1988 hatte es ernsthafte Unstimmigkeiten gegeben, weil sich die Terminkoordination als äußerst schwierig erwies.

Der Besuch in Moskau läutete eine neue Phase zwischen den Staatslenkern Kohl und Gorbatschow ein, die entscheidend zur späteren Wiedervereinigung beitrug. Hannelore hingegen blieb sehr reserviert. Daran änderte auch ein gemeinsamer Konzertbesuch der beiden Ehepaare nichts. Hannelore absolvierte das übliche Damenprogramm und lauschte ein wenig gelangweilt den oft langatmigen Ansprachen beim abendlichen Diner im Kreml. Für sie war der Besuch des Kanzlerehepaares beim sowjetischen Kernphysiker, Bürgerrechtler und Friedensnobelpreisträger Andrej Sacharow und dessen Frau Jelena Bonner weit interessanter. Das Gespräch mit den beiden mutigen Dissidenten, die Hungerstreik und Verbannung hatten erleben müssen und vom sowjetischen Geheimdienst systematisch gequält und gefoltert worden waren, gehörte zu den Höhepunkten des Moskau-Aufenthalts. Hannelore schien sich zwar auch mit Raissa Gorbatschowa ganz gut zu verstehen, innerlich ging sie aber auf deutliche Distanz, ohne es sich anmerken zu lassen. Seit ihrer traumatischen Erfahrung 1945 sah sie sich nicht in der Lage, den Menschen des großen sowjetischen Imperiums wirklich näherzukommen. Mit jedem Kontakt zur Sowjetunion, ihren Menschen, ihrer Sprache, ihrer Politik und Kultur wurde sie an die brutale Vergewaltigung durch sowjetische Soldaten erinnert. Eine leichte Besserung stellte sich erst ein, als die sowjetischen Besatzungstruppen 1994 das geeinte Deutschland verließen. Bis zu diesem Zeitpunkt kam Hannelore mit aufgesetztem Lächeln ihrem Auftrag als Kanzlergattin nach, auch in dem Bewusstsein, wie bedeutsam die deutsch-sowjetischen Beziehungen für die Wiedervereinigung gewesen waren. Während Helmut Kohl alles daran setzte, mit den russischen Machthabern verlässliche Beziehungen zu begründen und Abmachungen zu treffen, ging Hannelore – von Außenstehenden niemals zu spüren – auf Distanz. Darüber verlor sie bis zu einem Gespräch mit mir kurz vor ihrem Tod kein Wort.

* * *

Im Jahr 1989 standen nicht nur eine ganze Reihe von Jubiläen an, sondern auch die wichtigen Besuche der beiden mächtigsten Männer der Welt. Der neue amerikanische Präsident George Bush hatte sein Kommen ebenso angekündigt, wie KPdSU-Generalsekretär Michail Gorbatschow. Hannelore wusste um die Besonderheit der deutsch-amerikanischen Beziehungen und unterstützte das Bemühen ihres Mannes, mit dem neuen Chef des Weißen Hauses eine enge und vertrauensvolle Zusammenarbeit zu erreichen. Dass Bush seine wichtige Rede ausgerechnet in Mainz hielt und dabei für Deutschland und Amerika eine »Partnerschaft in der Führung« forderte, freute die Kanzlergattin ebenfalls. Die Bilder von der Rheintour der beiden Ehepaare zeigen eine völlig entspannte Hannelore in ständigem Gespräch mit Barbara Bush, zu der sich im Laufe der Jahre eine enge Freundschaft entwickelte. Zu keiner anderen Frau eines Staatsmannes hatte Hannelore ein so inniges Verhältnis wie zu Barbara Bush, die sie nicht nur wegen ihrer Herzlichkeit mochte. Die acht Jahre ältere Präsidentengattin mit ihrer Lebenserfahrung, Lebensweisheit und ihrer unverkrampften Empathie schätzte Hannelore sehr. Sie bewunderte ihre Gelassenheit und Unaufgeregtheit und sah in ihr das Idealbild einer Politikergattin.

Das Verhältnis zu Raissa Gorbatschowa indes, die nur ein Jahr jünger als Hannelore war, das teilte sie mir mit, stand für Hannelore immer unter dem Eindruck der schrecklichen Ereignisse der Vergangenheit. Daran änderte auch der offizielle Gegenbesuch der Gorbatschows Mitte Juni 1989 nichts. Raissa hatte nach ihrem Studium der marxistisch-leninistischen Philosophie als Lehrerin gearbeitet und nach der Geburt ihrer Tochter Irina mit einer Arbeit über Lebensbedingungen auf Kollektivfarmen promoviert. Raissas praxisnahe Dissertation prangerte vor allem überkommene Vorstellungen über die soziale Rolle der Frau in der Provinz an. Die sozial und kulturell engagierte Raissa, die unter anderem die Schirmherrschaft für eine internationale Kinderhilfsorganisation innehatte, hätte eine interessante Gesprächspartnerin sein können. Aber Hannelore konnte nicht über ihren Schatten springen. Sie wahrte Haltung, war freundlich und charmant und bewegte sich immer im Rahmen des Protokolls – zu übertrieben persönlicher Nähe sah sie auch beim Abendessen im kleinen Kreis im Kanzlerbungalow keinen Anlass. Wenngleich sie dort maßgeblich für eine entspannte Atmosphäre sorgte, von der auch die hochpolitischen Gespräche der Ehemänner profitierten.

Beim Rundgang auf dem Bonner Rathausplatz ereigneten sich unvergessliche Szenen. Gorbatschow schlugen Wogen von Sympathie- und Freundschaftsbekundungen entgegen, die sich in eine wahre »Gorbimanie« steigerten. Das spätere Vier-Augen-Gespräch Helmut Kohls mit dem sowjetischen Gast im Park des Bundeskanzleramtes mit Blick auf den Rhein wurde zum Schlüsselerlebnis für beide Männer.

Das Damenprogramm führte Hannelore und Raissa unterdessen auch auf den größten russischen Soldatenfriedhof der Bundesrepublik im westfälischen Stukenbrock. Ein außergewöhnlicher Programmpunkt, der Hannelore alles abverlangte. Sie bewahrte Haltung, ließ sich nicht anmerken, was sich in ihrem Inneren abspielte. Dass sie ausgerechnet diesem Vorschlag des Protokolls folgen musste, belastete sie sehr. Doch eine Änderung des Damenprogramms wäre nur schwerlich möglich gewesen und hätte nur zu Irritationen geführt. Niemand konnte ahnen, welche Erinnerungen bei der Kanzlergattin hochkommen würden. Allenfalls ihr Mann hätte ahnen können, dass der Besuch eines sowjetischen Soldatenfriedhofs für seine Frau unzumutbar war. Dem Bundeskanzler fehlte vielleicht die Sensibilität oder auch das Interesse. Der Besuch auf dem Friedhof ließ das alte Trauma wieder aufleben, die Erinnerung an

Ohnmacht und Ausgeliefertsein, an den Beginn seelischer Verletzungen großen Ausmaßes. Die Kraft, die Hannelore aufbringen musste, um weiter zu funktionieren und das Restprogramm abzuspulen, war enorm. Entgegen allen Bekundungen des Memoirenschreibers Helmut Kohl war gerade der Besuch des Ehepaars Gorbatschow in Bonn 1989 eine schwere Belastung für Hannelore. Sie durfte sich – wie immer – nichts anmerken lassen, musste wegstecken, verdrängen und dafür äußerste Disziplin aufwenden.

UMBRÜCHE

Während des Sommerurlaubs im österreichischen Sankt Gilgen lief das übliche Programm ab. Ständige Telefonate mit dem Bonner Kanzleramt, politische Gespräche mit angereisten Gästen, Interviews mit Journalisten von ARD und ZDF, Fototermine, bei denen die heile Welt der Vorzeigefamilie Kohl dokumentiert werden sollte. Haltung bewahren, lautete die Devise, das Lächeln aufsetzen, damit die Kameraleute und Fotografen die gewünschten Bilder erhielten. Dabei wäre Hannelore am liebsten weggelaufen, hätte gerne alles hinter sich gelassen und sich lieber an den Sonnenstränden der Welt vergnügt. Das Einzige, was ihr wirklich Abwechslung brachte, waren Treffen mit einer befreundeten Heimatdichterin und gemeinsame Shopping-Touren mit ihr in Salzburg. Ausspannen, erholen, auftanken, Kräfte sammeln: Davon hatte sie eigentlich andere Vorstellungen. Doch es half nichts. Drei Wochen lang wurde ein Programm abgespult, dem Hannelore nichts, aber auch gar nichts abgewinnen konnte. Doch niemals wäre sie auf die Idee gekommen, dagegen zu opponieren, sich den Vorstellungen ihres Mannes entgegenzustellen.

In die Langeweile der Sommerferien des Jahres 1989 platzten die Fernsehbilder von geflohenen DDR-Bürgern, die zu Tausenden in die Botschaften der Bundesrepublik in Ungarn und Tschechien strömten. Diese Bilder schreckten auch Hannelore auf. Die bange Frage war, wie sich Moskau bei all diesen Umwälzungen verhalten würde. Eine Frage, die nicht nur die Menschen auf privater Ebene beschäftigte, sondern auf höchster politischer Ebene die Staats- und Regierungschefs in Europa und weltweit. Unvergessen die Bilder aus dem Kalten Krieg, als Moskau mit Panzern auf Aufstände in Ostberlin und später in Prag reagiert hatte.

In dieser angespannten Situation erlebte Hannelore ihren Mann von einer ganz neuen Seite. Über parteiinterne Querelen, über politische Auseinandersetzungen, denen ihr Mann beinahe tagtäglich ausgesetzt war, sprachen die Eheleute Kohl so gut wie nie. Hannelore informierte sich umfassend durch Zeitung, Rundfunk und Fernsehen. Im Herbst 1989 trat insofern eine Änderung ein, als der Kanzler seiner Frau Einblicke in sein Seelenleben gewährte, wie selten zuvor. Es war nur noch wenig von seiner bekannten Gelassenheit zu spüren. Neben den dramatischen Umwälzungen in der DDR musste er sich innenpolitisch mit Gerüchten über einen Putschversuch auseinandersetzen. Er ließ Hannelore wissen, wie sehr ihn die Absicht einiger Parteifreunde bewegte und kränkte, ihn auf dem Bremer Parteitag Anfang September zu stürzen. Hinzu kam eine Prostata-Erkrankung, die Helmuts politisches Agieren stark beeinträchtigte. Ärzte rieten zur sofortigen Operation, die angesichts des unmittelbar bevorstehenden Parteitages aus der Sicht des Patienten völlig ausgeschlossen war. Einem Ärzteteam gelang es, den Kanzler medizinisch soweit zu versorgen, dass die Operation auf einen Tag nach dem Parteitag verschoben werden konnte. Hannelore machte sich große Sorgen und fand diese Lösung alles andere als dem Krankheitsbild angemessen. Doch auch hier setzte sich der allmächtige Gatte durch und wischte Hannelores Bedenken vom Tisch. Wie in Kohls Memoiren in allen Facetten nachzulesen ist, überstand er mit Hilfe seines Leibarztes den Bremer Parteitag. Für den CDU-Vorsitzenden noch wichtiger war das Scheitern der Putschisten. Der Aufstand der Kohl-Kritiker ging ins Leere. Die Feigheit der Akteure und die Treue seiner Anhänger, der Kohlianer, verhalfen dem alten und neuen Parteichef zu einem triumphalen Wahlergebnis und einem Sieg über seine Gegenspieler. Dass der Kanzler und Parteichef am Vorabend des Parteitages die Grenzöffnung durch Ungarn verkünden konnte, war ein Geschenk des Himmels und für den Amtsinhaber ein einziger Triumph. Hannelore, die in dieser schwierigen innerparteilichen Gemengelage ihrem Mann ganz nahe stand, genoss den Erfolg in Bremen. Die Bilder vom Parteitag zeigen eine Hannelore Kohl, die geradezu enthusiastisch den innerparteilichen Sieg ihres Mannes über die Späths, Süssmuths, Geißlers, Biedenkopfs und viele andere »Parteifreunde« feierte. Ihre Genugtuung bemerkten nicht nur die engsten Mitarbeiter. Hannelore zeigte nach außen demonstrative Zufriedenheit, die man bei der sonst so kontrollierten Kanzlergattin höchst selten erlebte.

Nach dem Bremer Parteitag überschlugen sich die Ereignisse in Deutschland. Die Fluchtwelle der DDR-Bürger schwoll von Woche zu Woche an, die Bilder aus den deutschen Botschaften in Warschau, Prag und Budapest gingen um die Welt. Hannelore war zutiefst beeindruckt vom Mut der DDR-Bürger, von ihrem unstillbaren Willen, ihr Schicksal selbst in die Hand zu nehmen.

* * *

Als die Berliner Mauer am Abend des 9. November 1989 fiel, hielt sich Hannelore ganz alleine zu Hause in Ludwigshafen auf. Eine

Freundin hatte sie angerufen und aufgeregt gebeten, den Fernseher einzuschalten. Helmut Kohl war am Vormittag zu einem von langer Hand vorbereiteten politisch wichtigen und zugleich schwierigen Besuch nach Warschau geflogen. Während er an einem Abendessen teilnahm, wurde in Ost-Berlin Geschichte geschrieben. Vor der versammelten Presse verlas SED-Chef Günter Schabowski eine Erklärung, nach der die Bürger der DDR Reisefreiheit erhalten sollten. Es folgte der legendäre Satz: »Das trifft nach meiner Kenntnis … ist das sofort, unverzüglich.« Sofort strömten Zehntausende zu den Grenzübergängen, die um 22 Uhr geöffnet wurden. In Berlin tanzten die Menschen vor dem Brandenburger Tor und kletterten auf die Mauer. Hannelore saß vor dem Fernseher, traute ihren Augen nicht und weinte vor Freude. Ihr Telefon stand nach den ersten Meldungen über die Maueröffnung nicht mehr still. Nur der Kontakt zu ihrem Mann in Polen kam nicht zustande, was sie sehr bedauerte. Zu gerne hätte sie in dieser historischen Stunde ihre überschwängliche Freude mit ihm geteilt.

Kohl hatte die Nachricht von den dramatischen Ereignissen über das Kanzleramt erhalten. Am nächsten Tag unterbrach er seine Polenreise und machte sich auf den Weg nach Berlin. Hannelore, die immer wieder versucht hatte, ihn telefonisch zu erreichen, erfuhr von seinem Büro lediglich, dass er seine Reisepläne geändert habe. Am Abend des 10. November 1989 sah sie im Fernsehen eine Liveübertragung aus Berlin. Vom Balkon des Schöneberger Rathauses sprachen Helmut Kohl, Willy Brandt, Hans-Dietrich Genscher und Walter Momper, regierender Bürgermeister von West-Berlin. Als der Kanzler zu seiner Rede ansetzte, wurde er ausgebuht und ausgepfiffen. Die Störungen waren derart massiv, dass sie ihn kaum verstand. Immer wieder versuchten Brandt und Momper die aufgebrachte Menge zu beruhigen. Hannelore war sprachlos und erschüttert über die Feindseligkeit, die ihrem Mann in diesem Augenblick entgegenschlug. Diese Fernsehbilder konnte sie ihre Leben lang nie mehr vergessen.

Vierzehn Tage nach Schabowskis »Versprecher« wurden im Bonner Kanzlerbungalow die Grundlagen des »Zehn-Punkte-Programm zur deutschen Einheit« diskutiert, Horst Teltschik sollte einen ersten Entwurf ausarbeiten. In der Nacht vom 27. auf den 28. November 1989 diktierte Helmut Kohl seiner Frau die Endfassung in deren alte Reiseschreibmaschine. Inhaltlich ging es um einen Weg von der »Vertragsgemeinschaft« der beiden deutschen Staaten über die »Konföderation« bis zum Ziel »Föderation«.

Am folgenden Tag wollte der Kanzler das »Zehn-Punkte-Programm«, über das bis dahin strengstes Stillschweigen verhängt worden war, während einer Haushaltsdebatte im Deutschen Bundestag vortragen. Die Reaktionen waren unterschiedlich, was Kohl aber nicht aus der Ruhe brachte. Entscheidend für den Kanzler war, sich die Initiative in Sachen Deutsche Einheit nicht mehr aus der Hand nehmen zu lassen.

Hannelores Anteil an diesem Papier war nicht nur, es getippt zu haben. Sie nutzte ihr im Vergleich zu ihrem Mann bedeutend besser ausgeprägtes Sprachgefühl und sorgte für einen lesbaren, flüssigen Text, der in die Geschichte der Bonner Republik einging.

In den folgenden Wochen und Monaten stand sie ihrem Mann in nie gekannter Häufigkeit zur Seite. Sie erlebte seinen Stress nach Marathonsitzungen, unendlichen Telefonaten mit den Regierungschefs der deutschen Nachbarländer. In dieser Ausnahmesituation fühlte sie sich besonders in die Pflicht genommen und leistete ihrem Mann jedwede Unterstützung. Sie spürte, dass Politik nun absoluten Vorrang hatte und das Privatleben völlig zweitrangig geworden war. Hannelore ließ sich von ihrem Mann umfassend über die Umwälzungen in der DDR und die Umbrüche in anderen osteuropäischen Staaten informieren. Der Flüchtlingsstrom und seine Bewältigung waren ein Dauerthema. Als Hannelore ihren Mann am 19. Dezember 1989 im Fernsehen sah, wie er vor der Ruine der Dresdner Frauenkirche umgeben von einem wogenden Meer schwarz-rot-goldener Fahnen eine vielbeachtete Rede hielt, empfand sie ungeheuren Stolz. Sie sah, wie groß die Begeisterung der Menschen war, als ihr Mann von freien Wahlen sprach, die alsbald in der DDR abgehalten werden sollten. Die Fernsehbilder zeigten ihren Mann wie einen Heilsbringer, und der aufbrandende Beifall wollte nicht enden. Hannelore war ergriffen wie noch nie bei einer Ansprache ihres Mannes. Diesmal wäre sie gerne an seiner Seite gewesen, diesmal hätte sie gerne in die Augen der begeisterten und hoffnungsvollen Menschen geschaut.

Drei Tage nach diesem mit großem Geschick und Einfühlungsvermögen absolvierten Dresdner Auftritt erlebte Deutschland die Öffnung des Brandenburger Tores, wie es der Kanzler mit dem DDR-Ministerpräsidenten Hans Modrow verabredet hatte. Zusammen mit den Bürgermeistern von Ost- und West-Berlin durchschritten Modrow und Kohl das Brandenburger Tor von West nach Ost. Die Begeisterung kannte keine Grenzen, und die Personenschützer hatten alle Mühe, die Spitzenpolitiker davor zu bewahren, erdrückt zu werden. Hannelore verfolgte die Live-Übertragung im Fernsehen und konnte sich der Tränen nicht erwehren. Tage später feierten hunderttausende Menschen Silvester am Brandenburger Tor und lieferten Fernsehbilder zum Jahreswechsel in Deutschland, wie es sie noch nie gegeben hatte. Selten zuvor hatte das Ehepaar Kohl so viel Zeit vor dem Fernseher gesessen wie in der Silvesternacht 1989/90. Hannelore und Helmut lagen sich weinend in den Armen, als die Glocken das neue Jahr einläuteten. So nahe waren sich die beiden schon lange nicht mehr gewesen. Hannelore hatte das Gefühl, als ob auch für sie ganz persönlich eine neue Zeitrechnung beginnen würde.

Friedensnobelpreisträgerin Mutter Theresa nach dem Privatbesuch im Hause Kohl in Ludwigshafen, 1993

Der französische Staatspräsident Jacques Chirac zum Privatbesuch im Hause Kohl, 1996

Der amerikanische Präsident Bill Clinton zum Privatbesuch im Hause Kohl, 1994

Der sowjetische Generalsekretär Michail Gorbatschow zu Besuch in Bonn, 1989

© ullstein bild/Sven Simon

Bundestagswahl 1990; Wahlparty der CDU im Konrad-Adenauer-Haus in Bonn,
v.l.: Volker Rühe, Helmut und Hannelore Kohl, Norbert Blüm

© ullstein bild/AP

Festakt zur Wiedervereinigung am 3.10.1990 vor dem Reichstagsgebäude. Um Mitternacht wird die Deutschland-Fahne gehisst; auf den Stufen des Reichstags (v.l.): Bundesaußenminister Hans-Dietrich Genscher, Hannelore Kohl, Bundeskanzler Helmut Kohl,
Jürgen Wohlrabe, Bundespräsident Richard von Weizsäcker und DDR-Ministerpräsi-
dent Lothar de Maizière

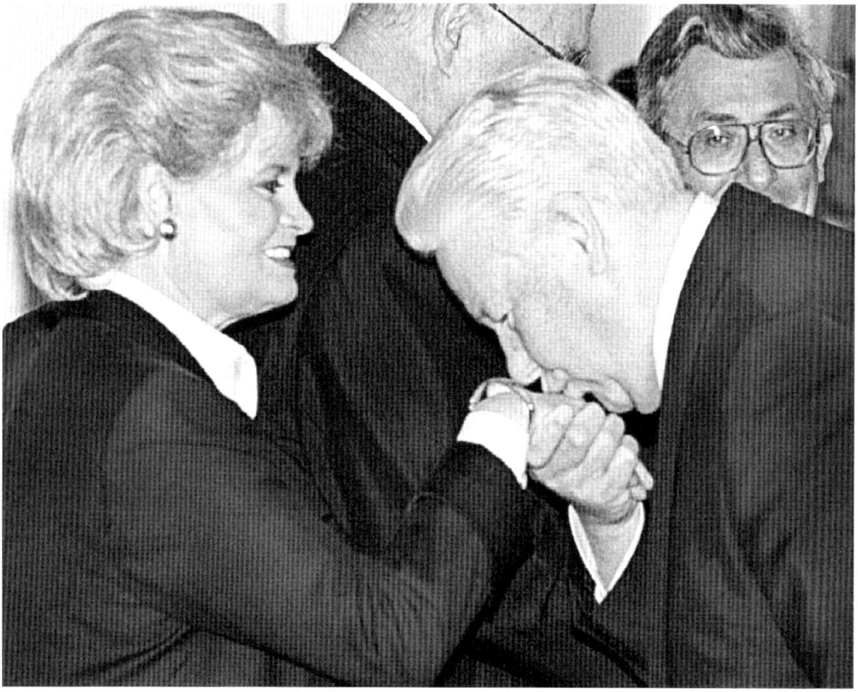

© ullstein bild/dpa

Der Präsident der Russischen Föderation Boris Jelzin begrüßt Hannelore Kohl mit einem Handkuss im Kreml in Moskau, 1996

© picture alliance/dpa

Bundespräsident Roman Herzog verleiht Hannelore Kohl das Bundesverdienstkreuz, 1999

Hannelore Kohl hält anlässlich einer Benefizveranstaltung der ZNS
in Magdeburg 1993 eine Rede

50. Geburtstag von Cheffahrer Ecki Seeber, Gratulation im Flugzeug, 1988

Hannelore Kohl zusammen mit Hilde und Ecki Seeber, ihrer Haushälterin und dem Cheffahrer, 1989 in der Normandie

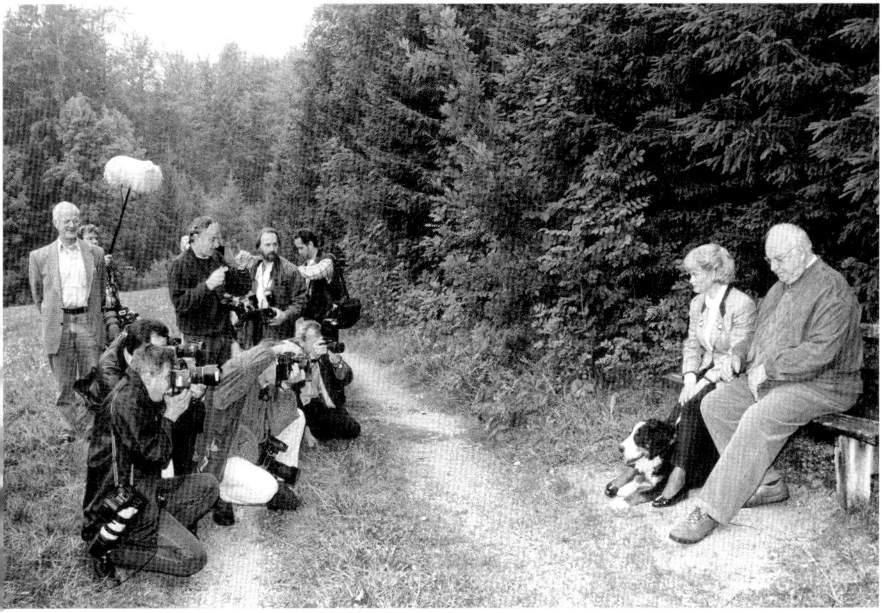

© SZ Photo/Thomas Pinzka

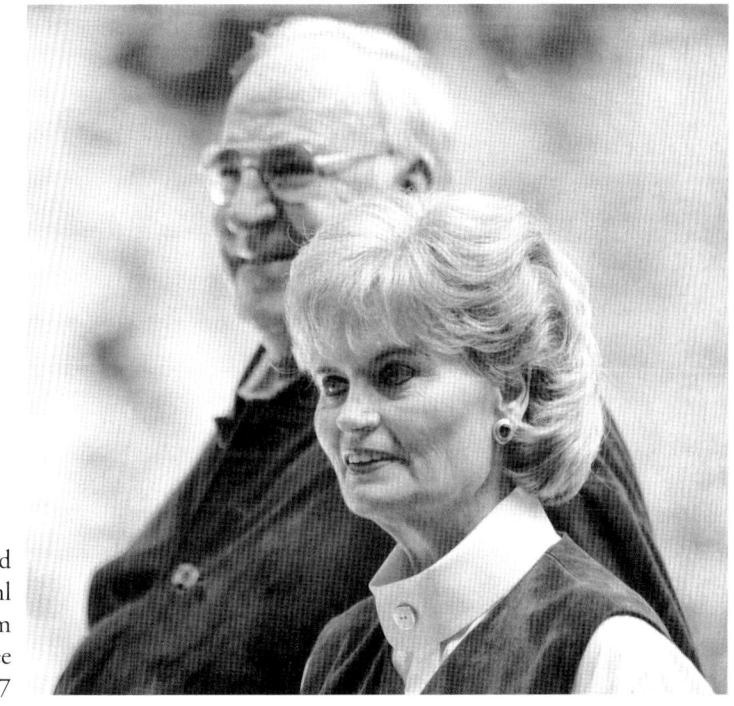

Helmut und Hannelore Kohl beim Fototermin während ihres Urlaubs in Sankt Gilgen am Wolfgangsee 1996

© ullstein bild/P.S.I.Bonn

Hannelore und Helmut Kohl im Urlaub am Wolfgangsee 1997

Bundestagswahl 1998, Hannelore und Helmut Kohl bei der Stimmabgabe in ihrem Wahllokal in Oggersheim

Hannelore und Helmut Kohl bei einer Wahlkampfveranstaltung in Schwerin am 22. September 1998

GLÜCKSMOMENTE

Die gute Stimmung hielt auch im neuen Jahr an. Hannelore weitete nach den politischen Umwälzungen in Osteuropa und der rasanten Entwicklung der deutsch-deutschen Beziehungen ihr Engagement an der Seite ihres Mannes erheblich aus. Neben ihrem unermüdlichen Einsatz als Präsidentin des ZNS-Kuratoriums galt ihr besonderes Interesse den politischen Aktivitäten ihres Mannes bei der Anbahnung der deutschen Einheit. Wo immer sich Helmut Kohl auf nationalem oder internationalem Parkett bewegte, zumindest telefonisch war die Kanzlergattin immer dabei. Der Kanzler hatte sich in den letzten Monaten angewöhnt, nach wichtigen Gesprächen den Kontakt zu seiner Frau zu suchen, ihr detailliert über die Inhalte zu berichten und sie nach ihrer persönlichen Einschätzung zu fragen. In dieser Zeit gab es kaum jemanden, der so umfassend über die einzelnen Schritte zur deutschen Einheit, über Helmut Kohls Ringen mit den Mächtigen in Ost und West informiert war, wie sie. Im Gegensatz zu früher wurde sie nun unmittelbar eingebunden in Höhen und Tiefen des politischen Geschäfts. Sie hörte aufmerksam zu und gab spontan Kommentare ab, die dem gesunden Menschenverstand entsprangen und mit einer guten Portion Pragmatismus für Bodenhaftung sorgten. Hannelores Einschätzungen waren dem Kanzler wichtig, gerade weil sie nicht aus dem Mund eines professionellen politischen Analysten kamen, sondern geprägt waren von einer an der Lebenswirklichkeit orientierten Sichtweise. Hannelore erlebte in dieser Phase des engen Miteinanders Glücksmomente, wie sie sie zuvor kaum erlebt hatte.

In den ersten Wochen des Jahres hielten Begegnungen mit François Mitterrand und Michail Gorbatschow den deutschen Kanzler in Atem. Ende Februar 1990 folgte dann das historisch wichtige

Treffen mit dem amerikanischen Präsidenten auf dessen Landsitz in Camp David. Diesmal hatte Hannelore darauf gedrängt, mitzukommen. Sie wusste um die Bedeutung des Treffens und freute sich außerdem auf ein Wiedersehen mit Barbara Bush. Während die Herren über schwierige politische Fragen verhandelten und sich über das weitere Vorgehen verständigten, kreisten die Themen der beiden Frauen um Familie und Erziehung. Die lebenserfahrene Barbara Bush kannte sich in der europäischen Kultur aus, empfand für die Deutschen große Sympathien und sorgte für eine wunderbar entspannte Atmosphäre. So wie Hannelore die Seele ihrer Familie war, galt Barbara Bush als unentbehrliches Herzstück des Bush-Clans. Hannelore schwärmte noch Jahre später von dieser warmherzigen Frau, die sich auch durch ihren bemerkenswerten Humor auszeichnete. Nach langen Spaziergängen der Ehepaare, bei denen Hannelore und Barbara unzertrennlich schienen, folgte ein überaus herzlicher Abschied. Helmut Kohl hatte die Marschroute für die nächsten Schritte zur deutschen Einheit mit den Amerikanern fest verabredet und Hannelore ihre ungewöhnliche Freundschaft mit Barbara Bush gefestigt. Für Helmut waren die beiden ein Herz und eine Seele.

Unmittelbar nach der Rückkehr aus Amerika stürzte sich der CDU-Bundesvorsitzende und Kanzler in den Wahlkampf zu den ersten freien Wahlen in der DDR. Auf sechs Großkundgebungen wurde das Kanzlerpaar herzlich empfangen und frenetisch gefeiert. Bei der Abschlussveranstaltung in Leipzig am 14. März 1990 auf dem Augustusplatz schüttelte auch Hannelore unzählige Hände und musste sich durch die Menschenmassen kämpfen. Für sie war das ein besonders denkwürdiger Tag. Sie war zurück in der Stadt ihrer Kindheit. Über diesen Platz war sie unzählige Male gelaufen, wenn sie mit ihren Eltern in die Oper ging. Erinnerungen wurden wach an die wunderbaren Jahre des Verwöhntwerdens und des Überflusses. Aber auch an die Bombennächte, an die brennenden Häuser, an das Leben im Bunker und an die Angst, sterben zu müssen.

Jetzt stand sie wieder auf dem größten Platz der Stadt, diesmal als Frau des deutschen Bundeskanzlers. Wann immer ihr Mann bei seiner Rede das Wort Deutschland in den Mund nahm, jubelten und klatschten die Massen. Für Hannelore, die die Schmähungen während seines Auftritts in Berlin-Schöneberg noch in bester Erinnerung hatte, ein versöhnliches und unvergessliches Erlebnis. Als dann aus den Kehlen Zehntausender die Nationalhymne erklang und die Abenddämmerung den Platz in eine besondere Stimmung tauchte, lief es Hannelore eiskalt über den Rücken. Als sie in die ergriffenen Gesichter der Menschen vor ihr blickte, gab es auch für sie kein Halten mehr. Sie war zutiefst gerührt und weinte vor Freude.

* * *

Der Wahlabend am 18. März 1990 – eine Woche nach Hannelores 57. Geburtstag – brachte eine kleine Sensation. Die CDU mit ihrer »Allianz für Deutschland« errang auf Anhieb eine Mehrheit von 47,7 Prozent der Stimmen. Hannelore, die den Wahlausgang mit ihrem Mann in Ludwigshafen vor dem Fernsehgerät verfolgte, war völlig aus dem Häuschen. Die Mehrheit der Wähler in der DDR hatte ein klares Signal für die Wiedervereinigung nach Artikel 23 des Grundgesetzes gegeben. Darauf war der Kanzler, der seine Politik damit bestätigt sah, mit Recht stolz. Zu Hause in Oggersheim genehmigte sich seine Frau erst einmal ein großes Glas Wein, um auf den Erfolg anzustoßen.

Mit großem Interesse verfolgte sie das weitere aufregende politische Geschehen: die Vereidigung der ersten frei gewählten Regierung in der Geschichte der DDR, die Unterzeichnung des deutsch-deutschen Staatsvertrages, das Inkrafttreten der Währungsunion und die Unterzeichnung des Einigungsvertrages und schließlich den Abschluss des Zwei-plus-Vier-Vertrages, der die außenpolitische Absicherung der Wiedervereinigung zum Ziel hatte. Dann der

Höhepunkt des Jahres: Der Beitritt der DDR zur Bundesrepublik Deutschland am 3. Oktober 1990.

Es gibt kein deutsches Geschichtsbuch ohne das weltbekannte Foto vom Balkon des Berliner Reichstags während der Feier zur Wiedervereinigung. Im Mittelpunkt eine überaus glücklich lächelnde Hannelore Kohl neben ihrem Mann, Hans-Dietrich Genscher und Willy Brandt auf der einen und Richard von Weizsäcker, Gerhard Stoltenberg und Lothar de Maizière auf der anderen Seite. Dieses Foto entstand kurz vor Mitternacht, als 14 Mädchen und Jungen mit einem riesigen Fahnentuch die Treppen des Reichstags hcrunterschritten. Am Schöneberger Rathaus ertönte die Freiheitsglocke, dann wurde die schwarz-rot-goldene Fahne gehisst. Der Jubel der Menschen war unbeschreiblich. Bundespräsident Richard von Weizsäcker sagte in einer kurzen Ansprache: »In freier Selbstbestimmung wollen wir die Einheit Deutschlands vollenden. Für unsere Aufgabe sind wir uns der Verantwortung vor Gott und den Menschen bewusst. Wir wollen in einem vereinten Europa dem Frieden der Welt dienen.«

Als Hunderttausende in die deutsche Nationalhymne einstimmten, sang Hannelore das Lied der Deutschen aus voller Kehle mit. Sie erzählte mir später, in diesem Augenblick seien die letzten Jahre wie im Zeitraffer vor ihrem geistigen Auge abgelaufen. Ihr Leben als Frau des Ministerpräsidenten, des Bonner Oppositionsführers, des CDU-Bundesvorsitzenden mit allen Höhen und Tiefen, Intrigen, gewonnenen und verlorenen Wahlen. Die Bilder vom erfolgreichen Misstrauensvotum gegen Schmidt 1982, von der riskanten Parlamentsauflösung bis zu den Neuwahlen 1983, Momentaufnahmen vom Bremer Putsch-Parteitag, von der Maueröffnung und der friedlichen Revolution, von all den mutigen Menschen, die monatelang für ihre Freiheit demonstriert hatten.

Im Rausch der Einheitsfeiern wurde für sie die Lebensleistung ihres Mannes überdeutlich. Für alle Welt sichtbar, umarmte Hannelore mit großer Herzlichkeit ihren Mann. Schlänglein – wie Helmut seine Frau liebevoll nannte – drückte ihn fest an sich. Die Kanzlergattin war sich auch in diesem Moment der Bedeutung ihrer Rolle an seiner Seite voll bewusst. Ohne ihre aufopfernde Bereitschaft, ihr Leben hinter seine politischen Ambitionen zu stellen, hätte Helmut Kohl nicht alle Hürden genommen und sich so lange im Amt des Bundeskanzlers gehalten. Darauf hat Kohl in den drei umfangreichen Bänden seiner Memoiren immer wieder hingewiesen und seine Bewunderung für die Leistungen seiner Frau ausgedrückt.

Irgendwann ging der offizielle Teil dieser Nacht der Nächte zu Ende. Bis zum frühen Morgen wurde im Reichstag im kleinen Kreis mit den wichtigsten Mitarbeitern weitergefeiert. Nie zuvor hatten die Kohl-Getreuen eine so glückliche Kanzlergattin erlebt, die in ihrer Feierlaune kaum zu stoppen war.

Grund zum Feiern gab es acht Wochen später schon wieder. Die Bürger im wiedervereinten Deutschland waren am 2. Dezember 1990 zum ersten Mal seit 58 Jahren aufgerufen, ein gemeinsames Parlament zu wählen. Die Regierungskoalition aus CDU/CSU und FDP errang einen überwältigenden Sieg. Helmut Kohls Herausforderer Oskar Lafontaine und seine SPD verloren dramatisch. CDU/CSU erzielten zusammen 43,8 Prozent der Stimmen, die FDP kam auf 11 Prozent und die SPD schaffte es auf 33,5 Prozent. Erstaunlich war das Abschneiden der SED-Nachfolgepartei PDS, die mit 17 Parlamentariern in den Bundestag einzog. Hannelore empfand das Wahlergebnis der Regierungskoalition als einen großen Vertrauensvorschuss – auch für ihren Mann. Die Wähler hatten Helmut Kohl und seiner Regierungsmannschaft die politische Verantwortung für die nächsten vier Jahre übertragen und verbanden damit große Erwartungen, die kaum zu erfüllen waren. Hannelore hegte im tiefsten Inneren die persönliche Hoffnung, dass dies die letzte Legislaturperiode ihres Mannes als Kanzler der Bundesrepublik Deutschland sein würde. Die vergangenen Jahre hatten viel Kraft gekostet, das, was nun vor ihm lag, war eine gewaltige Aufgabe. Die Wunden der Teilung mussten geschlossen, die Angleichung der Lebensverhältnisse in Ost und West musste in Angriff genommen werden. Ein riesiges Arbeitsprogramm war zu bewältigen und die Regierung Kohl/Genscher zum Erfolg verdammt. Hannelore träumte insgeheim von einem Leben ohne Wahlkampfstress, ohne aufreibende Staatsbesuche im In- und Ausland und ohne den ewigen Kampf um CDU-Mehrheiten in Bund, Ländern und Gemeinden. Sie ahnte, dass die Anforderungen der kommenden Jahre vieles in den Schatten stellen würden. Die Erwartungen der Menschen, die auch Helmut Kohl befeuert hatte, waren riesengroß, die Opposition und parteiinterne Widersacher lauerten nur auf ihre Chance. Hannelore war diese kräftezehrenden Ränkespiele leid, die falschen Parteifreunde und die vermeintlich zu kurz gekommenen Mitstreiter, die sich für besser, kompetenter, durchsetzungsfähiger und intelligenter hielten, als den amtierenden Kanzler.

In seiner Neujahrsansprache, die Hannelore wie immer redigiert und abgetippt hatte, erinnerte der Kanzler der Einheit an die historische Leistung, die das deutsche Volk mit der Wiedervereinigung vollbracht hatte und bezeichnete das Jahr 1990 als eines der glücklichsten in der deutschen Geschichte. Nachdem die Sendeanstalten von ARD und ZDF, anders als beim Jahreswechsel 1985/86 die richtige Ansprache ausgestrahlt hatten, konnten die privaten Feierlichkeiten im Hause Kohl beginnen. Wie in all den Jahren weilten die beiden Theologen und Brüder Ramstetter im trauten Familienkreis. Hilde Seeber sorgte für einen rustikalen Silvesterschmaus. Noch nie war die Stimmung so gut gewesen, noch nie hatten alle Zeichen so sehr auf Glück gestanden, wie in jener Silvesternacht des Jahres 1990/91.

Kapitel 8

HÖHEN UND TIEFEN

Zu Beginn der neuen Legislaturperiode wurde das übliche Ritual
der Koalitionsverhandlungen über ein zukunftsorientiertes Regie-
rungsprogramm abgespult. Kanzlerwahl und Kabinettsvereidigung
– das beobachtete und begleitete die Kanzlergattin zum dritten Mal
mit abnehmendem Interesse. Staatsbesuche im Ausland, Staatsgäste
in der Bundesrepublik, für Hannelore war das Meiste inzwischen
Routine. Sie kannte die amtierenden Staats- und Regierungschefs,
freute sich auf manche Besuche, sah anderen kritisch entgegen.
Kohls Hang zur Schwarz-Weiß-Malerei, seine Liebe zu den sogenannten Kohlianern und seine Abneigung gegenüber den Kohl-
Gegnern innerhalb und außerhalb des CDU/CSU-Milieus teilte
Hannelore in gleicher Weise. Gelegentliche Abweichungen führten
zu anstrengenden Auseinandersetzungen zwischen den Eheleuten.
Aber im Grunde blieb alles beim Alten: Hannelore stellte sich weiterhin komplett in den Dienst ihres Mannes.

Einen guten Teil ihres Selbstverständnisses zog sie aus ihrem nicht
nachlassenden Engagement als Präsidentin des Kuratoriums ZNS.
Die längst schon traditionellen Benefizkonzerte mit Sandra
Schwarzhaupt in Köln oder »Up with People« in Bonn, die dortige
Opern-Gala und die Goldberg-Gala in Berlin gingen weiter. Der

Berliner Juwelier David Goldberg veranstaltete für das Kuratorium ZNS seit 1987 bis Ende der Neunzigerjahre an verschiedenen Orten Berlins Bälle, deren Einnahmen dem Kuratorium zuflossen. Dieser Mäzen sorgte nicht nur für ein gesellschaftliches Ereignis, sondern gehörte zu den eifrigsten Spendern und Spendeneintreibern. Im Mannheimer Rosengarten fand der alljährliche »Ball der Sterne« mit vielen Stars und viel politischer Prominenz statt. Auf dieser Veranstaltung präsentierte sich eine schlagfertige, witzige und unterhaltsame ZNS-Präsidentin. Ohne den Hauch von Lampenfieber war sie ganz in ihrem Element und warb mit neuen Ideen und Überzeugungskraft Spenden ein. Auftritte wie diese waren Highlights in ihrem Leben, Höhen in einem oft grauen Alltag.

Mit tiefer Zufriedenheit reagierte sie auch auf die Entscheidung des Deutschen Bundestages vom 20. Juli 1991, der mit 338 gegen 320 Stimmen für Berlin als künftigen Sitz von Regierung und Bundestag votiert hatte. Bis zuletzt hatte sich das Ehepaar Kohl mit Äußerungen zu dieser wichtigen Entscheidung zurückgehalten. Dass der Kanzler schließlich mit Herz, Verstand und großer Leidenschaft für den Berlin-Beschluss votierte, entsprach ganz und gar der Überzeugung seiner Frau. Niemals hätte Hannelore ihrem Mann verziehen, wenn er wie Norbert Blüm, Johannes Rau und viele andere prominente West-Politiker für Bonn als Regierungssitz plädiert hätte.

* * *

Bei aller Distanz zur Sowjetunion und auch zum Ehepaar Gorbatschow berührte der Abschiedsbrief des zurückgetretenen Präsidenten im Dezember 1991 Hannelore sehr. Die Kanzlergattin wusste von ihrem Mann, dass Raissa sich am Ende der Ära Gorbatschow notwendigen Änderungen in der kommunistischen Partei verschlossen hatte. Raissa Gorbatschowa war dann für ihren Mann in dieser schwierigen Zeit eine miserable Ratgeberin. Gleichwohl wusste die Kanzlergattin die Verdienste Gorbatschows um die deutsche Einheit zu würdigen. Er hatte die Dankbarkeit aller Deutschen verdient. Der Abschiedsbrief, der zu ihrer Überraschung auch an sie gerichtet war, rührte sie zu Tränen. In den Memoiren von Helmut Kohl wird dieser Brief so zitiert: »Ich trete als Präsident der UdSSR zurück. ... In diesem für mich nicht einfachen Moment denke ich daran, was wir gemeinsam mit Dir geleistet haben. Die Vereinigung Deutschlands – das ist ein großes Ereignis der Weltgeschichte und der neuen Weltpolitik. Und dass wir mehr als andere dazu beigetragen haben, bleibt, so hoffe ich, im Gedächtnis der Völker. Ich möchte, dass die deutsch-sowjetischen Beziehungen sich auf dem Fundament des großen Vertrages gut entwickeln. Raissa und ich wünschen Dir und Hannelore, Deiner ganzen Familie, Gesundheit, Wohlergehen und Glück. Dein Michail.«

Neben dem Abschied dieses wichtigen Mannes und späten Freundes brachten die folgenden Monate eine weiter Zäsur. Hannelore horchte auf, als Bundesaußenminister und Vizekanzler Hans-Dietrich Genscher um seine Entlassung aus dem Bundeskabinett bat. Der Duzfreund ihres Mannes hatte in ihren Augen den richtigen Zeitpunkt für seinen Abgang gewählt, und Hannelore hoffte, ihr Mann würde es ihm über kurz oder lang gleichtun. Das Gegenteil war der Fall. Am Wochenende musste sie zur Kenntnis nehmen, dass ihr Mann über Genschers Schritt alles andere als glücklich war und im Hinblick auf die Bundestagswahl 1994 sein Unverständnis äußerte. Damit war für sie klar, ohne dass er es ausdrücklich erwähnte, dass ihr Mann nicht im Traum daran dachte, auf eine erneute Wiederwahl zu verzichten. In diesem Augenblick zerplatzte die Illusion von einem Leben ohne Politik.

* * *

Im Februar 1993 war es zu einer dramatischen Wende im Leben der Hannelore Kohl gekommen. Nach ersten Anzeichen einer beginnenden Erkältung ließ sie sich ein Medikament verschreiben, das zu einer Penicillingruppe gehörte. Nichts ahnend, so die Version der Familie in der Peter Kohl-Biografie, schluckte sie die Tabletten, obwohl bekannt war, dass sie kein Penicillin vertrug. Fortan litt sie nicht nur unter der Empfindlichkeit gegen Licht, sondern auch an Atemnot.

Seit Ausbruch ihrer schweren Krankheit – über die noch eingehend zu berichten sein wird –, nahm Hannelore erstmals wieder an einem Empfang in Bonn teil. Diesmal galt er dem neuen Präsidenten der Russischen Föderation Boris Jelzin und dessen Frau Naina, die zum Staatsbesuch in der Bundesrepublik weilten. Hannelore ging es miserabel, sie litt unter Atemnot, konnte kaum sprechen und war so geschwächt, dass sie ein Krankenhaus in Bonn aufsuchen musste. Am nächsten Tag hatte sie sich immerhin so weit erholt, dass sie am weiteren Besuchsprogramm teilnehmen konnte: Mittagessen im pfälzischen »Deidesheimer Hof«, Besichtigung des Doms zu Speyer mit anschließendem Orgelkonzert. Am Nachmittag gab es im Privathaus in Ludwigshafen Kaffee und Kuchen für das Ehepaar aus Moskau. Im Gegensatz zu Raissa Gorbatschowa mochte Hannelore die promovierte Mathematikerin Naina Jelzina. Doch mit dem robusten und oftmals derben Kremlchef wurde Hannelore nicht warm. Russische Männer jedweden Alters waren ihr verständlicherweise schon aus Prinzip suspekt. Daran änderte sich auch diesmal nichts.

Zwei Monate später kam der amerikanische Präsident Bill Clinton zu einem offiziellen Staatsbesuch in die Bundesrepublik. Nach dem Bonner Begrüßungszeremoniell, den festlichen Veranstaltungen auf dem Petersberg, an denen auch Hannelore teilnahm, begleiteten die Kohls das Präsidentenpaar zusammen nach Berlin. Gemeinsam schritten sie in gehobener Stimmung durch das Brandenburger Tor. Bei wunderbarem Sommerwetter entstanden prächtige Fernsehbilder vom amerikanischen Staatsoberhaupt, dem Einheitskanzler und den beiden Ehefrauen. Der Staatsbesuch endete mit einem Essen im Ludwigshafener Bungalow. Hannelore respektierte zwar die zwölf Jahre jüngere Hillary, fand allerdings deren Einmischung in das politische Tagesgeschäft unangemessen. Die Amerikanerin verfügte über kein politisches Mandat und entwickelte dennoch großen Ehrgeiz, sich politisch zu exponieren. Hannelore empfand Hillarys Art als arrogant, das in ihren Augen übersteigert zur Schau gestellte Selbstbewusstsein war ihr fremd und stieß sie ab. Hannelores immerwährendes Lächeln bei den gemeinsamen Auftritten verriet indes nichts über ihre wahre Seelenlage. Sie beherrschte ihre Rolle formvollendet.

Hannelores körperliche Verfassung war damals alles andere als gut. Sie fühlte sich geschwächt und nicht wirklich in der Lage, in der Öffentlichkeit an der Seite ihres Mannes aufzutreten. Doch die Teilnahme an einem Termin wollte sie sich keinesfalls nehmen lassen – die offiziellen Feierlichkeiten zur Verabschiedung der Westgruppe der russischen Streitkräfte in Berlin am 31. August 1994. Wieder stattete der Präsident der Russischen Föderation gemeinsam mit seiner Frau der Bundesrepublik einen Besuch ab. Militärisches Zeremoniell, Festakt im Berliner Schauspielhaus mit großen Reden, Danksagungen und Freundschaftsbekundungen – politische Rituale, die auf die Kanzlergattin wenig Eindruck machten. Was für sie zählte, war etwas anderes. Dass es ihrem Mann nach jahrelangen schwierigsten Verhandlungen gelungen war, den Abzug der in der DDR so verhassten letzten sowjetischen Truppen zu erwirken, wertete sie als eine der größten politischen Leistungen ihres Mannes. Für Hannelore selbst war der endgültige Abzug der sowjetischen Soldaten eines der wichtigsten Ereignisse im Nachkriegsdeutschland. Der 31. August 1994 markierte für sie das eigentliche Ende des Kalten Krieges und der deutschen Teilung. Dieses Datum blieb ihr ins Gedächtnis eingemeißelt und schien ihr sogar wichtiger als der 9. November 1989, der Tag des Mauerfalls. In seinen Memoiren mag Helmut Kohl noch so pathetisch über Hannelores Mitgefühl für die materiellen und menschlichen Probleme der heimkehrenden

Soldaten schreiben. In Wahrheit erinnerte sie jeder russische Soldat in Deutschland an die traumatischen Erfahrungen während der Flucht 1945. ihre massive Abneigung trug sie wie eine Monstranz vor sich her bis zu ihrem Tod.

* * *

Das »Superwahljahr« 1994 konfrontierte Hannelore mit all den Dingen, die sie so gerne aus ihrem Leben verbannt hätte. Die Wahlkämpfe, die Unterstellungen der politischen Gegner, ihre Anklagen, die Besserwisserei, das angebliche Besserkönnen, den Kampf um Macht und Einfluss. Die Europawahl, acht Landtags- und neun Kommunalwahlen standen auf dem Programm. Und am Ende des ungeheuren Wahl-Marathons folgte die Bundestagswahl am 16. Oktober. Über 60 Millionen Bundesbürger waren zur Stimmabgabe aufgerufen. Mehr als früher hatten Kohls Wahlkampfstrategen auf die Unterstützung durch Hannelore gesetzt, die sich aber aus gesundheitlichen Gründen nur auf die Teilnahme an den größten Wahlkampfauftritten ihres Mannes konzentrierte. Dennoch waren die Auftritte für sie psychisch und physisch wegen ihrer Krankheit extrem belastend. Mit preußischem Pflichtgefühl und unbändigem Durchhaltewillen leistete sie diese Kärrnerarbeit.

Die zweite gesamtdeutsche Bundestagswahl nach der Wiedervereinigung brachte erneut eine Bestätigung für die christlich-liberale Regierungskoalition. Dabei hatte die Opposition dem »Dauerkanzler« und »Dauerparteivorsitzenden« nichts mehr zugetraut. Auch diesmal musste die Kanzlergattin schlimme Diffamierungen ihres Mannes ertragen und Herabwürdigungen hinnehmen, die sie selbst nach Jahrzehnten im Politikbetrieb immer noch verletzten.

Mit der knappsten aller Mehrheiten schaffte es Kohl gerade noch einmal so. Bei der Wiederwahl zum Kanzler hatten mindestens drei Abgeordnete aus dem Regierungslager von CDU/CSU und FDP gegen ihn gestimmt. Hannelore und ihre Söhne, die das Geschehen von der Besuchertribüne des Deutschen Bundestages verfolgten, zeigten sich erleichtert. Heute weiß man, dass Helmut Kohl abgewählt worden wäre, hätten nicht zwei sozialdemokratische Bundestagsabgeordnete für ihn votiert. Ohne sie wäre er gescheitert.

Erneut in Amt und Würden, versprach Helmut seiner Hannelore, nicht mehr die ganze Legislaturperiode über im Amt zu bleiben. Er stellte ihr in Aussicht, nach der Hälfte der Zeit zurücktreten zu wollen. Hannelore nahm diese Äußerung mit Skepsis auf und hoffte dennoch auf das Einlösen dieses Versprechens. Sie setzte auf diese neue Zeit, ohne Stress und einen Sechzehnstundentag, eine Zeit mit mehr Entspannung, Genuss und Zweisamkeit. Die Chance auf eine Veränderung schien greifbar, zumal der Kanzler keinen Zweifel daran ließ, dass er in Wolfgang Schäuble seinen Nachfolger sah. Noch vor der Wahl 1994 hatte er im vertrauten Kreis Rückzugsgedanken geäußert und seinem Mitstreiter und Vertrauten, Bundesfinanzminister Theo Waigel, signalisiert, nach zwei Jahren seinem Nachfolger Platz machen zu wollen. Aber noch war Kohl im Amt – und Hannelore wie immer an seiner Seite.

Das erste Halbjahr 1995 stand ganz im Zeichen der Erinnerungen an das Jahr 1945, an das Ende des Krieges. Die beiden öffentlich-rechtlichen Fernsehstationen ARD und ZDF strahlten herausragende Dokumentationen über den Zweiten Weltkrieg und sein Ende aus. In den Printmedien wurde gleichermaßen an die düsterste Zeit der deutschen Geschichte erinnert. Für Hannelore bedeuteten die Bilder von brennenden Häusern, flächendeckender Bombardierung und vom Flüchtlingselend die Erinnerung an die schlimmste Zeit ihres Lebens. Gerne hätte sie auf diese Art der medialen Erinnerungsarbeit verzichtet. Doch sie konnte sich den Augenzeugenberichten und persönlichen Rückblicken nicht entziehen. Die Dokumentationen über die entsetzlichen Folgen der nationalsozialistischen Gewaltherrschaft und des von Hitler entfesselten Krieges ließen all das mühsam Verdrängte nach oben schwappen. Wieder und wieder wurde sie daran erinnert, dass der 8. Mai

1945 nicht nur für sie ein einschneidendes Datum war, sondern für Millionen von Menschen. Die einen erlebten ihn als Tag der Befreiung, die anderen als Tag der Niederlage und des Verlustes der Heimat. Auch nach fünfzig Jahren konnte es keinen Schlussstrich geben. Die deutsche Vergangenheit war Gegenwart, die Grausamkeiten des Krieges und die Verbrechen an den europäischen Juden gestatteten kein Vergessen. Dessen, und der besonderen Rolle, die Deutschland seitdem innehatte, war sich auch Hannelore bewusst. Gleichzeitig verhehlte sie nicht, wie groß ihre Sehnsucht war, unter die eigene Vergangenheit einen Schlussstrich ziehen zu können. Doch an einer wirklichen »Bewältigung« scheiterte sie wie wohl viele Menschen der Kriegsgeneration. Bis zu ihrem Tod quälten sie Erinnerungen und Bilder der traumatischen Erlebnisse.

Am Abend des 8. Mai hatte Bundespräsident Roman Herzog ins Schauspielhaus am Gendarmenmarkt in Berlin zu einem Staatsakt eingeladen. Die nach wie vor gesundheitlich stark angeschlagene Hannelore und ihr Mann begrüßten die politischen Repräsentanten der Bundesrepublik Deutschland, die Vertreter der vier Siegermächte sowie zahlreiche Gäste aus dem In- und Ausland. Nach Beethovens Ouvertüre zu »Coriolan« sprach Roman Herzog. Er beschrieb die Schreckensszenarien des Krieges, nannte die Täter beim Namen und sprach von der besonderen Verantwortung der Deutschen gegenüber den Menschen gerade auch in Osteuropa und in Israel. Und dann sagte er wörtlich: »Millionen waren zu Krüppeln geschossen. Hunderttausende von Frauen wurden vergewaltigt. Der Geruch der Krematorien und der schwelenden Ruinen lastete über Europa.« Einen solchen Satz über vergewaltigte Frauen hatte man bislang noch nie aus dem Munde eines Spitzenpolitikers gehört. Ob ihr Mann neben ihr ahnte, was in diesem Moment im Inneren seiner Frau vor sich ging?

Höhepunkt des Festakts war die Abschiedsrede von François Mitterrand. Vom Krebs gezeichnet, bleich und zerbrechlich, berichtete er von seinen ganz persönlichen Erfahrungen und Erlebnissen mit den Deutschen und zeichnete eine Vision von Europa, die als Vermächtnis in die europäische Geschichte einging. Hannelore war ebenso wie ihr Mann derart berührt, dass ihr die Tränen in die Augen schossen.

* * *

Im Vorfeld des CDU-Bundesparteitages Mitte Oktober 1995 in Karlsruhe regte sich Unmut in der Partei. Das Politikmanagement des Kanzlers wurde kritisiert, der stellvertretende Vorsitzende der CDU/CSU-Bundestagsfraktion Heiner Geißler warnte die Partei, ausschließlich auf Helmut Kohls Popularität zu setzen. Seine Kritik gipfelte in der Bemerkung, die CDU dürfe keine »führerkultische Partei« werden, die sich nur an eine Person klammere. Ein Politiker aus der saarländischen Provinz forderte einen »umfassenden Erneuerungsprozess der Bundespartei«. Die CDU leide unter einem deutlichen Wähler- und Mitgliederschwund, ihr drohe die Vergreisung. Die Angriffe trafen nicht nur den Kanzler, sondern auch in besonderer Weise die immer dünnhäutiger werdende Hannelore. Gierig griff die Presse die Kohl-Kritik auf und sorgte für entsprechende negative Schlagzeilen über den Parteivorsitzenden. Als dann noch der amtierende Ministerpräsident des Freistaates Sachsen, Kurt Biedenkopf, mit einer Denkschrift unter dem Titel »Anmerkungen zur politischen Lage« an die Öffentlichkeit trat, fühlte sich Hannelore regelrecht beleidigt. Drei Jahre vor der nächsten Bundestagswahl sprach er sich offen gegen einen allein auf den Kanzler ausgerichteten Wahlkampf aus. Die Frage, ob Kohl überhaupt noch einmal antreten solle, wurde heftig diskutiert. Hannelore verfolgte wie selten zuvor die innerparteilichen Auseinandersetzungen und hoffte, dass ihr Mann die Signale erkennen würde und zur rechten Zeit seine Nachfolge klären würde. Im Hause Kohl wurde darüber allerdings ebenso wenig gesprochen, wie in der Runde des Kanzlers mit seinen engsten Mitstreitern und Beratern in Bonn.

ENTTÄUSCHUNGEN

Helmut Kohl war keineswegs beratungsresistent. In politischen Sachfragen zog er gerne Experten zurate und ließ sich von nachvollziehbaren Argumenten auch umstimmen. Der Kanzler war durchaus in der Lage, seine vorgefasste Meinung zu ändern und anderen Überzeugungen zu folgen. In Personalfragen allerdings überließ er engsten Mitarbeitern und Beratern nur dort das Feld, wenn sie aus seiner Sicht zweitrangig oder gar nebensächlich waren. Wenn es um hohe politische Ämter ging, um Machtabsicherung und Machterhalt, vertraute er nur seinen eigenen Gefühlen, seinem Instinkt, seinem Bauch. und wenn es um ihn selbst ging, kannte er keine Berater. Aus seinem unmittelbaren Umfeld kamen daher von vornherein keine Ratschläge mehr, die seine Person betrafen.

Was Helmut Kohl in der Mitte der Legislaturperiode tatsächlich zu tun beabsichtigte, bleibt sein Geheimnis. Ob und wann er vom Amt des Bundeskanzlers zurücktreten würde, welcher Zeitpunkt für Partei und Land aus seiner Sicht der richtige sein könnte, war für niemanden zu erkennen. Hannelore tappte genauso im Dunkeln wie alle aus dem verschworenen Kreis seiner engsten Mitarbeiterinnen und Mitarbeiter. Hannelore wagte es auch nicht, ihren Mann darauf anzusprechen. Sie wusste genau, dass sie keine Chance hatte, seine Zukunftspläne zu ergründen, und schon gar nicht, diese mit ihm zu besprechen. In vergleichbaren Situationen hatte sie wichtige Karriereentscheidungen ihres Mannes aus Rundfunk, Presse und Fernsehen erfahren. Nur einige Male war sie wenige Minuten vor Bekanntgabe telefonisch von ihm über wegweisende Pläne und Entscheidungen informiert worden. Damit mussten sich Hannelore und ihre Kinder einfach abfinden. Helmut Kohls neuerliche Geheimniskrämerei über seine politische Zukunft – ob er bald einem

Nachfolger Platz machen oder tatsächlich zur Bundestagswahl 1998 noch einmal antreten würde – war für Hannelore kaum zu ertragen. Sie hatte auf das Versprechen ihres Mannes gesetzt und mit seinem Abgang als Kanzler spätestens 1997, also ein gutes Jahr vor der Bundestagswahl, gerechnet. Die Unsicherheit, wie es weitergehen würde, belastete sie und war ihrer Gesundheit wenig zuträglich.

Am 3. April 1997 feierte der Pfälzer seinen 67. Geburtstag. Allein mit seinem Vertrauten, Butler und Fahrer Ecki Seeber beging er den Tag in jener Kurklinik in Bad Gastein, die er alljährlich aufsuchte, um sein Gewicht zu reduzieren. Öffentlich hatte er sich seit der Bundestagswahl 1994 nie mit einem klaren Ja oder Nein zur Frage einer erneuten Kanzlerkandidatur geäußert. Gegenüber Hannelore hatte er den Verzicht auf eine weitere Kandidatur zwar unmissverständlich formuliert, fortan aber eisern geschwiegen. Auch im Februar 1997 bereitete er dem Rätselraten um seine Absichten kein Ende, als er erklärte, er werde rechtzeitig zu einem Zeitpunkt, den er für richtig halte, seine Entscheidung, ob er 1998 wieder für das Amt des Bundeskanzlers kandidiere, bekannt geben. Mit fast 15 Jahren im Amt, hatte er länger als jeder andere Kanzler vor ihm das Land regiert. Alle Beobachter rechneten fest damit, dass er den Verzicht auf eine erneute Kanzlerkandidatur bald bekannt geben würde.

Doch dann kam alles anders. Es war genau an jenem 3. April, seinem Geburtstag, als er sein monatelanges Schweigen brach und seine erneute Kandidatur für die Bundestagswahl im Oktober 1998 ankündigte. Hannelore erfuhr die Neuigkeit aus den Fernsehnachrichten. Zu diesem Zeitpunkt befand sie sich auf einem Kuraufenthalt in einer Privatklinik am Tegernsee. In einem Fernsehinterview der ARD, das an Kohls langjährigem Kurort im österreichischen Bad Hofgastein aufgezeichnet worden war, antwortete ihr Mann auf die Frage, ob er auch eine fünfte Legislaturperiode anstrebe: »Ganz klares Ja, unter der Voraussetzung, dass meine eigene Partei und meine politischen Freunde dies so wollen.« Es sei ja keine einsame Entscheidung auf dem Olymp. Er habe sich das sehr genau überlegt, fügte er hinzu und unterstrich, mit seiner Familie alles abgesprochen zu haben. Eine glatte Lüge. Hannelore bekam einen seltenen Wutausbruch. Sie hatte fest mit einer anderen Entscheidung gerechnet und nun das. Dass ihr Mann vor laufender Kamera und ohne rot zu werden eine schlicht unwahre Behauptung in die Welt setzte, fand sie in höchstem Maße respektlos und kaum entschuldbar. Sie hörte schon gar nicht mehr hin, als er von der Verpflichtung sprach, die anstehenden Reformen im Steuer-, Renten- und Gesundheitsbereich durchsetzen zu wollen; überdies sehe er sich bei der Osterweiterung der NATO und auch bei den Verhandlungen um die Einführung des Euro in einer »Schlüsselposition«. Hannelore verstand die Welt nicht mehr. Noch am Vormittag hatte sie mit ihrem Mann telefoniert, um ihm zum Geburtstag zu gratulieren. Spätestens an dieser Stelle hätte er seine Frau informieren, zumindest vorwarnen müssen. Es bleibt wohl Helmut Kohls Geheimnis, warum er nicht nur seiner Frau seine Absichten vorenthielt, sondern auch den hoch geachteten »Kronprinzen« Wolfgang Schäuble nicht vorab in Kenntnis setzte. Schäuble, für den sich damit alle Hoffnungen und Erwartungen zerschlugen, empfand jenen 3. April 1997 als Tag der Niederlage und Demütigung. Zwischen Kohl und ihm begann ein schleichender Entfremdungsprozess, der im Jahr 2000 zum völligen Zerwürfnis führte.

Was damals in der Öffentlichkeit kaum beachtet wurde, was Helmut Kohl aber zur Begründung für sein Handeln später seinen engsten Mitstreitern, vor allem aber seiner Frau erläuterte, war folgendes: Einen Wechsel im Amt des Bundeskanzlers während einer Legislaturperiode konnten nur die Abgeordneten des Deutschen Bundestages in geheimer Wahl vollziehen. Durch die äußerst knappen Mehrheitsverhältnisse war nicht gesichert, dass der Nachfolger auch ins Amt kommen würde. Kohl, der offenbar im Vorfeld sondiert hatte, hatte zur Kenntnis nehmen müssen, dass Wolfgang Schäuble bei einer solchen Wahl nicht alle Stimmen der Abgeordneten von CDU/CSU und FDP bekommen würde. Vor allem in der FDP hatten einflussreiche Politiker Kohl schon länger gedrängt, 1998 erneut anzutreten. In ihren Reihen gab es erhebliche Vorbehalte gegen einen Kanzlerwechsel während der laufenden Legislaturperiode. Außerdem gab es von liberaler Seite konkrete Warnungen an den Kanzler, dass einige FDP-Parlamentarier Wolfgang Schäuble auf keinen Fall wählen würden. Als Gründe wurden dessen konservative Überzeugungen in gesellschafts- und rechtspolitischen Fragen angegeben. Auch aus den Reihen der CSU hatte Kohl deutliche Signale gegen eine Schäuble-Wahl erhalten, bei denen vergleichbare Argumente ins Feld geführt wurden. Hinter vorgehaltener Hand gab es aus Kreis- und Ortsverbänden von CDU/CSU, aber auch von Mitgliedern der Parteispitzen Vorbehalte, ob Schäuble wegen seiner Behinderung dem Amt gewachsen war. »Ein Krüppel als Kanzler«, so die zynische Formulierung, das schien für manchen Unionsanhänger undenkbar. Helmut Kohl konnte sich darüber furchtbar aufregen. Für ihn war Schäuble ein brillanter Stratege und begnadeter Politiker, der eine eiserne Disziplin besaß, wenn es um die Erfüllung seiner Aufgaben ging. Den Mann im Rollstuhl hielt er für seinen einzig würdigen Nachfolger.

Über diese Probleme konnte der Amtsinhaber öffentlich nicht sprechen, er vermied es auch, mit seinem Kronprinzen unter vier Augen zu reden. Traute er nicht einmal seiner Frau absolutes Stillschweigen zu, oder warum sonst hätte er sie wohl so lange im Unklaren gelassen? Jetzt waren die Würfel gefallen, jetzt musste sich auch Hannelore auf eine neue Schlacht einstellen.

Es ist schmerzlich, dass bei all den berechtigten oder unberechtigten Überlegungen des Kanzlers zum möglichen Amtswechsel seine Frau keine Rolle spielte. Weit mehr als Privates, gar die Rücksichtnahme auf die von ihrer Lichtallergie deutlich gezeichnete Ehefrau, zählte Kohls Angst, sein politisches Vermächtnis könne Schaden nehmen. Er fürchtete vor allem um die geplante Einführung einer europäischen Gemeinschaftswährung. Der Familie blieb nichts anderes, als sich zu fügen. Nach der ersten Wut und Enttäuschung erkannte Hannelore, dass es zu der Entscheidung ihres Mannes zu dieser Zeit keine echte Alternative gab. Ähnliches galt für die Söhne. Einen solchen Vater zu haben, war eben etwas Außergewöhnliches, mit einem solchen Mann verheiratet zu sein, forderte beständiges Zurückstecken, weitestgehender Verzicht auf ein selbstbestimmtes Leben und nahezu eine gewisse Opferbereitschaft.

Wolfgang Schäuble hingegen wollte sich mit Kohls »selbstherrlicher« Entscheidung nicht abfinden und entschied sich zum Angriff. Die Umfragewerte der Unionsparteien konnten kaum schlechter sein, und viele in der Union sahen in Kohl den Schuldigen. Doch niemand hatte den Mut, den Kanzler offensiv von einer erneuten Kandidatur abzubringen. Überliefert ist, dass Schäuble, der nicht als Königsmörder dastehen wollte, Kohl in einem Vieraugengespräch mitteilte, er glaube nicht, dass die Bundestagswahl unter diesen Voraussetzungen noch zu gewinnen sei. Das würden alle Umfragen seit geraumer Zeit stützen. Daraufhin soll Kohl entgegnet haben, er sei da ganz anderer Meinung. Damit war die Diskussion beendet und der Bruch zwischen diesen beiden so erfolgreichen Bundespolitikern der Union besiegelt. Und es sollte noch schlimmer kommen.

Im Mittelpunkt der Wahlkampagne von CDU/CSU stand Kohl als »Staatsmann mit Führungskompetenz und Regierungserfahrung in Zeiten des Wandels«. SPD-Kanzlerkandidat Gerhard Schröder und seine Partei setzten ganz darauf, dass die Bevölkerung des »Dauerkanzlers« überdrüssig sei. Sie stellten Kohl als »Mann von gestern«, als »ewigen Kanzler« hin, dessen Zeit ebenso wie die seiner Regierung abgelaufen sei. »16 Jahre sind genug« war eine zündende Wahlkampfparole der Kohl-Gegner. Sechs Wochen vor der Wahl kündigte Kohl an, für den Fall einer Niederlage den CDU-Parteivorsitz abgeben zu wollen. Es schien, als hielte auch er einen Wahlsieg für kaum noch möglich. Trotzdem kämpften er und die Koalitionsparteien unverdrossen für den Erhalt der politischen Macht und hofften lange Zeit, noch einmal genügend Rückhalt von den Wählern zu bekommen.

Wie in allen Wahlkämpfen zuvor trug Kohl die größte Last der Kampagne. Und wie bei allen fünf Bundestagswahlkämpfen zuvor, engagierte sich die Frau an seiner Seite. Ohne Rücksicht auf ihr immer schlechter werdendes Befinden trat sie bei Großveranstaltungen auf, um für die Politik ihres Mannes zu werben. Ein letztes Mal spürte sie die Sympathie der Unionsanhänger und ihre positive Wirkung beim Wahlvolk. Dabei gab sie sich keinerlei Illusionen über den Wahlausgang hin. Die Wahlprognosen waren zuletzt derart ernüchternd ausgefallen, dass sie ernsthaft in Erwägung zog, ihren Mann zum Rückzug zu überreden und Schäuble das Feld zu überlassen. Hannelore wollte die drohende Abwahl ihres Mannes verhindern. Doch warum sollte sie gerade jetzt auf ihn Einfluss haben, wenn er in den vergangenen Jahrzehnten doch alle Bitten und durchdachten Empfehlungen seiner Frau ignoriert hatte. Nach reiflicher Überlegung ließ Hannelore den Dingen ihren Lauf

Am 27. September 1998 votierten nur noch 35,1 Prozent der Wähler für die Unionsparteien. Eine Regierungsmehrheit zusammen mit der FDP kam nicht mehr zustande. Die Bundestagswahl brachte eine klare Mehrheit für die SPD und Bündnis 90/Die Grünen. Helmut Kohl übernahm die Verantwortung für die schwere Niederlage seiner Partei und kündigte noch am Wahlabend seinen Rücktritt vom Amt des Parteivorsitzenden an. Wolfgang Schäuble wurde sein Nachfolger. Selbst Kohl-Kritiker und ärgste Feinde bescheinigten dem Pfälzer einen würdevollen Abgang, einen staatsmännischen Rücktritt. Hannelore und die beiden Söhne mit ihren Partnerinnen waren in der schweren Stunde der Niederlage in Bonn. Die Stimmung war schlecht, für alle war es trotz der schlechten Prognosen eine schwere Enttäuschung. Hannelore, die Niederlagen ihres Mannes generell nur schwer verdauen konnte, hätte ihn nur zu gern vor diesem Wahldesaster bewahrt. Der Abschied von der Macht fiel Helmut Kohl sichtlich schwer. Bei der Amtsübergabe an seinen Herausforderer und Wahlgewinner Gerhard Schröder konnte er seine Tränen nicht verbergen. Helmut Kohl war nicht mehr Kanzler, nicht mehr Parteivorsitzender, aber wenigstens noch Ehrenvorsitzender der CDU. Er blieb Bundestagsabgeordneter und richtete sich auf ein neues Leben ein. Hannelore machte sich keine Illusionen darüber, dass dieses neue Leben ein Leben ohne Politik sein würde. Ihre angeblich durch die Penicillineinnahme hervorgerufene Lichtallergie bekam nach der verlorenen Bundestagswahl einen neuen Schub. Hannelore gab sich viel Mühe, nach außen hin ihr tatsächliches Leiden zu verschleiern. Ihre Arztbesuche nahmen zu, ebenso die Verzweiflung, weil sie für absehbare Zeit keine Verbesserung ihrer Lage erkennen konnte.

KRANKENAKTE

Seit ihrer Geburt hatte Hannelore Kohl gesundheitlich immer wieder kritische Phasen überstehen müssen und war nicht nur einmal dem Tod nahe. Da waren zunächst die unkalkulierbaren Risiken ihrer Frühgeburt gewesen, später der Kampf gegen Untergewicht und Mangelernährung. Bombenkrieg, Evakuierung und Flucht veränderten ihr Leben wie das Millionen anderer Menschen in dieser Zeit. Mit der mehrfachen Vergewaltigung und der damit offenbar verbundenen Verletzung des Halswirbels begannen für Hannelore Jahre seelischer und körperlicher Qualen, die bis zu ihrem Tod nicht enden wollten. Überliefert sind zahlreiche Krankheitsgeschichten seit Mitte der Sechzigerjahre. Nach einer harmlosen bakteriellen Infektion reagierte sie nach Einnahme von Penicillintabletten heftig allergisch. Helmut Kohl beschrieb diese Situation als hoch dramatisch: Hautrötungen am ganzen Körper, Ausschlag, Juckreiz und sogar Atemnot. Zum ersten Mal musste der damalige Ministerpräsident damit leben, dass seine Frau schwer angeschlagen über Wochen das Bett hütete. Fortan war ihre Penicillinallergie eine ganz wichtige, geradezu existenzielle Tatsache, die es bis zu ihrem Tod zu beachten galt. Von nun an verinnerlichten vor allem die Hausärzte Lösel und Gillmann das strikte Verbot, penicillinhaltige Medikamente jeglicher Art zu verschreiben. Alle Krankenhausärzte wurden vergattert, auf Hannelores Penicillinallergie zu achten

Hannelore war alles andere als ein Hypochonder. Ein Blick in ihre äußerst umfangreiche Krankenakte würde belegen, wie sehr sie sich immer wieder durch Unvorsichtigkeiten anderer Verletzungen und Schmerzen zuzog. Während Helmut Kohls Kanzlerschaft hatte sie immer wieder gute Gründe, wegen gesundheitlicher Beeinträchtigungen manche eigentlich zwingende Verpflichtung nicht wahrzunehmen. Nichts war simuliert, nichts erfunden, sondern entsprach den Fakten. Selbst die wenigen wirklichen Insider rätselten oft, warum sie ausfiel, warum sie Bonn fernblieb, warum sie fehlte. Es blieb ihr Geheimnis.

Am 17. Februar 1993 widerfuhr Hannelore Kohl ein Unglück, das sie für Jahre gesundheitlich beeinträchtigte und als dramatische Wende in ihrem Leben betrachtet werden muss. Bei den Vorbereitungen für eine gemeinsame Asienreise mit ihrem Mann spürte sie Anzeichen einer fiebrigen Erkältung. Als ein Tag vor dem Start der bisher längsten Auslandsreise des deutschen Kanzlers das Fieber eine kritische Grenze überschritt, musste sie handeln. Überliefert ist, dass sie ein Antibiotikum gegen eine bakterielle Infektion einnahm, das bei ihr eine schlimme körperliche Reaktion auslöste. Kohl-Sohn Peter beschreibt in seinem Buch detailliert, was dann passierte. Ausführlich beschäftigte sich auch Helmut Kohl in seinen

Memoiren mit dieser nun beginnenden Tragödie. Die Kanzlergattin sah sich nach der Einnahme des Medikaments außerstande, ihren Mann auf der wichtigen Auslandsreise nach Indien, Singapur, Indonesien, Japan und Südkorea zu begleiten und bekniete ihn, auf keinen Fall ihretwegen die Reise abzusagen. Nachdem Helmut Kohl mit schlechtem Gewissen am 18. Februar 1993 nach Indien aufgebrochen war, wurde Hannelore zwei Tage später mit lebensbedrohlichen Symptomen in das Sankt-Marien-Krankenhaus in Ludwigshafen eingeliefert. Die allergischen Reaktionen auf das Medikament waren derart stark geworden, dass ihre Haut am ganzen Körper dunkelblau angelaufen war. Hannelore konnte kaum noch laufen und litt unter schrecklichen Schmerzen. Schon die kleinste Berührung sei ihr unerträglich gewesen. Vier Tage lang schwebte Hannelore zwischen Leben und Tod. Die behandelnden Ärzte und die rund um die Uhr aktiven Schwestern hatten nach übereinstimmenden Berichten den Glauben an ein Überleben ihrer Patientin verloren. Erst nach einer Woche, so die Erinnerung des Kanzlers, sei es langsam aufwärts gegangen. Laut Diagnose hatte Hannelore einen »lebensbedrohenden anaphylaktischen Schock mit nachfolgendem Lyell-Syndrom (Epidermolysis acuta toxica) durch das Antibiotikum Amoxicillin« erlitten. In der Folge kam es »fluktuierend zu geringer Hautsymptomatik, verbunden mit Glottisödem, Asthmaanfall und mannigfachen Körperbeschwerden bei Sonnenlichtexposition, später auch bei Kunstlicht und Wärme«.

Als Helmut Kohl vierzehn Tage später nach dem Ende seiner Asienreise ins Ludwigshafener Krankenhaus kam, war er entsetzt. Nach wie vor litt Hannelore unter extremen Hautproblemen, durch den Allergieschub hatte sie sämtliche Nägel und vor allem ihr blondes Haar verloren. Nach wochenlangem Krankenhausaufenthalt und anschließender Kur zeigten sich weitere Auswirkungen der fatalen Medikamenteneinnahme. Sonnenlicht – später auch andere Lichtquellen – wurde für sie immer unverträglicher, ihre Haut reagierte mit Rötungen, Quaddelbildung und Juckreiz. Die Kanzlergattin war in ihrem Aktionsradius erheblich eingeschränkt, und diese Beeinträchtigungen zeigten sich vor allem bei Reisen im In- und Ausland. Von all diesen Handicaps erfuhr die Öffentlichkeit so gut wie nichts. Hannelores preußische Pflichtauffassung, ihre eiserne Disziplin und ihr ewiges Lächeln, selbst wenn es ihr alles andere als gut ging, überdeckten ihre angeschlagene Gesundheit.

Bis heute ist ungeklärt, wie es zu diesem Drama kommen konnte. Hannelore selbst hatte anfangs erzählt, sie habe einen befreundeten Apotheker gebeten, ihr entsprechende Medikamente gegen ihren grippalen Effekt vorbeizubringen. Kurz darauf kursierte jedoch eine andere Version, die den Hausarzt der Familie Kohl schwer belastete und von der Hannelores Mann und die beiden Söhne bis heute überzeugt sind. Demnach habe Dr. med. Heinz Lösel angeblich einen unverzeihlichen Fehler begangen. Obwohl gerade er seit Jahren von Hannelores Penicillin-Unverträglichkeit wusste und jeden Krankenhausarzt darüber aufklärte, soll er der Kanzlergattin aus Versehen ein Medikament verabreicht haben, das zur Penicillingruppe gehörte. Auch von einer Spritze des Hausarztes ist die Rede, die möglicherweise zu dem Drama geführt habe. Bis heute verweist Lösel auf seine ärztliche Schweigepflicht und lehnt jeden Kommentar zu diesem schlimmem Vorwurf ab. Im Gespräch gewinnt man aber den Eindruck, dass er sich absolut unschuldig fühlt. Nichtsdestotrotz stand für Hannelore wie für die ganze Familie fest, dass Heinz Lösel –natürlich nicht absichtlich – jene Tragödie verursacht hatte, die das Leben der Kanzlergattin nachhaltig veränderte und erheblich belastete. Das Drama führte zu Einschränkungen ihrer Lebensqualität und verhinderte eine Gesundung bis zu ihrem Selbstmord 2001.

Unmittelbar nach Helmut Kohls Rückkehr aus Asien wurde die Beziehung zum Hausarzt Lösel abrupt beendet. Der heute Dreiundneunzigjährige hat die aus seiner Sicht unwürdige Trennung nie überwunden und leidet seitdem stark unter dem Vorwurf, der Sündenbock zu sein.

Neueste Recherchen ergaben indes, dass nicht auszuschließen ist, dass der Arzt mit der Tragödie des Jahres 1993 tatsächlich nichts zu tun hatte. Fakt ist, dass Dr. Lösel viele Jahre zuvor eine Liste erstellt hatte, auf der präzise all jene Medikamente und Impfstoffe verzeichnet waren, die der Kanzlergattin wegen ihrer Penicillinallergie auf keinen Fall verabreicht werden durften. Exemplare dieser »Giftliste« waren im Hause Kohl ebenso deponiert wie in den Dienstwagen. Beide Chauffeure waren darüber informiert und wussten im Ernstfall, zum Beispiel nach einem Verkehrsunfall, die Liste sofort zu präsentieren und jedem Arzt zu übergeben. Insider halten deshalb die Darstellung der Kohl-Familie für die nicht einzig denkbare. Dass sich nach dem vermeintlichen Kunstfehler des Dr. Lösel das Verhältnis zwischen ihm und Professor Gillmann, der die Familienversion stützt und weiterhin Kohl-Arzt blieb, nicht verbesserte, darf angenommen werden. Die Familie Kohl schloss sich jedenfalls der Überzeugung von Professor Gillmann an und trennte sich von ihrem jahrelang geschätzten Mediziner.

Nicht erst seit Hannelores Selbstmord 2001 gab es eine Reihe von Vermutungen, sie habe sich bereits 1993 etwas angetan. Sie habe sich das penicillinhaltige Medikament bewusst beigebracht, dies sei ihr erster Selbstmordversuch gewesen, so die Spekulationen. Diese wurden bei Freundinnen genährt, die sich zu erinnern glauben, den Satz gehört zu haben

»Ich tue mir etwas an, ich will nicht verreisen!« Lösel wurde umgehend ersetzt durch Professor Dr. Walter Möbius, Jahrgang 1937 und damals Chefarzt der Inneren Abteilung des Bonner Johanniterkrankenhauses. Er hatte den Kanzler im Vorfeld des berühmten Bremer CDU-Parteitags wegen seines Prostataleidens erfolgreich betreut. Von nun an kümmerte er sich auch um das neue Leiden der Kanzlergattin, in enger Abstimmung mit dem zweiten Hausarzt der Kohls, Professor Gillmann. Möbius sah von Anfang an einen Zusammenhang zwischen der allergischen Reaktion aus dem Jahr 1993 und der jahrelangen Lichtempfindlichkeit, die immer stärker wurde. In seinem 2008 erschienenen Buch »Menschlichkeit ist die beste Medizin. Ein Wegweiser für Patienten und Ärzte« heißt es wörtlich über seine prominente Patientin: »Auf jegliches Licht reagierte sie mittlerweile mit brennenden Schmerzen auf der Haut, Schmerzen im Brustbereich, Herzrasen und Asthmabeschwerden. Die Symptome ließen sich mit entsprechender Therapie zumindest zeitweise beheben, doch sie konnte sich in den folgenden Jahren draußen nur noch im Schatten dichter Bäume und in der Dämmerung aufhalten. Dieser Zustand, der sich in den letzten beiden Jahren ihres Lebens noch verstärkte, trieb sie in zunehmende Isolation. Niemand war in der Lage, Hannelore Kohl wirklich zu helfen, und sie begab sich auf Anraten ihres Hausarztes in eine Klinik am Tegernsee. Dort sollte eine Art Lichtdesensibilisierung durchgeführt werden. Eine Heilung konnte jedoch auch hier nicht erzielt werden.«

Von Hannelores tatsächlicher gesundheitlicher Lage erfuhr so gut wie niemand. Selbst enge Freundinnen hatten zunächst keine Ahnung. Die Kanzlergattin verwandte ungeheure Disziplin darauf, ihre Probleme zu verbergen, zu klagen war ihr fremd. Sie setzte alles daran, ihre Krankheit zu verschweigen, sich selbst unter Stress und enormem Druck nichts anmerken zu lassen. Tatsächlich verließ sie immer häufiger nur noch in der Dämmerung das Haus, mied – soweit es ging –, das Tageslicht und führte zum Schutz gegen die Sonne einen Schirm mit sich.

Die in meinem Vorwort erwähnten Experten Reddemann und von dem Stein sehen in dieser dramatischen Wende im Leben der Hannelore Kohl eine Retraumatisierung. Wenn Körper und Psyche durch ein Urtrauma wie eine Vergewaltigung derart in Mitleidenschaft gezogen werden, sind psychosomatische Beschwerden irgendwann unvermeidbar. Auch namhafte Dermatologen bezweifeln heute die Diagnose des behandelnden Arztes Walter Möbius. Die schwere Arzneimittelreaktion, die in der Tat mit klassischen allergischen Reaktionen wie Blasenbildungen und vielem mehr einhergehe, erkläre allerdings nicht die späteren Beschwerden, die auch nicht als Reaktion auf den Vorfall des Jahres 1993 zurückgeführt werden könnten. Unverdrossen kämpfte Hannelore Kohl gegen die Auswirkungen ihrer Lichtallergie, verlegte ihre gesamten Aktivitäten auf den späten Abend oder in abgedunkelte Räume. Sie konsultierte eine ganze Reihe von Ärzten, verließ sich aber am liebsten auf die Empfehlungen der ihr vertrauten Mediziner Gillmann und Möbius. Befunde anderer Ärzte nahmen die beiden Mediziner zur Kenntnis, bewerteten sie und sprachen Empfehlungen aus, denen Hannelore in der Regel ohne weiteres Nachfragen folgte. Es gibt kritische Stimmen, die glauben, dass Hannelore Kohl auch deshalb an den beiden Ärzten festhielt, weil sie ihre Selbstdiagnose »Lichtallergie« stützten und nicht alles unternahmen, die Lichtallergie und ihre Folgen wirklich infrage zu stellen. Gillmann und Möbius wurden schon damals von mehreren namhaften Fachärzten, die Hannelore Kohl immer wieder aufs Neue konsultierte, darüber informiert, dass nach ihrem Befund die Krankheit, wenn sie denn eine Lichtallergie sein sollte, nicht mit letzter Sicherheit eine Folge der Tragödie aus dem Jahr 1993 sein könnte. Doch Hannelore und ihre beiden vertrauten ärztlichen Ratgeber überzeugten die Gegenargumente nicht und hielten sozusagen im Dreierpack an der einmal gestellten Diagnose fest: Lichtallergie.

Kapitel 9

SPENDENAFFÄRE

Die ehemalige Kanzlergattin hatte die Abwahl ihres Mannes noch längst nicht verarbeitet, als sie sich trotz ihrer gesundheitlichen Probleme und der damit verbundenen Einschränkungen mit ganzer Kraft weiter ihrer Stiftungsarbeit widmete. Als ob der Absturz ihres Mannes keinerlei Auswirkungen auf ihr Gemüt hätte, glänzte sie im Oktober 1998 als Moderatorin beim »Ball der Sterne« im Mannheimer Rosengarten. Anders bei der Goldberg-Gala im gleichen Jahr in Berlin: Erstmals musste Hannelore aus gesundheitlichen Gründen auf eine Anwesenheit bei dieser wichtigen Veranstaltung verzichten.

Ende Januar 1999 präsentierte sie sich in scheinbar guter körperlicher Verfassung bei der Verleihung des Bundesverdienstkreuzes im Schloss Bellevue, dem Amtssitz des Bundespräsidenten. Roman Herzog, ein alter Bekannter und wirklich guter Freund ihres Mannes, überreichte der Präsidentin des Kuratoriums ZNS das »Große Verdienstkreuz des Verdienstordens der Bundesrepublik Deutschland«. In einem maßgeschneiderten schwarzen Kostüm nahm sie den Orden entgegen, der ihr in Anerkennung ihres Einsatzes für Unfallopfer mit Verletzungen des zentralen Nervensystems verliehen wurde. In ihrer Dankesrede hob sie den Einsatz ihrer Mitarbeiterinnen und Mitarbeiter hervor und machte keinen Hehl daraus, wie sehr sie sich über die Auszeichnung freute. Diese sei ihr ein Ansporn, sich auch weiterhin mit aller Kraft für die Arbeit des Kuratoriums einzusetzen. Und das tat sie: Bei der Vergabe des Förderpreises der Hannelore-Kohl-Stiftung und des Kuratoriums ZNS im März in Hamburg war sie ganz in ihrem Element, ebenso bei der ARD-Talkshow *Fünf Jahre Fliege* und bei der ZDF-Sendung *30 Jahre Dieter Thomas Heck* im Baden-Badener Kurhaus. Auch beim Mannheimer »Ball der Sterne« 1999, diesem längst zur Tradition gewordenen Treffen von Stars und Sternchen, trat Hannelore Kohl auf – gemeinsam mit ihrem Mann. Niemand konnte ahnen, dass es das letzte Mal sein würde.

* * *

Schon seit langem träumte Hannelore von einer eigenen Wohnung in Berlin. In ihrer Geburtsstadt fühlte sie sich seit jeher sehr wohl, selbst zu Zeiten des geteilten Deutschlands, als die Mauer gerade die Bürger Berlins täglich an diese schmerzliche Teilung erinnerte. Jetzt waren beide deutschen Staaten vereint, jetzt blühte die Stadt wie nie zuvor auf – und Hannelore wollte dabei sein. Wie gehabt überließ Helmut Kohl seiner Frau die Suche nach einer geeigneten Berliner Bleibe. Hannelore war froh um dieses neue Projekt, das sie vorübergehend von ihren Handicaps ablenkte und in dem sie völlig aufging. Nach dem Kauf von zwei Etagenwohnungen in einem Altbau im Berliner Stadtteil Wilmersdorf steuerte sie kompetent die Renovierungsarbeiten in den Wohnungen, die zu einem 220 Quadratmeter großen Domizil zusammengelegt worden waren. Auch diesmal mussten zwingende Sicherheitsvorgaben beachtet und sämtliche Fenster sowie die Wohnungstür entsprechend umgerüstet werden. Trotz ihrer zunehmenden gesundheitlichen Probleme überwachte sie sachkundig sämtliche Baumaßnahmen, die Anfang Oktober 1999 abgeschlossen werden konnten. Für Hannelore war es die allerbeste Investition zur rechten Zeit, am richtigen Ort und ganz nach ihrem Geschmack. Zügig kümmerte sie sich um die Inneneinrichtung, ließ einige Möbel und Geschirr aus Ludwigshafen nach Berlin transportieren und kaufte den Rest in der deutschen Hauptstadt dazu. Mit dem Bezug ihrer Zweitwohnung in der Caspar-Theysz-Straße 20 erfüllte sich Hannelore einen lang gehegten Traum. Sie liebte die Berliner Großstadtatmosphäre und genoss das quirlige Leben in der Hauptstadt.

* * *

Wenige Wochen vor seiner Abwahl bei der Bundestagswahl am 27. September 1998 schrieb ich dem Bundeskanzler einen Brief. Darin erläuterte ich ihm meine Absicht, anlässlich seines 70. Geburtstags im Jahr 2000 ein Buch über ihn zu schreiben und bat um ausführliche Gespräche. Kohl reagierte umgehend und lud mich zu einem ersten Treffen ein. Weitere Gespräche sollten nach der Bundestagswahl folgen. Bei dieser Begegnung hatte ich ihn ermuntert, eines Tages selbst seine Memoiren zu schreiben.

Nach der schweren Wahlniederlage hatte sich die Lage verändert. Der Altkanzler entschied sich sehr rasch, seine Erinnerungen aufzuschreiben und bat mich, ihn gemeinsam mit einem kleinen Team von Wissenschaftlern und Publizisten dabei zu unterstützen. Ab Mitte 1999 fuhr ich an so manchem Wochenende nach Ludwigshafen oder traf mich mit ihm und seinen Mitarbeitern in Berlin.

Nach dem Umzug des Parlaments von Bonn nach Berlin-Mitte im Juli 1999 wurden dem Altkanzler großzügige Büroräume in der vierten Etage eines generalrenovierten Gebäudes zugewiesen, in dem früher einmal Volksbildungsministerin Margot Honecker residiert hatte. Kohls Vertraute Juliane Weber kam ebenso mit nach Berlin wie Büroleiter Michael Roik. Außerdem gesellte sich ein zweiter Mann hinzu, der sich seine Sporen bei der Konrad-Adenauer-Stiftung erworben hatte. Der Politologe Lutz Stroppe wurde nach kurzer Einarbeitung zu einem unentbehrlichen Helfer.

Der mittlerweile zum parlamentarischen Hinterbänkler mutierte Kanzler der Einheit behielt in Berlin die Fäden in der Hand und genoss seinen Status als einfacher Bundestagsabgeordneter. Sein Terminkalender war prall gefüllt, Politik war und blieb sein Lebenselixier. Kohl empfing regelmäßig Weggefährten aus Bund und Ländern und nahm die vielen nationalen und internationalen Auszeichnungen, die ihm für seine Verdienste verliehen wurden, stolz entgegen. Der CDU-Ehrenvorsitzende zeigte wenig Präsenz in den Spitzengremien seiner Partei und meldete sich auch in der CDU/CSU-Bundestagsfraktion höchst selten zu Wort. Aber bei Wahlkampfauftritten war er wieder ganz in seinem Element. So warb er in altbekannter Manier für die Politik der CDU bei den Kommunalwahlen in Nordrhein-Westfalen, den Landtagswahlen in Thüringen und Sachsen und bei den Wahlen für das Berliner Abgeordnetenhaus. Als ob es den Rücktritt vom Parteivorsitz nicht gegeben hätte, gab er wie in alten Zeiten die Wahllokomotive der CDU/CSU. Er brauchte offensichtlich die große politische Bühne, um zu Bestform aufzulaufen – auch wenn Hannelore gesundheitsbedingt nicht mehr an seiner Seite war.

Als Michail Gorbatschows todkranke Frau Raissa sich in der Universitätsklinik in Münster aufhielt, kümmerte sich der Altkanzler um sie. Nachdem sie mit 67 Jahren an den Folgen einer schweren Leukämie gestorben war, reiste er ohne Hannelore zu Raissas Beisetzung nach Moskau und würdigte die Verstorbene in einer kurzen Ansprache am offenen Sarg.

Der »Elder Statesman« zelebrierte hochrangige Treffen am Regierungssitz Berlin und empfing nach wie vor die Großen der Welt, unternahm Reisen unter anderem nach China und Israel. Einen Tag nach seiner Rückkehr aus dem Nahen Osten meldeten die Nachrichtenagenturen, das Amtsgericht Augsburg habe Haftbefehl gegen den ehemaligen CDU-Schatzmeister Walther Leisler Kiep erlassen. Er werde verdächtigt, 1991 eine Million D-Mark an Spendengeldern von Karlheinz Schreiber, einem umstrittenen Waffenhändler, erhalten und nicht versteuert zu haben. Hannelore, die gerade ihre Ludwigshafener Freundin Annelie Wiß in Berlin zu Besuch hatte, erfuhr beim gemeinsamen Frühstück in der neuen Wohnung vom Haftbefehl gegen den CDU-Spitzenpolitiker. Ihr Fahrer Josef Rink hatte die schlechte Nachricht überbracht. Die Gattin des Altkanzlers war geschockt. Als ZNS-Präsidentin wusste sie nur zu genau, wie wichtig es war, Spendengelder ordnungsgemäß zu verbuchen. Sie erzählte mir, dass ihr sofort die Frage durch den Kopf geschossen sei, in welcher Weise ihr Mann in den Vorfall involviert sein könnte. Sie wusste, dass er als langjähriger CDU-Bundesvorsitzender über alle Ein- und Ausgaben der Partei im Bilde war und – wenn er wollte – jederzeit persönlich Einblick in sämtliche Finanztransaktionen des CDU-Schatzmeisters nehmen konnte. Höchst angespannt wartete Hannelore auf ihren Mann, der zu mitternächtlicher Stunde tief bestürzt nach Hause kam. Noch am Abend hatte er in einer ersten Stellungnahme erklärt, keinerlei Kenntnis von der Spende Schreibers an Walther Leisler Kiep gehabt zu haben. Wie sich anderntags herausstellte, wurde der Haftbefehl gegen Leisler Kiep gegen Zahlung einer Kaution über 500 000 D-Mark außer Vollzug gesetzt. Zuvor hatte der gewiefte Finanzmanager erläutert, dass der Millionenbetrag, den ihm Schreiber in der Schweiz übergeben habe, als Parteispende an die CDU gegangen sei. Auch davon hatte Helmut Kohl keinerlei Kenntnis. Allerdings erinnerte er sich an einen Vorfall aus dem Jahr 1997. Damals hatte er erfahren, dass Wolfgang Schäuble eine 100 000-D-Mark-Spende von jenem Karlheinz Schreiber erhalten hatte.

Hannelore, die von all dem nichts wusste, war zutiefst beunruhigt. Schlaflose Nächte waren vorprogrammiert.

Am Vortag des zehnten Jahrestags des Falls der Berliner Mauer traf das Ehepaar Kohl mit Barbara und George Bush sowie Michail Gorbatschow, der von seiner Tochter Irina begleitet wurde, im Berliner Rathaus zusammen. Anlässlich der feierlichen Verleihung der Ehrenbürgerwürde Berlins an den früheren amerikanischen Präsidenten hielt Helmut Kohl die Laudatio. Während ihr Mann die politischen Leistungen beider Staatsmänner würdigte und sie die »entscheidenden Baumeister der deutschen Einheit« nannte, wollte Hannelores Nachdenken über die Millionenspende nicht enden. Auch das »Gipfelgespräch zehn Jahre Mauerfall: Wie es wirklich war« im Axel-Springer-Verlagshaus lenkte sie kaum ab. Nur das wunderbare Solo des russischen Cellisten und Dirigenten Mstislav Rostropovich ließ Hannelore für kurze Zeit gedanklich abschweifen.

Eine gute Woche später berichtete die *Süddeutsche Zeitung*, Helmut Kohl sei als Parteivorsitzender aus schwarzen Kassen unterstützt worden. Ein CDU-Finanzexperte habe unter dem Haushaltstitel »Sonstige Einnahmen« einen versteckten Nebenhaushalt für den Parteivorsitzenden geführt. Außerdem sei die Bundesregierung unter Kohl gegen Zahlung von Schmiergeldern bereit gewesen, zur Jahreswende 1989/90 Bundeswehrspürpanzer nach Saudi-Arabien zu liefern. Im Hause Kohl herrschte blankes Entsetzen.

Hannelore las in der *Welt am Sonntag* vom 21. November 1999 ein ausführliches Interview ihres Mannes, in dem er sich erstmals nach der Kiep-Affäre zu Wort meldete und die Vorwürfe, seine Regierung sei bestechlich gewesen, als völlig abwegig zurückwies. An diesem grauen Novembersonntag stand das Telefon in Ludwigshafen nicht still. Das Ehepaar Kohl fühlte sich zutiefst verletzt, empfand die Unterstellungen als bösartige Verleumdungskampagne. Und diese setzte vor allem Hannelore erheblich zu. Sie glaubte fest an die Unschuld ihres Mannes und verfluchte die Medien, die nun versuchten, die Reputation ihres Mannes nach fünfundzwanzigjähriger Amtszeit als Parteivorsitzender zu zerstören.

Tags darauf setzte der Deutsche Bundestag mit den Stimmen der Regierungsfraktionen und der Opposition, also auch der CDU/ CSU, einen parlamentarischen Untersuchungsausschuss ein. Dieses Gremium sollte den Vorwurf der Käuflichkeit von Regierungsentscheidungen während Kohls Kanzlerschaft untersuchen. Im Mittelpunkt standen dabei das Panzergeschäft mit Saudi-Arabien, die Privatisierung der Leuna-Raffinerie, Airbus-Lieferungen nach Kanada und Thailand und die Lieferung von Hubschraubern an die kanadische Küstenwache. Wie ihr Mann empfand Hannelore die Arbeit des Untersuchungsausschusses in Berlin als eindeutigen Versuch, die Regierungsarbeit des ehemaligen Kanzlers zu kriminalisieren.

Im Verfahren gegen CDU-Schatzmeister Kiep wurden ständig neue Details über das Finanzgebaren der Partei bekannt. So sollen zum Beispiel Spenden jahrelang auf Vorkonten geparkt worden sein. Auch davon hatte der Parteichef nach eigenen Worten keine Kenntnis. Nie zuvor verfolgte Hannelore die Berichterstattung in den Medien so gründlich wie in diesen Tagen und Wochen. Die Hiobsbotschaften wollten nicht enden. In der Presse bestimmten Fragen wie: »Affäre Kiep jetzt der Fall Kohl?« die Schlagzeilen. Hannelore entging nicht, dass der ungeheure Vorwurf der Bestechlichkeit im Amt ihren Mann unglaublich traf. Kohls Nachfolger als CDU-Bundesvorsitzender Wolfgang Schäuble und CDU-Generalsekretärin Angela Merkel forderten seit Tagen eine lückenlose Aufklärung der Spendenaffäre ohne Rücksicht auf Ansehen von Personen. Hannelore fühlte mit, wie sich der Ehrenvorsitzende der CDU einerseits in der eigenen Partei behaupten musste, andererseits gegenüber der Presse ständig gebetsmühlenartig dementierte, Kenntnis über ein solches Finanzgebaren gehabt zu haben.

* * *

Bei meinen Wochenendtrips im Spätherbst 1999 nach Ludwigshafen traf ich auf eine Hannelore Kohl, die ich so nicht kannte. Sie wirkte bedrückt, schien eine schwere Last zu tragen, berichtete über kaum zu ertragende Schmerzen und flüchtete bei unseren Gesprächen in Sarkasmus. Als Vertreter eines von ihr gehassten Berufsstandes ließ ich mich nicht ein auf Kollegenschelte, verteidigte die Funktion des Journalismus, Kritik und Kontrolle auszuüben. Als

259

am 13. Dezember 1999 berichtet wurde, gegen Helmut Kohl käme ein Anfangsverdacht wegen Betrugs und Geldwäsche in Betracht und es würden bereits zehn Anzeigen gegen ihn vorliegen, rief sie mich empört an und wollte meine Meinung dazu wissen. Der Altkanzler dementierte zum gleichen Zeitpunkt die neuerliche Unterstellung, wonach beim Kauf der Leuna-Raffinerie durch die französische Elf-Aquitaine-Gruppe Schmiergelder in Höhe von 85 Millionen D-Mark gezahlt worden seien.

Hannelore litt unter den schlimmen Verdächtigungen und der Hetzjagd, die kaum noch Privatsphäre zuließen. Zahllose Fernsehteams standen Tag für Tag vor dem Haus in Ludwigshafen und belagerten die Wohnung in Berlin. Es brodelte in der Partei, erste Rückzugsforderungen aus den eigenen Reihen wurden laut. Hannelore verstand die Welt nicht mehr und riet ihrem Mann, in die Offensive zu gehen. Auch das Berliner Büro unterstützte Kohls Absicht, sich vor einem Millionenpublikum zu verteidigen und dringend Aufklärung zu leisten. Am Abend des 16. Dezember 1999 räumte Helmut Kohl vor den Fernsehkameras des ZDF erstmals öffentlich ein, zwischen 1993 und 1998 Spenden in Höhe von 1,5 bis 2 Millionen D-Mark entgegengenommen zu haben. Gleichzeitig weigerte er sich, die Namen der Spender zu nennen, »weil sie mich ausdrücklich darum gebeten haben, nicht genannt zu werden. Dafür habe ich mich verbürgt und ihnen mein Ehrenwort gegeben«. Hannelore verfolgte in heller Aufregung die ZDF-Sendung, hörte aufmerksam zu und vernahm, wie ihr Mann sich für seine Fehler, die Spendenbeiträge am Rechenwerk der CDU-Schatzmeisterei vorbei in die Parteiarbeit gesteckt zu haben, entschuldigte. Sie war erleichtert und fand es gut, wie er seine persönliche Integrität unterstrich und deutlich machte, dass er nicht käuflich gewesen sei. Hannelore registrierte mit Genugtuung, dass ihr Ehemann den Vorwurf mit aller Entschiedenheit zurückwies, seine Entscheidungen als Bundeskanzler aufgrund von Schmiergeldzahlungen getroffen zu haben. Sowohl bei der Lieferung der Spürpanzer nach Saudi-Arabien als auch beim Verkauf der Leuna-Raffinerie an Elf-Aquitaine habe er ausschließlich im Interesse des Landes gehandelt. Hannelore nahm ihm das ab. Allerdings überkamen sie erstmals seit Beginn der Spendenaffäre leise Zweifel am Handeln ihres Mannes. Sie hegte Bedenken vor allem wegen seiner kategorischen Haltung, was die Preisgabe der Namen der Spender anging. Dass deren Anonymität die entscheidende Voraussetzung für eine Spende gewesen sein sollte, wie ihr Mann in verschiedenen Variationen immer wieder betonte, wollte ihr nicht einleuchten. Darüber zu diskutieren, ließ Helmut Kohl nicht zu, wie er überhaupt auf Hannelores Rat in dieser Spendenaffäre weitgehend verzichtete. Der Altkanzler blieb stur bei seinem eingeschlagenen Kurs und war keinesfalls bereit, sein gegebenes Wort zu brechen und die Namen der Spender zu nennen. Diese Haltung erläuterte er jedem, der es hören wollte. So auch der neuen CDU-Parteispitze um Wolfgang Schäuble und Angela Merkel.

Was dann zwei Tage vor Heiligabend des Jahres 1999 geschah, verschlug nicht nur Hannelore die Sprache. In einem Meinungsartikel der *Frankfurter Allgemeinen Zeitung* distanzierte sich die CDU-Generalsekretärin Angela Merkel von ihrem langjährigen Förderer Helmut Kohl. Die Partei müsse laufen lernen, so die Autorin, müsse sich zutrauen, in Zukunft auch ohne ihr altes Schlachtross, wie Helmut Kohl sich selbst oft gerne genannt habe, den Kampf mit dem politischen Gegner aufzunehmen … Vielleicht sei es nach einem so langen politischen Leben, wie Helmut Kohl es geführt habe, wirklich zu viel verlangt, von heute auf morgen alle Ämter niederzulegen, sich völlig aus der Politik zurückzuziehen und den Nachfolgern, den Jüngeren, das Feld schnell ganz zu überlassen.

Diesen Frontalangriff hat Helmut Kohl bis heute nicht überwunden. Gleiches galt zu Lebzeiten für Hannelore Kohl. Sie konnte den Bruch zwischen ihrem Mann und der politischen Aufsteigerin aus der früheren DDR nicht nachvollziehen. Für Hannelore stand außer Zweifel, dass hinter der ganzen Aktion Kohls Nachfolger an der Spitze der CDU, Wolfgang Schäuble, stand. Auf einer Sondersitzung des CDU-Präsidiums wurde der Ehrenvorsitzende Kohl kurz darauf einstimmig aufgefordert, die Namen derjenigen zu offenbaren, die ihm Spenden für die CDU gegeben hatten.

Bei meinem Besuch am 29. Dezember 1999 im Hause Kohl traf ich auf eine zutiefst deprimierte Hannelore. Sie kannte ihren Mann zu gut und wusste, dass er niemals einlenken und die Namen der Spender nennen würde. Doch jetzt war guter Rat teuer. Wie sollte er reagieren, wie konnte der endgültige Bruch mit der CDU-Führung verhindert werden? Die Bereitschaft des schwer angegriffenen und zutiefst enttäuschten Helmut Kohl einzulenken, schien gegen Null zu tendieren. Reagieren musste er aber, die Frage war nur, wie. Beim gemeinsamen Abendessen entstand die Idee, ein Tagebuch zu schreiben, das den Zeitraum von der Wahlniederlage im September 1998 bis zum Ende des kommenden Jahres umfassen sollte. Sinn und Zweck eines solchen Unternehmens konnte nur der Versuch sein, Fehler einzugestehen und einleuchtend zu erklären, warum Helmut Kohl so und nicht anders gehandelt hatte. Gleichzeitig mussten die unsäglichen Verdächtigungen und bösartigen Unterstellungen zurückgewiesen werden und aus Kohls Perspektive widerlegt werden.

Der Altkanzler stand der Idee zunächst skeptisch gegenüber. Er fragte sich, wer eine solche Streitschrift in Form eines Tagebuchs lesen würde. Anders Hannelore. Sie fand die Idee geradezu genial und war fest davon überzeugt, dass die Argumente, die in einem solchen Tagebuch vorgebracht werden könnten, nicht nur die Unionsmitglieder überzeugen, sondern vor allem die erbitterten Gegner der Lüge überführen würden. Davon ließ sich auch Kohl am Ende überzeugen.

Mit den Vorarbeiten zur Rekonstruktion und Überarbeitung wichtiger Tagebuchaufzeichnungen wurde umgehend begonnen. Im November 2000 schließlich präsentierte der Altkanzler das 350 Seiten umfassende Werk mit dem Titel *Mein Tagebuch*, das als Verteidigungs- und Rechtfertigungsschrift Schlagzeilen machte.

Auf der Rückreise von Ludwigshafen nach Köln erfuhr ich aus dem Radio, dass die Bonner Staatsanwaltschaft gegen den früheren CDU-Bundesvorsitzenden und Bundeskanzler ein Ermittlungsverfahren wegen des Verdachts der Untreue einleiten werde. Helle Aufregung im Berliner Kohl-Büro ebenso wie im Ludwigshafener Bungalow, als der Antrag der Staatsanwaltschaft auf Aufhebung der Immunität eintraf.

Silvester 1999 war ein Jahreswechsel der besonderen Art. Am Vormittag erfolgte in Moskau der Wechsel von Boris Jelzin zu Wladimir Putin. In einem ausführlichen Brief würdigte der Altkanzler die Leistungen seines Freundes Jelzin für die deutsch-sowjetischen Beziehungen und für sein Land. Am Abend traf das Ehepaar Kohl in Berlin ein und folgte der Einladung von Freunden zum Silvesterfest in einem großen Zelt neben dem Reichstag. Bewusst hatte Helmut Kohl mit der langjährigen Tradition gebrochen, im engsten Freundeskreis in Ludwigshafen den Jahreswechsel zu begehen. Gezielt mischte er sich unter das Volk, zeigte sich Weggefährten und treuen Freunden und demonstrierte nach außen hin seine ungebrochene Haltung. Die Frau an seiner Seite hätte sich am liebsten in ihrer Wohnung verkrochen, die Öffentlichkeit gemieden und über die kommenden Schritte zur Verteidigung ihres Mannes nachgedacht. Hier aber wurde sie jetzt stürmisch gefeiert, die Ovationen im Festzelt wollten nicht enden. Hannelore vermied alles, was ihre tatsächliche körperliche und seelische Verfassung hätte verraten können. Mit freundlichem Lächeln und äußerlich entspannt, präsentierte sie sich am Ende eines der schlimmsten Jahre ihrer über vierzigjährigen Ehe. Als die Berliner Glocken das neue Jahr einläuteten und die Silvesterraketen den Himmel erleuchteten, schossen ihr die Tränen in die Augen. Sie fürchtete sich vor dem, was die Zukunft bringen könnte. Daran änderten in diesem Moment auch die Liebesbezeugungen ihres Mannes nichts, wie er sie in seinem Tagebuch beschrieb.

ZUSPITZUNG

Das neue Jahr begann mit einem Schock: Am 3. Januar 2000 eröffnete die Bonner Staatsanwaltschaft das Ermittlungsverfahren gegen Helmut Kohl. Er wurde der Untreue zum Nachteil der CDU verdächtigt. Für Hannelore, für die Söhne und ihre Familien eine schwere Belastung. Der Kanzler der Einheit stand nun so richtig am Pranger – und die ganze Familie gleich mit. Hannelore bekniete in totaler Verzweiflung ihren Mann, die Namen der Spender endlich preiszugeben, um weiteren Schaden von sich und den Seinen abzuwenden. So wenig, wie Hannelore die Sturheit ihres Mannes verstand, so wenig konnten große Teile der CDU-Mitglieder und -Anhänger, selbst eingefleischte Kohl-Fans, nachvollziehen, warum er die Namen der Spender noch immer nicht herausrückte. Nach fünfundzwanzigjähriger Amtszeit als Parteivorsitzender, auf zwölf Parteitagen in geheimer Wahl mit meist überwältigender Mehrheit gewählt, spürte Kohl zwar, wie kalt ihm der Wind ins Gesicht blies. Auch die Gefahr, dass die Partei in zwei Gruppen zu zerfallen drohte – die Aufklärer und die Kohlianer –, war ihm durchaus bewusst. Die Situation konnte für die CDU zu einer dramatischen Zerreißprobe werden. An seinem Willen, die eingeschlagene Linie beizubehalten, änderte das jedoch nichts.

Während er Nervenstärke demonstrierte, lag Hannelore fast am Boden. Parallel zu den ungeheuerlichen Vorgängen in der Spendenaffäre hatte sich ihr Gesundheitszustand zusehends verschlechtert. Die Lichtempfindlichkeit nahm Formen an, die ein normales Leben fast unmöglich machten. Während Helmut ständig in Berlin präsent sein musste, zog sie sich immer mehr in ihren Ludwigshafener Bungalow zurück. Sie versuchte, ihrer anhaltenden Einsamkeit dadurch zu begegnen, dass sie ihre engsten Freundinnen einzeln zu sich bat und mit ihnen weit nach Sonnenuntergang Spaziergänge durch die nähere Umgebung unternahm. Aber auch vor ihnen verbarg sie das Ausmaß ihres Schmerzes, ihres Leids, ihrer unendlichen Traurigkeit. Obwohl sie kaum noch mit ihrer Situation zurechtkam, gewährte sie niemandem Einblick in ihre verletzte Seele.

Besuche von Ärzten in ihrem Haus häuften sich, neue Medikamente wurden ausprobiert, Hannelore griff händeringend nach jedem medizinischen Strohhalm, der Hilfe versprach. Als dann auch noch zwei Fernsehjournalisten sie und ihre Stiftung in die Spendenaffäre ihres Mannes hineinziehen wollten, war das Maß des Erträglichen erreicht. Ein Redakteur aus dem ARD-Studio in Brüssel hatte angeblich konkrete Hinweise aus Paris erhalten, Millionen-Spenden an die Hannelore-Kohl-Stiftung seien nicht ordnungsgemäß verbucht worden. Bei seiner telefonischen Anfrage an die Präsidentin des Kuratoriums beschied ihm Hannelore Kohl, die Stiftung werde sich seiner Fragen umgehend annehmen. Etwa im gleichen Zeitraum wandte sich ein anderer Redakteur an die Bonner ZNS-Zentrale und wollte von Hannelore Kohls engster Mitarbeiterin Amalie Barzen in forderndem Ton wissen, ob die Stiftung in den Spendenskandal involviert sei und entsprechende Gelder in die Stiftung geflossen seien. Der Redakteur aus dem Studio Brüssel, so berichtet Peter Kohl, soll damit gedroht haben, über die Verwicklung von Hannelore Kohl in die Spendenaffäre zu berichten, falls er nicht innerhalb von 24 Stunden schlüssige und belegbare Antworten auf seine Fragen bekommen würde.

Allein die Unterstellung, ihre Stiftung könne Spendengelder nicht korrekt verbucht haben, brachte Hannelore an den Rand der Verzweiflung. Sie rief den ZNS-Geschäftsführer Rolf Wiechers aus dem Urlaub zurück, der die schlimmen Unterstellungen leicht ausräumen konnte. Gleichzeitig bemühten sich ZNS-Anwälte mit geringem Erfolg herauszufinden, was an den angeblichen Hinweisen aus der französischen Hauptstadt dran war und was dahinter stecken könnte.

Am 21. März 2000 ging in der ZNS-Zentrale ein Fax des WDR ein, in dem mitgeteilt wurde, die Recherchen für ein Filmprojekt über »Stiftungen in Deutschland« seien eingestellt worden. In einer Mail bestätigte ein Redakteur mir gegenüber, dass die Recherchen »damals in der Tat im Zusammenhang mit der CDU-Spendenaffäre und Kohls Weigerung, seine Spender zu nennen«, gestanden hätten. Nach Beratungen mit der Abteilungsleiterin, der Chefredakteurin und dem Justiziar habe man die Recherchen abgebrochen, »weil die Verbindung von mutmaßlichen Kohl-Spendern zur Hannelore-Kohl-Stiftung letztendlich nicht beweisbar war«.

Die Mittel und Methoden der Fernsehleute fand nicht nur Hannelore Kohl äußerst fragwürdig. Auch die Mitarbeiterinnen und Mitarbeiter in der Bonner ZNS-Zentrale waren entsetzt und zutiefst irritiert. Die beiden Herren Redakteure taten alles zur Verunsicherung, operierten nach Erinnerungen der Beteiligten mit Drohungen und Warnungen, wollten Hannelore Kohl in den Sumpf der CDU-Spendenaffäre tief hineinziehen. Diese mehrwöchigen WDR-Recherchen setzten Hannelore Kohl erheblich zu und führten bei ihr zu großer Unruhe, weil sie ihr Lebenswerk ernsthaft bedroht sah. Sie kämpfte im Jahr 2000 an mehreren Fronten gleichzeitig, was massiv an ihren Kräften zehrte. Sie fühlte sich mehr und mehr überfordert, zumal eine Hiobsbotschaft die andere jagte.

Bereits am 18. Januar 2000 war es zu einem großen Knall gekommen: Unmittelbar vor einer Sondersitzung des CDU-Bundesvorstandes war der amtierende Partei- und Fraktionsvorsitzende Wolfgang Schäuble in Helmut Kohls Berliner Büro erschienen. In seinen Memoiren berichtet der Altkanzler über einen zornigen und ungehaltenen Mann, wie er ihn noch nie erlebt hatte. Schäuble drohte mit seinem Rücktritt, wenn Kohl nicht endlich die Namen der Spender nannte. Er verstieg sich zu der Feststellung, der Altkanzler habe in Wahrheit überhaupt keine Spender und könne sie aus diesem Grund auch gar nicht namentlich nennen. In dieser heftigen Auseinandersetzung schleuderte Kohl Schäuble entgegen, so wie er, Schäuble, von Karlheinz Schreiber persönlich eine Spende über 100 000 D-Mark bekommen habe, so seien auch ihm gleichermaßen Spendengelder übergeben worden. Wie Kohl in seinem Tagebuch aus dem Jahr 2000 vermerkt, habe Wolfgang Schäuble äußerst aufgewühlt Kohls Zimmer verlassen und ihm noch zugerufen: »Dieses Büro werde ich in meinem Leben nie wieder betreten.«

In der darauf folgenden Sondersitzung des CDU-Präsidiums wurde mit großer Mehrheit beschlossen, Kohl seine Rechte als Ehrenvorsitzender abzuerkennen, falls er weiterhin nicht bereit sei, sein Schweigen zu brechen und die Namen der Spender offenzulegen.

Hannelore wusste von all diesen Vorgängen nichts. Erst aus der Tagesschau erfuhr sie, dass ihr Mann sich nach dem Ergebnis der Bundesvorstandssitzung entschlossen habe, den 1998 übertragenen Ehrenvorsitz der CDU Deutschlands niederzulegen. Er sehe sich außerstande, sein Versprechen, das er einigen Persönlichkeiten gegeben habe, die seine Arbeit in der CDU finanziell unterstützt hätten, zu brechen. Kohl betonte, er gehöre der Christlich-Demokratischen-Union seit nunmehr fünfzig Jahren an, sie sei und bleibe seine politische Heimat.

Was der Rücktritt vom Amt des Ehrenvorsitzenden für ihren Mann tatsächlich bedeutete, konnte nur Hannelore ermessen. Die Partei war seine Familie, sein Leben. Jetzt war alles abhandengekommen, wofür er seit Jahrzehnten gekämpft, gelebt, gesiegt und auch verloren hatte. Hannelore wusste, dass das Schlimmste eingetreten war, was sie sich vorstellen konnte. Der Super-Gau für den Altkanzler, der schwerstmögliche Schlag, mit dem auch sie zunächst nicht umzugehen wusste.

Vier Tage später meldete die Tagesschau, Paris habe im Zusammenhang mit dem Verkauf der Leuna-Raffinerie an den französischen Staatskonzern Elf-Aquitaine im Jahr 1992 rund 30 Millionen D-Mark für den Wahlkampf der CDU und ihren Vorsitzenden Helmut Kohl gespendet. Kohls Dementi und der Hinweis, dies alles sei frei erfunden und erlogen, konnten Hannelore nicht beruhigen.

Sie schaltete das Fernsehgerät ab und ließ ihren Tränen freien Lauf. Selbst wenn alles erlogen wäre, so würde doch vieles an ihrem Mann und der ganzen Familie Kohl hängen bleiben. Hinzu kam, dass sich viele Weggenossen vom Altkanzler und seiner Frau abwendeten und dies auch demonstrativ zeigten. Die Familie Kohl kam sich vor, als ob sie von einer ansteckenden Krankheit befallen und deshalb zu meiden wäre.

Ende Januar 2000 wurde klar, dass für die von Helmut Kohl nicht gemeldeten Parteispenden – die etwas über zwei Millionen D-Mark betrugen – nach dem geltenden Parteiengesetz rund 6,3 Millionen D-Mark als Strafe von der CDU zu zahlen waren. Um den Schaden für die CDU möglichst gering zu halten, hatte Hannelore die Idee, die Millionensumme mit Hilfe von Spendern einzuwerben. Schweren Herzens schloss sich Helmut Kohl dem Vorschlag seiner Frau an. Peter Kohl beschreibt es in seinem Buch etwas anders: »Während des letzten Januarwochenendes trifft sich die Familie Kohl in Oggersheim, um über die schwierige Lage, in der sich Helmut Kohl befindet, und mögliche Gegenmaßnahmen zu sprechen. […] Nach diesem Gespräch wird beschlossen, von einer Reihe von Persönlichkeiten Spenden für die CDU in Höhe dieses Betrages zu sammeln.« Wer auch immer die Urheberschaft an der Idee hat, Hannelore alleine oder die Familie, damit begann eine einmalige Aktion, die Hannelore fast alleine »durchzog«. Tagelang telefonierte sie von Ludwigshafen aus mit potenziellen Helfern, Gönnern und Spendern. Obwohl es ihr unendlich schwerfiel und ihr Gesundheitszustand ihr unglaublich zu schaffen machte, bat sie um Geld, bettelte um Spenden. Es kostete sie riesengroße Überwindung, Menschen telefonisch zu beknien, Gelder locker zu machen. Denn diesmal ging es nicht um Spenden für ihre Stiftung, sondern darum, den Schaden wiedergutzumachen, den ihr Ehemann eindeutig allein verschuldet hatte. Sie schämte sich wie in den Jahren nach dem Krieg dafür, von der Hilfe anderer abhängig zu sein. Hannelore musste Absagen herunterschlucken, Weigerungen zur Kenntnis nehmen und Enttäuschungen verarbeiten. Ihr Mann bekam unter der Woche überhaupt nicht mit, was sich Hannelore bei den Bettelgesprächen anhören musste, wie negativ vermeintliche Freunde reagierten und sie selbst immer wieder mit den Tränen kämpfen musste. Hannelore bemühte sich tapfer, ihre Schamgefühle zu unterdrücken und weiterzumachen, bis die Wiedergutmachungsaktion erfolgreich abgeschlossen war. Am Ende ihres Einsatzes waren tatsächlich 6,3 Million D-Mark zusammengekommen, die Anfang März 2000 an den Schatzmeister der CDU überwiesen werden konnten. 700 000 D-Mark hatten die Kohls aus privaten Mitteln beigesteuert, indem sie den Ludwigshafener Bungalow mit einer Hypothek in Höhe von 500 000 D-Mark belasteten und den Rest aus Ersparnissen beisteuerten.

Als nach der Veröffentlichung der Liste mit diesen Spendern einige großzügige Helfer mit harscher Kritik überzogen wurden, verschlug es Hannelore die Sprache. Es war ihr unbegreiflich, warum die Geldgeber wegen der Überweisung versteuerter Spendengelder in aller Öffentlichkeit diffamiert wurden. Dass Menschen deshalb geradezu gehasst wurden und auf starke Ablehnung stießen, konnte sie nicht nachvollziehen, die Situation versetzte sie in tiefe Traurigkeit.

Am 8. Februar 2000 berichtete das Hamburger Nachrichtenmagazin *Der Spiegel* in einer Vorabmeldung, dass die Bonner Staatsanwaltschaft eine Durchsuchung der Kohl-Wohnungen in Ludwigshafen und Berlin sowie der Wohnungen von Juliane Weber und Ecki Seeber beabsichtige. Diese Hiobsbotschaft erreichte das Ehepaar Kohl in Ludwigshafen und brachte Hannelore an den Rand eines Nervenzusammenbruchs. Für sie war die angekündigte Hausdurchsuchung besonders demütigend. Jahrelang hatte sie sich als Frau des Ministerpräsidenten, als Frau des Bundeskanzlers in den Dienst des Landes gestellt, das offenbar keinerlei Interesse daran hatte, der Demontage des Altkanzlers und seiner Familie etwas entgegenzusetzen. Befreit und dankbar nahm sie schließlich die Ankündigung der Bonner Staatsanwaltschaft zur Kenntnis, auf die Hausdurchsuchung verzichten zu wollen, weil *Der Spiegel* vorab darüber berichtet hatte.

* * *

Eigentlich hatte man Helmut Kohls 70. Geburtstag ordentlich feiern wollen. Die Planungen dafür waren jedoch frühzeitig in Berlin und Ludwigshafen eingestellt worden. Die Spendenaffäre schloss eine große Feier aus. Hannelore spürte tagtäglich, wie tief die Familie Kohl im Ansehen gesunken war, was die Spendenaffäre für ihren Mann, für die Kinder und vor allem für sie selbst angerichtet hatte. In wenigen Monaten war der Kanzler der Einheit in seiner Popularität auf einen Tiefpunkt gesunken und von einer wichtigen Person der Zeitgeschichte zur Unperson geworden. Am 3. April 2000 belagerten zahlreiche Fernsehteams und Zeitungsreporter das Haus in Oggersheim. Mit hoher Geschwindigkeit und zugezogenen Vorhängen verließ der Dienst-Mercedes die Garage, gefolgt von Kamerateams. Gemeinsam mit Fritz und Erich Ramstetter fuhren die Kohls ins elsässische Restaurant »Au Cheval Blanc« in Niedersteinbach zu Madame Zink. Hannelore stand der Sinn überhaupt nicht nach Feiern. Nur mit Mühe konnte sie ihre Tränen unterdrücken, das festliche französische Menü blieb ihr fast im Hals stecken. Dieser 70. Geburtstag ihres Mannes markierte für sie wie kaum ein anderer Tag ihres Lebens einen unglücklichen Wendepunkt. Von manchen Freunden im Stich gelassen und vergessen, von Gegnern verhöhnt, verachtet und gehasst, war es einsam um den Pfälzer geworden. Seine Lebensleistung war durch die Spendenaffäre beschmutzt, seine Verdienste waren geschmälert – und Hannelores eigener Einsatz an der Seite ihres Mannes spielte ohnehin keine Rolle mehr. Die ganze Situation war ein einziges Debakel, das ihr nicht nur psychisch immer mehr zusetzte. Ihre Krankheit bekam einen neuen Schub, die Folgen nahmen ein kaum noch erträgliches Ausmaß an.

Und die Spendenaffäre wollte kein Ende nehmen. Der parlamentarische Untersuchungsausschuss in Berlin kam kontinuierlich zusammen, die Zeugenvernehmungen bestimmten die Schlagzeilen der Presse. Anfang Juni wurde Helmut Kohls Vertraute Juliane Weber ebenso vor den Ausschuss zitiert wie Büroleiter Michael Roik. Durch eine direkte Intervention beim damaligen Kanzleramtsminister konnte gerade noch verhindert werden, dass Kohls Chauffeur Ecki Seeber von den Ausschussmitgliedern zur CDU-Spendenaffäre befragt wurde.

Die Bilder, die in Nachrichten und Sondersendungen ins abgedunkelte Wohnzimmer in Ludwigshafen flimmerten, taten Hannelore weh. Ohnmächtig verfolgte sie von Woche zu Woche den Fortgang der Ausschussarbeit und fieberte dem Auftritt ihres Mannes entgegen. Sieben Monate nach Beginn der Spendenaffäre konnte der Altkanzler vor dem parlamentarischen Untersuchungsausschuss erstmals zu den gegen ihn erhobenen Vorwürfen Stellung nehmen. Es sollten noch viele Befragungen folgen.

* * *

Von Ende Juli bis Mitte August 2000 machten die Kohls wieder einmal Urlaub im österreichischen Sankt Gilgen. Anders als früher mussten nicht nur die notwendigen Utensilien für Helmut Kohl ins kleine Ferienhaus am Wolfgangsee transportiert werden. Wegen Hannelores Lichtempfindlichkeit waren diesmal weitreichendere Maßnahmen notwendig. Während selbst der Privatwagen des Ehepaars längst mit speziell getönten Scheiben ausgestattet war, die zusätzlich mit doppelt genähten Vorhängen verdunkelt werden konnten, war das Ferienhaus natürlich nicht entsprechend gerüstet. Sämtliche Fenster des Hauses mussten mit schwarzen Folien ausgelegt und sämtliche Glühbirnen gegen solche mit einer ganz niedrigen Ohmzahl ausgetauscht werden. Hannelore öffnete schon seit Monaten die Rollläden im Ludwigshafener Bungalow nicht mehr, sie konnte nur noch in abgedunkelten Räumen leben. Hätte man das Ferienhaus nicht entsprechend umrüsten können, hätte sie nicht mitkommen können.

Der Urlaub war für alle Beteiligten geprägt von schweren Belastungen, an Entspannung war nicht nur wegen der Spendenaffäre kaum zu denken. Hannelore mied die Öffentlichkeit und verließ nur nach Einbruch der Dunkelheit das Haus. Das Einzige, was sie sich nicht nehmen ließ, waren abendliche Ausflüge zum Schwimmen. Die begeisterte Schwimmerin hatte vorgesorgt und trug beim Baden einen Neoprenanzug, der sie vor Lichtstrahlen schützte. Die geliebte Urlaubszeit wurde auch für Helmut Kohl unter den obwaltenden Umständen zu einer schweren Belastung. Er mied tagsüber die Innenräume des Ferienhauses, war ständig unterwegs, als ob er auf der Flucht sei. Ein Urlaub unter diesen Umständen war eine einzige Katastrophe, und das für alle Beteiligten. Ich selbst machte bei mehreren Besuchen in Sankt Gilgen die Erfahrung, dass unter diesen Umständen selbst für einen gesunden Menschen das Leben nicht mehr lebenswert war.

In Berlin wurden unterdessen neue Vorwürfe gegen den Altkanzler bekannt. Angeblich seien Akten verschwunden und Daten im Bundeskanzleramt gelöscht worden. Jahre sollten vergehen, bis diese Unterstellungen entkräftet, diese Missverständnisse aufgeklärt waren. Die Gerüchte hielten sich hartnäckig und es war schwierig, sie als Lügen zu entlarven. Das alles nagte an Hannelores Selbstwertgefühl und belastete sie erheblich.

Im Spätherbst 2000 konnte Kohls Tagebuch abgeschlossen werden. Parallel zu seiner ständigen Präsenz in Berlin nutzte er jede freie Minute zur Fertigstellung des Buchmanuskriptes. Seine Tagebuchaufzeichnungen mussten überprüft, ergänzt und erweitert werden. Dabei spielte das Berliner Büro eine herausragende Rolle. Vor allem Michael Roik und Lutz Stroppe leisteten dem Altkanzler vorzügliche Zuarbeit. Als das Manuskript druckreif vorlag, schaltete sich Hannelore Kohl ein und behielt sich nach Einwilligung ihres

Mannes vor, Satz für Satz zu überprüfen. Das geschah in den abgedunkelten Räumen des Ludwigshafener Bungalows und wurde für alle zu einer mehrwöchigen Tortur. Hannelore arbeitete Tag für Tag und nicht selten Nacht für Nacht an den einzelnen Kapiteln. Stundenlang saß sie über den Texten, korrigierte, redigierte und nahm Einfluss bis auf die Interpunktion. Zuletzt saß das Ehepaar Kohl gemeinsam mit den Helfern zusammen und ging noch einmal jede einzelne Zeile gemeinsam durch. Sie las vor, formulierte hier und da neu oder forderte an manchen Stellen Veränderungen. Vor allem wünschte sie sich Abschwächungen bei Beschreibungen von Personen, die vom Tagebuchautor äußerst kritisch bis extrem negativ dargestellt worden waren. Hannelore wollte in manche Passagen eine versöhnliche Ebene einziehen und kämpfte für Formulierungen, die ihr Mann oft nicht akzeptierte. Nicht selten kam es zu heftigem Streit zwischen den beiden und nicht selten befand sich Hannelore auf der Verliererseite. In den meisten Fällen setzte sich der Tagebuchautor mit seinen Vorstellungen durch. Manchmal zog sich Hannelore daraufhin empört zurück. Versöhnliche Gesten ihres Gatten ermöglichten schließlich die Weiterarbeit, an deren Ende jenes Werk stand, das zu Weihnachten 2000 in den Buchhandlungen lag und schnell die Bestsellerlisten eroberte. Darauf war Hannelore, die sich insgeheim als Co-Autorin fühlte, sehr stolz. Auch wenn es sie in Anbetracht ihrer schweren Krankheit unglaubliche Kraft gekostet haben muss, hatte sie diese für sie so selten gewordene geistige Auseinandersetzung und Ablenkung, die das Buchprojekt mit sich gebracht hatte, sehr genossen.

FREUNDSCHAFTSNETZ

Wie sehr ihr die CDU-Spendenaffäre zu schaffen machte, ist kaum in Worte zu fassen. Ihre Freundinnen erinnern sich daran, dass Hannelore seit Beginn der Affäre von immer heftigeren Schmerzattacken geplagt wurde. Mit jeder neuen Wendung der Spendenaffäre-Spirale verschlechterte sich ihr Allgemeinzustand. Die Ärzte hatten Hannelore Kohl eine Licht- oder Fotoallergie mit einer chronifizierten und fortschreitenden somatoformen Störung bescheinigt. Darunter versteht man Somatisierungsstörungen, die mit multiplen, wiederholt auftretenden und auch wechselnden Körperbeschwerden einhergehen. Sie können jedes Organ oder jedes Körpersystem betreffen. Am häufigsten sind gastrointestinale Beschwerden und abnorme Hautempfindungen. Der Verlauf ist aus medizinischer Sicht ohne eine geeignete Psychotherapie chronisch fluktuierend und schließlich fortschreitend.

Im Verlauf des Frühjahrs 2000 wurden Hannelores Schmerzen bei Lichteinfall immer stärker. Als sie zu Ostern wieder einmal am Tegernsee weilte, folgte sie dem ärztlichen Rat und unterzog sich einer sogenannten Desensibilisierung, vor der sie lange Zeit große Angst hatte. Sie sträubte sich mit Händen und Füßen, ließ sich am Ende aber doch von der Notwendigkeit überzeugen. Doch dann ging alles schief. Während der Therapie wurde Hannelore gezielt und in langsam ansteigenden Dosen den schädlichen Lichtreizen ausgesetzt. Die Folgen waren desaströs, sie musste die Therapie abbrechen und fühlte sich fortan noch schlechter. Jede Form von Licht – ob Sonnen-, Tages- oder künstliches Licht –, bereitete ihr starke Schmerzen in den Schleimhäuten und im Zahnfleisch. Schnell war ein Sündenbock gefunden. Diesmal war es jener Arzt der Klinik, der ihr zur Desensibilisierung geraten hatte. Für Hannelore war dieses Ereignis an Ostern 2000 vergleichbar mit jenem vom Februar 1993, als mit dem penicillinhaltigen Medikament ihre Lichtempfindlichkeit begann. Das Scheitern der Desensibilisierung war vermutlich ein weiterer niederschmetternder Markstein auf ihrem Krankheitsweg.

* * *

Die wenigen Sitzungen des Kuratoriums ZNS in Bonn, an denen sie nun noch teilnahm, fanden in einem Tagungsraum des Hotels »Maritim« statt, der Hannelores Bedürfnissen entsprechend umgerüstet wurde: die Fenster verdunkelt, Kerzen als Lichtquellen, die Klimaanlage auf äußerste Kälte eingestellt. Hannelores letzter öffentlicher Auftritt für ihre Stiftung war am 5. Mai 2000 auf Schloss Ahrensburg in der Nähe von Hannover. Das Benefizkonzert war ein letzter großer Erfolg für Hannelore und ihr soziales Engagement. Danach wurde sie nie mehr in der Öffentlichkeit gesehen. Nur noch selten verließ sie ihr Haus in Ludwigshafen. Und wenn sie sich doch einmal schwachem Licht aussetzte, trug sie selbst zur Sommerzeit meist langärmelige Kleidung – kein Millimeter ihrer Haut durfte mit Licht in Berührung kommen. Wenn es doch einmal aus Versehen geschah, spürte sie inneres Brennen. Mit starker Sonnenbrille und starkem Make-up unternahm sie nächtliche Spaziergänge. Einige Male lud sie mich dazu ein. Schnellen Schrittes bewegte sie sich in zünftiger Wanderkluft durch die Nacht. Dabei schilderte sie mir Erlebnisse, die ich nie vergessen werde. Zum wiederholten Male berichtete sie mir bei diesen Spaziergängen über ihre Kindheit in Leipzig und über die Dramatik ihrer Flucht vor den Soldaten der sowjetischen Armee im Jahr 1945. Traumatischen Erfahrungen, die sie nie verarbeitet hatte. Damals gab es keine Hilfe, kannte man noch keine Traumatherapeuten, die Betroffene bei der Aufarbeitung unterstützt hätten. Völlig alleingelassen musste Hannelore als junges Mädchen mit Panikattacken und Weinkrämpfen zurechtkommen. Auf meine Frage, wie es zu diesen schrecklichen seelischen

Verletzungen gekommen sei, beschrieb sie die schlimmsten Momente ihres Lebens, die Stunden und Tage auf der Flucht von Döbeln nach Leipzig. Das Wort Vergewaltigung kam ihr nicht über die Lippen. Erst auf meine konkrete Frage, ob sie wie tausend andere Mädchen, Frauen und Greisinnen vergewaltigt worden sei, antwortete sie nach längerer Pause mit »Ja«. Wochen später sprachen wir erneut über die sexuellen Übergriffe, denen sie während der Flucht ausgesetzt war. Bei vielen Fragen wich sie aus, unterstrich aber erneut, wie sehr sie mit den Folgen dieser körperlichen Gewalterfahrung alleingelassen worden war. Nicht einmal bei ihrer Mutter, so klagte sie mir gegenüber, konnte sie liebevolle Zuwendung finden. Was blieb, war der Rückzug in sich selbst, eine Form der Einsamkeit, an der sie seit Jahrzehnten litt. Hinzu kam das faktische Alleinsein. In all den Jahren ihrer Ehe hatte sie sich mit der häufigen Abwesenheit ihres Mannes arrangieren müssen. Daran hatte sich selbst jetzt so gut wie nichts geändert. Ihr Mann flog montags nach Berlin und kam meist freitags zurück. Die Spendenaffäre nahm ihn voll in Anspruch. In mehreren vertrauten Kreisen bereitete er sich auf seine Vernehmungen im parlamentarischen Untersuchungsausschuss vor. Er konnte sich auf sein Berliner Büro verlassen und hielt auch enge Kontakte zu ehemaligen Ministern, Staatsministern und Staatssekretären, deren Rat er besonders schätzte. Ganz wichtig für ihn wurden jetzt Rechtsanwälte, mit denen er ständig telefonierte und sich eng abstimmte. Im Mittelpunkt der Bemühungen stand dabei, eine Vorbestrafung des Altkanzlers zu verhindern. Das gelang denn auch mit riesigem Kraftaufwand – die Zahlung des bereits erwähnten beträchtlichen Bußgelds war die einzige »Strafe«. Für Helmut Kohl gab es also genügend gute Gründe, seine Zeit hauptsächlich in Berlin zuzubringen.

Die beiden Söhne arbeiteten und lebten nicht mehr in der Nähe ihres Elternhauses. Persönliche Besuche bei der kranken Mutter in Ludwigshafen waren nicht immer möglich. Kontakte erfolgten aber regelmäßig telefonisch, bei denen sich Hannelore generell zurücknahm und Weinerlichkeit vermied, aber die Söhne wussten auch so, wie es der Mutter ging. In dieser äußerst schwierigen Lebensphase gewann ihr Freundeskreis an Bedeutung. Auch wenn Hannelore den Freundinnen gegenüber die Dramatik der Erkrankung lange heruntergespielt hatte, war diesen längst klar, wie verzweifelt sie war und wie sie von Woche zu Woche mehr litt.

Hannelores Freundeskreis bestand aus Frauen, die, was Herkunft, Bildung und Beruf anging, unterschiedlicher nicht sein konnten. Seit Jahren zählten sie zu ihren verlässlichsten Stützen. Schon früh hatte Hannelore lernen müssen, mit Einsamkeit zurechtzukommen, Mittel und Wege zu finden, um ihr Alleinsein zumindest zu lindern. Das gelang ihr, indem sie alte Freundschaften wieder aufleben ließ, neue initiierte. So war es, wie schon erwähnt, Hannelore Kohl gewesen, die Klassentreffen vortrefflich organisierte, egal ob im Kanzlerbungalow oder an anderen Orten. Zum engmaschigen Netz ihrer Freundinnen gehörten zwei Mitabiturientinnen, mit denen sie seit der Gymnasialzeit eng verbunden war, auch wenn es Phasen von Unterbrechungen gab. Annegret Helling ist eine der beiden. Die Eltern der Textilingenieurin und Mutter von drei Kindern stammten aus Sachsen und waren bei Hannelore allein schon wegen ihres souverän beherrschten sächsischen Dialektes außerordentlich beliebt. Schon als Schülerin in Ludwigshafen war sie gern gesehener Gast in Annegrets Elternhaus. Jetzt spielte Annegret bis wenige Tage vor Hannelores Tod eine wichtige Rolle. Sie kam häufig nach Ludwigshafen und tröstete ihre frühere Mitschülerin in ihrem tiefen Schmerz wegen der Lichtallergie. Gleiches gilt für Ursel Schönig aus Bruchsal, die wie Hannelore einst zu den Jüngsten in der Gymnasialklasse gezählt hatte. Auf die studierte Übersetzerin für Englisch und Französisch, verheiratet mit einem Zahnarzt und Mutter von zwei Söhnen, war Verlass. Auch sie ließ Hannelore in ihrer schwersten Lebensphase nicht im Stich. Auch sie zählte zu jenen Freundinnen, die ihr bis zum Schluss beistanden.

Zu Hannelores Freundschaftsnetz, das sie vor vielen Jahren zu flechten begonnen hatte und Jahrzehnte liebevoll pflegte, zählte auch die Leipzigerin Rena Krebs. Die beiden Kriegskinder aus Leipzig verband seit Kindertagen eine besonders innige Freundschaft. Rena, mit einem Arzt verheiratet und selbst psychologisch geschult, war Hannelore eine wichtige Stütze. Sie kannte eine Reihe namhafter Ärzte, die immer wieder konsultiert wurden, und war in medizinischen Fragen eine kompetente Ansprechpartnerin. Für Hannelore war sie unverzichtbar.

Ursula Fischer aus Speyer, Dolmetscherin mit internationalen Erfahrungen bei der BASF, spielte im Netz der Freundinnen ebenfalls eine herausragende Rolle. Als ehemalige Arbeitskollegin kannte sie Hannelores Lebensweg seit den Fünfzigerjahren, hatte nie den Kontakt zu ihr verloren und begleitete sie auch in den letzten Monaten vor ihrem Tod in vorbildlicher Weise.

Ganz in Hannelores Nähe lebte Anneliese Wiß und war allein deshalb zu jeder Zeit abrufbar. Die Mutter von zwei Söhnen und einer Tochter war seit vielen Jahren verwitwet und wusste selbst, was es bedeutet, allein zu sein. Sie gehörte zu den entscheidenden Stützen und war die letzte Besucherin, die Hannelore vor ihrem Tod gehabt hatte. Freundin Anneliese war immer dann zur Stelle, wenn sie dringend gebraucht wurde, wenn Hannelore Hilferufe aussandte und ihre Verzweiflung schlimme Formen annahm.

Helga Massa, selbstständige Immobilienkauffrau aus Frankenthal, war die Jüngste in Hannelores Freundschaftsnetz. Die außerordentlich hübsche, sehr gepflegte und erfolgreiche Unternehmerin, die im März 2011 verstarb, hatte Hannelore vor langer Zeit überredet, Mitglied im Ludwigshafener »Zonta Club« zu werden, der weltweit gezielt Projekte finanziell und ideell unterstützt. In diesem internationalen Frauenclub, der damals rund fünfzig Mitglieder allein in Ludwigshafen zählte und sich die Verbesserung der Lebensqualität von Frauen zur Aufgabe gemacht hat, fühlte sich Hannelore Kohl außerordentlich wohl. Wann immer sie konnte, kam sie jeden dritten Dienstag im Monat zum gemeinsamen Treffen ins »Europa Hotel«. Aber auch privat sahen sich die beiden Frauen häufig. In der Wohnung des Ehepaars Massa konnte Hannelore entspannen, sich gehen lassen und frei von der Leber weg reden. Freundin Helga überbrückte durch ihre Gegenbesuche im Bungalow manche langen Stunden der Einsamkeit. Auch auf diese Freundin war hundertprozentig Verlass, als es Hannelore in ihrer letzten Lebensphase fürchterlich schlecht ging.

Eine weitere enge Bezugsperson war Irene Ludwig, ein ehemaliges Model und bis zu ihrer Pensionierung in der Modebranche selbstständig tätig. Seit Ende der Sechzigerjahre kannten sich die beiden Frauen, aus einer Urlaubsbegegnung wurde Freundschaft. Später begleitete die inzwischen verwitwete Irene Hannelore regelmäßig in die Privatklinik am Tegernsee. Irene Ludwig schätzte die Charakterstärke der Freundin, ihre Disziplin, ihr hohes Maß an Intelligenz und ihren Mut. Mut, sich für andere einzusetzen, sich in den Dienst einer Sache zu stellen.

Während eines gemeinsamen Kuraufenthaltes hatte es einmal eine akute Bedrohungssituation gegeben. Die Kanzlergattin gehörte zu den Prominenten, die hier Ruhe und Erholung suchten und von fachlich versierten Ärzten und kompetentem Pflegepersonal betreut wurden. Zu den langjährigen Gästen gehörten unter anderem Berthold Beitz, Zarah Leander, der frühere österreichische Bundeskanzler Bruno Kreisky, Ruth Leuwerik, Peter Frankenfeld, Walter Scheel und Peter Alexander. An jenem Tag mussten Patienten und Personal das Haus verlassen. Hannelore folgte der Aufforderung nicht. Sie schnappte sich einen Polizeihund, raste mit ihm durch das gesamte Gebäude, setzte sich anschließend ganz allein mit dem Hund in den Speisesaal und meinte gegenüber der Polizei, jetzt könne die Bombe losgehen. In diesem Vorfall kommt ein gewisser Fatalismus, eine gewisse Lebensmüdigkeit zum Ausdruck.

Die Düsseldorferin war jene Freundin, die Hannelore bis drei Tage vor ihrem Selbstmord in Ludwigshafen besucht hatte. Noch heute macht sie sich Vorwürfe, nicht länger bei ihr geblieben zu sein. Irene Ludwig gehört zu den zwanzig Empfängern, denen Hannelore einen Abschiedsbrief schrieb. Unter dem Datum »heute« steht zu lesen: »Liebe Irene, es ist sehr schwer, einen Abschiedsbrief zu schreiben. Ich danke Dir für Deine Freundschaft und Deine Hilfe, für gute Worte und Vertrauen in guten wie in schlechten Tagen. Behalte mich in Deinem Herzen. Deine Hannelore.«

Hannelore brachte ihre Freundinnen nie zusammen, sie pflegte Individualfreundschaften. Jede Freundin hatte ihren eigenen, ganz besonderen Draht zu Hannelore. Erst aus Anlass ihrer Beisetzung lernten sie sich flüchtig kennen.

Auch deshalb kannte so gut wie niemand Christine Esswein, wohl die Einflussreichste im Netz von Hannelores Freundinnen. Die Witwe eines erfolgreichen Karlsruher Bauunternehmers war eine zentrale Figur im Leben der Hannelore Kohl. Die sieben Jahre ältere Christine Esswein soll eine der schönsten Frauen Deutschlands gewesen sein und über gesellschaftliche Kontakte verfügt haben, die weit über die Bonner Parteigrenzen hinausgingen. Als ihr Ehemann 1971 starb, führte sie das Bauunternehmen weiter, das damals zu den führenden mittelständischen Unternehmen seiner Art in Baden-Württemberg gehörte. Die seit 1988 als Honorarkonsulin der Bundesrepublik Deutschland im Fürstentum Monaco wirkende Unternehmerin engagierte sich im künstlerischen, wissenschaftlichen und sozialen Bereich. Hannelores Freundin saß in mehreren Stiftungen und wurde für ihr Engagement mit höchsten Orden ausgezeichnet. Seit 1973 verfügte sie über einen Zweitwohnsitz in Monaco, und nach Gründung des »Internationalen Deutschen Clubs des Fürstentums Monaco« wurde sie schon bald seine Präsidentin. Hannelore Kohl war von dieser Frau begeistert, von ihrer Lebensweise, ihrer Art und ganzen Attitüde. Viele Male verbrachte die Kanzlergattin Zeit mit ihr in Monaco, reiste mit ihr und genoss die gemeinsamen Unternehmungen. Untadelig in Auftreten und Stil, gehörte Christine Esswein zu den ganz wenigen Menschen, deren

Rat Hannelore blind vertraute. Eine gewisse Ähnlichkeit in den Lebensstrukturen verband sie besonders. Mit niemandem sonst tauschte sich Hannelore so intensiv und so häufig aus wie mit der erfolgreichen Unternehmerin, deren Eigenständigkeit die Freundin faszinierte. Die sehr vermögende Christine Esswein behauptete sich erfolgreich im Beruf und pflegte einen Lebensstil, den Hannelore bewunderte, mochte und an dem sie mit Genuss und Freude teilhatte, wenn sich die beiden sahen. Die Frauen tauschten sich intensiv über alle Fragen und Probleme aus, die Hannelore beschäftigten. Die Freundin aus Karlsruhe war sicher auch Beraterin in Geschmacksfragen, in denen Hannelore zeitweise etwas festgefahren war. Bei Christine, die über große Menschenkenntnis verfügte, konnte Hannelore ihr Inneres öffnen, sich ausweinen und klagen, was sie sonst nicht tat. Im Hause Esswein hatte sie das Gefühl, aus sich herausgehen und endlich mal sie selbst sein zu können. Sie konnte Spaß haben ohne Ende und viel lachen, was ihr sonst nicht immer leichtfiel. Die gemeinsame Zeit mit Christine Esswein war für Hannelore jedes Mal wie ein Jungbrunnen, von dem sie lange zehrte. Wenige Tage nach ihrem 70. Geburtstag, zu dem die gesamte Familie Kohl erschienen war und zu dem die Großen der Republik aus Kunst und Wissenschaft, aus Wirtschaft und Industrie nach Karlsruhe geeilt waren, erlitt Hannelores lebenslustige Freundin überraschend einen Schlaganfall, von dem sie sich nie mehr erholte.

Eine enge Freundin von Christine Esswein, die ihr bis zum Tode ganz nahe stand und sie als eine der ganz Wenigen oft in der Privatklinik am Tegernsee besuchte, war die Sopranistin Edda Moser. Hannelore hatte die große Sängerin und namhafte Mozart-Interpretin Ende der Achtzigerjahre im Hause Esswein kennengelernt. Hannelore bewunderte Edda Moser, die mit Können und Disziplin eine bemerkenswerte Karriere durchlaufen hatte. Neugierde auf beiden Seiten und Edda Mosers Verehrung für den Kanzler der Republik legten den Grundstein für eine Freundschaft. Wenn Hannelore einmal einen Menschen in ihr Herz geschlossen hatte, dann war sie eine treue Seele. Es war stets Hannelore, die sich regelmäßig telefonisch bei der in Berlin geborenen Künstlerin meldete und Verabredungen traf. Die einst von Hans-Werner Henze und Herbert von Karajan entdeckte Sopranistin erzählte Hannelore gerne von ihrem bewegten Künstlerleben, das diese außerordentlich faszinierte. Auf großes Interesse stieß auch Edda Mosers Tätigkeit als Professorin für Gesang an der Hochschule für Musik und Tanz in Köln sowie als Leiterin internationaler Meisterkurse. Würde Hannelore noch leben, wäre sie sicherlich ständiger Gast des »Festspiels der deutschen Sprache« im historischen Goethe-Theater von Bad Lauchstädt, das Edda Moser im Jahr 2006 initiierte. Die bekannte Künstlerin gehörte zwar nicht zum harten Kern in Hannelores Freundschaftsnetz. Gleichwohl bedeutete ihr die Ausnahmekünstlerin eine ganze Menge; sie schätzte neben Mosers künstlerischer Virtuosität vor allem ihre menschlichen Qualitäten und ihre große Fürsorglichkeit.

Von anderer Qualität war die enge freundschaftliche Beziehung zu der Österreicherin Adele Sungler. Die beliebte Heimatdichterin und viel gelesene Autorin historischer Werke war nicht nur zur Urlaubszeit in Sankt Gilgen eine beliebte Gesprächspartnerin und Begleiterin für unzählige Unternehmungen in der Region Salzburg. Mit Adele ging Hannelore shoppen, ins Theater, in Konzerte. Die um viele Jahre ältere Freundin erhielt vor allem während der ungeliebten Urlaubswochen Einblick in vieles, was Hannelore überhaupt nicht passte, wozu sie sich gezwungen fühlte und was sie hasste wie die Pest. Dazu zählten an erster Stelle die zahllosen Fototermine des Ehepaars Kohl. Für die Presse musste Hannelore liebevoll Tiere streicheln und die zufriedene Ehefrau mimen. Dabei konnte von einer glücklichen Familienidylle längst keine Rede mehr sein.

Zu erwähnen ist schließlich noch die in Frankreich lebende Deutsche Anke de Scitivaux, die viele Jahre als Producerin und rechte Hand von Peter Scholl-Latour im ZDF-Studio Paris arbeitete. Zu ihrer Zeit als First Lady von Rheinland-Pfalz war Hannelore ihr gern gesehener Gast. Die beiden Frauen pflegten eine Freundschaft, die auch zu gemeinsamen Urlauben führte. In einer Mail begründete Anke de Scitivaux ihre Absage, mir als Zeitzeugin für ein Interview zur Verfügung zu stehen. Gleichwohl war sie bereit, einige Zeilen über Hannelore zu formulieren: »In ihrer Doppelrolle für Außenstehende vielleicht nicht immer erkennbar, war sie in ihrer Freundschaft von außerordentlicher Präsenz, Treue und großer Fürsorge. Sie war eine kluge Frau, die es verstand, mit Worten Wunden zu heilen, die leise Töne liebte und das Warten-Können beherrschte, die sich mit kritischen Situationen arrangieren und emotionale Krisen relativieren konnte, die stets – obwohl selbst sehr verwundbar – Stärke zeigte. Ich habe sie bewundert, ich habe sie geliebt. Es war ein großes Glück, sie zu kennen und sie wird mir unvergesslich bleiben.«

In den Monaten vor ihrem Tod setzte Hannelore fast nur noch auf ihr Freundschaftsnetz. Sie organisierte generalstabsmäßig Besuche einzelner Freundinnen in Ludwigshafen oder fuhr spontan und sehr kurzfristig spätabends oder in der Nacht zu ihnen. Dank ihres großen Organisationstalents war sie in den schweren Wochen und Monaten ihres gesundheitlichen Angeschlagenseins praktisch kaum noch allein. Größere Reisen waren zwar nicht mehr möglich, aber Kurztrips zur nächtlichen Stunde vor allem in den Umkreis waren bei Hannelore sehr beliebt. Geschickt nutzte sie die Freizeit und die Mobilität ihrer Freundinnen. Sie bat regelmäßig, ja sie bettelte um Besuche in Oggersheim. Das Telefon war ihr wichtigstes Kommunikationsmittel in diesen schweren Monaten und der unverzichtbare Zugang zur Außenwelt. Tag für Tag, oft mehrere Tage an einem Stück, hielten sich Freundinnen abwechselnd in Ludwigshafen auf, erlebten die abgedunkelten Räume, die abgesenkten Raumtemperaturen. Diese bedrückenden Umstände waren oftmals kaum auszuhalten – aber für alle eine Herausforderung, die klaglos bewältigt werden musste. Die Freundinnen berichten übereinstimmend über stundenlange Spaziergänge im Dunkeln, über nächtliches Schaufenstergucken in Mannheim oder Heidelberg. Dort gab es auch zwei Restaurants, die die Frauen hin und wieder besuchten, da die Tische dort nur mit schwachem oder indirektem Licht beleuchtet wurden. Eine Reservierung sicherte einen verträglichen Platz zum späten Abendessen. Diskutiert wurde niemals über Politik, niemals über den Mann an ihrer Seite und schon gar nicht über dessen Verfehlungen in der Spendenaffäre. Darüber schwieg sich Hannelore ebenso beharrlich aus, wie über die anderen Dinge, die ihre Seele belasteten. Für alle offensichtlich war indes, wie es gesundheitlich um sie bestellt war. Die Freundinnen erlebten hautnah, wie sehr Hannelore durch die Krankheit in ihrem Leben eingeschränkt war, wie viele Tabletten sie schlucken musste, um ihre Schmerzen zu lindern.

Zur Überraschung ihrer Freundinnen las Hannelore bei den gemeinsamen Treffen oftmals Gedichte vor, die aus ihrer Feder stammten und die sie seit Jahren aufschrieb. Es waren Gedanken und Erinnerungen, Alltagsgeschichten über Menschen, die sie gut kannte, über Freundinnen und Freunde. Stundenlang konnte Hannelore aus diesem kleinen, von einem Gummiband zusammengehaltenen Buch rezitieren. Viele ihrer Freundinnen waren verblüfft, dass sie solch schriftstellerische Talente besaß und sprachlich so versiert war. Ihre Verzweiflung indes, ihre Schmerzen, ihre Einsamkeit, ihre Traurigkeit und auch ihre starke Eifersucht thematisierte sie nie – weder schriftlich noch mündlich. Lieber lenkte sie sich beim gemeinsamen Kartenspiel ab, dem sie stundenlang leidenschaftlich frönen konnte. Dabei entwickelte sie einen enormen Ehrgeiz, den sie offenbar von ihrer Mutter geerbt hatte. Hannelore war keine gute Verliererin, spielte auf Risiko und wurde in der Regel dafür belohnt. Auch die gewieftesten Kartenspielerinnen unter ihren Freundinnen hatten so gut wie keine Chance gegen sie.

Kapitel 10

VERZWEIFLUNG

Als die Krankheitsschübe im Zuge der belastenden Spendenaffäre immer unerträglicher wurden, begab Hannelore sich erneut in ärztliche Behandlung. Unter falschem Namen wurde sie von einem renommierten Chefarzt untersucht, der sie mit seiner Diagnose überraschte. Er war zu dem Schluss gekommen, dass alles dafür sprechen würde, dass eine Lichtallergie gar nicht bestünde. Aus seiner Sicht leide sie an einer ganz anderen Krankheit, für deren Behandlung es eines Psychotherapeuten bedurfte. Die unverarbeiteten Traumata hätten zu psychosomatischen Beschwerden geführt, deren Symptome man zwar bekämpfen, deren Ursachen man aber dringend beheben müsse. Doch davon wollte Hannelore nichts wissen. Sie brach jede weitere Behandlung ab und wandte sich wieder ihren Hausärzten zu, die ihre Version der Krankheitsgeschichte stützten. Es war seit Jahren Hannelores Methode, immer wieder aufs Neue Ärzte zu konsultieren, sich aber – wenn deren Diagnose nicht mit ihrem persönlichen Empfinden, mit ihrem Glauben an die Lichtallergie übereinstimmte –, ohne Begründung von ihnen abzuwenden.

Allein im Umfeld des Kuratoriums ZNS gab es verschiedene Fachleute, die ihr medizinisch fundierte und therapeutisch untermauerte Ratschläge gaben. Aber alle Auffassungen über Art und

Ursache ihrer beklagten Beschwerden und Befindlichkeitsstörungen fruchteten nicht. Es zählte allein die Diagnose der behandelnden Hausärzte Gillmann und Möbius: Lichtallergie bzw. Lichtdermatose. Für diese Krankheit, unter der sie seit Jahren litt, gab es nach Auffassung der Patientin angeblich keine Heilung. Immer und immer wieder kam sie im Gespräch auf das Jahr 1993 zurück und verwies mit großem Nachdruck beinahe hasserfüllt auf die angebliche Fehlleistung ihres damaligen Hausarztes Dr. Lösel. Diesen Mann, der ihr einst das Pistolenschießen beigebracht und ihr Jahrzehnte hinweg bei kleineren Wehwehchen und ernsteren Erkrankungen zur Seite gestanden hatte, hielt sie für den Verantwortlichen der immer schlimmer werdenden Lichtallergie. Es sei sein Fehler bei der Medikamentierung gewesen, der auch zu starkem Haarausfall geführt hatte, was für die damals Sechzigjährige ein furchtbarer Schlag war. Über Nacht die wunderschönen Haare zu verlieren und auf eine Perücke angewiesen zu sein, bedeutete für Hannelore einen ungeheuren körperlichen und mentalen Einschnitt, unter dem sie bis zu ihrem Tode litt. Selbst als die alte Haarpracht nach einem Jahr wiederhergestellt schien, weigerte sie sich für alle Zeiten, auf eine Perücke zu verzichten. Die Perücke war ihr zu einem Schutzschild geworden, den man morgens aufzog und am Abend wieder absetzte. Nur noch selten, und nur innerhalb der eigenen vier Wände, zeigte sie sich mit ihrem Naturhaar, zusammengebunden zu einem Pferdeschwanz. In die Öffentlichkeit begab sie sich nur noch in »perfekter Rüstung«.

Unterdessen spürten Freundinnen und Bekannte massive Änderungen im Verhalten Hannelore Kohls. An abgedunkelte Räume und nächtliche Spaziergänge hatten sie sich längst gewöhnt. Und auch daran, dass sich die Freundin mit einem speziellen Schirm vor Lichteinstrahlung schützte, der aus einem speziellen Stoff extra angefertigt worden war. Auch dass zu stark riechende Blumen bei ihr Schmerzen verursachten, war Eingeweihten lange Zeit bekannt. In den letzten Jahren vor ihrem Tod gab es im privaten Teil des Kanzlerbungalows nur noch selten Blumen und wenn überhaupt nur solche, die geruchlos waren. Das Personal in Bonn und Ludwigshafen war darauf getrimmt. Im Bungalow standen in den abgedunkelten Räumen nur noch wenige Pflanzen, die kaum Licht benötigen, wie etwa ein Gummibaum. Ein sichtbares Zeichen und geradezu symbolisch, dass selbst das bisschen Natur in ihrem Haus langsam weichen musste.

Immer häufiger musste Hannelore nun auch die nächtlichen Spaziergänge abbrechen, weil sie plötzlich von Schmerzattacken heimgesucht wurde. Zuletzt verursachten ihr sogar angebliche Strahlungen vom Fernsehapparat derartige Schmerzen, dass sie das Gerät abschalten musste. Nicht mehr fernsehen zu können, bedeutete für sie einen weiteren großen Verlust an Lebensqualität. Hinzu kam, dass ihr Medikamentenkonsum neue Ausmaße erreichte. Allein wegen ihrer über Jahrzehnte andauernden Rückenschmerzen nahm sie Medikamente in großen Mengen ein. Einer fachlich kompetenten, lebenserfahrenen und ihr absolut zugeneigten Apothekerin gelang es nach Sichtung ihres Medikamenten-Depots nicht, Hannelore wenigstens von der Einnahme einiger mutmaßlich überflüssigen Pharmazeutika abzubringen. Alles deutete auf eine Abhängigkeit hin – aber eine entsprechende Entziehung kam für sie niemals infrage, zu groß war die Angst, ihre zunehmende Tablettensucht könnte an die Öffentlichkeit gelangen.

Auffallend in den letzten anderthalb Jahren vor ihrem Tod war für die Freundinnen auch Hannelores Verhalten am Telefon. Während sie sich zuvor immer mit »Frau Kohl« gemeldet hatte, verzichtete sie nun auf die Namensnennung und bat von einem auf den anderen Tag auch ihre Gesprächspartner, sie nicht mehr mit Namen anzusprechen. Noch nicht einmal mit ihrem Vornamen. Auf dem Höhepunkt der Spendenaffäre fühlte sie sich zutiefst verunsichert, geradezu verfolgt und glaubte, ständig abgehört zu werden. Ob sie damals tatsächlich temporär an Verfolgungswahn litt, vermag ich nicht zu beurteilen. Selbst in ihrer geliebten Privatklinik am Tegernsee wurde das gesamte Personal von der Putzfrau bis zu den leitenden Ärzten vergattert, niemandem von ihrer Anwesenheit zu erzählen. Und wenn sie wirklich einmal erkannt und als Hannelore Kohl angesprochen wurde, leugnete sie, die Frau des einstigen Kanzlers zu sein. Sie verwies scherzhaft auf mögliche Ähnlichkeiten mit der ehemaligen Kanzlergattin, verneinte aber ihre wahre Identität.

Irritierend war für die meisten ihrer Freundinnen auch, dass sie nicht nur am Ende eines jeden Telefonats fragte: »Hast Du mich noch lieb?« Immer und immer wieder. Hannelore muss unglaublich verletzt gewesen sein und brauchte dringend das Gefühl, geliebt zu werden.

* * *

Wer auch immer im Sommer 2000 gebeten wurde, Hannelore medizinisch zu begleiten und zu beraten, fand sehr schnell heraus, dass vor allem die Folgen der Spendenaffäre ihres Mannes die schweren Symptome und Beschwerden hervorriefen. Je gravierender die gegen Helmut Kohl erhobenen Vorwürfe waren, desto dramatischer wurde das Krankheitsbild. Dass Hannelore Kohl 1993 tatsächlich wegen eines Medikaments einen schweren anaphylaktischen Schock erlitten hatte, der tödlich hätte verlaufen können, wurde von niemandem bezweifelt. Das erkläre, so die Meinung mancher Mediziner, aber nicht die späteren Beschwerden, die keinesfalls als Reaktionen auf diesen Vorfall gewertet werden könnten. Diese Ärzte waren überzeugt, dass Hannelore keine Lichtallergie hatte. Lichtindizierte Erkrankungen, zumal, wenn sie so schwer verlaufen, wie von Hannelore dargestellt, können relativ gut nachgewiesen werden. Wenn man gegen Licht allergisch ist, treten bestimmte Stoffwechselstörungen auf. In Laboruntersuchungen konnten diese offenbar nicht nachgewiesen werden. Hinzu kommt, dass nach Meinung von Dermatologen solche Störungen in der Regel nicht erst zwischen dem 50. und dem 60. Lebensjahr auftreten, sondern sich schon früh manifestieren – während der Kindheit oder unmittelbar nach der Geburt. Bei Hannelore war das nicht der Fall. Auch die von ihr beschriebenen Symptome, wie starkes innerliches Brennen oder Schmerzen in den Schleimhäuten, verwiesen nicht zwingend auf eine lichtindizierte Erkrankung. Wenn eine so schwere Lichtreaktion bestanden hätte, wie Hannelore stets behauptete, hätte sie grundsätzlich Probleme mit Licht haben müssen – auch während der Dämmerung.

Nach Meinung von Ärzten, die es wissen mussten, sprach sehr viel dafür, dass Hannelore Kohl an einer schweren Depression litt, möglicherweise verbunden mit der Wahnvorstellung, sie könne Licht nicht mehr vertragen. Wenn eine Depression mit Wahnvorstellungen einhergeht, spreche das für einen sehr schweren Verlauf, der in der Regel kaum behandelbar sei und häufig in einen Selbstmord münde. Man könne zwar Antidepressiva geben, müsse aber begleitend und über einen längeren Zeitraum massiv therapieren. Die Psychopharmaka nähmen Einfluss auf bestimmte Funktionen des zentralen Nervensystems und würden helfen, depressive Phasen zu mildern. Beheben können sie die Probleme hingegen nicht. Ein erster Schritt dazu sei es, dass der Patient seine depressive Erkrankung akzeptiert und sich dem stellt, das diese Erkrankung hervorgerufen hat.

Alle Bemühungen, Hannelore zu motivieren, einen Therapeuten aufzusuchen, waren sehr schwierig. Immerhin hatte sie vorübergehend Kontakt zu einem Heilpraktiker, der sich auf seinem Briefkopf mit einer Praxis für angewandte Psychologie, Energie und Therapie auswies. Dieser Mann im mittleren Alter tauchte öfters in Ludwigshafen auf, ohne Hannelore wirklich helfen zu können. Später war die Rede von einem Scharlatan, dem man aufgesessen sei.

Psychotherapeutische Gespräche zu führen, lehnte Hannelore lange Zeit mit dem Hinweis ab, als Frau des ehemaligen Bundeskanzlers könne sie keinem Menschen ihr Leben darlegen, ihre wahren Gefühle und Probleme offenbaren. Sie hatte eine nahezu panische Angst, zugeben zu müssen, psychisch krank zu sein. Sie wollte es vermutlich einfach nicht wahrhaben, dass sie an einer schweren Depression litt, die unabhängig von der Lichtallergie bestand und mit deren Auswirkungen nichts zu tun hatte. Alle Ärzte, die sie selbst in ganz vorsichtigen Erläuterungen und geradezu homöopathischen Dosierungen über alle denkbaren Aspekte ihrer Krankheit aufklären wollten, wurden nicht mehr gebraucht, nicht mehr konsultiert, aussortiert.

Unverdrossen hielt sie an ihrem Glauben fest, an einer schweren Lichtallergie zu leiden. Unterstützt von ihrem Hausarzt Professor Helmut Gillmann, seit 1963 Direktor der medizinischen Klinik Ludwigshafen, wurde sie mit Medikamenten behandelt, die ausschließlich die Symptome der Lichtallergie bekämpfen sollten. Das Hauptaugenmerk galt dabei ihrer Haut, doch für andere Fachleute war in dieser Situation klar, dass es nichts ausrichten, nicht helfen würde. Ein letzter Versuch, Hannelore von anderen Maßnahmen zu überzeugen, scheiterte ebenfalls. Ein weltweit bekannter Experte für Porphyrien, praktizierender Dermatologe in New York, sollte zur weiteren Behandlung hinzugezogen werden. Er war bereit, Hannelore umgehend zu untersuchen. Doch diesen weltweit anerkannten Experten ließ sie überhaupt nicht an sich heran. Offenbar fürchtete sie, dass auch der amerikanische Dermatologe die Untersuchungsergebnisse der deutschen Kollegen bestätigen würde. Und damit wäre das ganze Gebäude ihrer Krankengeschichte wie ein Kartenhaus endgültig zusammengebrochen.

In mehreren Telefonaten bis wenige Wochen vor ihrem Tod hatten ihr zwei zurate gezogene Ärzte immer wieder klargemacht, dass ohne eine psychiatrische Behandlung eine Verbesserung ihrer Lage nicht möglich sei. Am Ende war Hannelore wegen ihrer seelischen Erkrankung dem medizinischen Sachverstand und dem Denken von Ärzten nicht mehr zugänglich. Sie trennte sich von vielen Menschen, die nur das Beste für sie wollten, sie zog sich zurück in ihre eigene Welt. Diese Frau, die privat so witzig, lustig, fröhlich und

selbstsicher, so schlagfertig und humorvoll sein konnte, hatte sich
längst mit einer Mauer umgeben, hinter die niemand mehr schauen
konnte. Im Laufe der Jahre war sie immer enger und höher geworden. So hoch, bis sie auch die engsten Freundinnen nicht mehr
überwinden konnten.

* * *

Helmut Kohl war ratlos. Das Einzige, was ihm blieb, war, durch
seine internationalen Kontakte alles Menschenmögliche zu tun, um
auf der ganzen Welt Ärzte zu finden, die die angeblich unheilbare
Krankheit seiner Frau doch noch heilen konnten. Auch er scheiterte. Hannelore weigerte sich, die Wahrheit anzuerkennen, sich therapieren zu lassen und verwehrte auch ihrem Mann letztendlich den
Einblick in ihr Seelenleben. Die Diagnose der Dermatologen, dass
es sich nicht um Hautprobleme handelte, war dem Altkanzler bekannt, und er musste erkennen, wie ohnmächtig die Medizinwelt
und auch er waren. Hannelore hatte sich in die Lichtallergie verbissen.
    Einer der behandelnden deutschen Dermatologen berief sich
zwar in einem Gespräch mit mir auf seine ärztliche Schweigepflicht,
schickte mir aber später einen Leserbrief zu, der im Oktober 2001
in der medizinischen Fachzeitschrift *Derma Forum* sowie der *Süd-
deutschen Zeitung* erschienen war. Darin heißt es unter anderem:
»Bei Frau Kohl wurde eine Lichtallergie vermutet. Gerade Licht-
dermatosen sind jedoch gut definiert, gut diagnostizierbar und, in
der Regel, auch gut therapierbar. Relativ einfache Untersuchungs-
methoden wie Licht- und Hauttestungen sowie verschiedene Blut-
untersuchungen erlauben es, eine eindeutige Diagnose zu stellen.
Diese Untersuchungen gehören zum dermatologischen Standardre-
pertoire. Die in den Medien wiederholt zitierte Lichtallergie, die
den fachspezifischen Ausdruck Lichturtikaria trägt, geht mit Quad-
deln einher und juckt, aber brennt normalerweise nicht. Deshalb

hat noch kein Patient einen Selbstmord begangen. Auch die Lichturtikaria ist heute einer Behandlung zugänglich, die es dem Patienten erlaubt, am Alltagsgeschehen teilzunehmen. Warum also der Suizid von Frau Kohl? Wir nehmen an, dass die für den Laien ins Feld geführte, nicht diagnostizierte Hauterkrankung nur eine Alibi-Diagnose darstellt. Jedoch wird auf diese Weise gleichzeitig ein ganzer Berufstand als unfähig diskriminiert. Dagegen wehren wir uns entschieden.« Unterzeichnet war der Leserbrief von den Dermatologen Professor Dr. med. Wolf-Ingo Worret und Univ. Professor Dr. med. Dietrich Abeck von der Klinik Dermatologie und Allergologie der Technischen Universität München.

Es ist davon auszugehen, dass der Dermatologe, der Hannelore behandelte und mir diesen Brief zuschickte, der Meinung der beiden Kollegen uneingeschränkt zustimmt.

Hatte sich Hannelore Kohl ein großes Selbsttäuschungsszenario erdacht? Konnte sie mit ihrem hohen Maß an Intelligenz und Abstraktionsvermögen die Technik der Selbsttäuschung so souverän beherrschen, dass außer einer Hand voll Mediziner jedermann ihre Krankheits- und Leidensgeschichte glaubte? Bediente sich Hannelore einer Illusion?

Diesen Eindruck muss jeder gewinnen, der sich eingehender mit der Krankheitsgeschichte Hannelore Kohls befasst. Eine Lesart, der die von mir zurate gezogenen Psychotherapeuten Reddemann und von der Stein jedoch heftig widersprechen. Übereinstimmend vertreten sie die Auffassung, dass Hannelore Kohl tatsächlich davon überzeugt war, an einer Lichtallergie zu leiden – und zwar ohne Wahnvorstellungen. Eine Wahnvorstellung träfe nur dann zu, wenn Hannelore unkorrigierbar von etwas überzeugt gewesen wäre, was nicht wirklich vorhanden gewesen sei. Mit Wahnvorstellungen verbunden sei das Bild der schizophrenen Psychose. Bei Hannelore handle es sich aber um eine psychosomatische Entwicklung. Ein Trauma. Hannelore habe nicht absichtlich vorgegeben, an einer Lichtallergie zu leiden, diese aber dankbar als Erklärung für ihre

Symptome akzeptiert. Eigentlich hätten ihr die Ärzte sagen müssen, dass sie diese Krankheit nicht erklären können, aber gemeinsam mit der Patientin eine Erklärung finden wollen. Wenn Hannelore ihren Ärzten berichtet habe, dass sie von innen verbrenne, dann sei das etwas, das sie subjektiv tatsächlich so empfunden habe, meinen beide Experten. Wenn der behandelnde Arzt auf dem einen diagnostischen Weg nicht weiterkomme, sei er in der Pflicht, andere Wege zu beschreiten. Wenn eine Patientin eine Erfahrung macht, die sich nicht belegen lässt, heißt dies ja nur, dass die Medizin sich gewisse Symptome nicht erklären kann. Die subjektive Erfahrung der Patientin bleibt davon unberührt. Luise Reddemann wörtlich: »Ich bin weiterhin für die subjektive Sichtweise und die heißt bei Hannelore Kohl, ich habe eine Lichtallergie. Ich kann nicht ans Licht. Ich denke da als Psychoanalytikerin. Ihr Unbewusstsein sagt, ich will nicht mehr ins Licht. Ich will nicht ins Licht der Öffentlichkeit. Ich schäme mich so furchtbar. Ich kann da nicht mehr hin.... Es handelt sich um eine Selbstwertproblematik eines zutiefst verzweifelten Menschen. Es ist keine Depression im engeren klinischen Sinn. Es ist eher wie eine somatoforme Störung. Sie sagt, ich kann nicht ins Licht. Das bereitet mir Schmerzen. Ich brenne, wenn ich ins Licht gehe. Die Medizin findet nichts, aber ihre Seele weiß, dass es so ist. Das hat eine Bedeutung.«

Beide Psychologen machen den behandelnden Ärzten den Vorwurf, den »bequemen« Weg beschritten und die einfachste Diagnose gewählt zu haben, ohne den Menschen als Ganzes betrachtet zu haben.

* * *

Was Hannelore in dieser schwierigen Zeit auch noch außerordentlich zu schaffen machte, waren Diskussionen, Spekulationen und Mutmaßungen über den Inhalt von Helmut Kohls Stasi-Akten. Niemand wusste, was tatsächlich in den Unterlagen des Archivs des

DDR-Geheimdienstes nachzulesen war. Gab es etwa noch neue Erkenntnisse über den CDU-Spendenskandal, in den ihr Ehemann wie kaum ein anderer Politiker verstrickt war? Was stand in den unzähligen Protokollen der illegal mitgeschnittenen Telefongespräche zwischen ihrem Mann und anderen Personen? Schon einmal waren Mitschnitte von Telefonaten veröffentlicht worden – damals zwischen Kohl und Biedenkopf –, die zu Irritationen geführt hatten. Könnte es zum Abdruck von Telefongesprächen kommen, in denen es um ganz intime Dinge ging, auch um solche, die die eheliche Treue infrage stellten? Hannelore konnte sich das nicht vorstellen, aber beunruhigt war sie schon.

* * *

Dass die Spendenaffäre die Reputation ihres Mannes zu zerstören drohte, dass sie mit hineingezogen wurde in den Sumpf und sich kaum noch an die Öffentlichkeit traute, war für Hannelore schlimm genug. Es ärgerte sie ungemein, dass ihr Mann für bestechlich gehalten wurde. Ihre große Angst bestand außerdem darin, dass der Altkanzler die ständigen Attacken und neuen schweren Vorwürfe gesundheitlich nicht überstehen könne. Allerdings zeigte sie wenig Verständnis für die Verfehlungen ihres Mannes. Sie war der Ansicht, er habe eine Riesendummheit begangen, die gar nicht notwendig gewesen wäre. Hinzu kam, dass Hannelore Kohl selbst Millionen von Spendengeldern sammelte und deshalb für Parteispenden überhaupt keinen Sinn und kein Verständnis hatte. Sie fand dieses Parteispendensystem absolut idiotisch, das ihren Mann Mitte der Achtzigerjahre schon einmal an den Rand einer Katastrophe gebracht hatte. Verbittert musste sie zur Kenntnis nehmen, dass sich ihr Mann nicht beugen und die Namen der Spender eher mit ins Grab nehmen würde als sie zu seiner eigenen Entlastung zu nennen. Gab es überhaupt die Spender, verfügte ihr Mann überhaupt über Namen? Gab es vielleicht nur einen einzigen Großspender? Handelte es sich möglicherweise um Zahlungen von Dienstleistungen für Parteiveranstaltungen, die gar nicht erbracht worden waren und auf einem Umweg in schwarze Kassen des Parteivorsitzenden flossen? Alles war möglich, mit all diesen Fragen zermarterte sich Hannelore den Kopf. Das eiserne Schweigen des schwer angeschlagenen Altkanzlers war natürlich nicht hilfreich. Gleichzeitig ärgerte sie sich maßlos über ehemalige Parteifreunde wie Kurt Biedenkopf, Heiner Geißler, Richard von Weizsäcker und viele andere, die zu den bekannten Gegnern ihres Mannes zählten und jetzt einmal mehr auf Helmut Kohl eindroschen. Dass in der Spendenaffäre dann auch noch langjährige Kohlianer wie Norbert Blüm und andere dem Gescholtenen in den Rücken fielen, machte sie tief betroffen, und sie sprach von elendem Verrat.

Dass ihre Kinder mit ihren Familien ebenfalls in die Spendenaffäre hineingezogen wurden, kränkte sie sehr. Als am 7. Mai 2001 das Hamburger Nachrichtenmagazin *Der Spiegel* ausführlich über das Geschäftsgebaren des Investmentbankers Peter Kohl und seiner Firma im Steuerparadies Jersey berichtete, drehte Hannelore fast durch. Es war der Versuch des Nachrichtenmagazins, eine nichtexistente Verbindung zwischen den Geschäften von Vater und Sohn herzustellen und das Lebenswerk des ehemaligen Kanzlers in ein schlechtes Licht zu rücken. Die Aufregung im Hause Kohl und im Berliner Büro war riesengroß. Die Söhne konnten nun wirklich nichts für die Spenden an ihren Vater, und dafür, dass er diese nicht ordnungsgemäß verbucht hatte. Nun mussten sie sich auch noch sagen lassen, wegen ihres Namens könne man nicht mehr ohne Vorbehalte geschäftlich mit ihnen verkehren. Für Hannelore ein Stich mitten ins Herz.

* * *

Schon längst konnte sie nicht mehr fliegen, ihre neue Wohnung in Berlin, die sie so glücklich gemacht hatte, blieb leer. Die Planung, nach Beendigung des Bundestagsmandates jeweils die Hälfte der Zeit in Berlin und in Ludwigshafen zu verbringen, war längst obsolet. Ein Traum war zu Ende gegangen. Öffentliche Auftritte gab es schon lange nicht mehr. Hannelore lehnte alle Einladungen ab, und ein gemeinsames Leben mit ihrem Mann fand kaum noch statt.

Hannelore fühlte sich geächtet. Es gab Situationen, wenn sie sich doch einmal nach draußen wagte, dass Passanten demonstrativ vor ihr auf der Straße ausspuckten und sie sogar »Spendenhure« nannten. Die Spendenaffäre brachte einen riesigen Ansehensverlust für das Ehepaar mit sich und einen tiefen gesellschaftlichen Absturz. Es war der katastrophale Zusammenbruch einer ganzen Welt, eine Situation, wie sie sie schon einmal in ihrem Leben hatte hinnehmen müssen. Es war das zweite Mal, dass sie unverschuldet quasi in Sippenhaft genommen wurde: einmal als Kind, diesmal als Ehefrau.

In der Spendenaffäre war im Grunde nur noch Verlass auf Helmut Kohls Anwälte. Die wenigen noch verbliebenen treuesten Kohlianer taten, was in dieser schwierigen Situation zu tun war: Sie hielten Kontakt zum einst mächtigen Parteivorsitzenden und besprachen mit ihm, wie man den Anforderungen des parlamentarischen Untersuchungsausschusses genügen konnte. Ansonsten war es einsam geworden um Helmut Kohl. Wegen befürchteter Gegendemonstrationen und möglicher Ausschreitungen versiegte der sonst übliche Einladungsstrom zu repräsentativen Veranstaltungen und öffentlichen Auftritten.

Auf die beiden Söhne konnte Helmut Kohl nicht in dem Umfang bauen, wie er sich das vielleicht gewünscht hatte. Im Nachgang der Spendenaffäre zeigten sie Distanz, vielleicht auch aus Selbstschutz gegenüber der Mutter. Vor allem Walter Kohl hatte damals mit neuen beruflichen Herausforderungen zu kämpfen, und auch privat war vieles im Umbruch. Peter machte Karriere als Investmentbanker. Er war weit weg, ging in London seinem Beruf nach. Für die kranke Mutter hatten die Söhne deshalb nicht immer so viel Zeit, wie diese sich wünschte.

Mitte Dezember 2000 flog Helmut Kohl mit seinen beiden Söhnen nach Istanbul, um nach türkischer Tradition beim Vater von Peters Freundin Elif um deren Hand anzuhalten. Hannelore musste aus gesundheitlichen Gründen (für Istanbul hatte der Wetterbericht strahlenden Sonnenschein vorausgesagt) auf eine Mitreise verzichten, was ihr unendlich wehtat. Noch trauriger fühlte sie sich, als Sohn Peter am 26. Mai 2001 seine Freundin in Istanbul heiratete. Allen Beteiligten war klar, dass Hannelore daran nicht würde teilnehmen können. Sie hatte deshalb lange Zeit darum gebeten, den katholischen Teil der Trauung in der Bundesrepublik zu vollziehen, damit sie dabei sein konnte. Ihr schwebte eine abendliche katholische Eheschließung in einem pfälzischen Kirchlein vor mit anschließender Hochzeitsfeier im »Deidesheimer Hof«. Ihre Wünsche konnten nicht erfüllt werden, sie wären ein Affront gegenüber den Brauteltern gewesen. Nur über das Handy des Sohnes Walter wohnte sie deshalb der islamischen und katholischen Trauung bei. Wer sie an diesem Tag in ihrem Haus erlebte, war erschüttert über ihre Verfassung. Anneliese Wiß und Ursula Fischer standen ihr ganztägig zur Seite. Hannelore Kohl war körperlich derart fertig, dass beide zeitweise glaubten, den Notarzt rufen zu müssen. Peter Kohl bestätigt in seinem Buch, dass es für Hannelore »ganz, ganz schrecklich« gewesen war, »dass sie bei dieser Hochzeit nicht dabei sein konnte. Am Abend war sie still und in sich gekehrt.«

* * *

Vierzig Tage später war Hannelore Kohl tot. Sie starb an einer Überdosis Morphiumsulfat und Schlaftabletten. Am 5. Juli 2001 wurde sie von Hilde und Ecki Seeber gegen 11:15 Uhr in ihrem Bungalow tot aufgefunden. Sie hinterließ zwanzig Abschiedsbriefe.

Für ihren Selbstmord gab es mehrere Gründe. An erster Stelle muss die Spendenaffäre ihres Mannes genannt werden. Die tief empfundene gesellschaftliche Ächtung, eine Wiederholung des

297

Traumas ihrer Kindheit, waren das Allerschlimmste für sie. Der durch die Affäre ausgelöste Ansehensverlust ihrer Familie war für Hannelore Kohl kaum auszuhalten. Öffentlich gebrandmarkt zu werden für Verfehlungen, die sie nicht begangen hatte, mit deren Folgen sie aber dennoch leben musste, war eine tiefe Demütigung. Ihre Überzeugung, als redlich arbeitender Mensch, der sich auch um diesen Staat verdient gemacht hatte, müsse auch als solcher wertgeschätzt werden, bekam einen ungeheuerlichen Knacks. Die Gattin des Altkanzlers fühlte sich als Opfer, war getroffen bis ins Mark und am Ende ihrer Kraft. Das probate Mittel, Problemen mit Disziplin und preußischem Durchhaltevermögen die Stirn zu bieten, funktionierte nicht mehr. Für sie war der Moment gekommen, in dem nichts mehr ging – und in dem sie vor allem keine Hoffnung mehr hatte, dass ihr Leben besser werden könnte. Hinzu kamen ihre Einsamkeit, das Gefühl, von aller Welt – auch den geliebten Söhnen – verlassen zu sein. Es gab aus ihrer Sicht niemanden in ihrem Umfeld, der hätte helfen können. Auch wenn sie selbst vielleicht keine eindeutigen Signale aussendete.

Ihre Lichtallergie galt in ihren Augen als unheilbar, Hoffnungslosigkeit hatte sich schon lange breitgemacht. Außerdem fühlte sie sich zutiefst verletzt und entwertet, als sich Gerüchte häuften, wonach ihr Mann seit längerem eine Liebesbeziehung zu einer bedeutend jüngeren Frau unterhalte. Das alles zog ihr den brüchigen Boden unter den Füßen in dem Maße weg, dass sie nur noch einen einzigen Ausweg sah. Selbstmord.

Psychotherapeuten sehen in Hannelores Selbsttötung eine letzte Aggression gegen sich und ihr Umfeld. Das Tragische bei einem solchen Suizid sei es, dass sich die Selbstmörderin dessen gar nicht bewusst ist. Es ist ein unbewusster destruktiver Akt, der bei den Hinterbliebenen das tiefe Gefühl von Schuld hinterlassen kann.

In ihren fast gleichlautenden Briefen an ihre Freundinnen bat Hannelore um Verständnis für ihren Freitod und darum, sie in ihren Herzen zu behalten. Im Abschiedsbrief an ihren Mann heißt es:

»Ich habe lange über diesen Schritt nachgedacht, glaube es mir. Es fällt mir sehr schwer, Dich nach über 41 Jahren zu verlassen. Aber ein langes Siechtum in Dunkelheit will ich mir und Dir ersparen, zumal die Unheilbarkeit nun leider mehrfach bestätigt wurde. Ich habe viele Jahre um das Natürlichste von der Welt, um Licht und Sonne, gekämpft, leider vergebens. Es wird immer schlechter, und meine Kraft ist nun zu Ende. Viele Symptome des Abbaus und des Kräfteverlustes habe ich bereits. Man kann es auch Stoffwechselbeschädigung nennen. Wie könnte es auch anders sein nach jahrelangem Sonnen- und auch Lichtentzug. Meine Hoffnung auf Heilung ist nach diesen acht Jahren verschwunden und nach Konsultationen so vieler Fachleute, sie haben mir – je nach Temperament – durchaus auch brutal die Meinung gesagt. Es wäre eine Illusion zu glauben, dass noch ein Wunder geschieht. Ich bin jetzt 68 Jahre alt, ein Alter, das dem Leben seinen Platz eingeräumt hat. Ich danke Dir für viel Hilfe, Zuspruch und Deine Versuche, mein Leben zu erleichtern. Zusammen mit Dir habe ich viele gute Jahre gehabt, und auch schlechte Zeiten haben wir durchgestanden. Ich danke Dir für ein Leben mit Dir an Deiner Seite – voller Ereignisse, Liebe, Glück und Zufriedenheit. Ich liebe Dich und bewundere Deine Kraft. Möge sie Dir erhalten bleiben. Du hast noch viel zu tun. Dein Schlänglein.« Dieser Kosename war nicht ausgeschrieben, sondern wie immer gemalt.

LEBENSLEISTUNG

Einen liebevollen Abschiedsbrief erhielt auch der ehemalige Ärztliche Direktor an der Neurologischen Universitätsklinik in Tübingen, Professor Dr. med. Dr. phil. Klaus Mayer. Der entscheidende und einflussreichste Mitbegründer des Kuratoriums ZNS sieht in Hannelores Schreiben ein Vermächtnis. Denn in ihrem Brief sprach sie neben einem letzten Dankeschön den herzlichen Wunsch aus, Mayer möge »unserem gemeinsamen Werk treu bleiben und es fortsetzen«. Die Stiftung hat diesem Wunsch während der letzten zehn Jahre Rechnung getragen und fühlt sich dem auch weiterhin verpflichtet. Für Hannelores persönlichen Abschiedswunsch – »behalte mich in Deinem Herzen« – bedarf es für Hans Mayer keines Bemühens. Sie wird in seinem Herzen bleiben und in den Herzen all derer, für die sie sich eingesetzt hat. Mit ihrer Stiftung hatte die Kanzlergattin dafür gesorgt, dass Hirnverletzte und Hirngeschädigte überhaupt erst einen Platz in der bundesdeutschen Gesellschaft bekamen. Ihr war es wichtig, dass diese Menschen akzeptiert und vor allem respektiert wurden. Sie hatte sich dafür eingesetzt, den Betroffenen eine Rückkehr in Familie, Schule und Beruf zu ermöglichen und langfristige Therapie- und Nachsorgemaßnahmen auf den Weg gebracht. Zur positiven Bilanz ihrer Lebensleistung zählt auch, dass die Institutionen aus Praxis und Forschung zusammenfanden, um aktiv sinnvolle Rehabilitationsmaßnahmen zu erarbeiten. Dass dabei auch Psychologen mit einbezogen wurden, hat Hannelore – und das entbehrt nicht einer gewissen Ironie – mit großem Engagement vorangetrieben.

Hannelore Kohl hatte lange überlegt, aus dem Kuratorium ZNS eine Stiftung zu machen. Eine Stiftung erfüllt ihren Zweck mit den Erträgen aus ihrem Vermögen, wogegen ein gemeinnütziger Verein die einkommenden Gelder unmittelbar ausgeben und dem Verwendungszweck zuführen muss. Rücklagen können nicht gebildet werden. Es war schwierig, unter diesen Umständen die Geschäfte des Kuratoriums zu führen und Gelder für die langfristigen Aufgaben zu sichern. Nach intensiven Beratungen war 1993 entschieden worden, die nichtrechtsfähige Stiftung »Hannelore-Kohl-Stiftung für Unfallopfer zur Förderung der Rehabilitation von Hirnverletzten« zu gründen und in die Finanzverwaltung beim Essener Stifterverband zu übertragen. Zwei Jahre später wurde in der Bonner Rochusstraße 25 die Etage eines Mehrfamilienhauses für 800 000 D-Mark erworben. In dieser Stiftungszentrale arbeiten derzeit zehn Angestellte. Am 10. Mai 2005 wurde durch Umwandlung dieser Stiftung die rechtsfähige »ZNS-Hannelore-Kohl-Stiftung für Verletzte mit Schäden des Zentralen Nervensystems« errichtet.

Was Hannelore besonders auszeichnete, war das gemeinsame Bemühen um die gesetzten Ziele, die vertrauensvolle und verständnisvolle Zusammenarbeit. Ihre ständige Lernbereitschaft und Lernfähigkeit werden besonders gerühmt. Sie wurde immer bewundert, wie rasch und sicher sie auch komplizierte medizinische Sachverhalte erfasste und durchdachte und diese dann bildhaft-anschaulich, laienverständlich und überzeugend darzustellen wusste. Ihr Wissen war nicht aufgesetzt, sondern im langjährigen Bemühen um schädelhirnverletzte Menschen erworben und erfahren worden. Nach der Wende 1989 kümmerte sich das Kuratorium ZNS auf ihre besondere Initiative hin um die Ausweitung des Engagements in den neuen Bundesländern, wo die Unfallzahlen in nie gekannte Höhe schossen. Die Stiftung bemühte sich vor allem um die Erweiterung neurochirurgischer Kapazitäten und den Aufbau eines flächendeckenden Informationsnetzes, das Betroffene an entsprechende neurochirurgische Einrichtungen verweisen konnte. 1983, im Gründungsjahr des Kuratoriums, hatte es in Hessisch Oldendorf die einzige Therapieeinrichtung bundesweit für Schwersthirnverletzte gegeben. Als Hannelore starb, waren es über 200.

1995 wurde der Stiftungspräsidentin die Ehrendoktorwürde der Medizinischen Fakultät der Universität Greifswald angeboten. Prompt rief diese Auszeichnung Neider auf den Plan. Nach einigem Zögern entschied sie sich schließlich für die Annahme, weil sie in der Ehrendoktorwürde Vorteile für ihre Aufgabe als Präsidentin der Stiftung sah.

Für die engsten Stiftungsmitarbeiterinnen und -mitarbeiter war Hannelore Kohl eine bewundernswerte und liebenswerte Frau, die ihr soziales Engagement mit jeder Faser ihres Herzens lebte. Nach außen schien sie meist sachlich distanziert und immer diszipliniert. Dabei war sie sehr empfindsam und somit leichter verletzbar, als mancher meinte. Meist ließ sie sich das nicht anmerken, reagierte aber gelegentlich äußerst heftig und deutlich und keineswegs lady-like. Sie suchte Rat bei den Menschen ihres Vertrauens, nahm Ratschläge an, leider hinsichtlich ihrer Krankheit später aber auch falsche. In persönlichen Dingen war sie sehr verschlossen und besaß zweifellos ein in ihrer Lebensentwicklung und Position geschuldetes Misstrauen.

Professor Hans Mayer, einer der ganz wenigen Männer, denen sie das freundschaftliche Du angeboten hatte, stand Hannelore Kohl viele Jahre beratend und helfend zur Seite. Er war Weggefährte, enger und vertrauter Mitarbeiter, »medizinischer Sachverstand« und schließlich Freund und ärztlicher Berater. Auch er erlebte ihre zunehmend emotionalen und psychosozialen Belastungen und Konflikte, die chronisch wurden und sich ausweiteten. Die emotionalen Belastungen und Konflikte wurden von der ZNS-Präsidentin nicht als gegeben akzeptiert, sondern verdrängt und sollten durch Selbstdisziplin, Beherrschung und Verzicht sublimiert werden. Das konnte auf Dauer nicht gelingen. Alle immer wieder von Hausärzten empfohlenen Therapien – beispielsweise die Desensibilisierung am Tegernsee – waren wirkungslos und mussten es sein. In vielen Gesprächen empfohlene psychotherapeutische Maßnahmen wollte Hannelore Kohl nicht wahrnehmen, einerseits aus Furcht vor den möglichen Reaktionen der Medien in ihrer Rolle als Kanzlergattin, andererseits weil sie die Psychogenese der Störung nicht wahrhaben wollte. Und schließlich, weil sie offenbar von den behandelnden Hausärzten anders beraten wurde. Sie hatten in Wahrheit eine Diagnose ausgestellt, die bis heute als allgemeine Sprachregelung dient und bis heute von Helmut Kohl und den beiden Söhnen geglaubt wird, an der aber Zweifel möglich sind.

Die ZNS-Experten mussten ohnmächtig mit ansehen, wie sich Hannelore Kohl zunehmend zurückzog und in Isolation geriet. Die von manchen Ärzten bescheinigte »Nichtheilbarkeit« der Störung und andere zunehmende emotionale Belastungen, wie die Spendenaffäre und das subjektive Gefühl des Verlassenseins, führten schließlich aus Verzweiflung zum Suizidentschluss. Ohne geeignete Psychotherapie mit zunächst eigener Akzeptanz der vorherrschenden Psychogenese, war ihr ein Durchbrechen des unheilvollen Circulus vitiosus nicht möglich. So wie sie nichts in ihrem Leben dem Zufall überlassen hatte, so hatte sie den Suizidentschluss in der ihr eigenen Art wohlüberlegt gefasst und ausgeführt. Nirgendwo – die Familie ausgenommen – war der Schock über Hannelores Selbstmord so groß wie bei den Mitstreitern der Hannelore-Kohl-Stiftung. Noch heute sind einige von ihnen zu Tränen gerührt, wenn sie auf den Tod ihrer Präsidentin am 5. Juli 2001 angesprochen werden.

* * *

Die Bilanz der Hannelore-Kohl-Stiftung kann sich sehen lassen. Heute unterhält sie einen Beratungs- und Informationsdienst für Schädelhirnverletzte und deren Angehörige, unterstützt bei der Suche nach geeigneten Rehabilitationseinrichtungen und fördert die wissenschaftliche Forschung auf dem Gebiet der Neurologischen Rehabilitation. Die Stiftung engagiert sich in der Präventionsarbeit für Unfallverhütung. Bisher konnten rund 28 Millionen Euro aus Spendenmitteln für 600 Projekte an Kliniken, Institutionen und Rehabilitationseinrichtungen in Deutschland weitergegeben werden. Jedes Jahr erleiden etwa 270 000 Menschen Schädelhirntraumen, knapp die Hälfte von ihnen ist jünger als 25 Jahre. Dank der Fortschritte in diesem Bereich kann vielen von ihnen geholfen werden. Das Stiftungskapital betrug bis Ende 2001 12,9 Millionen Euro – Ende 2010 waren es 16,3 Millionen Euro. Eine stolze Bilanz, die mit dem Namen der einstigen Gründerin untrennbar verbunden bleibt.

Hannelore Kohl war immer auch Teil eines anderen, stand immer im Schatten eines erfolgreichen Mannes, dessen Karriere sie ihr eigenes Leben unterordnete. Vom Glanz ihres Ehegatten konnte sie zwar profitieren, was auch eine vordergründige Entschädigung bedeutete. Dennoch war sie immer die Frau von Helmut Kohl, anerkannt, aber doch immer nur die Frau an seiner Seite. Diese Rolle verinnerlichte sie bis zur Selbstaufgabe. Diese disziplinierte, korrekte, engagierte und fleißige Frau tat alles zum Wohle ihres Mannes und des Landes. Sie begleitete seine ungewöhnliche Karriere mit all ihren Kräften und unternahm nichts, was ihm nicht zu Ehre und Ruhm gereicht hätte. Daraus eine Opferrolle oder eine Märtyrerrolle zu machen, war ihr völlig fremd, wenngleich sie längst nicht mit allem einverstanden und oftmals todunglücklich war.

Erst als Präsidentin des Kuratoriums ZNS und der Stiftung konnte sie ihre hohe Qualifikation unter Beweis stellen. Mit ihren Fähigkeiten, ein wohldurchdachtes Management durchzuziehen, fand sie großen Anklang. Die ZNS-Arbeit in völliger Unabhängigkeit von ihrem Mann und den Zwängen als Frau eines Politikers bescherte ihr Befriedigung und außergewöhnliche Erfolge. Diese Erfolge waren ihrem Mann zuweilen unheimlich. Er wachte darüber, dass ihre Popularität durch ihre Präsidentschaft nicht ins Unkontrollierbare stieg. Er war der Größte und duldete neben sich keine Ehefrau, die mit ihm in Konkurrenz geraten könnte, natürlich nur in Bezug auf Empathie und Popularität.

Welche Großtat Hannelores Einsatz für Verletzte des zentralen Nervensystems tatsächlich ausmachte, soll an einem Beispiel stellvertretend für Tausende vergleichbarer Schicksalsschläge dokumentiert werden:

Anne-Kathrin Gentz-Schönfelder, geboren am 11. Januar 1975 in Rostock und an der dortigen Universitätsklinik zur Krankenschwester ausgebildet, zog wegen ihres neuen Freundes in den Westen der Bundesrepublik. Sie arbeitete seit dem 1. Januar 1997 im Kreiskrankenhaus Waldbröl, einem anerkannten Lehrkrankenhaus der Universität Bonn. Seit Januar 1998 lebte sie mit ihrem Freund in Bonn und fuhr täglich mit dem Auto nach Waldbröl und zurück – jeden Tag 130 Kilometer.

Am 3. Mai 2001 wurde sie auf dem Weg zu ihrem Spätdienst in einen schweren Unfall verwickelt. Gegen 12:45 Uhr fuhr sie auf der Bundesstraße in der Nähe von Ruppichteroth mit etwa 50 Stundenkilometern in einer Kurve gegen einen Schwertransporter. Das überbreite und lange Fahrzeug hätte eigentlich von einer Polizeieskorte begleitet werden müssen. Da ein Warnfahrzeug vor dem Schwertransporter fuhr, hätte die Krankenschwester im Schritttempo fahren müssen und erhielt somit eine Teilschuld – auch wenn sie dieses in der Kurve nicht hatte sehen können. Anne-Kathrin musste von der Feuerwehr aus ihrem Wagen herausgeschnitten werden. Der Notarzt entschied sofort, sie mit dem Hubschrauber in die Uniklinik Bonn fliegen zu lassen. Das war ihr Glück, denn den Transport im Krankenwagen hätte sie vermutlich nicht überlebt. Die Rostockerin erlitt Brüche der Halswirbelsäule, der sechste und siebte Halswirbel waren komplett zertrümmert, hinzu kam eine Rückenmarksquetschung und eine Kontusion des Hirnstammes sowie eine leichte Einblutung im Gehirn. Außerdem hatte sich ein Hygrom links frontal gebildet. Da ihr Hirndruck zu stark anstieg, trepanierten die Ärzte ihre Schädeldecke, um diesen Druck zu mildern. Während der ersten vier Wochen lag die Krankenschwester im Koma, und auch an die folgenden vier Wochen hat sie keinerlei Erinnerungen. Anne-Kathrin befand sich im sogenannten Durchgangsstadium und war sehr stark verwirrt. In der Frührehabilitation

erhielten ihre Eltern von der dortigen Stationsschwester die Hanne-
lore-Kohl-Broschüre »Das schwere Schädelhirntrauma – ein Ratgeber für Angehörige«. Nach Anne-Kathrins Reha-Zeit auf der Bonner »Godeshöhe«, die mit medizinischem Gerät wie zum Beispiel
einem speziellen Bett für Schwerstverletzte von der Hannelore-
Kohl-Stiftung besonders unterstützt und gefördert worden war, gab
es erste Kontakte zur Bonner Stiftung. Später suchte die Rostocker
Krankenschwester eine Selbsthilfegruppe auf, die ihr tatkräftig zur
Seite stand. Noch immer wird Anne-Kathrin finanziell und medizinisch durch die Stiftung unterstützt. Sie leidet bis heute unter Kopfschmerzen, geht in die Schmerztherapie und in die Schmerzambu-
lanz. Sie kann sich nicht lange konzentrieren, maximal eineinhalb
Stunden. Sie muss ständig Schmerzmittel nehmen, die auf Dauer
ihrer Restgesundheit kaum zuträglich sein dürften. In Akutsituatio-
nen verabreicht ihr Arzt schmerzstillende Spritzen, die sie für maximal drei Stunden entlasten. Dann beginnen die Schmerzen erneut,
sie zu malträtieren. Anne-Kathrin muss lernen, massive Einschränkungen hinzunehmen. Noch schwerwiegender für ihre Lebenspla-
nung ist der Einschnitt, aufgrund ihrer immensen Medikation keine gesunden Kinder mehr zur Welt bringen zu können.

Anne-Katrin bewundert das Lebenswerk der Hannelore Kohl, die
sie nie persönlich kennenlernte. Vor allem, dass diese sich trotz eigener Krankheit für andere einsetzte. Die junge Frau war geschockt,
als sie Monate nach ihrem schweren Unfall von Hannelores Selbstmord erfuhr.

ZERSTÖRUNG

Nur einmal schien die Existenz des Kuratoriums ZNS und der Stiftung in Gefahr zu geraten. Durch Helmut Kohls Spendenaffäre drohte das Lebenswerk seiner Frau erheblich beschädigt zu werden. Parallel zu den immer neu bekannt gewordenen Machenschaften der CDU-Verantwortlichen in der Spendenaffäre, gingen auch die Spenden für die Stiftung spürbar zurück. In den Jahren 1999 bis zum Tod der Präsidentin 2001 wurden in der Bonner ZNS-Zentrale Spendenrückgänge verzeichnet, wie es sie noch nie gegeben hatte. Erst als nach langer Suche die UNESCO-Botschafterin Ute Ohoven als Nachfolgerin Hannelore Kohls Anfang Juli 2002 etabliert war, normalisierte sich der Spendenfluss wieder. Doch als ob der Altkanzler dem Lebenswerk seiner Frau nicht genug geschadet hätte, holte er 2009 zu einem Schlag gegen die Stiftung aus, den sie um ein Haar nicht überstanden hätte.

Helmut Kohl, der nach dem Tod seiner Frau 2001 Ehrenvorsitzender des Kuratoriums geworden war und selbstherrlich Ute Ohoven als Präsidentin etabliert hatte, forderte Anfang April 2009 eine neue Stiftungssatzung. Im Kern seines dreiseitigen Schreibens an das Spitzengremium der Stiftung verlangte er eine »zukunftsorientierte Verschlankung der Strukturen und eine neue Verteilung der Verantwortlichkeit«. Führende ZNS-Verantwortliche witterten darin die drohende Abschaffung des Kuratoriums und seiner Präsidentin sowie eine Entmachtung des Vorstandes. Absicht des Pfälzers war es, eine Art Familienstiftung einzurichten, in der ein Familienmitglied allein den Vorstand der Stiftung berufen und abberufen sowie potenzielle Nachfolger bestimmen sollte. Für die altgedienten ZNS-Vorstandsmitglieder war dieses Ansinnen nicht nachvollziehbar und nicht akzeptabel. Mit der Abschaffung des Kuratoriums

wäre der gesamte ärztliche und psychologische Sachverstand wegge-
fallen, der so enorm wichtig ist, um Projekte als förderungswürdig
beurteilen zu können.

Als Reaktion auf die breite Ablehnung aus Bonn protestierte der
Altkanzler in einem Schreiben Anfang Juli 2009 gegen eine »un-
freundliche Übernahme der Stiftung durch Personen, die mir zum
Teil nicht einmal bekannt sind und in keiner Beziehung zu meiner
verstorbenen Frau standen«. Außerdem unterstrich er sein »deutli-
ches Unbehagen« hinsichtlich der Entwicklung der Stiftung seit
dem Tod Hannelore Kohls sowie »zunehmend interne Konflikte«,
die ihr Lebenswerk bedrohen würden. Der Altkanzler bekräftigte, er
werde die Stiftung »künftig nicht mehr unterstützen und darauf
hinweisen, dass sie in ihrer derzeitigen Verfassung nicht mehr die
Interessen meiner verstorbenen Frau Hannelore repräsentiert«. Am
Ende des Briefes schrieb Kohl, mit sofortiger Wirkung lege er alle
Ämter bei der Hannelore-Kohl-Stiftung nieder und verband dies
mit der ausdrücklichen Bitte, den Namen seiner verstorbenen Ehefrau als Stiftungsnamen nicht fortzuführen. Die ZNS-Vorstandsmitglieder wehrten sich mit aller Macht gegen Kohls Absichten und
stellten über die Medien klar, dass die Stiftung keinesfalls auf den
Namen von Hannelore Kohl verzichten werde.

Am Ende der Verhandlungen zwischen der Stiftungspräsidentin
Ute Ohoven mit Kohls Anwälten wurde trotz anfänglicher massiver
Ablehnung aus Ludwigshafen vereinbart, dass Kohls Söhne Walter
und Peter der Stiftung beitreten könnten, wenn sie es wünschten.
Während der Rückzug des Altkanzlers endgültig blieb, zogen Kohls
Söhne in das Stiftungskuratorium ein und arbeiten seitdem enga-
giert mit.

Die betroffenen ZNS-Gremienmitglieder hatten von Anfang an
den Verdacht, dass hinter dem Anschlag auf das Lebenswerk der
Hannelore Kohl die neue Frau an seiner Seite, Maike Richter-Kohl,
stehen musste. Niemals, so die Meinung der Betroffenen, wäre der
Altkanzler von sich aus auf die Idee gekommen, am Status der Stif-

tung etwas zu ändern. Nicht erst seit seiner schweren Erkrankung tendierten sein Interesse und sein Engagement für die Hannelore-Kohl-Stiftung nämlich gegen Null. Nach dem erheblichen Spendenrückgang wegen der CDU-Spendenaffäre glaubte beispielsweise der Finanzchef der Stiftung, mit Kohls Hilfe vielleicht doch wieder die Spendenfreudigkeit von Großunternehmen erhöhen zu können. Nach monatelangem Schweigen raffte sich der Altkanzler damals schließlich auf, einen von der Stiftung vorformulierten Bittbrief zu unterschreiben. Ein messbarer Erfolg war dieser Initiative leider nicht beschieden.

Nach Jahren dann die Forderung Kohls auf Umwandlung an die Stiftung. Nach Meinung von Beobachtern hatte es den Anschein, als wollte die Siegerländerin Maike-Richter-Kohl als neue Altkanzlergattin in der Stiftung entscheidend mitmischen und das alleinige Sagen haben.

Deshalb, so wird vermutet, könnte sie ihren Mann veranlasst haben, das geharnischte Schreiben an die Stiftung zu schicken.

Lange bevor der achtundsiebzigjährige Helmut Kohl seine langjährige Lebensgefährtin Maike Richter, 44, am 8. Mai 2008 in der Kapelle des Heidelberger Reha-Zentrums mit den Trauzeugen Leo Kirch und Kai Diekmann auch kirchlich heiratete, und noch bevor das Paar 2005 erstmals offiziell in Erscheinung trat, spielte sie eine äußerst sonderbare Rolle. Denn seit dem Tod von Hannelore Kohl, so die Meinung nicht weniger Beobachter, scheint sie das Ziel zu verfolgen, die Erinnerungen an diese außergewöhnliche Frau auszulöschen. Das zeigt sich vor allem in dem Versuch, die Kontakte zwischen ehemaligen Freundinnen und langjährigen Bekannten zum Altkanzler zu kappen. So zumindest verstehen dies diejenigen, die Hannelore Kohl früher nahestanden und weder telefonisch noch persönlich bei Helmut Kohl mehr vorgelassen werden. Briefe und Geschenke bleiben unbeantwortet und ohne Reaktion, Telefonate werden freundlich abgewiesen oder mit fadenscheinigen Gründen vertagt. Dass Maike Richter wertvolle Kostüme der Hannelore Kohl trug und sich mit ihrem Schmuck schmückte und so in der Öffentlichkeit, sogar im Fernsehen, auftrat, registrierten jene Freundinnen mit Entsetzen, die diese Kleidungsstücke einst gemeinsam mit Hannelore gekauft hatten. Nicht wenige halten das für geschmacklos. Als die Wohnung in Berlin, die Hannelore persönlich ausgesucht, aufwändig umgebaut und geschmackvoll eingerichtet hatte, ohne Rücksprache mit den Söhnen verkauft wurde, verschlug es Insidern die Sprache.

Seit Maike Richter Helmut Kohl ehelichte, scheint sie total über ihn zu wachen, was zum Teil auch durch dessen Krankheit erklärbar ist. Sie scheint aber auch darüber zu bestimmen, wer von den noch verbliebenen politischen Weggefährten Zugang zu ihm hat und vor allem, wo und wann er in der Öffentlichkeit auftritt. Kaum vorstellbar und auch nicht belegbar ist jedoch, dass er gegen seinen Willen in die Öffentlichkeit gezerrt werde. Hannelores zahlreiche Freunde, Bekannte und Bewunderer und Verehrer aus den Mainzer und Bonner Jahren, darunter viele aus dem parteipolitischen Milieu, kommen nicht mehr an Helmut heran. Dazu zählen auch enge gemeinsame Freundschaften, die nicht mehr fortgeführt werden. Geht es um die Erinnerung an Hannelore Kohl, die Maike Richter-Kohl nicht fördern will? Die junge Altkanzlergattin gilt einerseits als äußerst fürsorglich. Andererseits wird sie auch als autoritäre und alleinige Entscheidungsträgerin gesehen, die alles, was den schwerkranken Altkanzler betrifft, letztendlich bestimmt. Ein gewichtiges Wörtchen mitzureden dürfte sie an allen Verlautbarungen aus dem Hause Kohl in Ludwigshafen-Oggersheim.

Maike Richter-Kohl entzweite die Familie Kohl, indem sie den Kohl-Söhnen unmissverständlich bedeutete, dass sie ihren Vater alleine besitzen wolle, wie Walter Kohl in seiner Biografie mitteilte. Unterdessen kommuniziert der Vater mit seinen Kindern fast nur noch über Anwälte.

Maike Richter-Kohl sorgte schon sehr früh für die Beendigung der Zusammenarbeit zwischen der langjährigen Bürochefin Juliane

Weber mit Helmut Kohl. Aus dem Berliner Büro wurden Mitarbeiter hinausgedrängt, einige zogen es vor, freiwillig zu gehen.

Die Art und Weise wie die brutale Entlassung von Ecki Seeber vorgenommen wurde, der 46 Jahre lang Chauffeur, Butler und Engvertrauter von Helmut Kohl war, ist an Stillosigkeit und Härte kaum zu übertreffen. Dieser Mann, der wie kein anderer sein Leben ganz auf seinen Chef ausgerichtet hatte, wurde von heute auf morgen von seinen Aufgaben und Pflichten ohne Angabe von Gründen entbunden. Hilde und Ecki Seeber gehörten zu den wenigen Menschen, denen Hannelore Kohl voll vertraute, die wie sonst niemand auf der Welt das Drama um ihr Leiden und Sterben ganz nah miterlebten. Für nicht wenige aus Hannelore und Helmut Kohls großem Freundeskreis ein unverantwortliches und skandalöses Vorgehen. Öffentlich ist nicht bekannt, wie krank der Altkanzler wirklich ist. Hatte er das alles wirklich gewollt, zumal die Seebers und vor allem Ecki, zu den größten und stets loyalen Geheimnisträgern des Altkanzlers und seiner ersten Frau zählen?

Zu Helmut Kohls Ehrenrettung fragen sich viele, ob er nicht mehr Herr der Lage sei und deshalb für diese Entwicklung nicht verantwortlich gemacht werden könne. Es gibt allerdings auch die Auffassung, dass er zwar unter starken Sprachstörungen leide, aber sein Kopf, sein Verstand absolut funktionstüchtig seien. Dass er das unwürdige Handeln seiner neuen Frau zulasse, erscheint unerklärlich und auch nicht mehr als angemessene »Gegenleistung« für optimale Fürsorge und Pflege zu erklären. Wie weit die Zerstörung von Erinnerung gehen kann, zeigt ein Beispiel aus dem Jahr 2007. Die ersten beiden Bände seiner Memoiren hatte Helmut Kohl seiner Frau Hannelore gewidmet. »Für Hannelore« stand ganzseitig vor dem Inhaltsverzeichnis. Im dritten Band verzichtete der Memoirenschreiber auf diese Widmung. Darüber wurde vor Drucklegung heftig diskutiert. Die Kohl-Helfer bei der Abfassung der Erinnerungen vermuteten sehr schnell, dass dahinter die neue Frau an seiner Seite stehen könnte, und das ein gutes Jahr vor der Hochzeit in Heidelberg.

311

Dr. Maike Richter-Kohl hatte schon zu Lebzeiten Hannelore Kohls bei ihr für Irritationen und wohl auch für Eifersucht gesorgt und ihr dadurch Verletzungen und Schmerzen zugefügt. Auch ihretwegen, daran dürfte kaum ein Zweifel bestehen, war sie zuletzt verzweifelt. Und auch zehn Jahre nach Hannelores Tod lässt die neue Frau ihr keine Ruhe.

* * *

Hannelores Freundinnen, die Mitarbeiterinnen und Mitarbeiter der Hannelore-Kohl-Stiftung, langjähriges Personal in Bonn und Ludwigshafen und einige enge Weggefährten Helmut Kohls werden es nicht zulassen, dass die Erinnerungen an die Frau an seiner Seite, die Lebensleistung der Präsidentin des Kuratoriums ZNS, zerstört werden. Diese Frau hat ein Leben geführt mit Glanz, mit Schmerzen, mit geschichtlichen Brüchen und war ein Kind ihrer Zeit. Hannelore Kohl war als Kriegskind tiefer geprägt und in Spuren geschoben worden, als sie es selbst wissen konnte. Gerne hätte man ihr entlastende Jahre gewünscht, in denen sie etwas von dem, was sie in den vielen Jahren aufgebaut hatte, noch hätte genießen können.

ZEITTAFEL

1933	7. März: geboren in Berlin
1934	Umzug von Berlin nach Leipzig
1939 – 1943	Besuch der 32. Volksschule
1943 – 1944	Besuch der Gaudig-Mädchenoberschule
1944 – 1945	Evakuierung nach Grimma und Döbeln
	Besuch des Humanistischen Gymnasiums in Döbeln
1945	Mai: Mit der Mutter Flucht von Döbeln über Taucha nach Leipzig
	Abenteuerliche Reise von Leipzig nach Mutterstadt (Ankunft 10. Juli)
	Oktober: Einschulung in die Städtische Mädchenoberrealschule in Ludwigshafen
1948	Tanztee im Gasthof »Zum Weinberg« in Ludwigshafen-Friesenheim. Erste Begegnung mit Helmut Kohl (18)
1951	21. Juni: Erfolgreicher Abitur-Abschluss
	5. November: Beginn des Fremdsprachenstudiums am Germersheimer Dolmetscherinstitut der Mainzer Johannes-Gutenberg-Universität

1952	18. September: Tod von Vater Wilhelm Renner Studienabbruch
1953 – 1959	15. Juni: Beginn der siebenjährigen Tätigkeit als kaufmännische Angestellte bei der Ludwigshafener BASF
1960	27. Juni: Heirat mit Helmut Kohl. Einzug in das Eigenheim in der Tiroler Straße 41
1963	16. Juli: Geburt von Sohn Walter
1965	28 August: Geburt von Sohn Peter
1969	19. Mai: Wahl von Helmut Kohl zum Ministerpräsidenten von Rheinland-Pfalz. First Lady.
1971	5. September: Bezug des Bungalows in Ludwigshafen-Oggersheim
1973	12. Juni: Wahl von Helmut Kohl zum CDU-Bundesvorsitzenden
1976	Helmut Kohl Kanzlerkandidat der Unionsparteien für die Bundestagswahl am 3. Oktober 13. Dezember: Wahl zum Vorsitzenden der CDU/CSU-Bundestagsfraktion
1980	18. Juli: Tod von Mutter Irene Renner
1982	1. Oktober: Wahl von Helmut Kohl zum Bundeskanzler
1983	21. Dezember: Gründung des Kuratoriums ZNS für Unfallverletzte mit Schäden des Zentralen Nervensystems e.V.
1989	9. November: Öffnung der Berliner Mauer 28. November: Zehn-Punkte-Plan zu den deutsch-deutschen Beziehungen
1990	3. Oktober: Tag der deutschen Einheit
1991	31. Oktober: Schwerer Unfall von Sohn Peter im italienischen Bologna
1993	2. Februar: Dramatische Wende. Trotz bekannter Penicillinallergie wird Hannelore Kohl angeblich

aus Versehen ein Antibiotikum gegen eine bakterielle Infektion verschrieben, das zu der Penicillingruppe gehört. Beginn einer entsetzlichen Tragödie.
Beginn der Lichtallergie
1. Juli: Gründung der Hannelore-Kohl-Stiftung

1996   6. Dezember: Geburt des Enkels Johannes, Sohn
von Walter und Christine

1998   26. Oktober: Ende der Amtszeit von Helmut Kohl
als Bundeskanzler

1999   4. Dezember: Beginn der CDU-Spendenaffäre

2001   5. Juli: Selbstmord
11. Juli: Requiem im Kaiserdom zu Speyer und
Beisetzung auf dem Friedhof in Ludwigshafen-
Friesenheim

LITERATURAUSWAHL

Beevor, Antony: *Berlin 1945 – das Ende*, München 2002

Bergfeld, Ingolf, Leipzig: *Eine kleine Stadtgeschichte*, Erfurt 2002

Benz, Wolfgang (Hrsg.): *Enzyklopädie des Nationalsozialismus*, Stuttgart 2005

Brockhaus-Enzyklopädie in 24 Bänden, Mannheim 1992

Clough, Patricia: *Hannelore Kohl*, Stuttgart 2002

Dillon, Chris / von Richthofen, Esther: *Alltag im Dritten Reich*, Erfurt 2008

Hildebrand, Klaus: *Das Dritte Reich*, München 2009

Horn, Birgit: *Die Nacht, als der Feuertod vom Himmel stürzte. Leipzig, 4. Dezember 1943*, Wartberg 2003

Karay, Felicja: *Wir lebten zwischen Granaten und Gedichten. Das Frauenlager der Rüstungsfabrik HASAG im Dritten Reich*. Aus dem Hebräischen von Susanne Plietzsch, Köln 2001

Köpp, Gaby: *Warum war ich bloß ein Mädchen? Das Trauma einer Flucht 1945*, München 2010

Kohl, Hannelore (Hrsg.): *Was Journalisten anrichten*, Landau/Pfalz 1986

Kohl, Hannelore (Hrsg.): *Kulinarische Reise durch deutsche Lande*, München 1999

Kohl, Helmut: *Mein Tagebuch 1998 – 2000*, München 2000

Kohl, Helmut: *Erinnerungen*, Bd. 1 – 3, München 2004, 2005, 2007

Kohl, Peter / Kujacinski, Dona: *Hannelore Kohl. Ihr Leben*, München 2002

Kohl, Walter: *Leben oder gelebt werden. Schritte auf dem Weg zur Versöhnung*, München 2011

Lorenz, Hilke: *Kriegskinder. Das Schicksal einer Generation*, München 2003

Möbius, Walter: *Menschlichkeit ist die beste Medizin. Ein Wegweiser für Patienten und Ärzte*, München 2008

Münch, Ingo von: *»Frau, komm!« Die Massenvergewaltigungen deutscher Frauen und Mädchen 1944/45*, Graz 2009

Overesch, Manfred: *Das Dritte Reich 1933 – 1945*, Bde. 2,I, 2,II Düsseldorf 1982

Renner, Erwin / Heil, Wilhelm: *Mutterstadt*, Erfurt 2000

Sander, Helke / Johr, Barbara (Hrsg.): *Befreier und Befreite. Krieg, Vergewaltigung, Kinder*, Frankfurt 2005

Schönfelder, Jan / Erices, Rainer: *Westbesuch. Die geheime DDR-Reise von Helmut Kohl*, Jena, 2007

Schwan, Heribert / Filmer, Werner: *Helmut Kohl*, Düsseldorf 1990

Schwan, Heribert / Steininger, Rolf: *Die Bonner Republik 1949 – 1998*, Berlin 2009

Schwan, Heribert / Steininger, Rolf: *Mein 9. November 1989*, Düsseldorf 2009

Schwan, Heribert / Steininger, Rolf: *Helmut Kohl – Virtuose der Macht*, Düsseldorf 2010

Steininger, Rolf: *Deutsche Geschichte*, Bd. 1 – 4, Frankfurt am Main 2002

Stöber, Sarah Maria: *Die Massenvergewaltigungen an deutschen Frauen durch Soldaten der Roten Armee am Ende des Zweiten Weltkrieges*, Magisterarbeit an der Universität Köln, 2007

PERSONENREGISTER